La saga
des Windsor

DU MÊME AUTEUR

Aux éditions Perrin

Louis II de Bavière ou le Roi foudroyé, couronné par l'Académie française.
Haussmann, la gloire du Second Empire, prix Historia.
La Princesse Mathilde, prix Napoléon III.
Sissi ou la Fatalité, prix des Ambassadeurs.
Eugénie, la dernière impératrice, Grand Prix de la Fondation Napoléon.
Rodolphe et les secrets de Mayerling.
La Saga des Habsbourg.

Albums illustrés de photographies de Jérôme da Cunha :
Les Châteaux fous de Louis II de Bavière.
Sur les pas de Sissi.
Tapioca, cet inconnu.
Sur les pas de Mozart, en collaboration avec Frédéric Pfeffer.
A Saint-Pétersbourg sur les pas des tsars.

Collection « Tempus » :
Malesherbes.
La Saga des Grimaldi.
Louis II de Bavière.
Sissi, impératrice d'Autriche.
Eugénie, la dernière impératrice.
Rodolphe et les secrets de Mayerling.
Le Roman de Vienne.

Aux éditions Plon

Dictionnaire amoureux des trains.
La Saga des Romanov.
La Véritable Histoire des châteaux de la Loire.

Aux éditions de Fallois

Malesherbes, gentilhomme des Lumières, Grand Prix de la biographie d'histoire de l'Académie française.

Aux éditions Julliard

Sleeping Story, la fabuleuse épopée des wagons-lits.

Aux éditions Denoël

En collaboration avec Jean-Paul Caracalla :
L'Orient-Express, couronné par l'Académie française.
Le Transsibérien.
Le Train bleu et les grands express de la Riviera.
Les Trains des rois et des présidents.
L'Aventure de la malle des Indes.
La Tour Eiffel (album du centenaire).

(suite du même auteur en fin de volume)

Jean des Cars

La saga des Windsor

De l'Empire britannique au Commonwealth

PERRIN
www.editions-perrin.fr

ISBN : 978-2-262-03714-7

Pour Victoria, ma reine.

Avant-propos

Le 29 avril 2011, grâce à cent caméras et cinq cents techniciens de la BBC, deux milliards de téléspectateurs ont suivi, dans cent quatre-vingts pays, le mariage du prince William de Galles, petit-fils de la reine Elizabeth II, avec miss Kate Middleton. Une audience quatre fois supérieure à celle du mariage de Charles et Diana en 1981. Selon le président Obama, en visite officielle à Londres peu de temps après, « la cérémonie a fasciné l'Amérique ».

Il était difficile d'échapper à l'événement. Depuis l'annonce de leurs noces, les médias traquaient les futurs mariés et les internautes se régalaient de parodies savoureuses. Aucune de ces farces – certaines osées – ne fut censurée, preuve que monarchie et démocratie ne sont pas incompatibles. Les républicains, peu nombreux, promettaient de protester, et les bookmakers, selon une très vivante tradition britannique, engrangeaient leurs paris… y compris pour pronostiquer qui succéderait sur le trône à Elizabeth II : son fils Charles ou son petit-fils William, le très populaire marié ? Une rumeur affirmait que 76 % des Britanniques pensaient que William ferait un meilleur roi que son père. Impitoyables pour Charles et flatteurs pour William, les sondeurs n'allaient pas jusqu'à envisager l'éventualité d'une abdication de l'héritier en faveur de son fils, car elle entraînerait une crise constitutionnelle comparable à celle de 1936, lorsque Edouard VIII avait renoncé à être roi pour épouser une Américaine deux fois divorcée dont, circonstance aggravante, les deux ex-époux étaient toujours vivants.

La question est pourtant posée puisque la reine, qui a succédé à son père George VI en 1952, règne depuis cinquante-neuf ans. Interrogation subsidiaire : Elizabeth II pourra-t-elle battre le record de la reine Victoria ? Celle-ci, montée sur le trône en 1837 et qui mourut en 1901, de surcroît impératrice des Indes, régna soixante-quatre ans ; une durée comparable à celle du règne de l'empereur François-Joseph, monarque Habsbourg pendant soixante-huit ans ; sans oublier notre Louis XIV, champion toutes catégories en Occident avec un règne de soixante-douze ans !

Ce 29 avril 2011, Elizabeth II, vêtue, chapeautée et gantée de jaune canari, affichait, à l'âge de 85 ans, un sourire de joie. Elle était visiblement satisfaite et le montrait, ce qui est rarissime. Sa Majesté, pour une fois fort gracieuse comme l'affirme le *God Save the Queen*, pouvait savourer la preuve d'un prestige retrouvé. Il avait été gravement écorné après la mort mondialisée, le 31 août 1997, de son ex-belle-fille, la mythique et dérangeante Diana. Il avait fallu du temps pour reconquérir le respect du peuple après la vague de mécontentement déversée par une opinion que l'apparente indifférence de la souveraine avait profondément contrariée. La reine n'avait pas compris que cette fin brutale – mystérieuse pour beaucoup – avait transformé Diana en icône universelle. La princesse était « sacrifiée », le peuple « bouleversé » et la souveraine « étrangère à une intense douleur ». On en avait conclu que la reine, tenue à ne jamais manifester ses sentiments ni ses émotions en public, n'avait pas de cœur et qu'elle ignorait la compassion. Ces Windsor semblaient imperméables à l'émotion.

Plus tard, le saisissant film de Stephen Frears, *The Queen*, montra comment l'immense hommage populaire avait contraint la reine à sortir de son isolement affectif, sous les conseils pressants de son Premier ministre Tony Blair. Le désarroi populaire s'opposait à la froideur royale. Le prestige d'Elizabeth II était terni. On avait même pu croire que la monarchie était menacée… à cause d'un gigantesque malentendu. Puis le prince Charles, qui avait refait sa vie, est apparu comme un père attentif, s'occupant bien de ses deux fils orphelins de mère ; il est remonté dans l'estime du public, ce qui a contribué à améliorer l'image des Windsor.

Pourquoi ce mariage du 29 avril 2011 (appelé abusivement, en France, « mariage du siècle ») a-t-il suscité tant d'intérêt, de passions, de discussions, et provoqué toutes sortes de réactions, à commencer par un spectaculaire attachement populaire à la famille royale et donc à la monarchie qu'elle incarne ? Pourquoi ces noces d'un couple moderne – les futurs époux, dont la romance avait été révélée par le *Sun* en 2004, se connaissaient bien, avaient déjà vécu des ruptures et des crises dans les fastes d'un royaume lui-même confronté à diverses turbulences économiques – ont-elles fait autant rêver, entre une idylle romantique et un spectacle magnifiquement orchestré ? Parce que ce mariage était une chance sur mesure pour la royauté : donner une de ces représentations qu'elle seule peut nous proposer. Sans doute aussi parce que, contrairement à l'union arrangée entre Charles et Diana, le public a pressenti qu'il s'agissait, cette fois, d'un mariage d'amour, rendant à la Couronne sa part de rêve. Ce mariage lie la maison de Windsor à la famille Middleton, les premiers « roturiers » à connaître un tel honneur en trois cent cinquante ans. De même, aujourd'hui, en se mariant, les têtes couronnées recherchent l'amour et non l'intérêt dynastique, diplomatique ou politique, comme ce fut le cas jusqu'au début du XXe siècle. Si l'amour est en jeu, l'opinion est donc plus exigeante et toute rupture est plus dramatique qu'avant 1914. Au cours des années 1990, l'issue des mariages de trois des enfants d'Elizabeth II causa de sérieux dommages à la notoriété des Windsor, comparables (en intensité, mais pas dans ses conséquences) aux troubles que provoqua Edouard VIII lorsqu'il abdiqua en 1936 pour épouser Wallis ex-Simpson. Après seulement neuf mois de règne, le fils aîné de George V renonça à tous ses droits. On lui avait trouvé un nom qui apparaissait comme une synthèse britannique : duc de Windsor. Il fut le premier à porter ce titre, et restera sans doute le seul tant il fut entouré de romanesque, certes, mais aussi de scandales, de compromissions, voire de trahisons avant et pendant la Seconde Guerre mondiale. L'énigmatique duchesse de Windsor n'eut jamais le droit d'être titrée « Altesse Royale », une humiliation qu'elle vécut très mal.

L'essence de la royauté est sa durée. Mais la longévité, si elle est respectable et impressionnante, est un piège. « Pour que tout change, il faut que rien ne change », écrivait le prince de Lampedusa, l'auteur du *Guépard*. Au printemps 2011, les Windsor devaient changer sans rien bousculer ; ils ne devaient surtout pas manquer cette rencontre entre leur séculaire raison d'être et la fierté nationale. C'était d'autant plus essentiel que, paradoxalement, l'importance accordée aux mariages royaux (couverture médiatique oblige) a grandi parallèlement au déclin de la puissance réelle de la monarchie. Le pouvoir effectif a été concurrencé, sinon remplacé, par celui de l'image, une influence immédiate et loin d'être maîtrisable. Elle fait rêver, mais elle peut devenir un cauchemar.

A la veille du mariage de William et Kate, tous les sondages confirmaient l'attachement des Britanniques (plus de 76 %) à la Couronne, car elle contribue à l'unité du pays et en donne une bonne image, notamment à l'étranger. Même le *Guardian*, quotidien de centre gauche et de référence fondé en 1821, constatant que la monarchie demeurait intouchable dans le cœur des gens, résumait le sentiment que « le Royaume-Uni n'est pas d'humeur à faire la révolution ». La seule qui avait abouti remontait à plus de trois siècles et demi : c'était la tentative républicaine d'Olivier Cromwell sur fond de guerre civile, et elle s'était soldée par l'exécution du roi Charles Ier le 30 janvier 1649. Depuis, outre-Manche, on s'était contenté de changer de dynasties.

En ce printemps 2011, la famille royale, souvent surnommée « la firme » par jalousie ou dérision, n'avait donc plus droit à l'erreur. Ce n'était pas un couronnement, donc pas une célébration d'Etat, mais une cérémonie si l'on peut dire « familiale » à l'échelle planétaire, sous la protection vigilante de cinq mille policiers et soldats et les attentions indiscrètes de milliers de journalistes. On attendait donc beaucoup de l'événement. Quelques grincheux, toujours les mêmes, dont des envoyés spéciaux et correspondants guettant avec une joyeuse haine les ratages et les catastrophes, dénonçaient, sarcastiques, une mise en scène choquante, alors que la ferveur nationale, tous milieux confondus, était enthousiaste et s'obstinait à l'être. Mieux : à être satisfaite.

Ce fut majestueux, imposant, avec juste ce qu'il faut d'humain et d'humour *british* pour que des dizaines de millions de sourires accompagnent les cinq heures de festivités publiques. Certains ont vu dans le nom de jeune fille de Kate (qui aimerait que l'on se souvienne que son vrai prénom s'écrit avec un C...) un signe d'équilibre. Née Middleton, elle est la jeune fille du « milieu », ni trop belle, ni trop exubérante, ni trop brillante, mais sympathique, saine, directe. Le talent de faire ce qu'il faut où il faut et au bon moment.

La cérémonie de l'union du prince William avec la très jolie Catherine n'a pas connu le moindre incident. Ce fut un sans-faute. Pas même le plus infime retard sur l'horaire précis fixé par le protocole (à son mariage avec Philip, en 1947, Elizabeth, encore princesse héritière, avait eu une minute de retard). A l'arrivée du Premier ministre David Cameron et de son épouse devant l'abbaye de Westminster, le chef du gouvernement eut droit à des applaudissements. Ils ont d'autant plus surpris que le locataire du 10, Downing Street annonçait de très sévères restrictions budgétaires et une cure d'austérité difficile à supporter. Mais ce 29 avril, la crise n'était pas invitée au mariage ! La journée était une parenthèse qu'aucune mauvaise fée ne serait venue gâcher. D'autres fâcheuses nouvelles, des scandales politico-médiatiques allaient être révélés un peu plus tard.

Pas de noces royales sans carrosse : à la sortie de Westminster, il était découvert, car le ciel s'était montré clément. Ce 29 avril, la monarchie a joliment réconcilié la tradition avec l'innovation : face à un million et demi de personnes rassemblées devant le palais de Buckingham, en arrivant sur le balcon tendu de rouge et d'or, la mariée, radieuse, a murmuré « *waow !* » – à moins que ce ne fût un plus protocolaire « *oh my God !* » ; ce n'est pas tranché, mais elle était éblouie et sans doute reconnaissante devant un tel enthousiasme populaire. Les époux ont échangé deux baisers, dont le second, très amoureux, à 13 h 27, heure locale. William avait-il dit « *Kiss me, Kate* », titre d'une fameuse chanson de comédie musicale ? Ce baiser a déclenché des vagues de bravos et de hourras et c'est une des images que retiendra l'Histoire. Elle a fait la une. Plus de six cent mille personnes étaient venues, parfois de loin, pour vivre cet instant sur place. Puis, pour innover, le couple est parti dans une superbe Aston Martin décapotable appartenant au prince Charles (pas tout à fait celle de James Bond, mais presque !), avec pour seule plaque d'immatriculation arrière « *Just wed* » (« jeunes mariés »), et sans l'habituel vacarme de casseroles attachées au pare-chocs, mais dans une envolée de ballons roses, certains en forme de cœur. Le peuple a beaucoup aimé, s'est reconnu, s'est retrouvé dans ses propres souvenirs, ses rêves et ses nostalgies. Un entracte dans les soucis quotidiens. Tout fut impeccable, sympathique, sans bavure, avec allure mais sans rigidité, ce qui n'était pas garanti d'avance. Un judicieux cocktail comme on sait les préparer outre-Manche. Et les commentaires qui avançaient que deux tiers des Britanniques étaient indifférents à cette cérémonie ont été démentis. William et Catherine, désormais appelés duc et duchesse de Cambridge, un titre qui remonte au XVIIe siècle, ont réussi leur premier examen de passage de couple en public. Et quel public ! Sans doute le fait que Catherine, gracieuse et simple, élégante et enjouée, soit une Britannique non issue de l'aristocratie compte-t-il pour beaucoup dans cette réussite. Le plus dur, bien sûr, reste à faire. Le plus dur sera d'avoir une existence aussi simple que possible.

A l'évidence, le souvenir de Diana n'était pas absent, puisqu'elle avait été l'épouse du prince Charles et donc la mère du marié. Son ombre a hanté les mémoires. Les malheurs de la « princesse des cœurs », comme l'avait appelée Tony Blair, le Premier ministre au moment du drame, sa fin tragique, la douleur de ses enfants très jeunes ne pouvaient être oubliés. On a comparé la robe de Catherine, épurée, sobre, près du corps, à celle de la défunte Diana. La traîne de la robe de Catherine était plus courte (2,70 mètres) que celle de Diana, interminable ; elle rappelait un peu celle de Grace Kelly devenant princesse de Monaco en 1956. La dentelle a été brodée à Caudry, dans le nord de la France, petit clin d'œil à un bon siècle d'« Entente cordiale ». Dès le lendemain, les commandes de dentelle haut de gamme ont commencé à pleuvoir chez les tullistes de Caudry et, grâce à Internet, en quelques heures, des copies de la robe qui avait été un secret d'Etat étaient disponibles au prix de 2 700 euros l'unité. Une affaire, comparée aux 45 000 euros de l'original ! Il n'y aura sans doute pas de copie du diadème porté par Kate. Prêté par la reine, il a été créé en 1936 par Cartier. George VI l'avait offert à son épouse Elizabeth, future reine mère, et ce joyau fut transmis à leur fille le jour de ses 18 ans. Que Kate en soit coiffée était la preuve que la souveraine approuvait cette union.

En ce qui concerne le spectacle populaire et médiatique, un tel mariage n'est réussi que s'il réserve quelques surprises bien préparées et sans faute de goût. L'apparition de Pippa, splendide sœur cadette et demoiselle d'honneur de la mariée, a été un choc. Cette beauté a fait une sérieuse concurrence à Kate. Qu'un soldat, épuisé, s'évanouisse fait partie de la tradition, même si cette défaillance n'est pas glorieuse. Mais qu'un footballeur ose porter une décoration sur une jaquette, et en plus sur le revers droit (!), est impardonnable. N'y avait-il donc personne au protocole pour empêcher ce genre de gaffe ? À sa décharge, on dira que David Beckham est un sportif, peu au fait des usages d'une Cour. Mais tout de même, il mérite un carton rouge.

Il fallait une pointe d'originalité. Elle fut assurée par sir Elton John, arrivé avec son mari. On s'est alors demandé pourquoi la star de la chanson n'avait pas revêtu une robe. Peu importe : c'était *so British* ! La palme du mauvais goût fut remportée, sans hésitation, par le couvre-chef des deux filles du prince Andrew. Le chapeau, surréaliste, porté par Béatrice d'York, ressemblait à un mélange de trophée de chasse et de dessus de cheminée ! Heureusement, il a été mis aux enchères sur e-bay et la somme – 93 579 euros – a été, d'après le *Daily Telegraph*, versée à une association caritative… Le véritable étonnement du programme restera la transformation, sans précédent, d'une partie de Buckingham Palace en boîte de nuit pour trois cents invités, avec boule à facettes réclamée par Pippa et DJ engagé par Harry, le frère de William. On y a dansé jusqu'à l'aube. Il a fallu des litres de café fort pour dynamiser les survivants à l'heure du breakfast.

Qu'on le veuille ou non, la vieille monarchie, qui en a tant vu, a pris un coup de jeune. Elle s'est régénérée, humanisée. Inévitablement, on a critiqué le coût des festivités, mais l'impression eût été désastreuse si la cérémonie avait été faite au rabais, et la famille de Kate a élégamment réglé ses notes d'hôtel et de restaurant. Les uniformes, les messieurs chic, à la mode de Saville Row, la rue des grands tailleurs londoniens, les invraisemblables « bibis » comme seule la cour de Saint-James (son nom officiel) incite les femmes à en porter, tout ce faste n'était-il pas déplacé ? Certainement pas. Il faut savoir que, même si la liste civile de la Couronne paraît élevée au contribuable britannique, la monarchie rapporte beaucoup à l'économie du Royaume-Uni : plus de 500 millions d'euros par an. Les touristes (près de 30 millions annuels) sont attirés par le spectacle, en particulier celui, immuable, de la célèbre relève de la garde de Buckingham Palace et les défilés à cheval. Précisons encore que, contrairement à une idée reçue, ces soldats portant la tunique rouge et le bonnet à poils d'ours comme les Royal Scots ne sont pas des figurants d'opérette, mais de véritables combattants dont les régiments ont, à tour de rôle, l'honneur d'assurer le service d'ordre du souverain, quand ils ne sont pas engagés dans des guerres lointaines, par exemple en Afghanistan.

Osons le dire : l'élection d'un président de la République coûte cher, elle aussi, mais elle rapporte moins, d'un point de vue purement économique. Le général de Gaulle, qui conféra à la fonction présidentielle un prestige digne de la royauté, s'amusait d'un paradoxe : les Français ont guillotiné leur roi, mais ils aiment tellement les princes qu'ils vont les chercher à l'étranger et veulent les recevoir dignement. Un député travailliste, Tristram Hunt, également historien, a déclaré au *Figaro* : « Le monde a pu admirer une Grande-Bretagne fière de ses institutions et de son passé. Personne ne maîtrise aussi bien la splendeur et les traditions d'un tel mariage que les Britanniques. » On peut seulement observer que le jour de congé offert aux sujets de Sa Majesté (fermetures d'usines, de bureaux et de commerces) a ramolli la croissance du deuxième trimestre, mais il serait injuste et stupide d'en rendre coupable le jeune couple. La fête a été parfaite et c'est ce qu'il faut retenir.

Si la couverture médiatique a été aussi vaste, alors que le prince William n'est que deuxième sur la liste de succession au trône, et donc l'héritier de l'héritier, c'est aussi parce que la reine Elizabeth II est toujours le chef d'Etat de seize pays sur les cinquante-trois que compte le Commonwealth, certains immenses, comme le Canada et l'Australie, d'autres plus réduits, comme la Nouvelle-Zélande, le Lesotho, Brunei ou les Bermudes, où des gouverneurs généraux et gouverneurs représentent Sa Majesté[1]. Même si

1. On ne doit pas confondre le Commonwealth d'Angleterre (« bien commun public »), instauré par la république de Cromwell de 1649 à 1660, avec l'actuel Commonwealth des Nations qui a succédé, en 1931, à l'Empire britannique. Il souligne la volonté d'une confédération d'Etats souverains se plaçant sous la tutelle du monarque anglais. Aujourd'hui, le Commonwealth regroupe aussi bien quelques colonies de la Couronne que des Etats indépendants, à régime monarchique ou républicain.

l'Empire britannique a fait place au Commonwealth britannique des Nations, même si le temps des dominions autonomes, mais qui s'étaient tenus si près de la Grande-Bretagne au cours des deux guerres mondiales, s'est achevé après 1945, il y a encore des colonies dont Gibraltar demeure un fier emblème. Depuis 1704 ! Le soleil ne se couche pas sur l'influence britannique qui impose son empreinte inimitable, plus ou moins visible, loin de Londres, ne serait-ce que par sa langue et sa conduite à gauche. Et si aucun de ces pays n'entend, jusqu'à aujourd'hui, renvoyer cette influence au musée de l'Histoire, c'est parce que la monarchie apporte moralement beaucoup au peuple. De décès en mariage, de couronnement en intronisation, les monarques détiennent un prestige magique qui vaut tous les pouvoirs politiques : ils garantissent l'unité de leur peuple. C'est la force des symboles. En contrepartie, les *royals*, comme on les désigne au pays d'Albion, se doivent d'être exemplaires, irréprochables, ne pas choquer ni décevoir, sinon la sanction tombe sous forme de pilori médiatique ; on sait avec quelle vigueur les redoutables tabloïds à grand tirage vendent leurs informations et leurs jugements à la une. Ils ont un sens du raccourci qui en dit long. Cette presse qui prend des risques est impitoyable, souvent à ses dépens, et ses méthodes ne sont pas toujours recommandables. On a vu récemment ce qu'il en était avec les journaux du groupe Murdoch.

Lors des noces de William et de Kate, de tous les commentateurs francophones sur les chaînes de télévisions françaises, le plus inspiré, le plus drôle et le plus insolent fut Karl Lagerfeld. Avec impertinence et justesse, mais aussi par souci de vérité historique, il rappela, de son accent germanique qui fait la joie des imitateurs, que les Windsor, cette famille qui incarne tellement le Royaume-Uni dans ses joies comme dans ses malheurs, ne sont pas d'origine anglaise, ni galloise, ni écossaise, ni même irlandaise, mais… allemande. Et ce n'est pas nouveau ! En effet, après les dynasties normandes, Plantagenêt, Lancastre, York,

Tudor et Stuart, en 1714, avec le roi George Ier, c'est la maison de Hanovre qui accéda au Trône. Puis, en 1840, le mariage de la jeune Victoria avec le prince Albert de Saxe-Cobourg-Gotha renouvela la parentèle germanique de la monarchie anglaise.

Saxe-Cobourg-Gotha est un patronyme difficile à porter et à faire accepter quand éclate la Première Guerre mondiale et que le Royaume-Uni se bat contre l'empire du Kaiser. De surcroît, la guerre est aussi un conflit familial, Guillaume II étant, par sa mère, un petit-fils de la légendaire reine Victoria. Il fallait faire quelque chose pour étouffer les soupçons de sympathie germanique et lever toute ambiguïté. Changer de nom sans changer de famille, c'est l'artifice trouvé par le roi George V. Un nom s'imposait, un seul : Windsor, celui d'un extraordinaire château au sud de Londres, sur la rive droite de la Tamise, ni trop près ni trop loin. Pourquoi Windsor ? Parce que depuis dix siècles, il est synonyme d'Angleterre, dans une histoire particulièrement complexe. Windsor est la plus vaste forteresse du monde qui soit toujours habitée et la seule des îles britanniques qui l'ait toujours été. Avec ses huit cents pièces, dont deux cent vingt-cinq chambres, plus cent cinquante et un escaliers et couloirs, sans parler de ses trésors, Windsor englobe, résume, reconstitue et met en scène toute l'histoire de l'Angleterre depuis Guillaume le Conquérant. A la fin du XVIe siècle, le théâtre de Shakespeare s'en est servi comme d'une scène prestigieuse, puisque vers 1599, le nom de Windsor a connu une célébrité inattendue avec la comédie *Les Joyeuses Commères de Windsor.* Le héros, sir John Falstaff, que l'on rencontre dans d'autres œuvres et tragédies shakespeariennes, est un personnage bouffon aux prises avec deux bourgeoises dont il est amoureux. Mystifié par ces deux femmes, il est aussi harcelé dans la forêt de Windsor par la population qui soutient les commères, le tout dans une ambiance à la fois féerique et comique.

Dans la soirée de ce 29 avril 2011, puisque les commères n'avaient plus rien à dire, la reine est partie se reposer à Windsor, sa résidence favorite. C'est la période d'un de ses séjours préférés, avec celle, au mois de juin, des courses d'Ascot, l'hippodrome des élégances, qui est tout proche. Lorsque la reine réside à Windsor à titre officiel ou privé, son pavillon est hissé sur la tour ronde, un vieux donjon massif, à la place de l'*Union Jack* du Royaume-Uni. Là, Elizabeth II retrouve le silence qu'imposent des siècles d'histoire. Elle est le quarante et unième monarque britannique, dont trente-neuf ont habité régulièrement le château. C'est à Windsor que bat le cœur de la monarchie anglaise.

1

1917 : George V, roi d'Angleterre, n'est plus d'origine allemande !

Londres, mardi 17 juillet 1917. Le cabinet de travail du roi George V. La Première Guerre mondiale a commencé il y a près de trois ans ; elle en est à son trois cent quarante-huitième jour de combats, de souffrances, d'efforts, de victoires chèrement payées et d'échecs tragiques. Du 21 février au 15 décembre 1916, la bataille de Verdun – trois cents jours d'affrontements sans trêve – a déjà coûté la vie à trois cent mille hommes, Français et Allemands. Divers événements, liés au conflit, sont venus aggraver la situation des Alliés avant de la modifier d'une manière plus positive. En France, des mouvements pacifistes, des mutineries et des grèves dans les usines d'armement, notamment en janvier et en mai, sapent le moral des troupes et compromettent la stratégie des opérations. Des meneurs sont exécutés dans des régiments d'infanterie. En Irlande, le soulèvement populaire du 24 avril, jour de Pâques, conduit par des nationalistes contre la Grande-Bretagne, a été réprimé dans le sang. Dans cette insurrection, le gouvernement de Londres a dénoncé une manœuvre de Berlin. Ces mouvements font écho à la Révolution russe qui a éclaté début mars et provoqué l'abdication du tsar Nicolas II, dont l'épouse est une petite-fille de Victoria et dont l'empire s'était engagé dès l'été 1914, comme c'était convenu, aux côtés des Français, mais aussi des Britanniques. Un mois plus tard, début avril, les Etats-Unis d'Amérique sont entrés en guerre contre l'Allemagne et leurs premiers contingents sont arrivés en juin. D'une certaine façon, la guerre cesse d'être européenne, puisque l'Amérique vient se battre sur le Vieux Continent, notamment en France, au cri de « La Fayette, nous voilà ! ».

Mais dès le début des hostilités, l'opinion publique britannique avait été prise d'un rejet de tout ce qui était germanique, y compris les chiens, les bergers allemands. Comme pendant l'occupation de l'Alsace-Lorraine par l'empire de Guillaume II, manger une choucroute pouvait être considéré comme un acte de sabotage... Le mot lui-même de *Sauerkraut* avait été remplacé par une expression surprenante, *liberty cabbage*, « le chou de la liberté » : un destin inattendu pour ce légume ! D'emblée, un proche de la famille royale avait été victime de ce boycott : le premier lord de l'Amirauté, l'amiral Battenberg, père du futur dernier vice-roi des Indes, lord Louis Mountbatten. Le nom du commandant en chef de la Royal Navy avait une consonance bien trop germanique. Et dans tout l'Empire, il semblait incongru que le souverain résidant à Buckingham Palace fût d'origine allemande. De plus, c'était un comble que la guerre opposât directement deux des petits-fils de la légendaire reine Victoria : en effet, Guillaume II et George V étaient cousins... germains !

A l'été 1914, des décennies de ressentiments et de méfiances, enrobées dans des alliances de circonstance, y compris des mariages, avaient été pulvérisées par les intérêts supérieurs des Etats, pour ne pas mentionner celui des « marchands de canons ». Cette étrange situation n'était que le prolongement tendu d'un imbroglio dynastique qui durait depuis exactement deux siècles quand avait éclaté la Première Guerre mondiale.

Depuis 1714, les souverains d'Angleterre sont… allemands

Dans sa longue histoire, la Couronne britannique a connu diverses dynasties depuis Guillaume le Conquérant, le vainqueur d'Hastings en 1066. Aux rois normands ont succédé les maisons de Plantagenêt, de Lancastre, d'York, Tudor et Stuart jusqu'à 1714. A cette date, c'est un Electeur de Hanovre, où il est né en 1660, qui monte sur le trône d'Angleterre sous le nom de George Ier. Arrière-petits-fils de Jacques Ier, un Stuart, George Ier représente la lignée protestante la plus proche de la dynastie précédente, mais seul Jacques Ier avait été catholique. George Ier ne maîtrise pas la langue anglaise, s'intéresse plus à son pays d'origine qu'à l'Angleterre où il séjourne le moins souvent possible. C'est de son règne que date la tradition selon laquelle le Cabinet dépend essentiellement du Parlement au lieu d'être soumis aux volontés du monarque. Le développement du parlementarisme outre-Manche naît à cette époque. Quatre souverains plus tard, Victoria n'a que 18 ans lorsqu'elle succède à son oncle George IV en 1837, un dandy débauché, totalement discrédité par le parfum de scandale qui auréolait sa vie. Du règne prestigieux et exceptionnellement long de Victoria, ce que nous devons retenir ici est qu'elle stabilise la monarchie et que le château de Windsor est son havre, même si, depuis son avènement en 1837, Victoria a fait de Buckingham Palace la résidence officielle du souverain britannique[1]. A Windsor, elle vit et reçoit. A la forteresse remaniée, elle confère une célébrité définitive. Ce château, unique à tous égards, est lié à son bonheur autant qu'à son autorité. A son intronisation, Victoria est considérée comme capricieuse et un peu folle, ce qui nuit au prestige de la monarchie, fragile et

1. Cependant, jusqu'à aujourd'hui, la cour d'Angleterre porte toujours le nom officiel de « Cour de Saint-James », en référence au palais de Saint-James, une résidence Tudor voulue par Henri VIII et remaniée plus tard. Même si ce palais n'abrite plus que les services du lord chambellan, les ambassadeurs sont toujours accrédités auprès de la cour de Saint-James.

contestée. N'est-elle pas aussi la petite-fille du « roi fou », George III, un autre Hanovre, qui avait perdu à la fois la raison et les colonies d'Amérique au cours de leur guerre d'indépendance soutenue par Louis XVI ?

Victoria est petite, mais son mètre cinquante est un concentré d'énergie et d'intelligence. Rapidement, la souveraine se doit d'être aimée, respectée. Elle s'impose par son autorité, son travail de représentation, ses qualités. A l'âge de 11 ans, elle avait écrit : « Je serai sage. » Elle pressentait qu'elle deviendrait souveraine puisque, à l'avènement de son oncle George IV, Victoria de Hanovre devenait héritière présomptive. Couronnée à l'abbaye de Westminster le 28 juin 1838, la jeune reine s'arroge trois droits essentiels qu'aucun gouvernement ne pourra lui retirer, qu'il soit conservateur ou libéral : « le droit d'être consultée, le droit d'encourager, le droit d'avertir ». Sans être personnellement toute-puissante, elle incarnera la puissance.

Après les regrettables égarements de ses prédécesseurs, Victoria donne un nouveau visage à la Couronne et lui applique un adjectif : il existe une ère victorienne, comme il y eut une époque élisabéthaine. Si la monarchie victorienne nous paraît mécanique et, parfois, impersonnelle, c'est parce qu'elle se devait d'être guindée pour se protéger et se fortifier, en un mot s'imposer.

La reine Victoria lance une mode : elle se marie en blanc !

La jeune Victoria livre un combat pour débarrasser son royaume de toute empreinte continentale. Pour cette raison, la reine renvoie de la Cour sa propre mère, demeurée trop allemande. Lorgnée par d'innombrables prétendants, celle que l'on surnomme « rose d'Angleterre » ne peut épouser qu'un protestant. C'est Léopold Ier, premier roi des Belges, qui agit en coulisse. Lui aussi est issu du riche vivier de Saxe-Cobourg-Gotha, qui a déjà noué plusieurs alliances avec la Maison royale de Grande-Bretagne. Et avant d'être élu roi des Belges en 1830, Léopold avait été l'époux fugace de la princesse Charlotte-Augusta, fille unique du prince régent, le futur George IV. C'est à Windsor que Victoria tombe sous le charme de son cousin Albert, le 10 octobre 1839, écrivant dans son journal : « Albert est d'une beauté frappante. Il est très aimable et sans affectation. Pour tout dire en un mot : c'est un fascinateur. »

Le dimanche 10 février 1840, elle épouse Albert de Saxe-Cobourg-Gotha après une indispensable formalité d'état-civil. En effet, au gouvernement et au Parlement, on s'est hâté de voter un *bill* de naturalisation du mari. La reine n'épouse pas un étranger, mais un de ses sujets. Elle innove beaucoup en lui donnant le titre d'Altesse Royale et le rang de maréchal, mais aussi en réduisant sa liste civile de 50 000 livres annuelles à 30 000, montant alloué jusque-là aux épouses des précédents monarques. Victoria, qui symbolisera tant de traditions, commence par les bousculer : enveloppée de satin et de dentelle, la reine se marie en blanc, lançant la mode en Occident. Et pour couper court au statut protocolaire de son époux, elle décide, par décret, qu'il aura la préséance juste après elle, « excepté seulement si un autre rang lui était assigné par le Parlement ».

Si, officiellement, Victoria épouse un Anglais, la couronne de roses et de fleurs d'oranger entremêlées d'un brin de myrte dont elle est coiffée est une vieille coutume allemande. Pour la première fois, une reine d'Angleterre se marie selon le rite anglican, puisque Marie Tudor était catholique, Elizabeth Ire demeurée célibataire et Anne Stuart déjà l'épouse de Georges de Danemark lorsqu'elle avait accédé au trône en 1702.

C'est à Windsor que la jeune reine voulut passer quelques jours de lune de miel avec son cher Albert, une innovation pour l'époque. En dépit d'une migraine tenace le lendemain matin, elle nota : « Quel bonheur d'avoir un tel mari ! » On comprend pourquoi Windsor fut dès lors tellement apprécié par la famille royale…

Le 10 octobre 1844, Victoria y reçut Louis-Philippe et un grand banquet fut servi le lendemain dans la salle Saint-George. Le roi des Français fit don à la souveraine du char à bancs bleu dans lequel il était arrivé, et la voiture, jadis attelée à quatre chevaux, est aujourd'hui conservée dans les écuries royales de Buckingham Palace. Nicolas Ier de Russie, le « tsar de fer » qui s'estimait le gendarme de l'Europe, y vint en visite officielle et, touché à son tour par l'anglomanie alors très à la mode, en repartit avec l'idée de construire un *cottage* dans le parc de son palais de Petrovoretz, au bord de la mer Baltique.

A Windsor, Napoléon III jure fidélité à la reine d'Angleterre !

Après quelques réticences, mais finalement séduite par le charme de Napoléon III et l'élégance de l'impératrice Eugénie, Victoria les invita à Windsor le 18 avril 1855, époque où l'Angleterre et la France étaient alliées dans la guerre de Crimée contre la Russie. Dans la magnifique chapelle Saint-George, Victoria honora l'empereur des Français en lui octroyant le ruban bleu de la Jarretière, la plus distinguée des décorations, remontant au XIVe siècle et dont la devise, non moins distinguée, est « Honni soit qui mal y pense ». Justement, qu'en penserait l'oncle du récipiendaire, c'est-à-dire Napoléon Ier ? Son neveu a prêté serment de fidélité... à la reine d'Angleterre, et à l'époque, le dernier monarque français ayant été intronisé dans cet ordre qui se réunit une fois par an à Windsor était un Bourbon, Louis XVIII, alors en exil. Au moins, Napoléon III était-il au pouvoir... et sincèrement anglophile.

Mais offrir ensuite aux souverains français un bal dans la splendide salle gothique voisine (30 mètres sur 14) des années 1820-1830 posait un sérieux casse-tête diplomatique. En effet, le nom officiel de la salle est « Waterloo », et elle est décorée par les portraits (peints par Thomas Lawrence) des principaux rois, dirigeants politiques et chefs militaires ayant contribué à la défaite finale de Napoléon en 1815. Y recevoir le neveu du plus acharné des adversaires de l'Angleterre en rappelant sa défaite à Waterloo était délicat ! Les services du protocole effacèrent l'insulte du nom de « salle Waterloo » ; celle-ci devint, le temps du gala, la « salle… historique ». La dénomination était habile et ne pouvait vexer personne, puisque tout dîner à Windsor est une page d'histoire[1].

L'union de Victoria et d'Albert est sans nuage, bénie par neuf enfants, mais brisée par la mort prématurée du prince consort en 1861. Victoria en demeura inconsolable et tomba dans une apathie frôlant la déraison. Drapant désormais sa silhouette ronde dans du crêpe noir, Victoria, la reine veuve, que son Premier ministre favori Disraeli fit proclamer impératrice des Indes en 1877, était un formidable exemple de stabilité de l'Etat. Garante de l'équilibre des institutions et respectueuse de l'alternance, elle désavouait parfois ses Premiers ministres, tels Palmerston et Gladstone. Durant les soixante-quatre années où le royaume fut sous son sceptre, la France connut douze chefs d'Etat, deux dynasties et trois révolutions, la Prusse cinq monarques, l'Espagne quatre souverains, deux dynasties et d'innombrables coups d'Etat dans une interminable guerre civile, la première. Par la longévité de son règne, Victoria a non seulement stabilisé la monarchie, mais elle l'a, en somme, magistralement anglicisée. Ce fut l'âge d'or du château de Windsor ; avec elle, ce vaste lieu de villégiature se métamorphosa en un magnifique palais pour accueillir les chefs d'Etat étrangers. Proche de Londres, Windsor était devenu, au milieu du XIXe siècle et par la volonté de la reine, une véritable ambassade des traditions anglaises au service des relations extérieures, auxquelles la souveraine était particulièrement attentive.

---

1. La tradition de cet éphémère changement de nom est toujours en usage pour des hôtes français. Ce fut le cas en 2004 lors de la visite du président Jacques Chirac ; il eut droit à une représentation de la célèbre comédie musicale qui faisait courir tout Londres, *Les Misérables*.

Lors du dîner d'Etat en habit et robe longue, offert par la reine le 26 mars 2008 en l'honneur du président Nicolas Sarkozy, de son épouse et d'une délégation du gouvernement français, Mme Rachida Dati, alors garde des Sceaux de la République, fit sensation avec une robe très échancrée ; on peut le vérifier sur le film qui passe en boucle devant des millions de visiteurs.

Victoria est dotée de dons psychologiques rares. C'est encore lord Salisbury, successeur de Disraeli de 1885 à 1892, qui avoue : « Lorsque je connaissais la pensée de la reine, je savais presque assurément l'opinion de ses sujets et particulièrement de la classe moyenne[1]. »

Afin de mettre en valeur ses coutumes britanniques, Victoria conseillait à sa fille Vicky, devenue princesse héritière de Prusse, de ne boire que du thé anglais dans son château de Potsdam, près de Berlin ! Jusqu'à la fin de ses jours, la reine se méfia de Guillaume II, ce Hohenzollern, roi de Prusse et empereur d'Allemagne, qui était son petit-fils. Et elle transmit ce conseil de prudence à son fils le prince de Galles qu'elle avait toujours écarté des affaires de l'Etat. Edouard avait été fort patient, puisque sa mère ne trépassa qu'à l'aube du XXe siècle, le 22 janvier 1901. Il avait déjà soixante ans quand il devint le roi Edouard VII.

Edouard VII, un roi d'Angleterre joyeusement francophile

D'une jovialité contagieuse et enthousiasmante, le nouveau souverain désarme ses adversaires par ses remarques très sensées. Intelligent et visionnaire, il est bien informé de la situation internationale. Bon vivant, amateur de tous les plaisirs, il est réputé pour ses bonnes fortunes parisiennes. Un soir, lors d'une de ses irruptions au Moulin-Rouge, alors qu'il était encore prince de Galles, il offrit un magnum de champagne à la reine du cancan, la célèbre Goulue. La danseuse l'avait apostrophé avec toute la gouaille dont elle était capable : « Eh ! d'Galles ! Tu paies le champagne ? » Les frasques galantes du prince et son aisance réjouissaient les cabarets de Montmartre. Un autre soir, le fils de Victoria était attablé au Chat noir, établissement réputé du boulevard de Rochechouart dont le maître des

1. Andrew Roberts, *Salisbury, Victorian Titan*, Weindenfeld & Nicolson, Londres, 1999.

lieux, Rodolphe Salis, prenait plaisir à insulter ses clients. Chapitré par des policiers en chapeau melon, le tenancier consentit à s'en tenir à la longévité de la reine : « Alors, Monseigneur ! Et cette maman ? Toujours aussi bien portante ? » L'illustre interpellé avait répondu en souriant : « Grâce à Dieu, oui ! Je vous remercie, monsieur. »

Enfin monté sur le trône, Edouard VII ne s'intéressait pas qu'aux Françaises et à la « vie parisienne » délurée. Ce francophile s'inquiétait du rôle mondial qu'entendait jouer l'Allemagne. De son règne court (1901-1910), mais décisif, l'histoire retient surtout que ce monarque aimable, s'exprimant dans un français parfait, avait séduit les « mangeurs de grenouilles », et parmi eux le président de la République Emile Loubet, un méridional rondouillard plus petit que le roi, qu'il reçut le vendredi 1er mai 1903, à la gare du bois de Boulogne. Edouard VII venait imposer la négociation de la future fameuse Entente cordiale. Mais l'affaire se présentait mal. En effet, quatre ans plus tôt, la conquête de l'Afrique centrale par l'Angleterre avait contraint les Français à évacuer Fachoda, au Soudan. En France, l'incident était ressenti comme une humiliation. La reine Victoria avait reporté *sine die* son séjour annuel sur la Côte d'Azur. Encore plus grave : on pouvait craindre que les Anglais ne renoncent à leur promenade à Nice. Enfin, de nombreux Français s'étaient engagés aux côtés des Boers dans la guerre du Transvaal.

La première journée de la visite d'Etat d'Edouard VII à Paris avait été ponctuée par une succession de gestes hostiles. Boulevard Flandrin, des « vive Jeanne d'Arc ! » – un contentieux de quatre fois cent ans – avaient été lancé aux royales oreilles. Le soir, à son arrivée à la Comédie-Française, le monarque fut accueilli par les sifflets des anarchistes. Lorsqu'il apparut dans la loge officielle, le roi subit l'affront d'une salle pleine, debout, mais silencieuse et glaciale. Aucun applaudissement, en dehors de ceux de la claque, démasquée et ridiculisée. Sa Majesté n'était pas la bienvenue. C'est au cours de l'entracte que l'atmosphère changea. Edouard VII se rendit au foyer pour fumer un cigare, une de ses habitudes princières ; il aperçut la ravissante Jeanne Grenier et lui dit, de sa voix forte et bien placée : « Mademoiselle, je me rappelle vous avoir applaudie à Londres. Vous y représentiez toute la grâce et tout l'esprit de la France. »

Le compliment – c'était prévisible ! – fit le tour du théâtre. Lorsque le souverain regagna sa loge, la salle, debout, l'applaudit chaudement, sans le secours des « claqueurs ». En une heure, tout Paris était au courant. Le lendemain matin, par les journaux, la République fut informée des courtoises attentions du roi d'Angleterre à l'esprit réconciliateur. Le jour suivant, à l'Hôtel de Ville, le visiteur déclara même se sentir chez lui à Paris. Il est vrai qu'il y venait souvent. En ce troisième jour, à la gare du bois de Boulogne, son train spécial partit dans des panaches d'enthousiasme. Promu la coqueluche des Parisiens aux acclamations capricieuses, Edouard VII se révéla un expert en relations publiques. Il évoqua même l'idée – antique ! – d'un tunnel sous la Manche !

Sans Edouard VII, l'Entente cordiale n'aurait pu être conclue

Le roi a joué le rôle d'un catalyseur. Sans son habileté et sa personnalité chaleureuse, l'Entente serait demeurée théorique. Mais il fallut encore onze mois d'un sévère marchandage et la visite « de retour » du président Loubet pour concrétiser l'accord. L'Entente cordiale fut donc signée le 8 avril 1904 avec le ministre français des Affaires étrangères Théophile Delcassé, le cheveu ras, portant lorgnon et moustache, ancien journaliste calme et prudent, venu à la politique en 1889. Même si l'ambassadeur de France, le bouillant mais astucieux Paul Cambon, avait été très apprécié du Foreign Office et de son ministre lord Lansdowne – qui comptait Talleyrand parmi ses ancêtres, ce qui n'était pas négligeable –, il avait fallu qu'Edouard VII mît tout son poids, son amour de la France et sa crainte de l'Allemagne pour aboutir à la fin de l'isolement diplomatique français.

L'Entente cordiale, pacte en quatre articles, était plus une liquidation des différends coloniaux qu'un traité d'alliance, mais elle avait l'avantage de confirmer le rôle international de la France après l'Alliance franco-russe. En parallèle, un rapprochement anglo-russe permettait de voir s'ébaucher une Triple-Entente entre le Royaume-Uni, la République française et l'Empire des tsars. Les dépêches envoyées par les ambassadeurs d'Allemagne à Paris et à Londres révélaient cette stratégie qui anéantirait l'œuvre de Bismarck.

Edouard VII, le verbe clair et l'esprit fin, avait convaincu les républicains gaulois. A la Chambre des communes, un parlementaire saluait la perspicacité royale. C'était le triomphe de la « dictature du tact ». Dix ans plus tard, elle se transformerait en une action concertée et un immense sacrifice[1].

Depuis l'été 1914, l'Entente cordiale était devenue une alliance stratégique et tactique, même si les objectifs et les moyens n'étaient pas toujours harmonisés. La guerre ravageait l'Europe. Une guerre fratricide, presque tribale à bien des égards. Qui pouvait la prévoir ? Qui aurait pu l'empêcher ?

Berlin, 1913 : l'ultime rencontre entre les souverains avant la guerre

Quatorze mois plus tôt, le mercredi 21 mai 1913, le fils d'Edouard VII, devenu le roi George V, et son épouse la reine Mary s'étaient rendus à Berlin, au mariage de la fille unique du Kaiser. A son arrivée en bateau, et avant de

1. C'est en France que les Britanniques comptèrent le plus de victimes, notamment dans la Somme. Entre le 4 août 1914 et le 11 novembre 1918, on recensa sept cent quatre-vingt mille morts Britanniques et deux fois plus de blessés.

monter dans un train spécial, le souverain était en civil, élégant, coiffé d'un chapeau melon, parapluie à la main. Un gentleman. Puis, pour honorer le Kaiser, il avait revêtu l'uniforme de général prussien barré du cordon orange de l'Aigle noir. Guillaume II n'était pas en reste de courtoisie vestimentaire : il portait l'uniforme écarlate des Royal Dragoons, coiffé d'un casque d'or à jugulaire et à crinière noire. Il aimait les tenues militaires, toutes… Ces échanges de bonnes manières étaient un exercice un peu forcé de diplomatie entre parents. Ils se révéleraient bientôt dérisoires et impuissants à empêcher l'engrenage de la guerre et à substituer aux cousinages parfois gênants des alliances militaires.

Le tsar Nicolas II, un autre parent, les avait rejoints le lendemain. L'Anglais et le Russe avaient plus qu'un air de famille ; quant à Guillaume II, il se distinguait par ses moustaches qui dessinaient, dirait-on, l'initiale de son prénom, un ample « W ». Trois souverains qui régnaient sur la moitié du monde, trois cousins. Une fastueuse fête de famille, l'ultime du genre. « Ils l'ignoraient encore, mais ce mariage serait pour eux la dernière occasion de se retrouver avant la Première Guerre mondiale[1]. »

Les hostilités entre Londres et Berlin n'étaient pas nouvelles, mais l'obsession de Guillaume II de construire une flotte importante les avait avivées. Il ne supportait pas que le contrôle des mers fût aux mains de l'Angleterre. Cette ambition, dont la mise en œuvre avait été confiée à l'amiral Tirpitz, envenima les relations germano-britanniques bien avant l'attentat de Sarajevo, le 28 juin 1914. La concurrence armée n'exclut pas des gestes d'apaisement chez le Kaiser. Ainsi, en 1908, dans une interview retentissante publiée par le très conservateur *Daily Telegraph*, Guillaume II avait apporté son soutien au Royaume-Uni dans la guerre des Boers, prenant exactement le contre-pied de son appui remarqué à Kruger en 1896, lorsque celui-ci voulait chasser

1. Catrine Clay, *Le Roi, l'Empereur et le Tsar*, traduction de Marie Boudewyn, Jean-Claude Lattès, 2007 ; rééd. « Tempus », Perrin, 2008.

les colons britanniques du Transvaal. Le spectaculaire revirement de l'empereur, soudain favorable à Londres, exaspère l'opinion publique allemande et affaiblit l'autorité du souverain, lâché par son chancelier von Bülow. L'attitude contradictoire du Kaiser, alternant les menaces et les surprenantes manifestations de sympathie, met en évidence la souffrance psychologique du monarque, causée ou aggravée par son complexe physique, un bras atrophié qu'il dissimule par toutes sortes d'artifices vestimentaires. Se coiffant volontiers d'un casque ailé emprunté à la mythologie des opéras wagnériens, accentuant ostensiblement la forme circonflexe de ses moustaches, il aime les apparitions cérémoniales, théâtrales et d'un romantisme appuyé. Son père, Frédéric III, gendre de Victoria, emporté par la maladie après seulement quatre-vingt-dix-neuf jours de règne, considérait son fils Guillaume comme immature. En fait, le cousin de George V n'est pas incompétent ; il est plus maladroit que belliqueux, mais chez lui, on peut s'attendre à tout... et n'y rien comprendre !

Mardi 17 juillet 1917, Buckingham Palace. George V, petit-fils de Victoria et second fils d'Edouard VII, travaille à la rédaction d'une imminente déclaration historique, pesant chaque mot. Il règne depuis sept ans, dont trois d'une guerre dite mondiale, la première. De tous les monarques britanniques du XXe siècle, il reste sans doute le moins connu des Français. Paris honore sa mémoire en ayant donné son nom à une avenue et à une station de métro. Et les sportifs se souviendront que le double champion olympique d'équitation Pierre Jonquères d'Oriola, disparu en juillet 2011, avait remporté à Londres, en 1947, le très envié trophée du roi George V. Que savons-nous réellement de cet homme qui n'était pas préparé à être roi, mais fut l'un des plus dignes et l'un des plus courageux dans une période de bouleversements gigantesques qui ont précipité l'écroulement d'un monde – l'Europe –, lézardé la société britannique et miné son empire ? Ce souverain à la barbe et à la moustache encore plus fournies que celles du tsar Nicolas II, auquel il ressemble tant, a une destinée forgée par la révélation de son antigermanisme. On pourrait résumer son action à deux décisions, à la fois internes et extérieures, mais qui relèvent d'un même état d'esprit : d'une part, il a déclaré la guerre à ce parent qu'il déteste, le Kaiser Guillaume II ; d'autre part, la violation de la neutralité de la Belgique du roi Albert Ier par l'Allemagne avait décidé George V et son gouvernement à se ranger aux côtés de la France. C'était il y a trois ans. Ce 17 juillet 1917, dans quelques heures, George V s'apprête à renier publiquement toute référence à ses parentèles allemandes.

George V ne devait pas régner ; il sera pourtant le « roi-courage »

George V, Georgie pour les intimes, incarne, pour la première fois, l'esprit de résistance britannique. Il est le roi qui dit non : non au rappel d'un passé dynastique et non au présent qui menace son avenir. Avec George V, Albion non seulement reste perfide, mais elle devient également entêtée pour ses ennemis. Devenu héritier du trône après le décès de son frère, George a épousé à 28 ans, en 1893, sa cousine la princesse Mary de Teck, dite May en référence au mois de sa naissance ; elle est l'arrière-petite-fille du roi George III, ce prince de Hanovre qui avait acheté le palais du duc de Buckingham en 1762 et avait été, plus tard, atteint d'une folie incurable. Or, comme cela se produisait à l'époque dans l'univers du gotha, Mary avait d'abord été fiancée au frère de George, le prince Albert Victor, duc de Clarence. Cet autre petit-fils de Victoria traînait une réputation exécrable de jouisseur fréquentant les gens les plus douteux et provocateur de scandales menaçant l'apparente dignité victorienne, déjà ébranlée par le talent, éblouissant et ravageur, de l'Irlandais Oscar Wilde dans sa satire des mœurs aristocratiques. Avant 1900, Wilde avait démontré l'importance d'être impertinent. Un moment, une rumeur avait même soupçonné le duc de Clarence d'être l'insaisissable Jack l'éventreur qui terrorisait les quartiers populaires de l'East End en assassinant des prostituées. L'ambigu duc de Clarence était mort le 14 janvier 1892, d'une pneumonie selon une version acceptable par la bonne société, de la syphilis d'après des sources policières moins hypocrites[1].

Né en 1865, George, deuxième fils d'Edouard VII et désormais héritier du trône, est très différent de son aîné. De sa mère Alexandra de Danemark[2], célèbre pour sa beauté et aussi, hélas ! pour sa surdité, il a hérité un caractère paisible, mais d'une rare fermeté. On retrouve chez lui l'impression relevée par Charles Dickens qui assistait au mariage de la princesse danoise avec l'héritier de Victoria. Sa présence dégage un respect et le sentiment d'être prêt à jouer son rôle avec autant de grandeur que de discrétion. Sur ses paupières alourdies par le fardeau de la guerre, le regard de George V scrute attentivement l'interlocuteur. Le monarque est célèbre pour sa ponctualité et ses habitudes régulières. Adolescent, il faisait de la voile au large de l'île de Wight. Tout naturellement, il fit carrière dans la marine, et pendant les quinze ans qu'il y passa, il montra une grande détermination. Le service en mer lui convenait parfaitement. Contraint d'abandonner la Royal Navy à la suite du décès de son frère, il était officiellement désavantagé par le fait de ne pas avoir reçu de formation de futur roi. Mais les circonstances révèlent les êtres ; son tempérament pondéré et consciencieux, hérité de sa grand-mère Victoria, lui fut un atout précieux.

Monté sur le trône en 1910, George V était très pointilleux lorsqu'il s'agissait d'accomplir ses devoirs royaux. Il les respectait et s'appliquait à les faire respecter. Et sa bonne volonté était prête à affronter toutes les épreuves. Et elles seraient nombreuses.

---

1. Sur cette fameuse énigme, officiellement non résolue, une thèse récente, évoquée au cinéma et à la télévision, impliquerait le chirurgien personnel de la reine Victoria…

2. Alexandra, épouse d'Edouard VII, avait une sœur, la princesse Dagmar, qui était la femme du tsar de Russie Alexandre III et la mère du dernier tsar Nicolas II, d'où la ressemblance entre ces cousins germains.

Son mariage avec Mary, qui n'aurait dû n'être qu'un arrangement au nom des bonnes manières puisqu'elle épousait celui qui aurait dû être son beau-frère, se révéla une très affectueuse union, bénie par six enfants dont deux seront rois : Edouard VIII et George VI. Il faut d'ailleurs souligner que, lors de leur mariage le jeudi 6 juillet 1893 sous un ciel lumineux – le légendaire « temps de la reine » depuis les noces de Victoria –, George et Mary avaient réussi à faire taire les polémiques du Parlement. Durant quelques heures, les vifs débats à Westminster, où la Chambre des communes et la Chambre des lords s'opposaient sur le statut de l'Irlande, s'étaient tus et tout Londres avait connu une autre fièvre : la joie. Depuis 1876, Londres était la capitale d'un empire s'étendant du Canada aux Indes. En ce jour de l'été 1893, il n'y était question que d'amour. Depuis l'union de Victoria et d'Albert en 1840, les noces royales étaient une pause parfois enrichie d'une surprise. Son petit-fils George, encore duc d'York, et sa jeune épouse Mary avaient échangé leurs serments dans une petite chapelle, celle où Victoria et Albert avaient fait de même cinquante-trois ans auparavant… C'était un pèlerinage conjugal.

On se tromperait en jugeant George V effacé. Certes, le contraste avec son père Edouard VII est saisissant. A 45 ans, George V a un réel talent que n'avait pas son prédécesseur pour apaiser le climat agité de la politique intérieure, en particulier une rébellion de la Chambre des lords contre le projet de budget du Premier ministre Lloyd George. George V s'efforce de maintenir un équilibre précaire entre les forces adverses. Il ne cesse de prôner l'unité et la réconciliation, en particulier sur la question, sensible, de l'autonomie interne irlandaise entre 1911 et 1914, le fameux *Home Rule*. En juillet 1914, le souverain préside lui-même une conférence sur l'avenir de l'Irlande « où toutes les parties sont représentées. Quatre jours plus tard, elles se séparent sur un échec total[1] ».

---

1. Philippe Valode, *Rois, Reines, Princes et Princesses d'Angleterre*, L'Archipel, 2011.

La guerre réunifie la nation qui ne comprend pas que des Anglais (on compte, par exemple, quatre divisions uniquement écossaises), mais entre les grèves et la question des protestants irlandais fidèles à l'Angleterre, la situation est difficile puisqu'elle exige, en permanence, un million d'hommes sur le front français. L'arrivée des Américains apporte donc un soutien massif et précieux. Leurs premiers contingents, commandés par le général Pershing et débarqués le 8 juin 1917 à Liverpool, ont été salués notamment par le général Campbell, à la tête d'un détachement des Royal Welsh Fusiliers. C'est la première fois depuis deux siècles que des soldats étrangers posent le pied sur le sol britannique. Le 13 juin, Pershing est arrivé à Boulogne. Le 4 juillet, jour de la fête nationale américaine, le commandant en chef du corps expéditionnaire américain, accompagné d'une immense foule, s'est recueilli au cimetière parisien de Picpus sur la tombe de La Fayette. Ce jour-là, on prêta à Pershing une phrase entrée dans l'histoire : « La Fayette, nous voilà ! » Mais en réalité, le général avait demandé à un de ses officiers, qu'il jugeait bon orateur, de prononcer quelques mots à sa place. C'est donc ce colonel Stanton qui prononça le fameux « La Fayette, nous voilà ! ». Dans ses *Souvenirs*, Pershing avouera : « C'est à moi que beaucoup ont attribué cette phrase lapidaire et j'ai souvent regretté de n'en avoir pas la paternité[1]… »

Avec la décision du Congrès des Etats-Unis, le conflit devient réellement mondial. Le corps expéditionnaire venu d'outre-Atlantique se pose, lui aussi, des questions sur l'ascendance allemande de la monarchie britannique. Même dans le domaine linguistique américain, comme au Royaume-Uni, l'antigermanisme est désormais de rigueur : le *hamburger* se change en *liberty sausage* ! Et le Spy Act voté par le Sénat et la Chambre des représentants le 15 juin rend désormais suspecte toute relation avec les Allemands. Pour l'information des soldats, l'importante et influente commu-

1. Jean-Pierre Turbergue (dir.), *La Fayette, nous voilà !*, préface de Nicolas Sarkozy, éditions Italiques, 2008.

nauté d'origine germanique aux Etats-Unis est chargée d'expliquer les relations familiales entre les monarques en guerre. Le président Wilson estime que « cette guerre a été décidée comme les vieilles querelles : par un groupe d'ambitieux, mais pas par la volonté du peuple ». Déjà, en août 1896, lord Salisbury, Premier ministre britannique, avait fait part de ses inquiétudes en écrivant à un ami : « Quel curieux spectacle présente l'Europe ! Un avenir des plus incertains dépend de la volonté de trois ou quatre hommes à peine[1]. » Etrange Europe, en effet, dont les souverains peuvent être directement, voire physiquement, impliqués dans les affrontements ; comme à Azincourt, à Bouvines, à Austerlitz, à Waterloo, à Sedan… Ainsi, au début du XXe siècle, des personnalités individuelles peuvent encore peser plus lourd que tous les idéaux.

La Cour annonce le nouveau nom de la famille royale : Windsor

Pour les troupes venant du Wyoming ou du Kansas afin de porter secours aux Français, aux Britanniques et aux Belges, ce n'est pas simple. Même le cas de la Belgique paraît un casse-tête pour les Américains. Certes, l'Allemagne a violé la neutralité du royaume en attaquant l'Yser. L'héroïque roi Albert Ier fait face à l'invasion, à la dévastation, à la spoliation et à l'outrage. Esprit remarquable, homme de belle stature, il commande l'armée, lui évite le pire. Malgré l'occupation à peu près complète de son pays, il prend une part très active et maîtrisée aux côtés des Alliés, méritant son surnom de « roi-chevalier ». Et cependant, le troisième roi des Belges est lui aussi un Saxe-Cobourg-Gotha issu de cette petite mais ancienne maison princière de Haute-Franconie, et son épouse Elisabeth est une Wittelsbach, une duchesse bavaroise, donc elle aussi une Allemande. Admirable de dévouement et de compas-

1. Andrew Roberts, *op. cit.*

sion, la reine est présente dans les tranchées, pansant les blessures avec un sourire réconfortant. Un ange au milieu de l'horreur. Comment s'y retrouver dans ces imbrications familiales et ces comportements ?

George V, troisième roi d'Angleterre de la maison de Saxe-Cobourg-Gotha, est bien un Allemand, issu de la même maison princière de Haute-Franconie et cousin germain du Kaiser ! Une anomalie de plus en plus indécente alors que des centaines de milliers de morts et de blessés, défigurés, gazés, mutilés sont victimes de l'Empire allemand… Des millions de Britanniques, militaires et civils, en sont plus qu'embarrassés, jugeant cette situation malsaine. Ils sont choqués et lassés de cette bizarrerie obérant le patriotisme. On évoque avec douleur le sort de « Nicky », l'ex-tsar Nicolas II qui vient d'abdiquer, mais ses cousins anglais ne font rien pour l'accueillir. La Couronne interroge le Cabinet qui renvoie cette question délicate à Buckingham Palace. Recevoir les Romanov exilés ? Le temps d'y songer, ceux-ci commencent leur odyssée tragique qui ne s'achèvera que sous les balles des tueurs d'Ekaterinbourg.

Le mardi 17 juillet 1917, le roi George V, par le biais du *Court Circular*, journal officiel de la Cour, annonce sa renonciation à tous ses titres et noms allemands. Un détail au début de ce communiqué est révélateur : le roi a été « heureux d'informer le Conseil de sa détermination de respecter le nom de sa maison et de sa famille et d'interrompre tous ses titres allemands ». George V a-t-il vraiment été « heureux » de ce spectaculaire changement d'identité ?

Sa maison et sa famille prennent un nouveau nom, celui de Windsor. Le conseil privé s'est tenu au palais de Buckingham en présence d'importants personnages, dont le duc de Connaught, l'archevêque de Canterbury, le lord chancelier, le Premier ministre Lloyd George et aussi lord Curzon, qui avait été vice-roi des Indes jusqu'en 1905. George V connaît le poids des déclarations devant l'opinion. Il a instauré la tradition de ses vœux de Noël et des communiqués à la radio aux peuples de l'Empire. Il sait que, vis-à-vis des consciences britanniques, anglaises, galloises, écossaises et irlandaises protestantes, il n'est plus possible pour la famille royale de symboliser la poursuite de l'effort de guerre avec un patronyme à la consonance allemande, choquante à tous égards. N'est-ce pas un peu tard, après trois ans de combats ? On peut remarquer que, dès l'entrée en guerre de la Russie, le tsar, dont l'épouse, née Alexandra de Hesse, était allemande, avait veillé à ce que Saint-Pétersbourg, la capitale russe aux sonorités trop germaniques, soit immédiatement débaptisée au profit de Petrograd, un nom russe. La ville de Pierre y avait perdu sa symbolique sacrée[1]...

La proclamation royale est publiée le lendemain par toute la presse britannique. Le *Times* y consacre une colonne sur six, entre les succès français à Verdun et sur la Meuse, la retraite russe, l'envoi de nouvelles troupes américaines en France et les programmes des théâtres londoniens. Pour deux spectacles, Wagner n'est pas encore banni du répertoire. On note que *Tristan et Isolde* sera donné vendredi à l'opéra de Covent Garden en soirée et samedi en matinée, dernières représentations de la saison. Dans son texte, le monarque précise notamment : « Nous avons déterminé, pour nous-même, pour et au nom de tous nos descendants et de tous les descendants de notre grand-mère la reine Victoria, de mémoire bénie et glorieuse, de renoncer et de rompre l'usage de tous titres et dignités allemands. [...] A dater du jour de notre proclamation royale, notre Maison et notre Famille seront appelées et connues sous le nom de maison et famille de Windsor. Tous les descendants en ligne masculine de notre grand-mère la reine Victoria qui sont sujets de ce royaume, autres que les descendants féminins qui peuvent se marier ou avoir été mariés, tous porteront le nom de Windsor. [...] Pour nous-même et tous nos descendants, l'usage des grades, titres,

1. Petrograd devint Leningrad de 1924 à 1991, date à laquelle, par référendum municipal, l'héroïque cité retrouva son nom impérial de Saint-Pétersbourg.

dignités et honneurs de ducs et duchesses de Saxe, de princes et de princesses de Saxe-Cobourg-Gotha et autres dénominations allemandes ne nous appartiennent plus. *God save the King.* »

George V, premier roi Windsor, doit supprimer son accent allemand

Bien que tardive, l'initiative royale est courageuse et efficace. Et originale. Il ne s'agit pas de cacher, grâce à une succession ou à un mariage, un ancien nom derrière un nouveau en choisissant un autre patronyme et ses armes. Il s'agit d'une rupture d'ascendance, mais la dynastie reste la même. Le passé dynastique est renié. Mais peut-il être effacé ? Il fallait un nom qui fût le plus britannique possible, incontestable, incontesté, crédible et hautement évocateur. Il n'y en avait qu'un : Windsor ! Dans son commentaire publié sous la proclamation, le *Times* juge que « le Roi ne pouvait choisir un nom plus approprié, car Windsor est *par excellence*[1] la résidence du souverain et a été associée plus longuement qu'aucune autre résidence royale aux bonheurs et aux vies des rois et reines d'Angleterre ». Le prestigieux quotidien, fondé en 1785 sous le règne d'un roi de la maison de Hanovre, énumère les dynasties qui se sont succédé depuis Guillaume le Conquérant, rappelant que toutes ont été liées à Windsor « parfois pour les avantages de la Nation, parfois pour ses désavantages ». La reine Victoria, dernière représentante de la maison de Hanovre, et le prince Albert, un Saxe-Cobourg-Gotha, y sont enterrés, de même que leur fils et successeur Edouard VII. De même Charles Ier, un Stuart exécuté par Cromwell, y repose, et son bourreau politique, Cromwell, avait veillé à entretenir le château.

Du point de vue architectural, Windsor doit beaucoup à cinq souverains bâtisseurs. Guillaume le Conquérant, un

1. En français dans le texte.

Normand, y installa une forteresse de bois sur un piton gardien de la Tamise ; Henri II, un Plantagenêt, la rebâtit en pierre, éleva ses premiers remparts d'où il pouvait voir plus de douze comtés ; en 1344, Edouard III avait décidé d'en faire une résidence royale, agrandie mais en conservant le plan d'origine ; Charles II, un Stuart, avait exigé des transformations en faisant démolir les tours d'angle et les remparts ; enfin, George IV, un Hanovre, oncle de Victoria, et celle-ci par la suite s'efforcèrent de retrouver le cachet primitif du château et lui donnèrent son aspect actuel, dans un médiévalisme bâtard.

D'autres monarques ont marqué de leur empreinte la forteresse, de Henri VIII, qui a donné son nom à la porte d'entrée, à Edouard IV, qui entreprit les travaux de la chapelle Saint-George, sans oublier Henri VI, dernier souverain de la maison de Lancastre, qui aimait Windsor et fonda le collège voisin de Eton. Presque tous les rois se sont enthousiasmés en améliorant les aménagements de Windsor. Le *Times* conclut que le château n'a aucun rival pour mettre en application la décision du roi : « Pour la première fois dans sa longue histoire, Windsor devient le nom d'une dynastie éponyme. » Et avec une bonne dose d'humour résistant à toutes les épreuves, le journaliste se réjouit : « Cette époque est propice à l'innovation[1]. » Pour finir, il cite un adage latin : « *Stet domus !* » (« Puisse cette maison rester debout ! »)

« Windsor » est promu nom national. Il fallait y penser… Un patronyme de deux syllabes pour résumer toute l'histoire britannique, neuf dynasties et trente-huit souverains, au moment où George V rompt spectaculairement avec ses attaches germaniques. Un nom qui prend un nouveau sens, celui de l'enracinement dans sa terre avec sa première famille. N'est-ce pas une fortune inattendue pour ce mot quand on sait que *windsor* est, à l'origine, un terme anglo-saxon bucolique désignant « la colline près de la rivière » ?

1. *The Times*, mercredi 18 juillet 1917.

Dans sa proclamation, la référence appuyée de George V à la très respectée Victoria n'est évidemment pas un hasard. En réalité, le fait que Windsor devienne un nom national est le fruit d'une longue maturation. Le génie de George V est d'être intervenu à temps, au moment où le patriotisme interdit le moindre doute. Lui qui est né en pleine expansion victorienne est sans doute le moins connu des souverains ayant régné au XXe siècle. On le dit casanier, d'une intelligence moyenne, et l'on rappelle qu'à peine âgé de 15 ans, il se destinait à une carrière dans la Royal Navy, la mer étant sa passion ; il n'a donc pas suivi la formation d'un prince héritier. C'est en 1910 que ce prince de 27 ans succéda à son frère aîné décédé. Mesuré, consciencieux, armé d'une bonne volonté sans faille, le cadet devenu roi est un homme qui privilégie l'union et la réconciliation. Ses discours et ses conversations en témoignent ; il exècre les conflits, l'a déjà prouvé, et il persistera en refusant les mesures répressives contre les ouvriers en grève. Agissant en médiateur et conseiller des gouvernements, il exercera ainsi un rôle politique relativement important pour un monarque britannique du XXe siècle. Si son père était brillant, mondain, jouisseur, amateur de femmes, mais étincelant d'intelligence et visionnaire, George V semble effacé, terne. Il mérite d'être mieux connu. Et ce sont certainement son sens de la famille, sa dignité tranquille, sa franchise bon enfant qui définissent le mieux cet homme supportant l'épreuve de la guerre qui n'en finit pas et prenant sa décision historique. Il a même été sérieusement blessé en France le 28 octobre 1915 : en uniforme, il inspectait un détachement lorsque son cheval, effrayé par les vivats de la troupe, s'emballa, désarçonnant son cavalier. George V eut plusieurs côtes cassées ainsi qu'une fracture du bassin. Il en avait souffert sans se plaindre.

En septembre 1917, donc deux mois après le choix de sa nouvelle identité, le roi, toujours en uniforme, présida une réunion avec le maréchal Joffre, le président de la République Poincaré (le seul en civil), Foch (qui n'est pas encore maréchal) et le général Haig, héros de la bataille des Flandres et l'un des rares à prédire, en raison de son épuisement, la débâcle allemande de 1918. Tous sont bottés, souriants et confiants.

Or, derrière le petit-fils de Victoria passionné de philatélie, se dessine un souverain au patriotisme sincère, quoique discret jusqu'à cette révolution du 17 juillet 1917. Elle s'appuie sur une vérité sonore : George V est le premier roi d'Angleterre dont l'accent allemand est relativement discret lorsqu'il parle anglais ! Il se corrige en permanence, car ses intonations gutturales le desservent. Une langue exprimée d'une manière caricaturale est le pire des aveux, surtout pour un homme qui aime se faire comprendre.

D'un joli mot, Sacha Guitry, qui joua devant Sa Majesté le 1er juin 1919 sa pièce *Mon père avait raison* avec Yvonne Printemps, confirma avec ironie le patriotisme linguistique du souverain : « De tous les rois qu'il m'a été donné de connaître, il est le seul qui eût l'air d'être de la même nationalité que ses sujets. » Sacha Guitry avait raison : si le nom de Windsor s'est imposé aussi spontanément – bien que tardivement… –, c'est parce qu'il était le plus ancien symbole national.

2

1918-1935 :
George V ou l'union nationale

L'excellent accueil populaire réservé à cette décision est un soulagement pour le roi. Lui et sa famille sont enfin lavés d'une tache qui, depuis trois ans, alimentait les commérages, suspicions, doutes et remarques désobligeantes du gouvernement. Windsor, ce nom si vieux qu'il était ancré dans des siècles d'histoire, apparaissait comme un singulier renouveau. Initiée par George V, la substitution était une réussite. D'une certaine façon, la dixième maison régnante sur les îles dites britanniques était la plus innovante. Un monarque constitutionnel, s'il n'a pas de pouvoir réel, possède une influence considérable. S'il sait l'utiliser à bon escient, c'est une force non écrite, non réglementée, mais puissante, et qui peut être plus subtile qu'un cadre politique précis. George V en était très conscient. Dès le décès de son père, il avait contraint, en 1911, la Chambre des lords à limiter elle-même ses pouvoirs ! Un exploit… qui avait fait trembler les vitres de Westminster. Toute mesure financière votée par l'autre chambre, celle des communes, devenait une loi au bout d'un mois, même si les lords, offusqués de voir leurs privilèges rognés, refusaient de la voter. Les débats avaient été violents et le furent jusqu'à la guerre, notamment sur la question irlandaise. On ne pouvait nier le courage du roi qui, redoutant une guerre civile, avait repoussé les limites de sa réserve constitutionnelle : le 21 juillet 1914, il avait lui-même ouvert et présidé une conférence avec les membres du Cabinet, ceux de l'opposition, les représentants de l'Irlande protestante et ceux de l'Irlande catholique. Quatre jours plus tard, aucun espoir d'entente n'étant envisageable, George V avait clos les travaux sur ce constat d'échec, mais sa bonne volonté avait été reconnue. La fatalité s'en était mêlée : c'était le 24 juillet, le jour même où l'Autriche-Hongrie de François-Joseph envoyait son ultimatum à la Serbie, presque un mois après l'attentat de Sarajevo et quatre jours avant que, par le mécanisme des alliances, quinze pays entrent dans le conflit.

L'idée fixe de George V : partager les soucis de ses peuples

Pendant la guerre, le roi avait suscité la compassion de ses sujets jusqu'aux confins de l'Empire après sa chute de cheval en France, alors qu'il passait en revue un corps d'aviateurs à l'automne 1915. Il avait beaucoup souffert de ses fractures, mais aussi de ne pouvoir revenir sur le front avant plusieurs semaines, c'est-à-dire en 1916. Montrant l'exemple d'un souverain proche des combattants et ne s'abritant pas derrière les prescriptions de ses médecins lui recommandant le repos « jusqu'à la fin de la guerre, le roi d'Angleterre y ferait quatre cent cinquante apparitions en décernant en personne cinquante mille récompenses pour bravoure. Avec la reine Mary, il visiterait trois cents hôpitaux plus trois cents usines de munitions et chantiers navals[1] ». Le peuple, sous l'uniforme ou en civil, avait apprécié l'élégance de ces attentions royales. S'excusant de ne pouvoir agir davantage, le souverain répète à ses troupes : « Il n'est pas en mon pouvoir de partager votre calvaire, mais je suis avec vous de tout cœur et à chaque heure qui passe[2]. »

1. Catrine Clay, *op. cit.*
2. Kenneth Rose, *King George V*, Alfred Knopf, New York, 1994.

Mais il fallait faire mieux. Les conseils de Lloyd George, que George V avait nommé Premier ministre fin 1916, étaient judicieux. Ce Gallois possédait une force de conviction, une énergie et une capacité de travail remarquables. Il savait que le roi était sincère. Il lui demanda un effort supplémentaire en faveur des populations civiles, notamment à Londres ; il s'agissait de prouver au peuple que le couple royal était lui-même atteint par les restrictions dans tous les domaines, depuis la diminution du chauffage et de l'éclairage à Buckingham Palace jusqu'à l'utilisation répétée des serviettes de table identifiées par un rond comme dans toutes les familles en passant par la suppression des vins et à un minimum d'eau pour les ablutions de Leurs Majestés. George V n'apparaissait plus qu'en uniforme modeste ; le tissu de drap ordinaire remplaçait le tweed si chic et confortable des jours de chasse, devenus rares eux aussi. Les soirées au théâtre furent supprimées, l'habit fut rangé sous sa housse et le haut-de-forme remisé dans son carton. La ponctualité du roi tournait à la manie, par respect pour le personnel attaché à son service, dans la mesure où une minute de retard était considérée comme un gaspillage dont le royaume devait faire l'économie. Etre en retard à la table, frugale, de Leurs Majestés, signifiait qu'on serait privé ici d'un œuf, là d'une pomme de terre. On pouvait même se demander si le roi ne faisait pas exprès d'avancer les aiguilles des horloges et pendules ; on était en retard quand l'heure sonnait alors qu'on descendait l'escalier conduisant à la salle à manger. Et le roi comme la reine montraient que l'exactitude, politesse obligée des monarques, faisait partie de la *way of life* en temps de guerre.

A chaque seconde de ces temps difficiles, les Windsor furent discrets, attentifs, se contentant du minimum en exigeant d'eux-mêmes le maximum. Réclamer deux œufs au petit déjeuner était plus qu'une indécence, rapporte sir Frederick Ponsonby, témoin de trois règnes : c'était une trahison ; et pour George V, il était évident que la gloutonnerie ferait perdre la guerre au Royaume-Uni[1]. Le roi et la reine ne donnaient pas l'exemple, ils *incarnaient* l'exemple. Alors que certains rituels et de solides traditions avaient été suspendus, le dîner offert après l'insubmersible Derby d'Epsom à la fin du printemps 1917 avait échappé, lui, à la suppression pure et simple. Institué depuis 1780 dans une prairie du Surrey, son maintien pour trente-deux invités fut un soulagement. Mais les convives furent vite replacés dans l'économie de guerre en consultant le menu : une soupe, du poisson, du poulet et quelques macaronis, bienvenus depuis que l'Italie, ayant rompu, en 1915, sa participation à la Triple Alliance, était devenue une alliée. Hélas ! aucune viande rouge n'avait été servie. Encore pire : aucun vin n'avait été proposé pour rêver à des temps meilleurs. On avait bu exclusivement de l'eau... Celle-ci pouvait même servir pour le thé. On en avait profité pour brocarder un dîner mitonné à Paris à peu près au même moment par le président de la République dont le menu comportait, assurait-on, du caviar (certainement en hommage à ce pauvre ex-Nicolas II et à l'armée russe, alliée de la France), du turbot, de la selle d'agneau, du gibier rôti, une glace napolitaine (toujours par devoir de sympathie envers ces courageux Italiens qui avaient attendu un an avant de rejoindre les Alliés), des fruits... C'était forcément une déplaisante rumeur, colportée par Berlin, pour faire croire aux Britanniques que les Français, incorrigibles avec leurs prétentions gastronomiques, faisaient d'abord la guerre à table... Plus véridique était la vision du roi et de la reine ramassant des pommes de terre dans le parc de Windsor, devant Frogmore House, ancienne résidence de la reine Charlotte au XVIIIe siècle. Ainsi, Windsor pouvait nourrir les Windsor. Devant l'antigermanisme, parfois primaire et ridicule, qui sévissait au Royaume-Uni où M. et Mrs Braun devenaient les insoupçonnables M. et Mrs Brown, tandis que les Schmidt se convertissaient en

1. Sir Frederick Ponsonby, *Recollections of Three Reigns*, Eyre and Spottiswoode, Londres, 1951.

innocents Smith, le Kaiser, avec un humour bien ciblé et se gaussant des efforts de George V pour s'angliciser, annonça qu'il assisterait, avec joie, à une représentation des *Joyeuses Commères de Saxe-Cobourg* ! Une cocasse revanche ! Nul doute que le « cousin germain » mobiliserait la plume d'un nouveau Shakespeare pour cette adaptation provocante... Mais le roi ne plaisantait pas avec tout ce que représentait Windsor, puisqu'il en était le premier monarque. Il fit installer des batteries de défense antiaérienne, notamment sur la terrasse est du château, vers les appartements privés et la tour dite du prince de Galles. Depuis 1905 existe un corps de sauvetage du château, environ vingt-cinq hommes en uniforme tenant à la fois du célèbre *bobby*, le policier londonien traditionnellement non armé, et du pompier, assurant une mission de surveillance et de secours, évidemment renforcée par des militaires en raison des risques de bombardements.

Le roi s'inspire des principes de Victoria pour connaître l'opinion

L'austérité imposée par les circonstances n'a rien d'inhabituel chez George V. L'homme est modeste, le roi est simple. Né en 1865 dans la résidence royale de Sandringham House, il a vécu – et vit volontiers – dans une de ses dépendances appelée York Cottage. C'est une maison sans grâce, sans charme, à un étage, avec ses quatre toits pentus, ses cheminées disproportionnées et ses chambres beaucoup trop petites.

Un faux manoir fin de siècle, mais confortable, intime et discret.

Georgie y avait vu le jour au premier étage, dans la chambre de sa mère dotée d'un inévitable bow-window ; il y avait vécu son enfance et son adolescence. Il y était revenu avec son épouse – ils y avaient passé leur lune de miel. York Cottage avait été l'un des refuges du duc et de la duchesse d'York, puis du prince et de la princesse de

Galles. C'était toujours le cas pour le roi George V et la reine Mary. Le roi semblait s'y ressourcer. L'endroit était un reflet typique des goûts de l'importante *middle-class* dont sa grand-mère Victoria avait deviné, pendant soixante ans, les aspirations et les jugements. Victoria avait un infaillible flair pour pressentir les réactions de la grande majorité de ses sujets. A la stupéfaction des dizaines de gouvernements et de Premiers ministres qu'elle avait adoubés, elle avait toujours été en phase avec l'opinion. Son petit-fils recherchait la même harmonie, ce contrat tacite mais aussi essentiel que fragile entre le peuple et le monarque. Que l'intendance y soit disproportionnée n'avait aucune importance. York House débordait de personnel : des écuyers, des dames d'honneur, des secrétaires privés, quatre pages, un chef de cuisine, un valet personnel, dix valets de pied, trois cavistes sommeliers, des maîtres d'hôtel, des nurses (le couple royal aura six enfants), des femmes de chambre et des hommes à tout faire… pendant trente-trois ans !

L'exiguïté et le décor médiocre de York Cottage n'avaient pas enthousiasmé Mary, mais c'était ainsi et l'atmosphère y était parfaitement anglaise. Mary, grande et mince, s'accommodait de tout à condition d'avoir son ombrelle, ses vingt rangées de perles et de ne pas recevoir de gens divorcés à la Cour. Elle était avare, aussi bien affectivement que matériellement. En bref, elle était le contraire de sa belle-mère Alexandra de Danemark, joyeuse et élégante en dépit de son âge, jamais à l'heure et incroyablement généreuse. George V, proche des réactions de sa femme, détestait le faste inutile et la société de gens bruyants et cancaniers. Le roi situait la vraie grandeur ailleurs. Et l'un de ses plaisirs était de dîner seul avec son épouse à Buckingham Palace. Un de ces matins de guerre, le couple royal s'était rendu dans les quartiers miséreux de l'East End. Il avait été ému et choqué par les files d'attente devant les magasins d'alimentation à cause du rationnement. Trois quarts d'heure pour acheter un chou… Le roi avait ordonné à son secrétaire privé lord

Stamfordham, droit dans sa redingote, de faire porter immédiatement une lettre à Downing Street où l'on pouvait lire la honte éprouvée par les souverains : « Ce matin, Leurs Majestés [...] ont vu des gens faire la queue [pour obtenir de la nourriture] et cela leur a rappelé les difficultés dont souffrent les pauvres, alors que la partie la plus riche de la communauté n'a pas à se plaindre de ce point de vue[1]. »

Au moment de l'armistice de 1918, signé à Rethondes le 11 novembre, à l'exception des maréchaux et des généraux vainqueurs et quelquefois rivaux, le Royaume-Uni compte deux personnalités très populaires et respectées. L'un représente le gouvernement : c'est Lloyd George, Premier ministre, un Gallois qui avait inspiré l'aile gauche du parti libéral et jeté les bases du futur Etat providence avec l'institution de la pension de vieillesse dès 1908, suivie de l'assurance obligatoire contre la maladie et le chômage en 1911. Son rôle pendant le conflit à divers postes (ministre des Munitions puis de l'Armée) en avait fait le véritable coordinateur des forces en vue de la victoire, efforts sanctionnés par sa nomination à Downing Street. Aux élections de décembre 1918, Lloyd George remporte un large succès avec quatre cent soixante-dix-sept sièges contre deux cent vingt-neuf. Il lui reste à obtenir une autre paix, celle avec l'Irlande. Il y parvient en approuvant le traité signé à Londres en décembre 1921 créant l'Etat libre d'Irlande. L'Eire reçoit alors le statut de dominion, comme le Canada. L'Ulster, composée des six comtés du Nord-Est, est dotée d'un Parlement siégeant à Belfast, mais demeure au sein du Royaume-Uni. Lloyd George espère ainsi refermer une plaie ouverte depuis quarante ans.

1. Catrine Clay, *op. cit.* Lorsque Londres sera sous les bombes en 1940, l'attitude compatissante et courageuse du roi George VI et de la reine Elizabeth envers les quartiers défavorisés les rendra très populaires.

La popularité croissante du roi consolide et unifie la monarchie

L'autre héros de la guerre est le monarque, qui incarne l'Etat viscéralement britannique, qu'il a transformé et tenu d'une main ferme jusqu'à la victoire. Mais les années 1919 et 1920 sont critiques, agitées par les revendications ouvrières que Lloyd George parvient à calmer. Consciencieusement, George V et Mary reprennent et poursuivent les travaux qu'Edouard VII avait entrepris au château de Windsor. Ceux-ci concernaient le domaine artistique : Guy Laking, l'inspecteur des œuvres d'art du roi, avait réinstallé les armures et les trophées dans le grand escalier, retapissé les principales salles d'apparat de soie damassée et procédé à l'urgente restauration des tableaux. Mais la vie quotidienne n'était pas oubliée, avec la réfection de l'installation électrique, du chauffage central et des salles de bains dans les appartements d'apparat réservés aux hôtes de marque et ceux qu'habitaient la famille royale, par tradition inaccessibles au public. Pour préserver les collections, la reine Mary déploie en permanence un zèle qui s'explique sans doute par la fierté qu'elle éprouve vis-à-vis de l'histoire de la famille et la conscience de l'importance symbolique du château pendant ces quatre années de guerre. Et peut-être aussi parce qu'elle est d'origine allemande et doit faire oublier cette ombre.

Une divergence naît entre le sentiment du souverain et la politique de son Premier ministre, à la tête d'une coalition avec les conservateurs. En effet, s'appuyant sur le désir de paix de la population britannique, Lloyd George a mis fin à l'intervention de Londres dans la guerre civile russe. Mais le roi avait mauvaise conscience de ne pas avoir porté secours aux Romanov, qui avaient été exécutés sans doute sur ordre de Lénine. Tout le monde, la famille royale – donc les cousins du tsar déchu – comme le gouvernement, s'était renvoyé le problème en posant des questions sans leur apporter des solutions. Où pourraient-ils vivre ? Dans quelles conditions ? Avec quels moyens ? En fait, l'abandon de la famille impériale aux mains des soviets correspondait à une lassitude de l'opinion britannique, déjà accablée par ses propres maux en 1917. L'influence de la révolution bolchevique à Petrograd avait certes été jugée dangereuse, mais de nombreux Britanniques, attachés au principe de la monarchie parlementaire, n'étaient pas favorables à l'accueil d'un souverain jugé autoritaire et petit-bourgeois, en fait dépassé par sa mission et la situation. Sir George Buchanan, qui avait été ambassadeur de George V à Saint-Pétersbourg, fut sévère à l'encontre de Nicolas II : « Ce fut son malheur d'être né autocrate alors que sa nature ne convenait pas à ce rôle. Le système entier battait de l'aile et lui, pauvre empereur, n'était certainement pas capable d'y remédier[1]. » Mais la tragédie d'Ekaterinbourg avait bouleversé le roi et la reine. Certes, Nicolas II avait commis de nombreuses erreurs, y compris celle, fatale, de vouloir assurer le commandement en chef de ses armées, comme Napoléon III en 1870… mais ils ressentaient comme un reproche ce bain de sang dans le sous-sol de la sinistre maison Ipatiev[2].

George V est pris de remords. Peut-être songe-t-il à cette réflexion de son père Edouard VII en 1903, lorsque le Royaume-Uni avait rompu ses relations diplomatiques avec la Serbie pour protester contre l'assassinat du roi Alexandre et de la reine Draga. Des pressions de Berlin et de Rome pour rétablir des échanges d'ambassadeurs entre Londres et Belgrade avaient échoué. Edouard VII y demeurait opposé. Il estimait que l'opinion publique anglaise était trop choquée par ces meurtres si brutaux, mais il avait ajouté un avis personnel assez caustique, prononcé en partie en français et en partie en anglais : « Mon métier à moi est d'être roi. Le roi Alexandre était aussi, par métier, un roi. Je ne puis être indifférent à l'assassinat d'un

1. Sir George Buchanan, *My Mission to Russia*, Casell, Londres, 1923.
2. Voir Jean des Cars, *La Saga des Romanov*, Plon, rééd. 2011.

membre de ma profession… Nous serions obligés de cesser nos activités si nous, les rois, nous mettions à considérer que l'assassinat des rois n'a absolument aucune conséquence[1]… »

Incontestablement, Edouard VII était un grand professionnel.

Si Nicolas II et les siens ont été assassinés, si d'autres parents Romanov ont subi un sort comparable, au début de 1919 la veuve d'Alexandre III, mère de Nicolas II, l'impératrice douairière de Russie, est toujours vivante. Née princesse Dagmar de Danemark et sœur d'Alexandra de Danemark mère de George V, l'impératrice, qui avait adopté le nom de Maria Feodorovna, est donc la tante du roi. A la suite de péripéties dramatiques, elle se retrouve en Crimée au milieu de foules de réfugiés fuyant et la guerre civile et les Allemands en retraite. En ce printemps où l'issue de la guerre entre les Blancs et les Rouges est encore imprévisible, la Crimée est un concentré du chaos russe.

Le roi parvient à sauver sa tante survivante, la mère de Nicolas II

Malgré l'avis négatif de son Premier ministre, George V, se sentant sans doute coupable de n'avoir pu sauver ses cousins un an plus tôt, veut tout tenter pour rapatrier la mère du tsar. Un télégramme part *via* les relais de sa chère Royal Navy dont il avait été capitaine de frégate. Le 17 avril, le commandant des forces navales britanniques en mer Noire, qui croise devant la Crimée, se présente chez l'impératrice douairière, porteur d'un message du roi George V ; estimant qu'elle est en danger, il a donné l'ordre d'organiser son départ immédiat. Un petit bâtiment d'escorte, le *Marlborough,* doit l'évacuer. Maria Feodorovna commence par refuser, puis accepte et invite tous les siens à la suivre. La nouvelle de son départ se répand et des

1. Sarah Bradford, *George VI*, Penguin Books, Londres, rééd. 2011.

milliers de personnes se précipitent, suppliant qu'on les évacue elles aussi. Parmi les réfugiés se trouvent les princes Youssoupov, dont Félix Youssoupov, principal instigateur de l'assassinat de Raspoutine en décembre 1916, et son épouse Irina, nièce de Nicolas II. L'équipage du *Marlborough* informe la veuve d'Alexandre III que rien n'a été prévu pour tous ces gens. Avec grandeur, l'impératrice annonce qu'elle ne partira pas si ceux qui veulent en faire autant n'ont pas de place à bord. Après un échange de télégrammes codés avec Londres, l'Amirauté britannique fait le nécessaire et de nombreux bâtiments de la Royal Navy affluent dans le port de Yalta. Le lendemain, les Youssoupov sont eux aussi à bord du *Marlborough*. Ils croisent un autre navire convoyant des officiers monarchistes de Crimée qui vont rejoindre les Armées blanches, dont ce sera la dernière tentative de battre l'Armée rouge. Debout à la proue du navire britannique, la veuve d'Alexandre III les regarde passer, les yeux pleins de larmes. Pour des milliers de gens de toutes conditions, aristocrates, bourgeois ou commerçants fuyant l'horreur, l'exil commence, et la Crimée déchirée est leur ultime vision de la Russie en ruines. En tout, dix-neuf membres de la famille impériale et leurs domestiques sont embarqués sur le *Marlborough*, avec quinze malles, des bijoux, un service de table en or massif de cinquante-quatre pièces, des chiens et un canari. Leur exode les conduit à Constantinople, puis à Malte, colonie britannique. Le 9 mai, sur ordre de George V, ils sont reçus, avec les honneurs, à la base navale de Portsmouth. Alexandra, veuve d'Edouard VII, y retrouve sa sœur avec l'émotion que l'on peut imaginer. Le train royal les conduit ensuite jusqu'à la gare de Victoria où le roi et la reine Mary les accueillent avec un touchant protocole. Une partie des réfugiés s'installent provisoirement à Buckingham Palace, selon le *Court Circular* daté du 10 mai. Leurs malles, qui avaient été secrètement fouillées et vidées par les bolcheviques, sont ouvertes cérémonieusement dans la salle du trône. Déception : elles ne contiennent que des objets sans valeur, des pelles, des harnais et de vieux indicateurs des chemins de fer russes ! Une plaisanterie des partisans de Lénine !

Le roi fera verser une pension annuelle de 10 000 livres à la veuve d'Alexandre III, et une autre de 2 400 livres à l'archiduchesse Xenia, sœur de Nicolas II. George V autorise sa tante à vivre à Frogmore House, dans le parc de Windsor, une maison édifiée en 1684, au temps des Stuart et du roi Charles II. La reine Mary y a accumulé un mobilier original, en papier mâché noir avec des fleurs en soie et en cire. Enfin, par décision royale, des rentes sont également accordées aux domestiques ayant suivi le chemin de l'exil. George V ne pouvait faire moins, même si la tragédie d'Ekaterinbourg, qu'avait en quelque sorte permise la lâcheté de la Couronne conjuguée à celle du gouvernement, avait durablement entaché l'honneur britannique[1].

A la Conférence de la Paix, qui aboutit au traité de Versailles, Lloyd George se distingue des autres plénipotentiaires en demandant que les conditions imposées à l'Allemagne vaincue soient atténuées. Le Premier ministre regrette d'ailleurs l'absence des représentants de Berlin, qui n'ont pas été invités à la table des négociations. C'est une faute et l'histoire donnera raison à Lloyd George : on peut battre un ennemi, on ne doit jamais l'humilier. Meilleur diplomate que certains de ses collègues du Foreign Office, il préconise l'organisation de référendums pour déterminer les frontières de la Prusse. Il refuse à Clemenceau, qu'il surnomme « Napoléon », des vexations inutiles. Parce qu'il a tenté d'amender le texte initial – très dur – du traité, on peut, en anticipant, regretter que Lloyd George ait fini par passer pour un admirateur de Hitler. Simplement, il avait pressenti que le « diktat » de Versailles contenait le ferment d'une nouvelle guerre mondiale et que la paix et ses insup-

1. Maria Feodorovna rejoindra son Danemark natal où elle mourra en 1928. Par accord entre la reine Margrethe II de Danemark et le président Vladimir Poutine, sa dépouille fut rapatriée à Saint-Pétersbourg, avec les honneurs militaires et religieux, le 28 septembre 2006. Voir Jean des Cars, *La Saga des Romanov*, *op. cit.*

portables rigueurs, imposées par Clemenceau et l'idéaliste – pour ne pas dire naïf – président Wilson, ne seraient qu'illusions.

L'implacable lady Astor a, comme d'habitude, le mot de la fin. Quelques années plus tard, lors d'un dîner dans sa résidence de Saint-James' Square, à l'un de ses invités qui lui demande naïvement : « Ce Hitler, qui ne parle que de l'Allemagne, serait né en Autriche ? Je n'y comprends rien ! Savez-vous, ma chère, où il est né ? », elle répond : « Hitler ? Mais voyons, il est né à Versailles ! »

C'est en 1924 qu'est construite, à Windsor, une curiosité, « la maison de poupées de la reine Mary » qu'il est facile de voir. Contrairement à ce que suggère une telle appellation, il ne s'agit pas d'un jouet. L'idée en était ancienne, réalisée par l'architecte sir Edwin Luytens (1869-1944) qui avait voulu reproduire le plus fidèlement possible une demeure aristocratique de l'élégant quartier londonien de Mayfair, à l'époque victorienne. La maison, édifiée sur trois étages, est incroyable, puisqu'elle dispose de l'eau courante et de l'électricité ! A l'intérieur, des milliers d'objets, pour la plupart réduits à une échelle de 1/12e, ont été confectionnés par de grands artistes. On y déniche des meubles, mais aussi des livres imprimés et reliés en cuir, des tableaux et même des voitures d'époque dans le garage ! L'ensemble est fascinant de précision et de minutie. Présentée au public lors de l'Exposition de l'Empire britannique à Wembley, cette étonnante maquette a été décrite comme « un monument d'une perfection minutieuse regroupant le meilleur de l'artisanat britannique ». Quant au jardin, dessiné par Gertrude Jekyll (1843-1932), il constitue une autre surprise : il est ingénieusement rangé dans le tiroir du sous-sol et peut ainsi être très facilement déployé. L'année suivante, en 1925, elle fut prêtée pour le Salon de la maison idéale. Plus d'un million et demi de personnes se pressèrent moyennant un shilling au profit du Fonds de bienfaisance de la reine Mary[1].

1. Aujourd'hui encore, une partie du droit d'entrée est reversée à des œuvres caritatives. Mais le nom de « maison de poupées » a reçu une explication histori-

George V, un roi courageux face à toutes les crises

Loin de ces enfantillages, le souverain affronte diverses difficultés intérieures, liées notamment au règlement des dettes de guerre du Royaume-Uni. En mai 1923, George V nomme Premier ministre le conservateur Stanley Baldwin, un personnage d'un grand poids politique puisqu'il sera de nouveau le locataire du 10, Downing Street de 1924 à 1929, puis de 1935 à 1937, et chef de l'opposition dans l'intervalle. L'année suivante, le monarque doit accepter la dissolution du Parlement réclamée par Ramsay MacDonald. Pour la première fois, le roi se voit tenu d'adouber un chef de gouvernement travailliste, parti dont MacDonald avait été l'agent le plus dynamique lors de sa création avant la guerre. MacDonald, Ecossais et ancien journaliste, détient aussi le portefeuille du Foreign Office alors que le parti libéral tend à disparaître.

Devant les effets dévastateurs de la crise économique de 1929, George V affiche son patriotisme tranquille quoique discret, son sens de la famille, sa dignité imperturbable et son jugement sûr ; habitué à tenir la barre dans tous les remous depuis vingt ans, il incarne la stabilité de l'Etat. Autant d'atouts précieux, alors que la grève générale de 1926 a sonné la fin de la primauté industrielle de la Grande-Bretagne, humiliée de ne plus être « l'atelier du monde » et désormais dépassée par des concurrents plus jeunes et plus dynamiques. Avec lucidité, le souverain accepte, par le statut de Westminster (1931), de substituer à l'Empire britannique le British Commonwealth of Nations (toujours en vigueur) compensé par les accords

que ultérieure. En effet, à côté du bâtiment se tiennent, debout, deux poupées françaises, France et Marianne, avec une partie de leur vaste garde-robe de vêtements et d'accessoires : chapeaux, gants, sacs… Elles furent offertes au roi George VI et à la reine Elizabeth pour leurs filles Elizabeth (l'actuelle souveraine) et Margaret par le gouvernement français à l'occasion de leur visite officielle en France en 1938. Les plus grandes marques de luxe furent associées à la réalisation de ce présent (Lanvin, Cartier, Hermès, Vuitton).

d'Ottawa (la capitale du Canada) par lesquels le Royaume-Uni accorde des privilèges douaniers aux importations du Commonwealth, cependant que les dominions s'engagent à agir de même vis-à-vis des produits britanniques. La suprématie impériale de Londres est à terre, mais l'honneur est sauf. Et surtout, le prestige personnel du souverain en sort curieusement renforcé : il reste le lien personnel entre tous ces Etats d'une spectaculaire diversité, au nom d'une fidélité qui ne sera jamais écornée.

Cette même année 1931, George V démontre encore ses qualités de médiateur dans la défense de l'intérêt général. Après trois audiences difficiles avec le leader travailliste Ramsay MacDonald, il persuade ce dernier de ne pas démissionner le 24 août. Le Premier ministre quitte Buckingham Palace en ayant promis de constituer un Cabinet d'union. Il est en effet urgent de restaurer la confiance dans la livre sterling, dont le cours est malmené et qu'il faudra dévaluer. Cela implique aussi des mesures draconiennes avec une augmentation des impôts et des coupes sévères dans l'emploi. Ce n'est pas tout. Finement – et parfaitement dans son rôle de monarque constitutionnel –, le roi reçoit aussi le leader conservateur Baldwin ainsi que sir Herbert Samuel, représentant des libéraux, afin d'obtenir leur double concours face à une situation critique. Toutefois, sans doute par idéologie ou crainte de se compromettre, de nombreux travaillistes refusent de rejoindre la coalition. Si c'est un relatif échec politique, du moins le monarque affiche-t-il un sang-froid et une détermination exemplaires. Ses conseils auraient dû être suivis. Ils seront salués par la presse en termes sportifs, car ce genre de métaphore est fréquente outre-Manche : George V « a marqué là un magnifique *innings* », ce qui au cricket, jeu totalement abscons pour les non-Britanniques, signifierait « un magnifique tour de batte[1] » !

Magnifique et héroïque, car, en réalité, depuis près de trois années, depuis novembre 1928, la santé du roi s'est

1. Philippe Valode, *op. cit.*

considérablement dégradée. Il souffre d'une congestion pulmonaire qui a affaibli son cœur et fait redouter une septicémie. En décembre de cette même année, on a craint pour sa vie. Puis, il a semblé reprendre des forces et s'est rendu en février 1929 à Bognor, une station balnéaire du Sud, près de Chichester, à l'ouest du Sussex. Il s'y est reposé dans une maison du XVIIIe siècle à la belle architecture géorgienne. Depuis cette date, ce séjour royal vaut à l'endroit d'être appelé Bognor Regis (Bognor Royal), un nom gratifiant pour la fierté de ses habitants. En mai, il regagnait son cher Windsor et reprenait officiellement toutes ses activités, sous surveillance médicale constante. De crise en rémission, George V reste le roi. L'autorité de l'Etat est assurée. Jusqu'à quel point ? Fragilisé, paraissant plus que ses 64 ans, le monarque n'est plus le même homme que celui dont tout un peuple vante – et pleure déjà – les qualités.

George V, malade, est très inquiet pour l'avenir du royaume

Le mal progresse, et ce qui pourrait ressembler à une lente agonie va le miner encore cinq ans. Certes, les apparences sont sauvegardées, car en monarchie comme en république, la santé du chef de l'Etat demeure une question délicate. Aux rumeurs s'opposent des constatations qui se veulent rassurantes. Par exemple, le 24 mars 1932, jeudi saint, le roi, un peu courbé, la barbe grise tranchant avec le noir soyeux de son huit-reflets, et la reine Mary, coiffée d'un de ses innombrables bonnets, suivent le clergé à la sortie de l'abbaye de Westminster. Les souverains tiennent chacun un bouquet. L'événement est double car, d'une part, le roi apparaît en public – cela rassure – et, d'autre part, c'est la première fois depuis deux siècles qu'un roi d'Angleterre distribue personnellement des aumônes – cela étonne. Une autre fois, en 1934, les Londoniens lève-tôt peuvent croiser le roi dans Hyde Park, lors d'une de ses promenades à cheval, seulement accompagné de son écuyer. Tous deux sont en civil, le roi en clair, son escorte en sombre, leurs chapeaux melon assortis à leur tenue. De son côté, la reine impressionne par son maintien ; malgré l'époque et les nouvelles modes, elle porte invariablement des robes et des jupes si longues qu'elles semblent avoir été moulées sur son corps. « On dirait qu'elles sont en fer », osc suggérer un grossier personnage prétendant avoir valsé avec la reine… Son calme est légendaire : alors qu'elle se trouvait sur un marché d'antiquités dans le Norfolk, un taureau s'étant échappé d'un champ voisin et fonçant sur elle, l'entourage prit peur. La reine, dont on ne pouvait soupçonner les dons de matador, leva son parapluie (son ombrelle était en congé ce jour-là) telle une épée de chevalerie et calma l'animal furieux. L'escorte, honteuse, réapparut tandis que la reine avait déjà repris sa visitc attentive des étalages de porcelaine…

Les soirées sont paisibles. A Windsor et si les invités le méritent, les souverains les conduisent à la découverte des trésors accumulés dans les collections royales. La reine Mary, qui aurait aimé être conservateur de musée, passe pour une experte. George V l'écoute patiemment et attentivement, car elle s'intéresse plus aux souvenirs de famille, en particulier le mobilier, qu'aux chefs-d'œuvre de l'art accrochés aux murs, pièce après pièce. Le visage du roi s'empourpre soudain quand son épouse confond des œuvres appartenant à l'Etat, donc à la nation, et celles qui sont des acquisitions personnelles.

Le matin, surtout s'il n'y a pas d'invités ou seulement des amis intimes, George V se lève tôt, prend connaissance des dépêches et dossiers de la nuit, copies des documents que possède le Premier ministre et que l'on a apportés au souverain dans des boîtes de cuir rouge marquées de son monogramme – une tradition maintenue à ce jour. Ce sont des secrets d'Etat, avec tout ce que cela implique dans la vie nationale et internationale. Après son petit déjeuner de travail, le roi apparaît à 9 heures précises, son inséparable perroquet Charlotte enserrant son majeur droit ; puis il lit le *Times* de la première à la dernière page, sort voir le temps qu'il fait, joyeusement suivi par un chien et fumant une cigarette extraite d'une superbe boîte ouvragée de Fabergé. Il en a plusieurs et en offre souvent à ses amis. Une vie très aisée, à l'anglaise, en somme, et à la campagne ; sinon que ce paisible résident, qui va continuer à classer sa collection de timbres, vérifier la propreté des canons de sa paire de Purdey, les fusils de chasse les plus distingués, n'est pas un lord désœuvré, mais le roi, et qu'il doit pouvoir, à chaque instant, être informé, consulté, ou, à l'inverse, consulter et informer.

Le soir, il écoute la radio – média qu'il maîtrise parfaitement lorsqu'il s'adresse à la nation –, se divertit d'un roman policier ou d'un film dans la salle de cinéma qui a été aménagée. Un soir de 1934, alors que les aventures des *Quatre Lanciers du Bengale,* un classique de l'épopée impériale, sont au programme, l'un des invités, sir Frederick Ponsonby, à qui le souverain avait expliqué qu'il avait réduit le nombre de ses serviteurs, compta quarante-cinq spectateurs en plus de la famille royale présente. C'était la domesticité du château, invitée à se distraire par Sa Majesté[1]. La séance a lieu à 18 heures, et l'on y boit du thé.

Les huîtres prévues ne sont pas servies car leur fraîcheur est douteuse…

La maladie du roi n'est plus un secret. L'angoisse populaire et les inquiétudes politiques qui oscillent entre l'espoir et la peine n'empêchent pas la célébration du Silver Jubilee en mai 1935. On note que la popularité du souverain est à son zénith et l'on acclame la conduite de la reine Mary, irréprochable et exemplaire de simplicité.

Et, fait exceptionnel dont sont témoins des centaines de milliers de gens, le roi rend hommage à sa femme : « Je ne me trompe pas en disant tout ce que je lui dois. » Une dame d'honneur de la reine, lady Airlie, note que si Mary

1. Christopher Hibbert, *The Court of St James's*, Weindenfeld and Nicolson, Londres, 1979.

contrôle en permanence ses émotions en public, en privé elle sait s'amuser en lisant les journaux satiriques et rire en écoutant *La Vie parisienne* ou les couplets, jugés stupides, de la fameuse *Revue nègre* ayant révélé Joséphine Baker. Le roi lui-même adore plaisanter, mais moins bruyamment que son père, dont le rire, assurait-on, s'entendait à travers les murs de la Tour de Londres.

La ville, noircie par tous les charbons possibles – le chauffage, les locomotives, les usines –, est nettoyée, fleurie et toute la bonne société est surexcitée.

Les cérémonies du Silver Jubilee sont épuisantes. Le banquet d'Etat est accompagné par vingt-quatre joueurs de cornemuse qui, tradition oblige, font deux fois le tour de l'immense table. L'ambassadeur des Etats-Unis, Walter Hines Page, peu au fait de l'univers monarchique, est stupéfait que « le roi puisse parler comme un être humain ». On peut croire que George V aurait été surpris de l'étonnement d'un tel diplomate… Puis, s'adressant aux Premiers ministres des dominions, le monarque, bouleversé de tant de chaleur, d'estime et de respect dans leurs réponses, en a la voix brisée. Des larmes de reconnaissance coulent sur ses joues mangées par une barbe vieillissant de plus en plus cet homme qui ne se plaint jamais de son mal. Le Jubilee est un triomphe et une épreuve. Pour la plupart des gens, c'est une immense « fête de famille », selon ce qu'en écrira un futur Premier ministre conservateur des années 1960, Harold Macmillan, alors jeune député de la circonscription industrielle de Stockton-on-Tees, point de départ de la première ligne de chemin de fer d'Angleterre, ouverte en 1825. Le témoignage de ce parlementaire est explicite : « Nulle part ces célébrations furent plus remarquables que dans les rues pauvres de chaque ville. […] Des drapeaux étaient tendus d'un côté à l'autre de la rue. Hommes et femmes de toutes conditions et de toutes opinions se retrouvaient dans une joie commune. »

Mais la fatigue de George V n'est plus dissimulable. Si sa voix est encore ferme, son corps semble absent. Son médecin, lord Dawson, doit empiler trois oreillers contre le dossier du fauteuil du roi pour qu'il puisse être en position de signer la convocation d'un Conseil d'Etat. Hélas ! la main droite du souverain ne répond plus à sa volonté. En présence du Premier ministre Ramsay MacDonald, le médecin place, difficilement, le stylo dans la main gauche. Peut-il tenir la plume d'un roi qui doit, théoriquement, signer seul un acte aussi important car il engage l'avenir ?

— Je signerai moi-même, dit George V, royal malgré son épuisement.

Une première fois, son prénom est illisible. Une seconde tentative est faite avec l'aide du médecin et l'assentiment du Premier ministre, habitué à transiger puisqu'il dirige un gouvernement de coalition où les conservateurs détiennent, depuis quatre ans, la majorité.

Quand les deux hommes quittent la chambre du roi, celui-ci, après le terrible combat qu'il vient de livrer contre lui-même, trouve encore la force de leur sourire affectueusement.

Mrs Wallis Simpson, la scandaleuse maîtresse du prince héritier

Mais il est un autre souci qui mine l'esprit du souverain d'une façon bien différente. Depuis longtemps, son fils et successeur désigné au trône, le prince de Galles, mène une vie de dévoyé, embrumée par l'alcool, et ne montre aucun intérêt pour les devoirs de sa future fonction. Alors que tout le royaume se prépare à allumer des feux de joie, George V prend connaissance de nombreux rapports de police, tous plus accablants les uns que les autres. Que le prince Edouard ait une liaison ne pose pas de problème particulier au royaume de son grand-père, le feu roi Edouard VII. Mais qu'il s'agisse d'une Américaine excentrique, divorcée, remariée et dont le premier époux est toujours vivant est fortement répréhensible. Que cette mystérieuse Wallis Simpson, qui aurait vécu en Chine, multiplie les amants, selon un rapport de la police métropolitaine du 3 juillet 1935, est beaucoup plus grave. Que l'héritier du trône aille jusqu'à envisager d'y renoncer pour épouser cette aventurière qui le rend « suprêmement heureux » est tout à fait inacceptable[1]. De cette romance qui va devenir, on le sait, un gigantesque scandale, malvenu dans les années inquiétantes précédant la Seconde Guerre mondiale, tout a été dit, écrit, insinué, raconté, parfois démontré. Tout et son contraire. Aujourd'hui encore, les passions demeurent vives et les opinions contradictoires sur l'affaire.

Au moment où se prépare le Jubilé – début mai 1935 –, le roi convoque son fils pour lui signifier que « Wallis [est] indésirable au bal du Jubilé ; son état de divorcée lui interdit aussi l'accès à l'enceinte royale d'Ascot et l'écarte de tous les privilèges de la famille royale[2] ». Selon certaines sources, le prince de Galles jure à son père que Wallis n'est pas sa maîtresse, mais simplement « une personne d'élite ». Affaibli et ne songeant pas à mettre en doute la parole de son fils, George V finit par accepter la présence de Mrs Simpson au bal du jubilé. Le mensonge du prince horrifie plusieurs personnes de l'entourage royal, dont lord Wigram, secrétaire privé du monarque.

Le 14 mai, selon l'usage, le prince ouvre le bal avec sa mère, mais dès la deuxième danse, à la stupéfaction générale, il invite Wallis. Un sentiment de dégoût s'empare du roi et de la reine, scandalisés par ce manque de savoir-vivre. Devant le comportement aussi choquant qu'irresponsable de son fils devenu inséparable de l'Américaine qui semble l'avoir envoûté, George V subit, en plus de sa maladie, les graves soucis d'un monarque guetté par la mort : quel homme est donc son successeur ? Est-il irresponsable ? Un homme à femmes dangereuses qui oublie qu'il sera roi ? Lorsqu'il apprend qu'Edouard a osé se présenter à Buckingham Palace avec l'extravagante Wallis alors qu'il lui en avait interdit l'accès, George V retrouve des forces,

1. Charles Higham, *Wallis Simpson, la scandaleuse duchesse de Windsor*, traduction d'Eric et Françoise Deschodt, Jean-Claude Lattès, 1989 ; rééd. 2005.
2. *Ibid.*

des forces de rage et de honte pour s'exclamer devant son vieil ami le comte Mensdorff, ancien ambassadeur d'Autriche à la cour de Saint-James :

— Cette femme ! Dans ma maison ! La précédente maîtresse de mon fils, lady Furness, était elle aussi impossible. La première, Mrs Dudley Ward, avait beaucoup plus de classe, elle appartenait à la bonne société. Mon fils n'a pas un seul ami convenable et ne voit personne qui le soit.

Le diplomate tente de rassurer le souverain :

— Sire, le prince a beaucoup de qualités ; il est séduisant et doué.

— Certainement, répond George V, et c'est justement là ce qui est dommage. S'il était un imbécile, nous n'aurions rien à dire. C'est à peine si je le vois et je ne sais rien de ce qu'il fait[1].

En fait, ce n'est pas exact. Le roi est accablé par la montagne de renseignements désastreux qui lui parviennent sur son fils, documents dont certains seront contestés, voire présentés comme des faux dans ce que nous appellerions une désinformation. Dans ce désastre permanent, le roi, de plus en plus faible, a la douleur de perdre sa sœur préférée, la princesse Victoria, sa cadette de trois ans. Ce drame l'accable. Pour comble de mauvais goût, il reçoit un télégramme de condoléances signé d'Adolf Hitler !

Janvier 1936. Tout le pays est recouvert de neige. A Sandringham, George V, très amaigri, souffre d'une nouvelle bronchite qui aggrave ses troubles cardiaques. Dans sa vieille robe de chambre exotique, le roi grelotte malgré un intense feu dans la cheminée de sa chambre. C'est à peine s'il reconnaît son fils. Le 17, le vieux monarque est aux portes de la mort. Le 19, avant de sombrer dans le coma, il peut encore interroger son secrétaire, lord Wigram :

— Comment va l'Empire ?

1. *Ibid.*

Un Empire qui n'existait plus depuis près de cinq ans, mais cette question, pathétique, montre que jusqu'au bout, le souverain ne pense qu'à l'Etat et à son avenir.

— Tout va bien, Sire, pour ce qui est de l'Empire...

Pour le reste, la catastrophe est imminente. Et dans l'entourage du Premier ministre, une remarque circule : « Si le prince veut faire de Mrs Simpson, une putain, sa femme, c'est son affaire. S'il veut en faire une reine, c'est une autre affaire ».

A 23 heures, après un bref mais pénible débat déontologique médical, il est décidé d'abréger les souffrances du mourant. Un communiqué de Buckingham Palace est lu à la radio : « Sa Majesté le roi achève paisiblement sa vie ». Un quart d'heure plus tard, le premier des Windsor expire. A minuit dix, le *Times* prépare déjà une édition spéciale bordée de noir. Le prince de Galles éclate en sanglots et prononce une phrase qui, en d'autres circonstances, eût été normale :

— J'espère que je ferai aussi bien que lui.

On ne peut qu'en douter. Il neige sur Sandringham, cette demeure où est né George V, le roi qui, pour l'opinion, restera cet homme juste, mesuré, ayant toujours défendu les plus hautes valeurs de l'Etat et banni tout scandale dans son royaume. Et aussi, le roi d'Angleterre qui a affronté la Première Guerre mondiale.

3

Un étrange prince de Galles

Londres, 20 janvier 1936, abbaye de Westminster. Devant le catafalque où repose George V, la foule défile pendant des heures sous les voûtes gothiques de l'édifice religieux le plus remarquable de la capitale, du point de vue tant architectural – même s'il y eut plusieurs remaniements et ajouts – qu'historique. Depuis 1066, tous les souverains d'Angleterre y ont été couronnés, à l'exception d'Edouard V, de la Maison d'York, mort à 13 ans en 1483. Westminster est une impressionnante nécropole où ont été inhumés de nombreux monarques – pas tous –, en particulier la grande Elizabeth Ire, dite « la reine vierge » dans le même caveau que sa demi-sœur ennemie, la catholique Marie Tudor, dite « Mary la sanglante ». Mais Westminster offre aussi la particularité d'accueillir pour leur dernier sommeil des personnalités illustres, hommes d'Etat, savants, soldats, écrivains (Dickens), musiciens (Haendel) et même des poètes qui y ont leur « coin », tels Chaucer et Milton. La cathédrale est ainsi une synthèse de ce que sont séparément, pour les Français, Saint-Denis et le Panthéon. Certains amateurs acharnés d'énigmes historiques prétendent que Napoléon lui-même y reposerait dans une tombe anonyme.

Le silence. Le chagrin est national, partagé par quarante millions de sujets. Le peuple ressent la douleur et respecte la mémoire du souverain défunt, cet homme qui avait eu tous les courages et un admirable sens du devoir. Son dernier portrait, réalisé par sir Oswald Birley l'année précédente, représente George V portant l'uniforme des Windsor, un habit aux parements et manchettes écarlates. Le monarque est debout, la main droite posée sur une table en argent créée pour Guillaume III, un roi de la fin du XVIIe siècle[1].

Un incident bouleversa les proches du cercueil. Au moment où celui-ci, drapé aux armes royales, allait être déposé sur les tréteaux, la grande croix de l'ordre de Malte qui se trouvait à côté de la couronne glissa et tomba. « Un terrible présage », selon sir Harold Nicolson, livide. On entendit le nouveau roi, qui avait pris le nom d'Edouard VIII, dire : « Seigneur ! Que va-t-il arriver maintenant ? » Un membre du Parlement, Walter Elliot, prédit à son collègue de Westminster, Robert Boothby : « Ceci sera la constante du nouveau règne[2]. »

Le lendemain, le nouveau roi s'envole dans son avion personnel de Sandringham à Londres. Il se rend au Conseil de la Couronne, au palais de Saint-James où doit être consignée la déclaration solennelle de son accession au trône. Il a 41 ans. Les témoins sont frappés de ce qu'il semble « nerveux et mal à l'aise ».

Le roi commence la lecture du texte officiel en tenant d'une main tremblante une feuille de papier, puis la place sur la table devant lui.

Emotion bien naturelle face l'écrasante responsabilité qui est désormais la sienne ? On le comprendrait. Mais en réalité, le prince héritier, devenu la veille le trente-neuvième monarque d'Angleterre, est prisonnier d'une angoisse qui remonte à son enfance. La vérité est dramatique : il n'a jamais voulu être roi. Il ne veut pas l'être et a

1. Ce tableau se trouve aujourd'hui au château de Windsor, dans la salle de bal de la reine. La table d'argent que l'on aperçoit fait partie d'un mobilier très rare dont la mode avait été lancée à Versailles par Louis XIV.

2. Sarah Bradford, *George VI*, *op. cit.*

toujours fui cette situation qui lui était promise. Ainsi débute l'un des épisodes les plus inattendus et les plus catastrophiques de l'histoire du royaume fondé par Guillaume le Conquérant. A la fois par désintérêt et sous le prétexte d'un amour aussi irrésistible que choquant, un roi, perdant toute conscience de son devoir, va prendre le risque de faire chanceler la monarchie respectée que lui avait léguée son père et de provoquer, par une crise politique majeure, l'effondrement du régime.

Qui est donc Edouard VIII ? Ne le réduisons pas d'emblée à la réputation désastreuse qu'il a laissée dans l'histoire. Prince héritier, il fut longtemps très populaire, aimé et apprécié. Né en 1894, élégant, spontané, cherchant à plaire et à être aimé, enjoué, ce petit-fils d'Edouard VII a 20 ans au début de la Première Guerre mondiale. Il a le don d'attirer par un sourire charmeur. Toute la famille le surnomme David[1]. S'il n'a pas été élevé comme il convenait et s'il n'est pas un intellectuel, sa remarquable mémoire lui permet de reconnaître immédiatement les visages des personnes qu'il a rencontrées même une seule fois et de ne pas oublier leurs noms, une attention flatteuse pour elles et digne des politiciens les mieux rôdés aux contacts populaires. De son père, Edouard obtient d'être affecté comme officier d'état-major sur les différents théâtres d'opérations pendant la guerre. Le gouvernement n'y est guère favorable, car le prince héritier est naturellement une cible de choix. Le Premier ministre Stanley Baldwin le met en garde. Le prince de Galles fait valoir qu'il a quatre frères et que sa disparition ne serait donc pas une tragédie pour l'avenir de la Couronne. A cette explication à la fois morbide et provocante, Baldwin réplique fermement : « Monseigneur, ce n'est pas votre décès qui serait le pire. Je serais beaucoup plus ennuyé si vous étiez fait prisonnier… »

1. Parlant de lui, l'actuelle reine Elizabeth II, sa tante, dira toujours « oncle David ».

L'obsession du prince de Galles : surtout ne pas devenir roi !

Le prince héritier part donc faire son devoir. Il sert en France et en Italie. Il y donne un exemple mélangé de courage et d'inconscience. Il s'expose inutilement, semble-t-il avec un plaisir malsain, comme s'il cherchait à défier la mort. Lord Lee, un contemporain à qui rien n'échappe, observe que lorsqu'on prie Edouard d'être plus prudent, le prince de Galles répond chaque fois : « Mais pourquoi ? Mon frère adorerait être à ma place et ferait un bien meilleur roi que moi. »

L'idée fixe du refus du destin qui lui est imposé, la crainte de ne pas être digne de sa mission, tout simplement l'ennui et même la peur à l'évocation de son avenir programmé définissent ce prince charmeur – en résumé : la crainte du devoir d'Etat. La paix revenue, Edouard, comme s'il était déçu de ne pas avoir été tué par une balle ou un obus allemands, continue de prendre des risques en montant trop à cheval, multipliant les chutes et les accidents. Mais dans ce début d'après-guerre qui se veut optimiste, le prince devient un personnage très aimé, captivant les foules par son charme. Il est difficile de lui résister. Il n'est pas très grand, mais il a les traits fins, et son expression passe incroyablement vite de la tristesse à un sourire désarmant. Ce brusque changement d'attitude déconcerte souvent ses interlocuteurs, mais on peut le mettre sur le compte de l'inexpérience et d'une joie de vivre mal assumée après quatre ans de guerre. Au cours des années 1920, par de nombreux voyages officiels au Canada, en Australie, en Inde, en Nouvelle-Zélande et en Afrique du Sud, le prince de Galles renforce l'unité de l'Empire britannique. Représentant son père avec l'accord du gouvernement dans ses divers périples, il montre une image de la monarchie vivante, chargée de rassembler des peuples si divers. Sa mère aurait préféré qu'il suive la politique de près en Grande-Bretagne, mais le roi et le Premier ministre ont choisi de lui confier ce rôle – classique – d'envoyé spécial de la Couronne, investi d'une mission de diplomate royal abolissant les frontières pour consolider l'Empire. Il faut noter que le prince ne s'est pas fait prier pour accomplir ce tour du monde impérial. N'était-ce pas, aussi, une manière de s'éloigner des réalités ? Edouard semble dépressif, même si, fêté partout, il se montre enthousiaste, juvénile, presque trop. Parfois, il écrit qu'il en a assez de ce métier de prince de Galles. Une corvée épuisante dont est largement responsable le Premier ministre Lloyd George, qui n'a de cesse de lui organiser des voyages sans fin ponctués de discours dans lesquels le prince ne peut dire ce qu'il pense. Cette vie publique, commencée en 1919 avec son emploi du temps harassant, lui pèse beaucoup. L'escorte du prince a du mal à masquer son caractère immature, instable, parfois infantile, souvent indiscret, mais capable d'une confondante générosité envers ceux qui lui ont rendu service. C'est ainsi qu'il a souvent dédommagé personnellement son cousin Louis Mountbatten, qui l'accompagne dans son tour du monde, ne voulant pas que ce brillant officier de marine soit obligé d'écorner sa solde pour le règlement de quelques frais imprévus. Le geste est courtois. Peut-être voulait-il aussi acheter le silence de l'entourage qui aurait été témoin de certains jeux bizarres du prince, plutôt gênants par certains déguisements.

Dans le courant des années 1920, la monarchie se trouve dans une situation préoccupante. Si la vie privée du prince de Galles est déjà l'objet de nombreux commentaires, en général malveillants ou moqueurs, un seul fait inquiète l'opinion : il n'est toujours pas marié. Son frère cadet, le duc d'York, épouse en 1923 lady Elizabeth Bowes-Lyon, passionnée d'histoires de fantômes en Ecosse. De ce mariage, très heureux, naîtront la princesse Elizabeth en 1926 et sa sœur Margaret-Rose[1] en 1930. Sa belle-sœur soutient Edouard, jugeant que son père George V avait été un « autocrate à l'esprit étroit », une opinion un peu rude. Elle

1. La princesse est née avec ce double prénom de Margaret-Rose auquel, enfant, elle tenait tout particulièrement, mais le monde entier l'a connue sous son prénom amputé de Margaret lors de ses amours malheureuses.

corrigera son jugement pour dire toute son admiration pour son beau-père qui avait enduré tant d'épreuves.

Une constatation s'impose : le prince est très émotif, trop sensible et en réalité son obstination révèle un homme faible, hésitant, peu sûr de lui, influençable, par moments capricieux comme un enfant. Ce manque de confiance se transforme souvent en maladresse ; ainsi, aux Bermudes qu'il visite en 1931, il refuse de saluer la foule massée au passage de sa voiture, et se contente de regarder à droite et à gauche, selon l'usage, le visage crispé et figé comme s'il avait été médusé. Une bouderie infantile pour ne pas chercher à être populaire.

Une autre fois, Edouard s'était permis de féliciter son père pour avoir agi en faisant de la « bonne propagande ». L'expression avait provoqué la colère de George V qui avait jugé ce vocabulaire déplacé. Et il s'était lancé dans un vigoureux sermon destiné à son fils, lui rappelant que ce qu'il faisait dans sa vie n'avait rien à voir avec une quelconque « propagande » mais que, tout simplement, c'était son devoir. Le devoir ? Un mot qui horrifiait le prince de Galles, le regard fixe et l'expression absorbée dans on ne sait quelle réflexion.

Cette personnalité complexe et en réalité peu fiable n'avait cessé de tourmenter son père malade dans les cinq dernières années de sa vie. En novembre 1935, deux mois avant sa mort, George V avait confié son sentiment à lady Gordon-Lennox : « Je prie Dieu que jamais mon fils aîné ne se marie et n'ait des enfants et que rien ne s'oppose à ce que Bertie [le futur George VI] puis Lilibet [l'actuelle Elizabeth II] montent sur le trône[1]. » George V, lucide, voyait loin, comme s'il pressentait que l'inconduite du prince de Galles allait provoquer des vagues de remous qui mettraient longtemps – plus d'une génération – à se dissiper. Et peu de jours avant son trépas, à son Premier ministre Baldwin venu recueillir l'une de ses dernières recommandations, George V,

1. Martin Allen, *Hidden Agenda*, Mac Millan, Londres, 2000, paru en France sous le titre *Le roi qui a trahi*, traduction de Jean Rosenthal, Plon, 2000.

affaibli, mais dont l'esprit visionnaire avait conservé toute sa vigueur, lui annonça : « Après ma mort, il ne faudra pas un an à ce garçon pour se perdre[1]... »

Rarement prédiction politique sera-t-elle si parfaitement avérée. Ajoutons que, dès 1903 – Edouard avait 9 ans –, un proche de la famille, observant le petit garçon, avait déclaré que ce futur souverain ne resterait pas longtemps sur le trône. On ne peut qu'être frappé par cet ensemble de coïncidences prémonitoires.

Il rencontre son premier amour dans un abri, pendant la guerre

En fait, cet homme reste une énigme en trois visages qui correspondent à trois époques : il y a le prince de Galles, il y aura le roi, et enfin le duc de Windsor. Trois réputations vont se succéder : un prince populaire, mais trop inconstant ; le monarque scandaleux et compromis ; l'aristocrate exilé qui dérange. « Le premier sera le meilleur des trois, bien que ce jugement doive être nuancé[2]. » Essayons de comprendre cet enchaînement.

Né à la fin du règne de son arrière-grand-mère Victoria, il eut une enfance malheureuse. On apprend que, même quand Edouard s'était bien conduit, sa gouvernante avait la méchante habitude de le pincer avant qu'il ne soit amené auprès de ses parents ; l'enfant arrivait donc en pleurs, ce que ces derniers recevaient avec contrariété et irritation. Il fallut quatre ans à George et Mary pour s'apercevoir qu'ils avaient confié leur fils à une nurse perverse et malveillante. Mais les dégâts que celle-ci avait causés étaient déjà irréparables : le petit garçon avait perdu toute confiance en lui.

Edouard a du mal à se concentrer, à analyser les événements. Il n'est guère studieux et n'a pas l'envie d'apprendre. Certains de ses précepteurs n'ont peut-être pas été

1. *Ibid.*
2. Hugo Vickers, *Behind Closed Doors*, Hutchinson, Londres, 2011.

particulièrement adroits ou passionnants. On regrettera que de ses nombreux voyages ultérieurs, il n'ait jamais rapporté que des anecdotes sans intérêt. On se demande ce qui peut retenir son attention et susciter sa curiosité. Et on a du mal à répondre à cette question essentielle : à quoi le prince s'intéresse-t-il ? A peu de choses, semble-t-il. Il aime beaucoup son grand-père Edouard VII, ce roi farceur qui s'amuse à avancer toutes les pendules d'une demi-heure pour mettre ses hôtes dans l'embarras, et sa grand-mère Alexandra est tendre et complice avec lui. Auprès de ses grands-parents, il trouve l'affection que ne lui portent pas assez ses parents.

Sa première véritable amie est Freda Dudley Ward, du même âge que lui, avec qui il s'abrite contre les raids aériens dans le quartier de Belgravia, vers la fin de la guerre. Cette cachette dans une cave, qui ressemblerait à un jeu d'enfant n'étaient les circonstances, est à l'origine d'une passion. Freda est une sœur, douce et féminine ; sa tendresse inonde de joie le prince, meurtri par son adolescence triste et rigide. Le 26 mars 1918, il lui écrit une lettre où il l'appelle « mon ange ». Bienveillante, presque maternelle, elle sera sa première maîtresse.

D'une certaine façon, le prince héritier des années 1925 est un révolté aux réactions imprévisibles. Si la politique du gouvernement l'attire peu, il se sent proche du monde ouvrier et des familles modestes qui ont particulièrement souffert de la guerre. Le prince témoigne de sincères préoccupations sociales, lesquelles ne pourront jamais être mises en doute au milieu d'une existence jalonnée d'ombres. Lors de la grève générale de 1926 qui paralyse, entre autres, le trafic ferroviaire, malgré l'opposition de son père, Edouard donne l'ordre à son chauffeur de remplir sa voiture de journaux favorables au Cabinet et de les transporter au pays de Galles, une ruse rappelant que c'est son titre et son fief. Mais aussi une façon de protester plus personnelle que politique et, peut-être, une manière d'exister face à son père. Un autre moyen de provoquer George V et toute la Maison royale est la manie du prince de ne courtiser que des femmes mariées, même pour des aventures d'un soir. Il les multiplie, ce qui suscite diverses rumeurs – déjà ! – sur la raison de ces lassitudes successives. Qui rompt en premier, lui ou elles ? Avec des trésors d'ingéniosité, le secrétaire particulier d'Edouard, Alan Lascelles, parvient à éviter les fuites dans les journaux et à étouffer les scandales, voire les chantages. Il faut reconnaître que plusieurs de ces épouses ne sont pas mécontentes d'être ainsi courtisées par le futur roi. Et il n'est pas rare que leurs maris espèrent y trouver une compensation. Retenir l'attention du prince, saisir son regard émoustillé, obtenir une place près de lui, puis un rendez-vous, n'est-ce pas flatteur pour elles ? Certes. Jusqu'au moment où le prince porte déjà son regard ailleurs. C'est alors que l'amertume et la vexation se muent en ragots qui peuvent se transformer en révélations, avérées ou inventées, un dilemme qui sera très fréquent dans l'étude de cette page d'histoire. A ce stade, selon un procédé vite éprouvé, le secrétariat du prince volage réalise des miracles de silence et de discrétion. En effet, même si l'époque est celle des « années folles », même si la femme s'est libérée de son corset, de ses jupes longues et de ses chevelures en cascade et si, en 1928, au Royaume-Uni, le droit de vote est accordé aux femmes de plus de 21 ans – un triomphe des suffragettes –, il n'en reste pas moins que la société anglaise a encore des pudeurs victoriennes et que ses manières d'avant-guerre sont bousculées par des libertés en tous genres, certaines venues d'Amérique. Quelques hypocrisies font de la résistance, comme le démontrera l'écrivain D.H. Lawrence dans son célèbre roman (ou récit amplifié ?) *L'Amant de lady Chatterley*, un des plus fameux scandales littéraires et un des plus beaux livres de l'entre-deux-guerres. Mais, ennemie de ce libertinage, la famille royale devrait rester à l'abri de tout soupçon. Un modèle pour le royaume.

Le secrétaire privé du prince finit par souhaiter qu'il ne règne pas

Proche témoin de la vie désordonnée du prince et exaspéré de son comportement qu'il est chargé d'amender sans y parvenir, Alan Lascelles est doublement furieux contre son maître qui fait systématiquement la cour à toutes les épouses croisées dans un cocktail, ou un dîner, et n'est pas attentionné à l'égard de son père malade. Inconscient et égoïste, accumulant les impairs et les fantaisies, Edouard refuse d'abréger son voyage au Kenya en 1928 alors que les nouvelles reçues de la santé de George V sont alarmantes. Choqué, révolté, le secrétaire du prince depuis 1920, patient et dévoué, décrit à sa femme la scène qui finit par éclater entre les deux hommes : « Alors, pour la seule et unique fois depuis que nous nous connaissons, je me suis emporté : "Prince, dis-je, le roi d'Angleterre est mourant et si cela ne représente rien pour vous, cela représente beaucoup pour nous." Il me regarda sans un mot et passa le reste de la soirée à séduire avec succès une certaine Mrs Barnes, épouse du commissaire local[1]. » Les relations entre le prince de Galles et son dévoué collaborateur qui sait tout et cache le reste deviendront tellement tendues qu'Alan Lascelles, écœuré, finira par écrire que la meilleure chose qui pourrait arriver au royaume serait qu'Edouard ne règne pas.

En 1929 débute la liaison d'Edouard avec la vicomtesse Thelma Furness, malheureuse en ménage, mère d'un enfant. Cette *affair*, comme on dit en anglais, n'échappe pas à l'exotisme chic de l'époque. Lors d'un safari africain, le prince retrouve la vicomtesse dont le mari a l'élégance d'être absent. Au retour, pour le tout-Londres, il est évident que Thelma est la maîtresse du prince. On ne pouvait ignorer que c'était elle qui, avec une joie provocante, allumait les cigares du prince. Un signe qui ne trompe pas. Pour une fois, cette aventure ne se résume pas à une nuit ;

1. Martin Allen, *op. cit.*

elle dure. Mieux : elle est officielle, puisque Edouard installe sa nouvelle conquête dans une de ses résidences qui bordent le grand parc du château de Windsor.

Ce refuge, près de Sunningdale, se nomme Fort Belvedere. Le fort, dominé par une étroite tour, a une allure faussement médiévale. Curieuse maison perchée sur une colline et entourée de jardins à perte de vue, Fort Belvedere est la retraite favorite du prince. Rapidement, Thelma y marque son empreinte en réaménageant une chambre d'amis qu'elle estime être désormais la sienne. La nouvelle décoration est d'une remarquable vulgarité : tout est rose *shocking* (le mot convient !) et le comble du mauvais goût est l'installation de plumes d'autruche sur les quatre montants du lit, ces plumes représentant les armes du prince de Galles ! La vicomtesse est donc chez elle et Edouard se divertit de ses grossièretés infantiles. « Ils s'achetèrent des ours en peluche chez Harrods qu'ils s'offraient après leurs disputes, en gage de réconciliation[1]. » On peut s'interroger sur la nature exacte des « jeux » auxquels ils se livrent dans cette étrange nursery. Plus tard, l'intéressée se dira déçue, livrant à ses amies des confidences salaces sur la sexualité modeste de son amant. Un homme pas très grand, rappelait-elle, sûre de son effet.

Janvier 1931. Le prince de Galles est l'invité d'honneur d'une chasse sur le domaine de la vicomtesse Thelma Furness. Elle y a aussi convié une amie intime, une certaine Wallis Simpson, une Américaine âgée de 35 ans, divorcée en 1927 de Win Spencer et qui s'est remariée un an plus tard avec Ernest Simpson, un Américain d'origine anglaise, âgé de 36 ans. L'Américaine est tout excitée à l'idée de rencontrer le futur souverain. Wallis passe pour une arriviste prête à tout pour être reçue dans la meilleure société : voici une occasion inespérée. A cette perspective, elle est simplement et naturellement « nerveuse et impressionnée de rencontrer le prince de Galles pour la première fois », selon sa tante

1. Charles Higham, *op. cit.*

Bessie. Elle soigne sa présentation en passant presque une journée entière chez le coiffeur, ce qui n'arrange pas son rhume dont elle ne parvient pas à se débarrasser. Etre enrhumée, tousser et renifler quand on rencontre le prince de Galles est tout simplement catastrophique ! Et puis, elle s'informe : doit-elle vraiment attendre qu'il lui adresse la parole ? Comment l'appeler ? Que lui dire qui ne soit pas banal à propos du temps qu'il fait, de la campagne, des chevaux, de la chasse qu'elle déteste et autres sujets inévitables, dit-on, dans ce genre de week-end où l'on s'ennuie avec distinction ? Et cette maudite révérence dont elle ignore tout, comment ne pas être ridicule ? Ce n'est pas à Baltimore, où elle est née, que l'on apprend ce genre de choses.

Avec un instinct de conquérante, c'est dans le train les conduisant à Burrough Court que Wallis, entre un éternuement, un rire et les innombrables cahots ferroviaires sur cette ligne secondaire, répète devant quelques autres invités une série de révérences acceptables jusqu'à l'arrivée du tortillard, dans cette fin d'après-midi hivernale où le brouillard efface tout. L'Américaine est encore plus inquiète quand elle apprend que le frère cadet d'Edouard, George, sera également présent. Deux révérences ! Un futur roi et une Altesse Royale ! Quels débuts ! Dans cette résidence Tudor visiblement rénovée avec de gros moyens, on sert un thé roboratif aux arrivants transis et le majordome les informe que le dîner ne sera pas servi avant 21 heures. Wallis et son mari Ernest ont deux heures pour se changer une première fois. Deux heures d'angoisse pour Wallis qui n'a jamais vécu cette situation.

A une chasse, Mrs Simpson, enrhumée, rencontre le prince de Galles

Cette soirée du samedi 10 janvier 1931 doit être considérée avec le recul de l'histoire. Elle commence dans le grand salon de lady Furness où l'on ressert un thé pour patienter. En effet, les princes sont en retard, le brouillard ayant ralenti l'allure de leur voiture. Enfin, leur arrivée est annoncée. Le prince, qui a trois ans de plus que Mrs Simpson, lui dit bonsoir en lui serrant la main. Elle réussit sa révérence. Ouf ! Elle est surprise de constater qu'il n'est guère plus grand qu'elle, mais observe qu'il se tient très droit. Il est vêtu de tweed à carreaux, une vraie tenue de campagne, mais bien coupée. L'élégance vestimentaire du prince est déjà légendaire. Edouard ressemble bien à toutes les photographies et à toutes les séquences des films d'actualités qu'elle a vues de lui, avec son nez en l'air dont beaucoup se moquent, son hâle permanent et son attitude pensive. Il est si juvénile ! Puis, tout le monde disparaît : il est l'heure de s'habiller pour le dîner. Il ne saurait être question pour les hommes de ne pas revêtir leur *dinner jacket*, que les Américains et les Français appellent vulgairement *smoking*. Wallis troque son tailleur de tweed bleu contre une sage robe du soir. Imaginait-elle être bien placée ? C'est possible, mais elle se retrouve loin du prince. La conversation est convenue, mortelle mais normale : chevaux, chasse, chiens… Y déroger serait une faute.

Au déjeuner du lendemain, malgré son rhume qui l'oblige presque à garder le nez dans son mouchoir, Wallis fait montre d'une première audace. Elle passe à l'attaque. N'apercevant aucun plan de table, elle ose s'asseoir à côté du prince. Galant, voyant combien son rhume la gêne, il veut la mettre à l'aise :

— Le chauffage central vous manque-t-il, Mrs Simpson ?

C'est une allusion à une plaisanterie qui circule dans Londres dont les habitations sont traditionnellement peu chauffées : un Américain téléphonait à son père à New York pour lui dire que le chauffage *made in England* s'appelait… réfrigérateur ! Mais Wallis savait aussi qu'à Fort Belvedere, l'amant de Thelma avait fait installer un chauffage, signe luxueux d'un amour stable.

Wallis ne se démonte pas et répond :

— J'en suis navrée, Monseigneur, mais vous me décevez.

— Comment cela ? réplique le prince, étonné de cette incongruité tandis que les invités, y compris le mari de Wallis, restent accablés dans un silence de reproche.

Wallis reprend, caustique :

— Toutes les Américaines qui arrivent en Angleterre s'entendent poser la même question. J'attendais plus d'originalité de la part du prince de Galles[1].

Si *Big Ben* avait sonné douze coups à une heure, l'assistance n'en aurait pas été aussi pétrifiée qu'à cet instant.

Premier constat : Wallis Simpson a un culot et un sens de la repartie invraisemblables ; elle est très décontractée, mal élevée, comme si elle s'adressait en journaliste à une vedette américaine du cinématographe.

Deuxième constat : son insolence et sa provocation sont une faute de goût, mais pas une erreur psychologique. Le prince ne déteste pas les manières provocantes d'une jolie femme. Etre éventuellement mal traité ne lui déplaît pas, ainsi qu'il l'avait confié à son premier amour, Freda.

Il semble prendre plaisir à être agressé, voire dominé.

Troisième constat : son regard bleu est resté posé sur l'incroyable Wallis et il n'a rien répondu, comme fasciné par cette flèche inattendue. La remarque jetée au visage du prince n'a suscité aucune réponse. Certes, le propos était surprenant et le changeait des chevaux et de la chasse ! Mais l'absence de réaction, disons d'esprit, du prince interpellé est surprenante. Serait-il masochiste ?

Edouard n'a manifesté aucune mauvaise humeur, n'a pas ri, n'a pas quitté la table, aucun aide de camp ou secrétaire n'a prié M. et Mrs Simpson de disparaître et éventuellement de s'éloigner de Burrough Court au plus vite, la résidence de lady Furness, laquelle, rappelons-le, est alors la maîtresse en titre d'Edouard, tandis que son mari le vicomte résiste courageusement au krach boursier de Wall Street dans les bras de charmantes consolatrices, quelque part sur la Côte d'Azur.

Les mondanités reprennent leurs droits. Une partie de poker fait perdre huit livres à Wallis. Elle ne bronche pas, sachant pourtant qu'elle vient de gaspiller son budget de la

1. Alain Decaux, de l'Académie française, *L'Abdication*, Perrin, 1995, et Charles Higham, *op. cit.*

semaine, déjà maigre. La conversation s'enlise dans les convenances, personne ne faisant la moindre allusion politique, comme il se doit. Un membre de la famille royale ne parle jamais politique. En brisant la bienséance, l'Américaine a montré sa force : l'ambition d'exister, de se faire remarquer. Ce dimanche 11 janvier 1931, le résultat lui semble atteint. Le prince de Galles est certes stupéfait, comme tétanisé, mais surtout intrigué par cette femme qui n'a aucun complexe. Il n'a même pas l'idée de lui en vouloir. Ce n'est qu'une première rencontre. Le hasard les a mis en présence l'un de l'autre. On ne sait pas encore qu'à ce week-end, le diable s'était invité pour tirer les ficelles du destin. En revanche, la préoccupation la plus urgente de Wallis est son besoin d'argent, car les affaires de son mari Ernest, courtier maritime, périclitent depuis le fameux « jeudi noir ». Pour des millions de gens, l'avenir est sombre. Mais il serait indécent d'en parler.

Mrs Simpson est vexée : le prince ne se souvient pas d'elle !

La vraie question que se posent quelques-uns des invités à ce week-end est simple : qui est donc cette Américaine qui s'est permis un jugement aussi cinglant sur le futur roi d'Angleterre ? Certains l'avaient déjà vue, d'autres avaient seulement entendu parler d'elle. Essayons de tracer son portrait physique, psychologique et social.

Et d'abord, est-elle séduisante ? Jolie ? A-t-elle du charme ? Sur ce sujet, on peut gloser à l'infini, tant ces considérations restent subjectives et évoluent avec le temps. De plus, il faut savoir qui est le témoin donnant son opinion. Ami(e) ? Rival(e) ? Relation ? Personnage privé ou politique ? Cecil Beaton, célèbre photographe mondain ultrasnob qui deviendra celui de la Cour et sera anobli, a rencontré Wallis lors d'un bal donné par des Américains un an plus tôt, en 1930. Il la juge à cette époque « plutôt musclée, fortement charpentée, avec un accent nasillard », ce qui n'est guère flatteur ! Pire : « Elle a l'air d'une grosse vache brune en velours bleu. » Et il ajoute ces amabilités : « Il suffisait de l'entendre parler. Sa voix était rauque. Je la trouvai épouvantable, commune, vulgaire, criarde, une Américaine ordinaire sans charme. » Seules les mains de Wallis trouvent grâce au regard sans pitié de cet esthète. Mais cinq ans plus tard – et quelles années ! –, est-ce le même Cecil Beaton qui se déclare soudain séduit et défenseur inconditionnel de celle qui va subir des avalanches de critiques ? Cecil Beaton a beaucoup de talents, dont celui de ne pas se brouiller avec les gens pouvant lui être utiles[1]. Il la jugera donc désormais « parfaite, soignée, fraîche comme une jeune fille ; sa peau brillante est unie comme l'intérieur d'un coquillage ; ses cheveux si lisses qu'elle aurait pu être chinoise. Elle parlait d'une façon amusante, en phrases rapides ponctuées d'explosions de rires qui illuminaient son visage et rendaient son regard très attirant ». Quel changement ! Saluons le don du portraitiste. L'allusion à l'exotisme aura son importance. Un autre témoin masculin, Henry Channon, la considère comme « une souris bien née, charmante et paisible, avec de grands yeux étonnés ».

Conquis, il s'oppose au malléable Beaton en assurant qu'« avec sa voix enjôleuse, elle pouvait charmer n'importe qui ».

Ecoutons maintenant une femme, une rivale, la moins indulgente qui soit puisqu'il s'agit de lady Furness, maîtresse officielle du prince. Son jugement est ultérieur et comparatif ; il décrit l'évolution de celle qui lui a volé son amant… ou à qui elle l'a laissé : « Elle n'avait pas alors le chic qu'elle a su cultiver depuis. Elle n'était pas belle, en fait elle n'était même pas jolie, mais elle avait un charme particulier et un sens aigu de l'humour… Ses yeux, vifs et éloquents, étaient son meilleur atout. Elle n'était pas aussi

---

1. Sir Cecil Beaton (1904-1980), auteur de la photographie officielle de la reine mère Elizabeth, veuve de George VI, sera, entre autres, le créateur des prodigieux costumes féminins du film *My Fair Lady*, notamment ceux d'Audrey Hepburn.

mince que dans ces dernières années, sans pourtant qu'on puisse la dire grosse. Mais elle était moins anguleuse. Ses mains étaient grandes ; elles manquaient de grâce quand elle s'en servait et je pense qu'elle faisait trop de gestes quand elle voulait préciser quelque chose. »

En résumé, à cette époque qui va de 1931 à 1935, Wallis Simpson, épouse d'un homme résigné à ses éclats, mais qui ne lui procure pas la sécurité matérielle dont elle a besoin, est une femme entre deux âges, pas vraiment belle, mais qui séduit par sa « joie de vivre[1] ». A l'aune de ce qui devrait être la sacro-sainte bonne éducation des *ladies* et des *gentlemen* – qui comporte de spectaculaires accrocs ! –, Wallis affiche une certaine vulgarité, dit ce qu'elle pense sans épargner qui que ce soit, s'amuse bruyamment, ne sait rien des usages du monde, se moque de la politique et de l'histoire du Royaume-Uni, ce qui est pardonnable puisqu'elle est américaine. Mais elle a du charme. C'est une arme imbattable. Mrs Simpson séduit beaucoup de gens, en exaspère quelques-uns. Elle est amusante, non conventionnelle. Elle n'a pas encore touché le cœur du prince de Galles ; elle l'avait simplement surpris, mais il l'a sans doute déjà oubliée. Ils ne se revoient qu'au mois de mai suivant, lorsque le prince et son frère George reviennent d'un épuisant voyage en Amérique du Sud où, à la demande du gouvernement MacDonald, Leurs Altesses Royales se sont transformées en commis voyageurs pour les réalisations industrielles et commerciales britanniques. Il y a des marchés à reconquérir, surtout au moment où l'Empire fait place au Commonwealth. Un triomphe, voire une hystérie comme on en est capable au sud de l'Equateur. Et, remarque Alain Decaux, le passage du prince de Galles au Pérou est inoubliable : « A Lima, on bat tous les records d'élégance diplomatique en remettant en son honneur la révolution qui se préparait. » Chez Thelma Furness, lors d'un thé donné en l'honneur du prince, les Simpson

1. En français dans le texte d'une lettre de son amie lady Sibyl Colefax ; voir Alain Decaux, *op. cit.*

sont de nouveau invités à le rencontrer. L'adresse n'est pas anodine : lady Furness réside Grosvenor Square, au cœur de Mayfair, donc au cœur de la *society*. Y être invité est un des rêves de Wallis, la première marche vers la « Terre promise », la Cour. De plus, Wallis se sent chez elle car, derrière les façades géorgiennes du XVIIIe siècle aux portes vernics de Grosvenor Square, habitent de nombreux Américains. On parle même d'une *Little America*, comme d'une *Little Italy* à New York[1].

On ne peut dire que cette deuxième rencontre, le 15 mai 1931, soit chaleureuse. En apercevant Mrs Simpson, le prince, fatigué par son périple sud-américain, paraît avoir un vague souvenir. Pire : Wallis entend Edouard glisser à l'hôtesse ces mots d'une banalité navrante : « N'ai-je pas rencontré cette dame quelque part ? »

La question est d'autant plus vexante pour Wallis que le prince de Galles a, je l'ai dit, la réputation de se souvenir précisément de toutes les personnes qu'il a rencontrées. Ne lui aurait-elle laissé aucune impression ? Certes, c'était il y a quatre mois, et entre-temps le prince voyageur a salué des milliers de gens.

Thelma rafraîchit la mémoire de son invité. Il s'approche du couple, Wallis n'oublie pas sa révérence. Edouard corrige sa distraction en assurant Ernest et son épouse qu'il n'avait pas oublié ce dîner et il passe à d'autres convives. C'est tout. On peut imaginer que lady Furness, étincelante en lamé argent et toujours publiquement maîtresse du prince, s'amuse de la déconvenue de son amie.

Cela n'empêchera pas Mrs Simpson de trouver quelques petits arrangements avec la vérité en osant écrire, plus tard : « Cette marque d'attention nous a flattés tous les deux. » Au nom des mondanités, ils avaient menti l'un et l'autre et l'un à l'autre.

---

1. Cette présence d'une colonie américaine se réfère au souvenir du premier ambassadeur des jeunes Etats-Unis qui s'était installé, en 1785, au n° 9 de Grosvenor Square. Par la suite, le même John Adams fut élu président. Plus tard, de mars à juin 1944, le général Eisenhower y organisa son quartier général, au n° 20 du même square.

Le rêve de Mrs Simpson devient réalité : elle est présentée à la Cour

En dépit de cet impair, Wallis obtient du lord chambellan, maître des cérémonies de la Cour, de pouvoir y être présentée officiellement. Comment s'y est-elle prise ? Grâce à une autre Américaine épouse d'un Anglais, Mildred Andersen. Lorsqu'elle reçoit le précieux et somptueux bristol, Wallis exulte ! L'affaire se déroule en deux temps. Il y a d'abord le Derby d'Epsom, dans le Surrey, le 3 juin. Cette course de chevaux, l'une des plus réputées, a lieu depuis 1780 sur un hippodrome tracé dans une vaste prairie. Le monde équestre s'y retrouve traditionnellement et on y a même ouvert un restaurant au nom français, Le Cheval d'or. Grâce à l'obligeance de l'ambassadeur américain William Galbraith, Wallis et son époux prennent place dans un des célèbres bus rouges à impériale qui font partie du paysage britannique. Son Excellence fait bien les choses : les paniers de pique-nique sont remplis de poulet froid, de caviar et de champagne. Mrs Simpson est sur la bonne voie, mais ce n'est qu'une répétition.

Arrive la présentation à Buckingham Palace, fixée au mercredi 10 juin. Wallis se surpasse. Elle n'hésite pas à emprunter à Thelma les trois plumes d'autruche obligatoires dans ses cheveux, une robe en satin à une amie, une traîne en satin blanc encore à Thelma. Une broche d'aigue-marine et de cristal fera tenir les plumes, accompagnée d'une grande croix également d'aigue-marine en sautoir. A-t-elle les moyens d'acheter de tels bijoux ? Non. A sa tante Bessie avec qui elle entretient une correspondance suivie, Wallis précise : « Je n'ai pas besoin d'ajouter que ce sont des imitations, mais elles font de l'effet. » Reste le problème de la voiture, puisqu'il est hors de question d'arriver à pied. Un autre Américain généreux prête aux Simpson son véhicule avec chauffeur. Wallis est nerveuse, mais prête pour ce qu'elle appelle « le grand soir ». La colonie américaine l'a beaucoup aidée, à divers égards. Cette divorcée a notamment dû – elles pouvaient désormais être reçues – fournir les preuves judiciaires que les torts étaient du côté de son ancien mari.

Il est toujours impressionnant d'être reçu(e) à Buckingham Palace, où l'austérité de la façade le dispute à la solennité de l'apparat. Sitôt sortis de leur voiture d'emprunt, les Simpson sont conduits vers les vestiaires. Des valets en livrée les débarrassent des manteaux et des capes, puis c'est la montée, lente, qui se vit comme un rêve, du grand escalier, entre deux rangées de *Yeomen of the Guard*, également chargés de la sécurité des joyaux de la Couronne à la Tour de Londres. En uniformes Tudor rouge au monogramme du souverain régnant, ils sont surnommés *beefeaters*, littéralement « mangeurs de bœuf », expression dérivée du vieux français pour désigner les « buffetiers », ou gardiens du buffet royal. Ils sont requis à toutes les grandes cérémonies où le souverain est présent.

Les Simpson sont conduits à leurs places, « bonnes, dans les premiers rangs », tiendra à préciser Wallis, à la fois soulagée et angoissée par la révérence, doublement royale cette fois-ci, qu'elle devra faire à George V et à Mary dans la salle du Trône. Assis, le roi est en grand uniforme, la reine parée de satin blanc brodé de perles et d'un collier de diamants. Le prince de Galles, également en grande tenue, est derrière son père ; il se tient debout, à côté de son grand-oncle, le duc de Connaught[1].

Le solennel et impeccable défilé des présentés commence, accompagné par l'orchestre. L'annonce des noms et des titres précède d'un instant la révérence des jeunes filles et des dames. Lorsque tout le monde se retrouve ensuite dans les grands appartements, Mrs Simpson est proche du prince qui, avec ses parents, dit quelques mots aimables à chacun. Wallis a l'ouïe fine. Elle entend Edouard dire au duc de Connaught : « Cher oncle Arthur, ne trouvez-vous

1. Il est le second frère d'Edouard VII et le gendre du roi Gustave V de Suède.

pas qu'il faudrait modifier ces lumières ? Elles sont cruelles pour les femmes et les rendent toutes affreuses ! »

Cette remarque, justifiée selon des témoins, est à l'origine d'un nouvel échange insolite entre l'Américaine et le futur roi lors d'un verre donné après la cérémonie par lady Furness chez elle. Le prince, tenant une coupe de champagne, s'approche de Wallis, qui devait être nettement plus décontractée qu'au palais. Il lui fait un compliment sur sa robe. Mrs Simpson n'a pas changé. Elle est toujours prête à attaquer. Elle rétorque à Edouard :

— Monseigneur, j'ai cru comprendre que vous nous trouviez toutes affreuses !

Il sourit :

— Madame, je suis surpris que ma voix ait porté aussi loin !

A 3 heures du matin, le prince de Galles raccompagne les Simpson

Décidément, Wallis est incorrigible ! Mais – et ceci, on ne l'apprendra que plus, tard de l'aveu même du prince – celui-ci dira avoir été « frappé de la grâce de son maintien et de la dignité naturelle de ses mouvements ».

Désormais, on ne peut en douter : le prince héritier n'oubliera plus cette femme. Son aplomb ne peut que l'intéresser. Et ce n'est sans doute pas un hasard si Edouard, amusé par la vivacité d'esprit de l'Américaine, s'attarde à ce cocktail. Il est maintenant 3 heures du matin. Le groupe quitte Grosvenor Square. Le chauffeur mis à la disposition des Simpson est toujours là, avec la voiture de son maître. Mais le prince propose de reconduire le couple chez eux. Wallis, soudain grand genre, renvoie son équipage comme si c'était le sien. Elle saisit sa chance.

Et voici M. et Mrs Simpson dans la limousine du prince de Galles. Wallis a marqué un point. Pendant le trajet, le fils aîné de George V parle de son cher Fort Belvedere où il se rend. Arrivés à leur adresse, les Simpson, ainsi raccompagnés, provoquent la panique du portier. Le prince de Galles ici ! A cette heure ! Avec les Simpson ! Un prince tellement aimé et populaire... Le brave homme n'en revient pas. Wallis propose un « dernier verre », mais l'héritier refuse en souriant. Raison de convenances ? Non : « Je dois me lever très tôt. Mais si vous voulez bien renouveler votre invitation, je reviendrai avec le plus grand plaisir. »

Une promesse. La première. La limousine princière disparaît dans Londres endormi. Wallis n'a pas dû trouver facilement le sommeil. A-t-elle rêvé ? Non. Un plan se prépare dans sa tête, comme en témoigne le récit de cette nuit exceptionnelle que Wallis écrit à sa tante Bessie, deux jours plus tard : « J'espère recevoir le prince un prochain après-midi, mais il faut laisser les choses se faire petit à petit et, bien entendu, par l'intermédiaire de Thelma. »

Chère lady Furness ! Sans elle, rien ne serait arrivé.

Présentée à la Cour, Mrs Simpson existe officiellement. Enfin ! Le 19 juin, elle fête ses 35 ans. Mais c'est huit jours plus tôt qu'elle a reçu le plus inestimable des cadeaux : en la raccompagnant chez elle, le prince a promis de venir la voir... mais il n'est pas venu. Pas encore.

Peut-être parce qu'elle est déçue et que la vie avec Ernest lui pèse de plus en plus, car les soucis financiers du couple s'aggravent, elle part pour le midi de la France. Ce séjour entre femmes suscitera divers commentaires. Les maris n'y sont pas conviés : ils n'en ont plus les moyens et peut-être n'ont-ils pas envie de supporter un essaim itinérant décidé à s'amuser. Mrs Simpson et ses amies passent par Paris, y font des achats ruineux mais indispensables – car on ne saurait vivre sans bas de soie et parfum –, puis montent dans le rapide de luxe qui, depuis 1929 et sous le nom déjà mythique de « Train bleu », transporte, en une nuit souvent agitée, de nombreux Anglais et Américains sur la Côte d'Azur. Le gynécée s'installe à Cannes, où Wallis retrouve ses chers amis Rogers, sans doute à l'origine de l'invitation. En cet été 1931, le programme n'est pas trop pénible : déjeuner tous les jours à Eden Roc, bain, promenade aux îles d'Hyères dans le bateau des Rogers, pique-nique.

Deux éléments sont à retenir. Le premier est l'atmosphère uniquement féminine de ce voyage. Que Wallis partage sa chambre avec une amie n'a rien de suspect. Mais, selon la rumeur, une femme de chambre entrée à l'improviste dans celle de Gloria Vanderbilt l'avait trouvée embrassant passionnément son amie Nada. Que Wallis écrive à sa tante Bessie, le dimanche 9 août : « Les hommes étaient rares et nul ne s'en plaignait » n'est pas obligatoirement l'aveu de tendances saphiques, lesquelles sont alors assez en vogue. Mais, selon Charles Higham dans son étude récente sur la vie secrète et scandaleuse de la future duchesse de Windsor, « Wallis, des années plus tard, accrocha dans la chambre de ses habitations successives, à Paris, un tableau représentant deux femmes nues faisant l'amour[1] ». Simple goût d'esthète ? Préférence sexuelle ? Réaction opportuniste ? Wallis sera accusée de tout, surtout du pire. Pour lui nuire, on pourra donc ajouter, sans preuves avérées, qu'elle était aussi lesbienne. Elle regagne Londres brusquement, pour ne pas manquer l'invitation de lord Sackville, quatrième du nom, un homme de 61 ans dont l'épouse, Anne, une autre Américaine, est une alliée, une de ses compatriotes dont Wallis a besoin.

Un hiver sinistre, sans argent et sans nouvelle du prince...

L'escapade de son épouse dans le Midi n'a pas arrangé les finances d'Ernest Simpson. Le train de vie du couple s'amenuise, il est impossible de suivre ceux qui ont encore les moyens de sortir, de donner des dîners ou de voyager. Ernest Simpson doit se séparer de son chauffeur et de sa voiture. Il est épuisé par ses trajets matinaux dans l'*Underground*, le métro londonien. Pâle, hagard, il espère quel-

1. Charles Higham, *op. cit.*

ques subsides de son père pour pouvoir s'accorder un peu de repos, tandis que les modestes économies que Wallis avait reçues d'un oncle ont déjà fondu. L'automne 1931 est froid, pluvieux et Londres une ville effacée par le *fog*, ce brouillard légendaire. Mrs Simpson est malade, couchée pendant des semaines. Officiellement, elle souffre d'un mal de gorge. Psychologiquement et sociologiquement, elle est humiliée par sa détresse financière. Etre présentée à la Cour et être raccompagnée par le prince de Galles, toujours absent, n'assurent pas le quotidien. Une amie l'aide pour qu'un spécialiste, un de ces médecins résidant dans Harley Street, la rue des praticiens, l'opère des amygdales. Noël est pauvre, sinistre, sans espoir. Wallis s'interroge : que va-t-elle devenir ? Que va devenir Ernest, lui-même déjà divorcé, auquel elle reste attachée, à défaut de l'aimer ? Où en est leur couple ? Les difficultés de chaque jour pour survivre sont un révélateur. Le chômage est massif et la livre sterling dévaluée.

Wallis ne s'intéresse même pas – et c'est regrettable – à une étonnante rencontre qui se déroule en octobre au palais de Buckingham. Le roi reçoit en audience un personnage que Churchill qualifiera de « fakir à moitié nu », le Mahatma Gandhi. Incroyable : Gandhi vient prendre le thé avec Sa Majesté !

Enveloppé de linge blanc, pieds nus, lunettes cerclées d'or, l'agitateur héros de la célèbre « marche à la mer » qui a déjà défié deux fois l'autorité britannique en Inde – et été emprisonné – n'est guère le bienvenu. Mais le Cabinet de Ramsay MacDonald a pensé, à vrai dire sans conviction, qu'une audience royale pourrait influencer cette « grande âme » menaçant de jeûner jusqu'à l'entente entre hindous et musulmans. George V y a accédé parce que Gandhi, qui avait fait ses études à Londres, avait soutenu la Grande-Bretagne en 1914. Le roi fait semblant d'oublier que cet appui était donné dans l'espoir de l'indépendance politique de l'Inde.

A George V, Gandhi déclare qu'il accepte la citoyenneté au sein du Commonwealth, mais pas au sein de l'Empire britannique.

George V n'apprécie pas. Il dit à son visiteur exotique :

— Rappelez-vous, monsieur Gandhi, que je ne veux plus aucune manifestation contre l'Empire.

Malicieusement, l'ascète qui prône la force de l'âme réplique :

— Je ne veux pas être entraîné dans une dispute politique dans le palais de Votre Majesté après avoir reçu l'hospitalité de Votre Majesté.

Une telle visite changeait George V de la morne présentation des débutantes à la Cour… Mrs Simpson ne s'intéresse pas à la politique, du moins en apparence. Elle a tort : la politique – et la pire ! – s'intéressera à elle.

Pour Wallis, un miracle se produit à la fin de janvier 1932, sous la forme d'une invitation princière à se rendre à Fort Belvedere. Enfin ! Mais Edouard n'envoie pas sa voiture ; il faut donc en emprunter une pour gagner, sous la neige, le Berkshire à une cinquantaine de kilomètres de Londres. Un fort ? Wallis est surprise. On dirait un grand jouet ou un petit décor. Lady Diana Cooper, qui y fit de fréquents séjours, décrivit cette construction du XVIIIe siècle comme « l'idée qu'un enfant peut se faire d'un château fort[1] ». Mais peu importe : Wallis, transformée, a repris goût à la vie. Et à l'espoir.

Tandis que les bagages sont emportés par un valet en livrée et que deux chiens continuent d'aboyer, le prince, en kilt, accueille lui-même les Simpson à la porte. L'atmosphère est confortable et, miracle supplémentaire, un chauffage central fonctionne efficacement, complétant le feu ronflant dans la cheminée. Wallis en oublie ses douleurs à l'estomac, sans doute dues à un ulcère. Thelma est présente, évidemment. N'est-elle pas chez elle ? Outre un couple d'amis, il y a là l'aide de camp du prince, le brigadier-général Trotter, un homme plus âgé qu'Edouard et un héros de la guerre. Très aimable, l'héritier conduit les Simpson jusqu'à leur chambre. Il n'y en a que cinq. La leur

1. Sarah Bradford, *George VI*, *op. cit.*

est bleue, avec des lits jumeaux et heureusement pourvue d'une salle de bains. C'est maintenant l'heure de s'habiller pour le dîner. En redescendant, les invités admirent un Canaletto et ont la surprise de voir le prince occupé à broder un tapis de table de backgammon. Il est très concentré dans cette tâche *a priori* féminine, sous le regard attentif de Thelma, nullement étonnée. Pour justifier son minutieux travail au petit point, Edouard explique d'une voix timide : « C'est mon vice secret. Le seul, en tout cas, que je prenne la peine de cacher. Je préfère cela aux romans policiers, mais je vous supplie de n'en rien dire ! »

Dans la personnalité ô combien complexe de cet homme, on n'a pas manqué de soupçonner une homosexualité plus ou moins refoulée. Diana Cooper balaiera vigoureusement cette hypothèse : « Ridicule ! Edouard a passé sa vie entre les jambes des femmes ! »

La joie de Mrs Simpson : enfin, le prince l'invite à danser !

Après le dîner, certains jouent aux cartes ou tentent d'achever un énorme puzzle, passe-temps chic et silencieux. Puis un phonographe est mis en marche. Les disques de fox-trot succèdent aux rumbas, enchaînant les derniers succès. Et pour Wallis arrive le moment qu'elle espérait tant : le prince l'invite à danser ! Après Thelma, bien sûr. Des années plus tard, Wallis, encore éblouie, écrira que son cavalier dansait fort bien. « Il était preste, léger, très en rythme. » A minuit, le prince se retire. Mrs Simpson, comme d'habitude, ne dissimule pas sa contrariété : « Où est donc le prince de Galles dont les journaux parlent tous les jours ? Où est donc ce célibataire acharné qui ne se couche jamais avant l'aube ? »

Elle est déçue. Qu'espérait-elle donc ? Elle savait qu'il aimait les exercices physiques violents, les chasses interminables, les folles courses à cheval, tout ce qui fait transpirer pendant l'effort ; mais lorsque, le lendemain matin, il apparaît en culotte de golf, sifflant joyeusement, armé d'une houe et d'une hachette et ordonnant à tout le monde de l'aider à défricher un taillis, elle n'en revient pas. Les invités font semblant de suivre le prince dans sa lubie… Est-ce bien le même personnage qui, hier soir, faisait de la broderie comme, disait-il, sa mère le lui avait appris et qui, ce matin, s'était mué en énergique homme des bois après avoir montré ses talents de danseur mondain ? On avait rapporté à Wallis que le roi George V et la reine Mary parlaient de Fort Belvedere comme d'« une vieille bâtisse sans intérêt » (ils n'y étaient venus que deux fois, n'y restant qu'une heure), mais qu'auraient-ils pensé de ce sport matinal, normalement dévolu aux gardes forestiers et aux jardiniers de ce domaine de la Couronne ? Les souverains en savaient bien davantage… et ils étaient inquiets des comportements souvent irrationnels de leur fils aîné.

En guise de lettre de château… fort, le couple Simpson, après réflexion, envoie un poème à Edouard, texte élaboré à quatre mains, où Ernest a convoqué sa plume emphatique. En voici la traduction française :

Monseigneur,
Soyez prudent et ne maudissez pas
Ce misérable essai de gratitude en vers.
Notre week-end à Fort Belvedere
Nous a laissés en compagnie de chers souvenirs
De ce qui doit être dans tous les sens du mot
L'hospitalité princière.
Les heures se sont envolées trop vite
Et nous aurions voulu les garder immobiles
Et regrettant la malignité avec laquelle elles ont disparu
Voulons remercier chaleureusement Votre Altesse Royale.
Mais j'abuse de votre temps
Et j'ai l'honneur, Monseigneur, d'être
(Avant que mon crayon poétique ne boite trop)
Votre obéissante servante,

Wallis Simpson[1]

1. Archives du duc et de la duchesse de Windsor ; voir Alain Decaux, *op. cit.*

Une évidence : ce n'est pas le ménage invité qui remercie, mais l'épouse qui signe, seule, sa reconnaissance. L'appropriation est osée, digne des audaces de Wallis. Qu'en pense Ernest ? Qu'en pense le destinataire ? On ne sait, sinon qu'en cet hiver 1932, Mrs Simpson franchit une haute marche sur les degrés de l'intimité. Elle assume son désir de mieux connaître le prince. Elle se met à son « service » pour lui « obéir ». Des mots lourds de sens. Elle pense être proche du statut de favorite. Ce qu'ignore Wallis, c'est que le prince, délaissant Thelma, a d'autres conquêtes en vue, facilitées par ses déplacements officiels ou semi-officiels. On lui prête diverses aventures : l'une avec l'aviatrice Amelia Earhart qui fait la une des journaux en étant la première femme ayant traversé seule l'Atlantique, une autre au mois d'août à Monte-Carlo avec une Américaine, Mrs Barbara Warrick, avec qui il danse longuement *cheek to cheek* et encore une autre avec la très jolie princesse Ingrid de Suède, ce dont la presse de Stockholm fait « ses choux gras ». S'agit-il de liaisons consommées ? De flirts imprudents ? De simples commérages ? D'opérations de propagande royale et de diversion alors qu'il ne s'est rien passé ? Il est difficile de répondre, sinon que le prince de Galles est fidèle à sa réputation d'homme à femmes peu discret et vite lassé de ses amantes supposées, tel un don Juan perpétuellement insatisfait. Sa popularité publique n'en est que plus forte, inversement proportionnelle au mécontentement du roi, dont la santé vacille. Le public s'amuse de cette vie amoureuse qui fait rêver, le roi et le Cabinet s'en inquiètent. La cour de Saint-James n'est pas Hollywood.

Douze mois de solitude et de désespoir. Wallis est oubliée…

Wallis se morfond dans sa maison de Bryanston Court. La lecture des journaux la blesse, ses aigreurs d'estomac la font souffrir et elle se venge en renvoyant, l'un après l'autre, les domestiques qu'elle peut encore engager, tous incapables. Une année passe, épouvantable. Un échec complet, la fin d'un rêve. Mais après d'incessants voyages du prince, plus ou moins au service de la Couronne, voici que lui parvient une nouvelle invitation à Fort Belvedere. Non seulement Edouard est revenu, mais il invite les Simpson à le retrouver dans son refuge d'enfance, ce monde où il peut rester un adolescent. Même les chiens sont heureux de revoir ces invités lorsqu'ils descendent de leur voiture : Cora et Jaggs n'aboient plus à leur arrivée ! Les Simpson ne sont plus des étrangers. Hélas ! Thelma a regagné la faveur du prince et cette constatation ne fait qu'aviver les maux d'estomac de Wallis. Elle s'irrite de tout et les affaires d'Ernest vont de mal en pis, obligeant le couple à des prodiges d'équilibre, perpétuellement au bord du gouffre. Mais survient un événement considérable : Ernest doit se rendre en Italie pour ses affaires. Informé, le prince invite son épouse à Fort Belvedere. Le mari part, complaisant ou distrait et absorbé par ses soucis. Wallis sera-t-elle seule femme mariée invitée sans son époux ?

Ce serait oublier Thelma, inévitable gouvernante sentimentale qui sait tout, gardienne de son emprise affective sur le si peu adulte prince Edouard. Arrivée seule le vendredi soir, inévitablement accueillie par Thelma, Wallis juge sa situation avec humour : « Je suis devenue "la veuve joyeuse" ! »

L'allusion à la célèbre opérette de Franz Lehár est incongrue. L'hiver est rude, tout est glacé. Dimanche, le prince suggère que l'on aille patiner sur un des étangs gelés. Wallis s'élance avec le duc et la duchesse d'York[1] sur des patins qu'Edouard lui a offerts. « Heure exquise… » bien éloignée de l'opérette. Certes, il a offert les mêmes à Thelma ! D'ailleurs, la proximité entre Wallis et Thelma est si évidente qu'elles sont souvent invitées ensemble par des gens qui « espèrent [qu'elles] leur amèneron[t] le prince ». Un trio mondain.

Toutefois, à partir du début de 1933, si les week-ends ensemble à Fort Belvedere se suivent, ils sont toujours

1. Le frère et la belle-sœur du prince, les futurs roi George VI et reine Elizabeth.

encombrés d'invités engoncés dans le protocole, dont le frère d'Edouard, George, et des rescapés de la Révolution russe, le grand-duc Dimitri et son épouse. Wallis dit qu'il y a trop de monde et que l'ambiance n'est pas assez détendue. Une révérence par-ci, un « Monseigneur » par-là, « c'était amusant mais un peu trop royal ».

Si l'on en juge par ce commentaire, Wallis se sent prisonnière du carcan des usages monarchiques. Sans doute est-elle contente de voir le prince, mais ils ne sont jamais seuls. Et, *a priori*, il ne semble guère plus intéressé qu'avant par cette Américaine en perdition, à tous égards. Justement, un voyage aux Etats-Unis, pour diverses raisons familiales, est le bienvenu. En mars, alors que le couple Simpson, à bord du *Mauretania*, regarde disparaître la côte anglaise, un steward haletant leur apporte un radiogramme. Qui peut leur envoyer un message aussi urgent ? Encore des ennuis d'argent ? Le texte, sobre, leur souhaite un bon voyage et un retour rapide en Angleterre. La signature a fait forte impression sur les officiers radio et le commandant du paquebot : « Edward P. » C'est bref, mais c'est beaucoup. Le prince a appris le départ des Simpson, il attend le retour de Wallis. Du moins est-ce ce qu'elle pense.

Celle-ci retrouve avec joie son véritable univers, les Etats-Unis et sa chère tante Bessie, sa confidente épistolaire à qui elle raconte ses joies et ses détresses. Wallis se sent rajeunie, libre, étourdie de retrouver les siens à Baltimore puis la société de Washington où, d'après les témoins, elle enchaîne flirt sur flirt. Même sa santé paraît s'améliorer, ce qui prouverait qu'à Londres, parasite semi-mondain surveillée par Thelma, Wallis, lassée de ne pas aboutir auprès du prince trop choyé, était dépressive. Elle prolonge son séjour en Amérique. Ernest, comme d'habitude, est très indulgent et accepte de rentrer seul.

Lorsqu'elle le rejoint début juin, Ernest lui confirme que la baisse du dollar désavantage encore plus les Américains vivant au Royaume-Uni. Faut-il écouter Roosevelt, le nouveau président des Etats-Unis, organisateur d'un sursaut économique, le *New Deal* ? Faut-il quitter définitivement

Londres devenu hors de prix ? Wallis s'accroche. Non. Elle fera encore des sacrifices, des miracles, elle assure se contenter de peu, du moment que son étoile ne pâlit pas dans la mémoire princière. Il faut lui reconnaître une ténacité et un courage certains. Tenir. Paraître à défaut d'être. Une analyse objective de son écriture, c'est-à-dire sans aucune possibilité d'identifier l'auteur, conclura, deux ans plus tard, à cette opinion d'expert :

> Femme manifestant une tendance masculine dans ses activités. Elle doit faire sentir son autorité. Sans percevoir pleinement son pouvoir, elle peut devenir désagréable. Dans la poursuite de ses desseins, elle peut être étourdie et brutale, mais à tout prendre, elle n'est pas sans noblesse ni générosité. Elle est animée d'impulsions contraires. Son écriture heurtée est le signe que les satisfactions qu'elle poursuit ne sont pas assez fortes pour harmoniser sa vie. Elle est ambitieuse et demande surtout que ses entreprises soient remarquées et appréciées.

Cet avis nous informe doublement. D'une part, Mrs Simpson est dominatrice et opportuniste, craignant de passer pour insignifiante et d'être ignorée. Elle est donc prête à tout pour s'imposer, y compris affectivement et socialement. D'autre part, l'expert graphologique auteur de ce rapport remis en pleine tempête politique et dynastique (1936) est proche du Cabinet du Premier ministre Stanley Baldwin, pour la troisième et dernière fois locataire du 10, Downing Street. C'est peu de dire que le gouvernement s'informe sur la personnalité de Mrs Simpson.

Pour l'anniversaire de Mrs Simpson, le prince lui offre une orchidée

Le ménage Simpson ne reçoit plus qu'une fois par mois, annule les rendez-vous élégants où l'on se doit de paraître, dont celui de la course d'Ascot, un jeudi de la mi-juin.

C'est dommage car, en principe, toute la famille royale y assiste. Mais Wallis a beaucoup mieux : le prince viendra dîner chez elle ! Il aime sa robe blanche. Les Simpson sont maintenant chez eux au Fort Belvedere, fêtés par les chiens, ce qui ne trompe pas. La montée du fascisme en Italie ? La prise du pouvoir par Hitler en Allemagne ? Wallis est trop occupée par sa conquête, celle du prince dont elle a deviné les fragilités. De son côté, fidèle à sa fibre sociale, le prince parcourt son futur royaume, s'entretient avec les ouvriers chômeurs, éprouvant une honte d'être épargné par les affres de la misère quand il remonte dans sa voiture. Il est souvent applaudi. Edouard se dit admiratif de la réussite allemande ayant résorbé la crise économique qui avait entraîné la chute de la République de Weimar et son inflation démentielle ; il approuve le combat de Hitler contre le cancer du communisme. Ses déclarations en faveur d'un rapprochement anglo-allemand lui valent la colère de son père. George V est furieux. Son fils a-t-il oublié le courageux et significatif changement de nom qu'il a imposé à sa dynastie en se proclamant Windsor ? Edouard est-il inconscient du fait que cette initiative a été largement approuvée par le peuple britannique ? La réponse du prince au monarque est une bombe : il traite la France et le Royaume-Uni de « démocraties de pacotille », déclaration qui ébranle le statut constitutionnel de la monarchie[1].

19 juin 1933. Mrs Simpson a 37 ans. Si son mari Ernest n'a pas l'idée ou les moyens d'offrir un cadeau à sa femme, le prince s'en charge volontiers. Il organise d'abord une soirée dans un de ces restaurants-night-clubs italiens réputés à Londres, Quaglino. Puis il lui offre un présent délicat, une orchidée en pot. Ravissante. Edouard lui assure – c'est le prince jardinier qui parle – qu'avec des soins attentifs, l'orchidée refleurira un an plus tard. Wallis attendra un an, dubitative, mais la nature tiendra sa promesse douze mois plus tard.

1. Sarah Bradford, *George VI*, *op. cit.*

Le hasard s'en mêle : l'anniversaire d'Edouard suit de quatre jours celui de Mrs Simpson. Tous deux sont du signe des Gémeaux, leur personnalité est double et ils sont faits pour s'entendre. Le cadeau de Wallis est modeste, mais intime : une pochette pour ranger ses boîtes d'allumettes à Fort Belvedere et une petite cuiller appartenant à Edouard qu'elle avait « empruntée » au maître d'hôtel Osborne, qui apprécie peu qu'on intervienne dans son domaine. L'argenterie en fait partie. Elle rend la cuiller à Edouard un peu surpris, gravée et accompagnée d'une lettre lui présentant ses « meilleurs vœux ».

18 novembre 1933. La situation financière des Simpson devient critique. La presse anglaise accuse Roosevelt d'avoir été trop loin, le dollar ne cesse d'être déprécié. « De toute façon, c'est alarmant », écrit Wallis à sa tante Bessie. Le 10 décembre, le prince offre à Mrs Simpson sa photo dans un cadre de cuir. Les cadeaux sont de plus en plus personnels. Comme leurs relations. Suit une table destinée au salon de Wallis, pour Noël. « C'est moi qui l'ai choisie ! » dit-elle fièrement. Entre 1931 et le début de 1934, l'amitié un peu sulfureuse entre Wallis et Edouard s'intensifie. Le diable s'en mêle de nouveau avec le départ de Thelma pour les Etats-Unis le 25 janvier. Avant d'embarquer à bord de son paquebot, elle déjeune avec Wallis. Deux amies ? Deux rivales. Selon les mémoires de Thelma, c'est au Ritz – bien sûr ! – que tout va changer.

Wallis :

— Oh ! Thelma, le petit homme va se sentir si seul !

Thelma :

— Eh bien, ma chère, occupe-toi de lui pendant mon absence[1]...

Ce 25 janvier 1934 sonne l'heure du destin.

Le prince, en effet, ne reste pas longtemps seul. Il invite Wallis à dîner avec quelques amis au Dorchester, un palace qui est une institution londonienne. Dans ce cadre raffiné, la conversation est surréaliste. Mrs Simpson s'inquiète de la

1. Hugo Vickers, *op. cit.*

fatigue du prince, à peine revenu d'une nouvelle tournée dans des usines à l'arrêt, des hangars vides, devant des files de chômeurs désemparés. Fatigué, Edouard ? Nullement. Il est préoccupé par les conditions de vie du prolétariat industriel dans les entreprises dévastées par la crise. Il parle de ses projets d'amélioration, de cités ouvrières à construire d'urgence pour en finir avec les taudis. Visiblement, il est soucieux. Elle l'interroge sur ses responsabilités, sur ses pouvoirs, dont il déplore les limites. C'est ce soir-là vraisemblablement, et devant des tiers, que Wallis aborde pour la première fois la situation politique du futur roi. Il paraît isolé, perdu, évoque Thelma qui lui manque. Puis ce sont des visites à l'improviste chez les Simpson à partir de février. Mais où donc le prince héritier a-t-il été élevé ?

Le prince de Galles surgit chez les Simpson sans être attendu

Grossièrement, il débarque à Bryanston Court, pour quelques minutes ou toute la soirée. Puis il ne donne plus de ses nouvelles pendant quinze jours. Au début, Wallis s'angoisse : quelque chose lui aurait-il déplu ? Lorsqu'il revient, toujours après 18 heures, il parle longuement, de tout et de rien, passant d'un sujet grave, tel le lourd déficit du commerce britannique, à des futilités, de nouvelles plantations à Fort Belvedere ou le dernier disque de jazz arrivé d'Amérique, idéal pour danser avec Wallis. A Fort Belvedere, évidemment... Vient l'heure du dîner, modeste chez les Simpson. Le prince s'aperçoit de l'heure tardive et bondit. Il se dit confus. Wallis, parfaite maîtresse de maison, le rassure : « Monseigneur, je sais que le bœuf en daube n'a rien de bien séduisant, mais nous serions heureux de le partager avec vous. »

L'habitué est ravi. Wallis aussi. Il reste. Pour le bœuf et pour Mrs Simpson.

Le mari est d'abord courtois, écoutant le prince jusqu'à 4 heures du matin. Puis la lassitude et les soucis lui permettent de se retirer, dit-il poliment, pour travailler dans son bureau. En fait, épuisé, Ernest va se coucher, ne sachant plus s'il doit être honoré ou maudire de telles manières chez un prince héritier désœuvré. Pour la première fois, Edouard et Wallis restent seuls, parfois presque jusqu'à l'aube.

La date du 12 février 1934 est essentielle si l'on en croit la lettre de Wallis à sa tante Bessie : « J'ai hérité du prince, le petit homme de Thelma Furness », laquelle a annoncé son retour, mais sans indiquer une date. On ne peut dire quel sens donner à cette annonce, mais « l'héritière » est vite submergée de commérages. Pour s'en défendre, elle écrit une semaine plus tard à sa tante : « Il n'est pas dans mes habitudes d'enlever les soupirants de mes amies. Nous nous sommes beaucoup vus et bien sûr, les gens en parlent. Je crois que ça l'amuse. Je le distrais et nous aimons danser ensemble. J'ai toujours Ernest auprès de moi. Donc aucun danger. »

Si, finalement, Thelma ne revient qu'au printemps, en mars 1934, sa romance très exposée avec le prince Ali Khan, fils de l'Aga Khan et play-boy notoire, en est la raison. Amant réputé, ce seigneur indien sait tout du plaisir féminin, selon les plus efficaces méthodes orientales. Il s'ensuit un accueil plutôt frais du prince à Fort Belvedere. Pis, entre Edouard et Wallis sont échangés des plaisanteries et des sous-entendus. Mrs Simpson regarde son amie en la défiant. Aucun doute, Wallis s'est très bien occupée du « petit homme ». Mission accomplie ! Après une explication pénible et surtout inutile avec Edouard, Thelma quitte le fort où elle s'était longtemps crue « la princesse de Galles ». Elle tentera de joindre Edouard au téléphone, mais la standardiste de Buckingham Palace a le profond regret de lui répondre qu'on ne peut déranger Son Altesse Royale. C'est fini. Le 15 avril, Wallis relate l'événement à sa tante en lui précisant qu'elle fait très attention, puisque le prince est un homme particulièrement en vue et qu'elle évite de se trouver seule avec lui ; mais elle ajoute avec délice : « Il est plein d'attentions pour le moment et, bien entendu, j'en suis flattée. » Une victoire qu'elle savoure.

Jusqu'ici, dans le rôle du mari fauché, utile et peu encombrant, Ernest a été patient, voire complaisant. Devant la situation nettement favorable de Wallis et nettement défavorable de ses finances, l'époux s'embarque pour le Japon avec « une petite amie, nous laissant criblés de dettes et sans aucune aide. Quel chameau ! ». Mais peut-on lui en vouloir ?

Wallis fait face, sans cuisinière, sans le moindre bœuf en daube ! Sa maison n'est plus qu'un hôtel où elle ne passe aucun week-end. Déjà, elle ne s'appartient plus, les soirées suivant des dîners avec le prince. Elle est presque une pensionnaire de Fort Belvedere. Bien sûr, elle commence à être invitée partout, des inconnus se déclarant heureux de la recevoir. Edouard se rend-il compte de la détresse matérielle de celle qui est encore Mrs Simpson ? C'est peu probable à ce moment. Elle se débat avec les créanciers de son mari pour pouvoir s'habiller, être séduisante, ne pas faire pitié, surtout devant des gens fortunés. Dormant mal, s'alimentant peu, elle maigrit. De plus, commençant à être familière des fantaisies princières, elle a toujours peur du retour de Thelma – pour l'instant émigrée à Paris –, ou qu'Edouard ne tombe sous le charme d'une autre femme. Avec un humour lucide, elle avoue à son amie Gloria Vanderbilt : « Je crois bien que je suis la plus pauvre qu'il ait fréquentée. » Mais sa revanche sur une vie pleine d'épreuves, de honte, de vice, d'affaires peu édifiantes et de rumeurs incroyables qui commencent à être évoquées dans les hautes sphères de la Cour et du gouvernement s'appelle une stratégie. En deux mois, Wallis est devenue une autre femme, ou plutôt, elle est redevenue une femme. A sa tante Bessie, elle fait croire à l'origine de cette métamorphose : elle vit « une nouvelle romance à 40 ans », un âge qu'elle considérait comme dévastateur. A cet âge, une héroïne de Balzac était très vieille et n'avait plus le droit d'aimer ou d'être aimée. Mrs Simpson va rajeunir. Mais s'agit-il réellement d'amour ?

L'amie du prince est le sujet de tous les commérages

A la fin de mai, Wallis reçoit un billet offert par le prince pour les courses d'Ascot. Elle n'osait plus l'espérer. Une véritable quête du Graal ! Ascot ? Le rendez-vous hippique et surtout mondain de l'année où il faut être, côtoyant les *royals* dans leurs plus beaux atours. Ascot est *le* spectacle de l'année, celui de la société britannique dans ce qu'elle a de plus traditionnel. L'événement dure une semaine en juin, le point culminant étant le jeudi. Edouard est fort élégant dans sa jaquette gris clair. Son *tube* assorti est soulevé à chaque baisemain. Wallis survit à une accumulation de révérences. Et puis, le champ de courses est presque à portée de jumelles du château de Windsor, à peine dix kilomètres. Mais devant l'excitation progressive de sa nièce à chaque lettre, tante Bessie, qui lui envoie des chèques « urgents », se permet de lui envoyer aussi, gracieusement, quelques conseils également urgents, car elle est effarée de la tournure des événements. Wallis est en pleine confusion !

Mrs Simpson répond au « sermon » de sa tante. Premier argument : si Ernest n'est pas content, « je laisserai tomber le prince immédiatement ». Où l'on apprend qu'Ernest est revenu du Japon, mais que sa femme et lui se parlent peu. Il y aurait pourtant de quoi, surtout quand Wallis écrit, avec une incroyable candeur : « Pour le moment, les choses se passent merveilleusement bien et nous sommes toujours ensemble, tous les trois, dans le peu de temps libre dont dispose le prince de Galles à cette époque de l'année. Ne faites pas attention aux racontars. [...] Je me sens très bien et j'ai enfin pris du poids. Je pense que le fait d'avoir joué au golf et de m'être trouvée ici à la campagne y a été pour beaucoup. J'ai touché le chèque, ce qui me permet de payer mon massage. » Non, Wallis l'assure à sa tante, elle n'est « pas complètement dans la Lune ». Elle est à Fort Belvedere, où elle « refait une partie des deux maisons du prince, ce qui occupe beaucoup ses journées ». Mais

Wallis commet plusieurs erreurs d'ordre domestique : elle imagine les menus, déplace des meubles, intervient dans le service du personnel. Les réponses, courtoises mais glacées, qu'elle obtient devraient l'avertir. Elle n'est pas la première femme s'étant prise pour la maîtresse de maison à Fort Belvedere. Lady Furness y a laissé sa place. Le personnel, lui, est stable, du cuisinier aux valets. Mrs Simpson pourrait n'être que de passage. Osborne, le maître d'hôtel, est de marbre : il en a vu d'autres jouer les utilités… et disparaître du paysage princier. Encore une « princesse de Galles » provisoire ?

L'été 1934, le prince loue une villa à Biarritz et propose aux Simpson de le rejoindre. Ernest doit repartir pour les Etats-Unis. Comme il est impossible qu'Edouard soit seul avec Wallis, la fameuse tante Bessie est sollicitée. Chaperon de sa nièce et invitée du futur roi : ce programme la change de Baltimore. Entre Biarritz et Cannes avec les escales aux Baléares, Mrs Simpson et le prince courent sur la plage. Comme des amoureux ou des amants ? Cela reste impossible à dire tant leurs manières – surtout celles du prince – sont parfois puériles, des farces enfantines gênantes. Mais cette année 1934, et particulièrement l'été, est bien le moment où Wallis commence à exercer vraiment un pouvoir tangible sur Edouard. Elle le rassure, l'accompagne dans ses fantasmes, le met en valeur et ne transforme jamais leurs jeux navrants en humiliation publique. En privé, leurs relations de dominatrice à dominé sont probablement moins paisibles, mais cela fait partie des énigmes, vraies ou fausses, jalonnant ce roman qui va entrer dans l'histoire. C'est à Cannes qu'un soir, le prince donne un écrin de velours à Wallis. Elle l'ouvre, découvrant un pendentif en émeraude et brillants. L'instant d'après, il est accroché à son bracelet.

Mais après un détour par l'irrésistible charme des lacs italiens, ces vacances paraissent bien longues pour un prince de Galles. On le lui fait savoir. Il a tout de même des engagements à respecter, comme le lancement du paquebot *Queen Mary*, baptisé en l'honneur de la reine sa mère, le premier d'une série de transatlantiques mythiques, les *Queen*, dont une nouvelle génération porte le nom[1]. Le prince rejoint les chantiers navals de la Clyde, tandis que Wallis et sa tante font leur shopping à Paris, car à Londres, « définitivement », d'après elles, seuls les hommes peuvent s'habiller. En tête à tête, la tante et la nièce abordent le sujet. C'est Bessie qui se lance :

— Wallis, le prince ne serait-il pas amoureux de toi ?

Bien sûr, elle connaît déjà la réponse, mais Wallis contourne la difficulté :

— Rien ne me rendrait plus heureuse que de savoir qu'il m'est réellement attaché.

Sa nièce a beau l'assurer que tout va bien, tante Bessie craint le pire ; Wallis est dans un rêve ou dans un film dont le scénario ne vaut pas dix dollars. Pis, elle se croit unique et dans un conte de fées.

— Fais comme tu le veux. Mais des femmes plus expérimentées que toi n'ont pas su résister à un tel entraînement. A mon avis, rien de bon ne peut sortir d'une telle situation.

Tante Bessie a évidemment vu juste, mais elle ne sait pas tout. La situation en question se complique avec les émouvantes tentatives d'Ernest pour reconquérir son épouse. Ernest est sans doute jaloux et malheureux, mais il est également inquiet pour diverses raisons, bientôt révélées. Le prince de Galles n'est pas n'importe qui, et le roi George V est malade. N'est-il pas inquiétant que Wallis soit passée de l'autre côté du miroir décrit par Lewis Carroll et se transforme en « Alice au pays des merveilles » ? La reine de pique est dangereuse… De l'autre côté de ce miroir, il y a des dangers d'autant plus terribles que Mrs Simpson ne connaît par les règles de ce monde.

Wallis ne répond pas aux objections, mais il faut préciser qu'elle sent combien cet homme reste solide, prêt à l'aider

1. Pour différencier les souveraines des paquebots (les bateaux sont féminins en anglais), on écrit, par exemple, *Queen Elizabeth 2* ou *Queen Mary 2*, tandis que « Elizabeth II », en chiffre romain, désigne la reine.

et à sauver leur mariage, le deuxième pour lui comme pour elle. En réalité, ils vivent un concours d'enfantillages, puisqu'au même moment (été 1934), Ernest, au bord des larmes, appelle Wallis « mon bébé » tandis qu'il surnomme le prince « Peter Pan ». Malheureusement, le Royaume-Uni n'est pas « le pays imaginaire » conçu par sir J.M. Barrie. On est loin d'une de ces féeriques pantomimes qui ont tant de succès dans les théâtres à Noël. Au début de l'hiver, Wallis s'efforce, une nouvelle fois, de rassurer sa tante d'Amérique, effarée par ce qu'elle lit dans les journaux, surtout entre les lignes : « N'écoutez pas les racontars ridicules. Ernest et moi sommes à cent lieues de vouloir divorcer et nous avons eu une longue conversation à propos de mes rapports avec le prince de Galles. Nous en avons parlé aussi avec lui et tout va continuer comme avant, c'est-à-dire que tous les trois, nous restons les meilleurs amis du monde. Ce qui va certainement agacer tous ces gens qui, je suppose, verraient d'un bon œil mon foyer brisé. »

Wallis Simpson est de plus en plus présente dans la vie du prince

Derrière ses protestations, Mrs Simpson joue double jeu. Elle l'a souvent fait. Elle avoue qu'elle ne peut choisir : peur du scandale ? Peur, surtout, de tout perdre ? Indécision, inconscience, frivolité, moyen de s'étourdir face aux réalités sordides ? Ce serait compréhensible. Mais la preuve de sa décision figure à la fin de cette lettre du 5 novembre : « Je vais essayer d'être assez habile pour les garder tous les deux. » Et Wallis est très habile, jusque dans la provocation, ce qui réjouit toujours le prince. Ajoutons une autre remarque enjouée de l'intéressée : le prince étant en déplacement, c'est son frère George qu'elle accompagne au théâtre, et elle écrit alors cette phrase fantastique et insensée : « J'ai du succès avec ces Windsor ! »

L'histoire lui répondra que les Windsor n'ont pas eu de chance avec elle.

Mrs Simpson est de plus en plus visible dans la vie turbulente, parfois trop organisée et parfois vide, du prince. Elle devient très utile quand elle est chargée de « faire des achats et des paquets pour les deux cent cinquante domestiques du prince » en vue de Noël. Les sorties à trois se poursuivent, les ragots aussi ; les premières sont fatigantes, les seconds répétitifs. On apprendra plus tard que le 28 décembre 1934, le prince lui a adressé sa première lettre d'amour conservée dans ses archives. Elle est écrite de Sandringham, dans le Norfolk, où la famille royale passe traditionnellement les fêtes de Noël, avec dinde et pudding. La dynastie en est propriétaire depuis 1862. Le roi George V y revient toujours avec émotion – il y est né en 1865 – et, chaque fois qu'il retrouve cette maison de campagne victorienne et franchit les très belles grilles en fer forgé offertes à son père, le futur Edouard VII, il déclare : « Cher vieux Sandringham, le lieu que j'aime le plus au monde. » Oui, dans cette lettre, il n'est plus question d'amitié, de jeux, de gamineries et de séparation. Le ton est celui de l'amour, un peu maladroit, certes, mais enthousiaste et neuf :

> Ma bien-aimée Wallis à moi,
>
> Comme cette semaine a été longue et combien adorables seront lundi et mardi, et tous les jours que nous passerons ensemble ! Oh ! Ma chérie, combien je vous aime, et plus et plus. C'est si merveilleux de penser à lundi et à toutes les choses que nous ferons pour rester ensemble. Je dois poster ceci maintenant et m'habiller pour un dîner de plus, pompeux et stupide, mais je veux que vous lisiez (vous savez quoi) que votre très, très à vous David vous aime et que vous lui manquez.

Le prince est sincère. Mais que savons-nous d'une éventuelle relation physique entre eux deux à cette époque ? Peu de chose, des indices, pas des traces. Ce sera, d'ailleurs, l'une des énigmes brouillant leur vie.

Un cadeau de Wallis – on ignore lequel – est accompagné d'un mot :

> Avec tout mon amour et tous mes rêves d'enfant qui sont devenus réalité grâce à vous, et j'ose espérer que c'est peut-être la meilleure chose de ce nouvel an[1].

Une année effectivement nouvelle, puisque de galas en vacances aux sports d'hiver, Mrs Simpson passe pour être la maîtresse en titre du prince de Galles. Certains en doutent, en raison des « performances décevantes » de l'intéressé avec les femmes. Mais qui peut vraiment connaître l'intimité la plus délicate d'un couple ? Bien que le prince ait juré au roi George V qu'il n'avait jamais couché avec elle – ce qui était peut-être exact –, Wallis fait les gros titres de la presse, jusqu'aux Etats-Unis où tante Bessie est effondrée d'avoir eu raison. Dès la mort de George V, Cecil Beaton, qui tient son journal caustique, mais perspicace, entre deux portraits de personnalités qu'il photographie, note son « impression que Wallis aime le roi mais n'est pas amoureuse de lui ». Le propos peut surprendre. On va en déduire qu'Edouard VIII est entièrement dévoué à cette femme et qu'il compte totalement sur elle. A tous égards. A dater de la seconde moitié du mois de janvier 1936, Wallis Simpson symbolise un scandaleux roman d'amour pour certains, le plus beau du XXe siècle pour d'autres.

Quoi qu'on en pense aujourd'hui, cette femme fera tomber une couronne qui a résisté à Napoléon, une couronne dont Hitler veut maîtriser le symbole. Une femme qui a l'esprit pointu, vulgaire mais toujours en éveil, attentive à ses intérêts. Le jour des funérailles du roi George V – qui la détestait –, l'intrigante Wallis, présentée comme la petite sœur de Messaline et de Mata-Hari, déclare en s'habillant conformément au deuil de la Cour : « La dernière fois que j'ai porté des bas noirs, c'était pour danser le french cancan ! »

1. Alain Decaux, *op. cit.*

4

20 janvier-10 décembre 1936 : les trois cent vingt-cinq jours d'Edouard VIII

C'est une situation inédite et pathétique. Non seulement le prince de Galles est désespéré d'être devenu le nouveau souverain britannique – le trente-neuvième et le deuxième de la maison de Windsor –, mais il avoue qu'il aurait voulu s'enfuir avec Wallis avant même l'annonce du décès de son père. Au moment du nouvel an 1936, alors que la fin de George V était inéluctable, Edouard, presque en larmes, souhaitait épouser celle qui était encore Mrs Simpson et renoncer à tous ses droits de succession sur la Couronne. Mais il avait réagi trop tard, comme souvent. Prince de Galles pendant vingt-cinq ans, il était devenu Edouard VIII après le constat médical de la mort de son père, à 23 h 55 le 19 janvier, mais la BBC n'en avait fait l'annonce qu'à 0 h 15 le 20. Son frère Albert (futur George VI) avait vu la reine Mary embrasser la main de son fils aîné, signe d'allégeance : son nouveau règne venait de commencer. A Sandringham, l'étendard personnel de George V était mis en berne, comme tous les *Union Jack* aux mâts des bâtiments publics, et la BBC diffusait une musique funèbre. Edouard maudissait, une fois de plus, les pendules que son grand-père s'amusait à avancer d'une demi-heure, une farce malicieusement maintenue par George V. De rage, Edouard avait hurlé, hystérique : « Je vais mettre ces infernales horloges à l'heure ! », ce qui résumait tous les ressentiments qu'il nourrissait contre son défunt père. Le nouveau roi réagissait comme un enfant pleurnichard qui n'a pas fait ses devoirs et cherche tous les prétextes pour y échapper. C'était puéril. Il se sentait pris au piège de ses obligations, un cauchemar qui le hantait depuis des années.

Edouard avait toujours détesté Buckingham Palace, « ses appartements d'Etat, ses couloirs et passages sans fin. Il n'y avait jamais été heureux ». Il choisit donc de s'installer au palais de Saint-James, son domicile officiel depuis août 1919. Lors de la proclamation officielle de son accession au trône par le Héraut d'armes, la famille est stupéfaite d'apercevoir, derrière une fenêtre, une femme en noir, coiffée d'un élégant chapeau et portant un manteau de fourrure. Elle est assise à la place d'honneur, face au roi. La photographie, publiée par la presse du lendemain, ne mentionne pas son nom, mais il s'agit, évidemment, de Wallis Simpson. Celle-ci, peu familière des chiffres romains, écrira à sa tante Bessie que le nouveau monarque s'appelle... Edouard XVIII ! Le scandale s'adosse au ridicule.

Le lendemain, 22 janvier, sir Renard Bircham, notaire de George V, donne lecture de son testament. Edouard se comporte très mal, furieux d'apprendre que son père, qui lui avait déjà laissé les confortables revenus du duché de Cornouailles, lui remettait une rente à vie sur Sandringham et le château de Balmoral, en Ecosse, mais aucun legs en numéraire, alors que ses frères allaient percevoir chacun un million de livres. Certes, le roi bénéficierait de la liste civile et d'un compte familial privé, mais Edouard fait une scène déplacée, obsédé à l'idée de manquer d'argent. On lui rappelle que son grand-père Edouard VII n'avait laissé aucune somme à son fils aîné. Edouard VIII se sent humilié de ne pas disposer d'un pactole conséquent. Ses projets pourraient en souffrir.

Rumeur dans Londres :
« Le roi est l'esclave absolu de Wallis »

Mrs Simpson prétend avoir lu Balzac. Mais son interprétation de ce prodigieux observateur social est curieuse, puisqu'elle parle du roi en le nommant « Majesté divine », expresssion qu'elle a trouvée sous la plume du romancier Erreur de traduction ? Une lady, elle-même très balzacienne, observe l'emprise totale de l'Américaine sur Edouard VIII : « Le roi est l'esclave absolu de Mrs Simpson et il n'ira nulle part si elle n'est pas invitée. Et elle, femme intelligente, avec sa voix haut perchée, ses vêtements chic et son sens de l'humour, se comporte comme il faut. Elle encourage le roi à rencontrer des gens importants et à être aimable. Par-dessus tout, elle le rend heureux. L'Empire devrait lui en être reconnaissant[1]. » Cette dame est, avec lady Cunard (l'épouse du magnat des paquebots) et Sybil Colefax, l'une des trois hôtesses en vue du tout-Londres à ne pas avoir inscrit Wallis sur une liste noire de gens infréquentables. Elles ont raison : en pratique, Mrs Simpson ne commet aucune faute, sinon celle d'exister, d'être mariée et de traîner une réputation sulfureuse qui ne peut nuire qu'au roi. Wallis aurait tout à perdre si elle ne profitait pas de l'autorité qu'elle possède sur Edouard VIII, sans doute pour des raisons sexuelles. De folles rumeurs courent à ce sujet. Pour beaucoup d'anciens proches collaborateurs de celui qui fut prince de Galles, « la Cour est morte ». C'est notamment l'avis de son secrétaire particulier, le capitaine Alan Lascelles. Intelligent, dévoué, mais finalement révulsé par ce dont il est témoin, cet homme aux allures démodées démissionne et devient assistant du gouverneur général du Canada. Il est vrai qu'Edouard VIII déconcerte et choque par son comportement. Il manque de caractère, n'a pas de méthode, interrompt les membres de son état-major sans raison pendant qu'ils sont à table, les poursuit jusque dans

1. Sarah Bradford, *George VI*, *op. cit.*

leur bain ou leur lit pour leur parler d'une chose insignifiante. Un incident est significatif : lord Wigram, ancien secrétaire particulier de George V, ayant une audience avec son successeur à Buckingham Palace, a la désagréable surprise de se trouver face à Mrs Simpson et d'apprendre que le roi, paniqué par son rendez-vous, s'était enfui par une fenêtre du palais et avait disparu dans les jardins ! Un lâche amant de Marie Stuart n'aurait pas fait pire ! Lord Wigram, stupéfait, n'en est pas pour autant étonné : il avait averti le Premier ministre Baldwin que le roi – on en avait pris bonne note au 10, Downing Street – comptait épouser Mrs Simpson.

Cette dernière se considère déjà placée sur les marches du trône, s'impliquant dans chaque décision de son royal amant. Une reine de l'ombre. N'a-t-elle pas reçu d'Edouard des bijoux royaux, dont des émeraudes d'une valeur de 100 000 livres que la reine Alexandra, veuve d'Edouard VII, destinait à la future reine d'Angleterre[1] ? Toutefois, ses incohérences et autres avanies ne dépassent pas encore le premier cercle. Seuls les proches et intimes en sont témoins ou informés. On évoque, à mots couverts, la démence du roi George III à la fin du XVIIIe siècle, les maîtresses d'Edouard VII et autres. Mais les temps ont changé. Le Royaume-Uni subit une crise économique et sociale très grave. Certains de ses voisins et alliés, comme la France, se portent mal, entre grèves et revendications sociales. Et les sujets de Sa Majesté britannique ont besoin d'un exemple, d'une autorité dont ils puissent être fiers, en qui, toute distance sociale abolie, ils puissent se reconnaître. Lorsque George V s'était pour la première fois exprimé sur les ondes de la BBC, des millions de gens avaient découvert leur monarque, mais surtout « un brave homme ».

Son fils est toujours populaire. Il incarne l'espoir d'idées nouvelles ; pour beaucoup, ses frasques intimes, qui demeurent peu ou pas connues, ne sont peut-être pas un exemple à suivre, mais elles prouvent qu'il est aussi un être

1. Christopher Hibbert, *op. cit.*

humain et que le bonheur est plus rare dans les hautes sphères de la société qu'ailleurs. Au début, le roi est consciencieux, lisant soigneusement les documents qui sont soumis à sa connaissance et éventuellement à sa signature. Il les annote page par page, avec le sérieux d'un étudiant un peu dépassé, mais qui voudrait réussir. En fait, le handicap d'Edouard VIII est son incapacité de se concentrer longuement. Au bout de trois semaines, il juge ce « travail de bureau » fastidieux, inutile.

Le roi agit dans le désordre ;
ses collaborateurs sont découragés

Couché à l'aube, le souverain n'apparaît qu'à midi, déjà lassé, devant un secrétariat silencieux mais consterné qui se borne à énumérer les rendez-vous annulés, parfois plusieurs fois, auprès de gens qui commencent à se demander s'il y a bien un souverain dans les centaines de pièces du palais. Le roi est absent, il fuit, ne veut pas être dérangé dans le bonheur qu'il échafaude avec Mrs Simpson. Le trône est vide. Où est donc le temps où le Premier ministre Gladstone, dont la capacité de travail s'alliait à la calme énergie de la reine Victoria, arrivait ponctuel chez la souveraine, elle-même jamais défaillante, et se permettait de lui dire : « Les cercles puissants dans lesquels Votre Majesté a des influences et des contacts personnels ne représentent que peu de gens comprenant le point de vue majoritaire de l'électorat » ? Le roi ne voit que des courtisans, des parasites et des profiteurs vantant les qualités de Wallis. Edouard VIII perd vite le contact avec l'opinion qui, cependant, lui reste très favorable.

La situation que beaucoup déplorent est le résultat de la rencontre entre un tempérament pitoyable, paresseux, timide, velléitaire et infantile avec un caractère fort, directif, intraitable et assez rusé pour transformer le moindre détail en événement. La faute commise par Mrs Simpson, promue gouvernante des plaisirs les plus intimes, est de ne pas utiliser son influence d'entremetteuse au service de la Couronne. Au contraire, elle isole le roi et l'affaiblit, tandis que sa propre puissance grandit alors qu'elle n'a aucun titre, n'est investie d'aucune fonction ou mission officielle. Elle s'est retrouvée responsable du cœur et du corps du monarque, mais – et cela est plus grave – aussi de son esprit. Ecoutons l'avis de Charles Hardinge. Son père était l'intendant d'Edouard VII et lui-même était devenu le secrétaire particulier adjoint de George V en 1920. Ancien soldat décoré en 1918, moustache *british* et bonnes manières, il est un homme réservé, d'excellent jugement. A 49 ans, il avait vu beaucoup de monde, éliminé des gens mal élevés, traqué des malins, confondu des truqueurs de protocole, démasqué des faussaires de mondanités, mais il n'avait jamais imaginé qu'une femme, une maîtresse royale, qui n'était rien à la Cour, divorcée et remariée et pas même Britannique, aurait autant de culot et de pouvoirs secrets. Il écrit : « A chaque jour qui passait, il devenait évident que toute décision grande ou petite était subordonnée à sa volonté... C'était elle qui remplissait ses pensées en permanence, elle seule qui s'en occupait ; avant elle, les affaires d'Etat sombraient dans l'insignifiance. » En bref, chaque intervention de Mrs Simpson lui confère une extrême importance. On peut en conclure que ce sont la faiblesse d'Edouard VIII et sa dépendance aux charmes intimes de Wallis qui expliquent cette incroyable situation.

Le roi impose des économies, mais achète des bijoux chers à Wallis...

L'Américaine joue habilement avec les emplois du temps supposés du souverain, en principe à son bureau à Buckingham Palace, mais en réalité – comme c'est étrange ! – à Fort Belvedere, où les invités ne le voient pas et où, chose impensable, on les laisse des heures sans leur servir de quoi se désaltérer ou se sustenter ! La raison : Sa Majesté ne déjeune pas. En revanche, note Helen Hardinge dans son journal de mars 1936, quel paradoxe entre les économies que le roi impose à la Cour et les cadeaux ruineux qu'il offre à sa maîtresse, par exemple un collier de rubis et de diamants de chez Van Cleef et Arpels d'une valeur de 16 000 livres[1] !

Et puis que penser de ces dîners au milieu desquels, sans raison, Edouard VIII décide soudain de travailler et passe des heures à téléphoner, au grand embarras de ses invités qu'il abandonne ? Au printemps, le roi ne respecte plus aucun horaire et disparaît à Fort Belvedere parfois pendant quatre jours. Les bonnes intentions n'ont pas duré. Au désespoir de ses secrétaires politiques, les documents d'Etat sont maintenant à moitié lus – quand ils le sont – et non retournés annotés dans les délais nécessaires aux divers ministères. Le plus révélateur de ce chaos et de cette légèreté vis-à-vis des affaires publiques est le retour de dossiers marqués du rond de verres à cocktail. Si on avait lu, on avait aussi bu. Qui ? Ces informations doivent être connues seulement du souverain et du Premier ministre. La nonchalance du roi, notamment à l'égard du contenu des fameuses « boîtes rouges », désormais frappées à son monogramme, inquiète rapidement le Foreign Office, convaincu que des yeux indiscrets et non autorisés ont pris connaissance de dépêches confidentielles. Le ministère prend désormais la précaution de tout avoir photographié en double de sécurité avant de faire parvenir les télégrammes, notamment ceux de la nuit, au roi insomniaque et jamais seul. Edouard VIII et Mrs Simpson sont-ils en relation avec des gens qui cherchent à déstabiliser le Royaume-Uni et l'Europe dans une période où s'imposent des dictatures ? Certaines sympathies et déclarations progermaniques du prince de Galles avant 1936 avaient été diversement interprétées et l'actualité leur donnait une portée accrue et choquante. De son côté, jusqu'à présent, Mrs Simpson n'était pas apparue, pour la

1. Environ 400 000 livres actuelles, selon Sarah Bradford.

société, comme une femme impliquée dans des réseaux politico-diplomatiques. Elle se contentait d'être une courtisane, d'avoir eu deux maris et des amants, d'être sans le sou et de se faire couvrir de bijoux, ce qui était banal. Mais puisqu'il s'agissait désormais du monarque régnant et de la femme qu'il comptait épouser, c'était une tout autre affaire. Une affaire d'Etat et même d'Etats...

Dès 1934, le commandant Freddy Winterbotham, directeur du Renseignement aérien du Secret Intelligence Service britannique, s'intéressait beaucoup à ce qui se passait en Allemagne. Sa mission le conduisait à rencontrer des personnalités du régime national-socialiste qui, officiellement, voulaient sauver le monde du communisme. Au Royaume-Uni, ce point de vue rencontrait de nombreux sympathisants, dont certains détenaient des leviers du pouvoir. Ainsi, selon Martin Allen, Montague Norman, gouverneur de la banque d'Angleterre, consentit des prêts substantiels au régime de Hitler, « et l'on sait aujourd'hui qu'il fit tout pour aider les nazis à s'emparer du pouvoir et à le conserver[1] ». Un climat de compréhension anglo-allemand se développe, sous couvert de préoccupations économiques et sociales.

Cette même année 1934, Winterbotham rencontre Hitler qui évoque sa conception très personnelle du prochain partage du monde, en ayant ce propos rassurant : « Tout ce que nous demandons, c'est que la Grande-Bretagne se contente de veiller sur son Empire et qu'elle n'intervienne pas dans les plans d'expansion de l'Allemagne. »

Prince de Galles, David avait été informé qu'en dépit du changement de nom imposé par son père, des sympathies et contacts familiaux restaient permanents, avant et après la guerre. Il s'en réjouissait. A 13 ans, il avait rencontré son cousin Karl, duc de Saxe-Cobourg-Gotha, petit-fils de Victoria par son père. Puis ils avaient servi leurs pays en guerre l'un contre l'autre. Que ce cousin allemand fût devenu par la suite un officier supérieur des SS ne l'empêchait pas de

1. Martin Allen, *op. cit.*

venir souvent à Londres ; il résidait même dans l'appartement de sa sœur Alice, à Kensington Palace[1]. Or, au moment même de la mort de George V, ce cousin qui se trouvait à Londres se rendit immédiatement à Fort Belvedere et ne quitta pas celui qui était devenu Edouard VIII. Leurs entretiens, dont Hitler avait été informé, n'avaient qu'un but : réaliser le rapprochement entre l'Angleterre et l'Allemagne dont Edouard, alors prince héritier, n'avait cessé de vanter le redressement économique et la vitalité industrielle. Que penserait le Premier ministre d'une rencontre avec le chancelier du Reich ? Lorsque le duc allemand pose la question à Edouard VIII et propose que Baldwin prenne l'initiative, il s'attire une réponse irritée d'Edouard VIII : « Qui est roi ici ? Baldwin ou moi ? J'ai l'intention de m'entretenir avec Hitler et je le ferai ici ou en Allemagne. »

En raison de l'attitude royale qui n'était plus ambiguë et contrariait son obligatoire neutralité constitutionnelle, le roi était désormais placé sous surveillance. Mais il n'y avait pas que lui ! Les mêmes services suspectaient Mrs Simpson d'être un agent d'influence nazi, mais sans preuve. Après 1945, il fut seulement établi que l'entreprenante Wallis était en réalité – et pour des raisons financières – payée par les journaux du groupe américain Hearst, « ennemi juré de l'Empire britannique ».

Le roi et Wallis sont surveillés par les services de renseignements

Mais en 1936, nous n'en sommes qu'aux soupçons, étayés, entre autres – mais là aussi sans aucune preuve –, par l'habitude, courtoise puis insistante, prise par le séduisant ambassadeur d'Allemagne von Ribbentrop

1. Où était née Victoria en 1819 et où elle vécut jusqu'à son avènement. Bien plus tard, ce palais fut la résidence officielle de la princesse Margaret, sœur de la reine Elizabeth II.

d'envoyer chaque jour dix-sept roses rouges à Wallis[1]. Le contexte historique autorise toutes les calomnies et les amalgames, puisque le 7 mars 1936, Hitler, en rompant le pacte de Locarno, donne l'ordre à ses troupes d'occuper la rive gauche du Rhin, zone démilitarisée et occupée par la France depuis 1920. Le roi ose s'en féliciter. Les traités de paix ne sont plus que des chiffons de papier et le « diktat » de Versailles est caduc. C'est le premier pas de Hitler vers la guerre. Comme on l'a dit, le *Court Circular,* journal officiel de la Cour, annonce chaque jour les engagements, audiences et manifestations de la famille royale. Les plus grands journaux, comme les conservateurs *Times* et *Daily Telegraph*, ne manquent pas d'en informer leurs lecteurs. Le 28 mai, ceux-ci apprennent que la veille, un grand dîner – le premier dîner officiel donné par le roi – avait réuni de hautes personnalités civiles et militaires, dont les Mountbatten et l'aviateur américain Charles Lindbergh accompagné de son épouse. Le but de ce dîner – Wallis, radieuse, le confirmerait – était, selon le désir du roi, de présenter au Premier ministre et à Mrs Baldwin... sa future femme, laquelle était invitée... avec son mari, Ernest Simpson ! Ce fut un premier choc. Le second fut pire : le plan de table publié montre que Mrs Simpson était assise à une extrémité de la grande table, une place réservée aux membres de la famille royale ! La reine Mary, secouée de spasmes rageurs, déclara qu'elle avait peur que son fils ne lui demande de recevoir Wallis. Pour éviter toute objection, le texte du *Court Circular*, de façon tout à fait inhabituelle, avait été

1. Les conversations confidentielles entre le roi et son cousin Cobourg furent envoyées dans un rapport secret à Hitler par l'intermédiaire de Joachim von Ribbentrop. Celui-ci avait d'abord été nommé, en 1935, ambassadeur extraordinaire et plénipotentiaire itinérant du Reich pour négocier un accord naval entre l'Allemagne et le Royaume-Uni afin d'éviter une « course aux armements entre les deux pays ». En août 1936, Ribbentrop était accrédité ambassadeur auprès d'Edouard VIII, en remplacement de Son Excellence von Hoesch, décédé. Ce diplomate avait souvent confirmé la sympathie royale envers l'Allemagne et sa haine de l'URSS (archives Ribbentrop).

envoyé au dernier moment, de façon qu'il ne paraisse que dans la presse du lendemain.

Edouard VIII force la main à sa famille et à l'opinion. Ce degré franchi dans la provocation incite les services de renseignements à se pencher davantage sur le passé de l'Américaine se comportant comme si elle était la future reine.

A ce moment, son histoire devient particulièrement romanesque, avec ce qu'il faut de révélations scandaleuses, de détails scabreux – vrais ou faux ? Toute la question est là. En vérité, dès la mort de George V, le Premier ministre avait ordonné une enquête sur l'énigmatique Wallis, puisque son intimité avec le nouveau roi était telle qu'on était obligé de s'intéresser à eux deux ; ils étaient inséparables. Cela pouvait être dangereux. De ce mystérieux « dossier chinois », que certains ont mis en doute comme étant un montage, que pouvait-on retenir ? On découvre, dit-on, que, contrairement à ses affirmations, Wallis, née Warfield avant le mariage de ses parents, donc enfant illégitime, n'avait jamais été baptisée. Un détail. Puis, en collaboration avec les services américains, on établit que dans les années 1920, Wallis avait séjourné en Chine. C'était exact : elle a rejoint son mari – le premier, l'aviateur américain Win Spencer, alors en mission en Chine pour l'US Navy – dans une période particulièrement difficile. Bien que son époux lui ait juré de ne plus boire, elle a découvert des demi-bouteilles de gin vides dans son appartement de Kowloon. Le couple est vite une façade. Win Spencer donne à Wallis suffisamment d'argent pour qu'elle puisse rejoindre Shanghai. Après quelques années difficiles, un diplomate anglais, en liaison avec Washington, lui fait gagner Pékin en 1923. On a retrouvé ses ordres de mission, fréquents pour les épouses de militaires à cette époque. Ce séjour à Pékin ne devait durer que deux semaines, mais, par chance, elle y rencontre une de ses amies, veuve remariée à Herman Rogers, un banquier influent de Wall Street. Herman et Katherine Rogers accueillent Wallis pendant près de un an et seront toujours pour elle de précieux alliés et soutiens.

Si cette époque de son existence est facile à reconstituer, la suite l'est beaucoup moins. Rumeurs, ragots, assertions, hypothèses encombrent le « dossier chinois » qui a disparu ou est inaccessible, en admettant qu'il ait existé. Parmi les personnalités qui auraient pu en prendre connaissance figure la reine Mary, horrifiée, mais qui devait être instruite sur celle que son fils aîné comptait épouser. Comblant le « trou » de quelques mois durant le séjour chinois où l'on ne sait rien de particulier sur Wallis, un rapport affirme qu'elle y aurait été pensionnaire de prétendues « maisons de chant », en fait des bordels de luxe. Elle y aurait été initiée à des « pratiques sexuelles perverses » permettant aux hommes plus ou moins impuissants de connaître le plaisir. Elle aurait ensuite joint la galanterie tarifée à un premier travail d'espionnage assez obscur. Le lit et le renseignement couchent souvent ensemble. Au profit de qui ? Mystère ! Plus grave, ou plus facile à reconstituer : en 1923, avant de rejoindre son mari en Chine, Wallis, demeurée à Washington, se serait jetée dans les bras du prince Caetani, ambassadeur de l'Italie fasciste. Elle l'aurait vite remplacé par le flamboyant premier secrétaire de l'ambassade d'Argentine, Felipe Espril. Mrs Spencer, repérée par les services de Washington pour ses dons dans la diplomatie à l'horizontale, aurait été embauchée en qualité d'agent.

Elle rejoint son mari. L'officier Spencer a sombré dans l'alcool, l'opium et la débauche. Il aurait insisté auprès de son épouse, visiblement fort douée dans le domaine amoureux, pour qu'elle anime des parties de jeux truquées et perfectionne sa maîtrise d'une pratique aussi vieille que la Chine, *fang chung*, qui permet au partenaire masculin, surtout s'il a perdu à la roulette, d'obtenir, en compensation, « un état de sérénité absolue ». Malheureux au jeu...

Londres et Washington reconstituent le passé sulfureux de Wallis…

La fièvre de l'exotisme frelaté finit par briser ce couple à la dérive. Un peu de trafic de drogue est aussi crédité au dossier de Mrs Spencer. Ensuite, on perd sa trace, mais on la retrouve dans le lit de quelques philanthropes. Sa fiche mentionnerait, selon les Britanniques, qu'elle est alors « une femme entretenue ». Par qui ? Des diplomates, bien sûr ! L'attaché naval italien à Pékin, Alberto Da Zara, ne peut l'oublier : « Ce n'est pas exactement une beauté, mais elle est extrêmement séduisante et a des goûts raffinés. » Puis elle serait devenue la maîtresse du comte Ciano, futur gendre et ministre des Affaires étrangères de Mussolini, situation confirmée plus tard par l'épouse du Duce. Enceinte de Ciano, elle aurait avorté. Elle aurait alors appris qu'elle ne pourrait plus avoir d'enfant ou, en tout cas, qu'une nouvelle grossesse mettrait sa vie en danger.

Revenue aux Etats-Unis en septembre 1926, elle y est hospitalisée pendant plusieurs semaines, puis passe sa convalescence chez sa mère. A Noël, chez des amis new-yorkais, elle rencontre un compatriote, Ernest Simpson. Il a l'allure d'un gentleman ; rien de plus normal : sa famille, naturalisée américaine, est d'origine britannique. Il vit à Londres où il dirige une affaire familiale de courtage maritime. Signes particuliers : il est riche et marié. Cet état n'est pas un obstacle pour Wallis, qui engage une procédure de divorce (aux torts de son mari : elle a tous les talents !) et exhorte son nouvel amant à en faire autant. Une femme de tête… Dorothy Simpson apprend son infortune sur un lit de l'Hôpital américain, à Neuilly. Elle a ce joli mot : « Wallis a montré beaucoup de noblesse. Elle m'a volé mon mari pendant que j'étais malade… »

C'est le 21 juillet 1928, à Londres, que l'Américaine devient la nouvelle Mrs Simpson. Elle emménage dans une maison proche de Hyde Park. La grande vie, style *gentry*, commence, avec majordome, cuisinière, femme de chambre et chauffeur. Et c'est à ce moment que Wallis découvre, étonnée, la passion des Britanniques pour leur famille royale et l'existence du prince de Galles, séduisant et élégant célibataire. Elle note, avec gourmandise, son goût permanent pour les femmes mariées… Et elle commence à scruter ses sorties, son emploi du temps, ses amis et relations.

Que penser de ce roman sur fond d'exotisme, présenté comme incontestable et accablant ? Une partie, banale, est avérée. Certains épisodes chinois sont plus flous, mais pas impossibles, comme ils peuvent avoir été inventés pour discréditer l'intrigante. La seule vérité est que Wallis est une ambitieuse ayant eu une vie difficile et qui sait profiter des circonstances, ce qui n'est pas un crime. Elle est une maîtresse experte et Edouard, que ses conquêtes disaient peu pourvu par la nature, n'avait sans doute jamais rencontré une femme capable, par son savoir-faire et des manipulations délicates, de le conduire jusqu'à l'épanouissement de son plaisir. Pour le rendre, enfin, heureux. Comme un homme. Tout cela est édifiant, suscite des fantasmes, renvoie Mata-Hari à ses danses lascives, mais pose une question essentielle : cette femme mérite-t-elle de devenir reine ? Question complémentaire : ces « informations » peuvent-elles être révélées alors qu'en ce printemps 1936, malgré ses incohérences et ses prises de position politiques, Edouard VIII demeure très populaire dans l'opinion ? Le remède (l'élimination de Wallis) ne serait-il pas pire que le mal (une colère du roi le conduisant à abdiquer) ? Et quelles en seraient les conséquences pour la monarchie, alors que plusieurs trônes ont vacillé en Europe ? Au milieu des convulsions politiques, la Couronne est l'institution qui rassemble et rassure la majorité des Britanniques.

Winston Churchill entre en scène.. avec de mauvaises plaisanteries

Le 9 juin, au deuxième dîner officiel offert par le roi, Wallis est naturellement présente, mais sans son mari, ce qui est très commenté par les fanatiques du *Court Circular*. La duchesse d'York (épouse du futur George VI et belle-sœur d'Edouard) est à la place d'honneur, c'est-à-dire à la droite du roi. Wallis est de nouveau à une extrémité de la table. Un des hôtes, trouvant que les joyaux de Cartier portés par Wallis sont aussi « éclatants » (!) qu'est bruyante sa conversation, la juge « très Américaine, avec peu ou pas du tout de notion de la vie anglaise ».

Mais ce dîner entre dans la chronique de la monarchie britannique à cause de la conversation entre la duchesse d'York, future reine Elizabeth (épouse de George VI), et un personnage politique considérable, très célèbre pour sa franchise provocante, son sens de la repartie et ses cinglantes références historiques : Winston Churchill. Il est déjà âgé de 62 ans, et sa réputation de brillant orateur aux Communes, ses passages à différents ministères et ses travaux littéraires font de lui une légende inaugurée dès l'autre siècle, lorsqu'il s'était évadé d'une prison sud-africaine pendant la guerre des Boers. En 1936, « royaliste inconditionnel, ami personnel d'Edouard VIII depuis sa plus tendre enfance et toujours en quête d'une noble cause à défendre, il estime que son devoir est de voler au secours du monarque[1] ».

Churchill sait déjà que le gouvernement presse le roi de choisir entre la Couronne et Mrs Simpson. En même temps, il ne cache pas son inquiétude devant le réarmement allemand et le retard anglais.

Pendant ce dîner de gala, Churchill évoque, de sa voix nasillarde, les mésaventures, au XVIIIe siècle, du roi

1. Voir les divers travaux de François Kersaudy, en particulier *Winston Churchill, le pouvoir de l'imagination*, Tallandier, 2000, rééd. 2009.

George IV et de son épouse secrète. Une gaffe, selon la duchesse d'York, qui juge ce sujet de très mauvais goût ! Elle réplique, acide : « C'était il y a très longtemps. »

Churchill ne renonce jamais à s'enferrer dans une conversation incongrue. Il aime provoquer. A la duchesse d'York, il rappelle ensuite la guerre civile qui avait opposé, au XVe siècle, les Maisons royales d'York et de Lancastre – alors qu'Edouard VIII s'apprête à faire une croisière en Méditerranée avec Wallis sous son titre héréditaire de… duc de Lancastre ! Le redoutable Winston le fait-il exprès sous l'effet d'un bon vin de bordeaux ? Imperturbable, la duchesse d'York répond à cette nouvelle allusion déplacée : « C'était il y a très, très longtemps ! » Le politicien est trop habile : il n'a pas résisté à des parallèles choquants, une façon de rappeler que l'histoire peut se répéter, mais ses comparaisons blessent l'honneur des York. Il s'ensuit un froid entre les deux frères Edouard et Albert, Mrs Simpson ayant manifestement l'intention d'entrer dans l'histoire de la monarchie britannique, fût-ce au prix d'un scandale permanent.

La liaison du roi avec l'Américaine toujours mariée, mais dont l'époux trompé semble moins résigné qu'avant à son infortune – il est prêt à divorcer –, commence à être trop gênante. Au début de l'été, des instructions sont discrètement mais fermement données aux journaux de parler le moins possible des amants et d'éviter de publier des photos où ils sont ensemble. La presse consent à protéger l'image du roi. Le fait qu'aux courses d'Ascot, le monarque ait envoyé sa voiture personnelle à Wallis avait fortement choqué. L'Américaine disparaît des pages du *Daily Mail* et du *Daily Express*, lesquels tirent à plusieurs millions d'exemplaires. Parallèlement, sur ordre du patron du Foreign Office, Anthony Eden, titulaire du portefeuille depuis décembre 1935, les documents confidentiels, notamment sur l'invasion de l'Ethiopie par Mussolini, ne sont plus transmis au roi. On soupçonne de nouveau – c'est obsessionnel – Mrs Simpson d'être un agent nazi. Eden et

Edouard sont en désaccord quasi permanent sur la politique étrangère.

Le 16 juillet, le souverain préside une grande parade militaire dans Hyde Park en l'honneur des Horse Guards. La cérémonie, en présence de toute la Cour – les princesses Elizabeth et Margaret sont là –, n'a lieu que tous les quinze ans. Le roi prononce un discours rendant hommage à ces valeureux combattants, ajoutant que le royaume espère ne pas subir une nouvelle guerre car « l'humanité aspire à la paix », ce que la guerre d'Espagne, pour ne citer qu'elle, démentira bientôt tragiquement.

Alors que le monarque revient à cheval vers Buckingham Palace, à hauteur de Wellington Arch, un homme pointe un revolver sur lui. Un policier à cheval s'interpose dans sa ligne de mire et abat d'un grand coup l'arme qui est jetée sous les sabots du cheval royal. « Imbécile ! », s'écrie Edouard VIII.

L'agresseur, un Irlandais alcoolique et instable, déjà emprisonné pour chantage, est maîtrisé. Son propos est confus. Il sera condamné à douze mois de prison. Le roi, livide, est resté maître de lui-même et rentre, calmement, au palais. Il dira, plus tard, qu'il avait cru qu'on lui lançait une bombe. Si cela avait été le cas, lui, son frère Albert et leur escorte auraient été pulvérisés et l'avenir du Royaume-Uni en aurait été fort différent. Mais, ainsi que le souligne Sarah Bradford, l'émotion est considérable dans l'opinion. « Soudain, la famille royale semblait très vulnérable[1]. »

La croisière amuse le monde entier… sauf le Royaume-Uni !

Puis, en dépit des crises politiques et des conflits armés en Europe, le roi et Wallis confirment leur croisière en Méditerranée à bord d'un somptueux yacht, *Nahlin*, qu'ils ont loué après l'avoir fait repeindre en blanc. L'itinéraire fait rêver : l'Orient-Express, la côte dalmate, la Grèce, la

1. Sarah Bradford, *George VI*, *op. cit.*

Turquie, puis un nouveau train spécial pour gagner la Bulgarie, avec un mécanicien lui-même très spécial, puisqu'il s'agit du roi Boris qui prétend, comme d'habitude, conduire la locomotive, mais n'en a aucune maîtrise. Passagers et voitures sont anormalement secoués ! A Vienne, début septembre, à l'hôtel Bristol, le réceptionniste enregistre leurs identités : « duc de Lancastre » et « Mrs Simpson ». Le couple suit un vrai programme viennois de luxe, avec deux opéras wagnériens – le roi ne cesse de fumer cigarette sur cigarette dans sa loge – et un souper aux Trois Hussards, table réputée.

Si ces vacances n'aboutissent à aucun résultat politico-diplomatique, le bilan médiatique est explosif. En effet, lors de ce périple, le roi et Wallis n'ont cessé d'être poursuivis par des meutes de journalistes, photographes et cameramen. La presse britannique, fidèle au *statu quo* décidé, n'en a rien publié. En revanche, l'Europe et, surtout, les Etats-Unis sont inondés de millions d'exemplaires relatant les spectaculaires escapades du roi et de sa maîtresse. L'effet est paradoxal : le monde entier est au courant, alors qu'au Royaume-Uni, seuls le gouvernement, la famille royale et la haute société ont été informés de cette longue absence au cœur des convulsions européennes. Des échos sont rapportés : l'ivresse du roi au moment où il va monter dans un train en Yougoslavie, l'accueil souvent froid réservé à Wallis, le couple en maillot de bain faisant la course sur une plage sous les regards des agents de Scotland Yard...

Fin septembre, suivant une tradition inaugurée par la reine Victoria et le prince Albert, son époux, la famille royale se rend en Ecosse, au château de Balmoral, édifié de 1853 à 1855 dans le style appelé « baronnial écossais » du XVIIe siècle. Le duc d'York et les siens sont choqués qu'à peine six mois après la mort de George V et pour son premier séjour à Balmoral, le roi ose inviter sa maîtresse. En revanche, sur la liste des invités officiels, pour la première fois en un quart de siècle, un nom a été omis. Et pour cause : c'est celui de l'archevêque de Canterbury, qui n'apprécie pas la vie privée du souverain et l'a fait savoir. Edouard VIII, bien que chef de l'Eglise anglicane, avait toujours fait peu de cas des questions religieuses. Afin de compenser cet affront, le duc et la duchesse d'York, qui résident en voisins à Birkhall, invitent le prélat à passer une nuit chez eux et l'assurent qu'ils souhaitent rétablir pour lui et l'Eglise les liens traditionnels les unissant à Balmoral.

Wallis a droit à trop d'honneurs.
Le scandale éclate en Ecosse…

Les invités portent de grands noms ; tous ne sont pas défavorables à Wallis, tels les Kent et les Mountbatten. Parmi les hôtes du château, il n'y a que trois étrangers attendus : Mrs Simpson et ses amis Rogers, vieilles et précieuses connaissances de Pékin. Le séjour tourne au désastre. Le mercredi 23 septembre, le duc d'York et son épouse Elizabeth doivent, à l'improviste, remplacer le roi à l'inauguration de la nouvelle infirmerie d'Aberdeen, principal centre commercial du nord-est de l'Ecosse, qui fut maintes fois ravagé par les troupes anglaises au cours des guerres qui les opposèrent aux rois écossais. Le motif de l'absence Edouard VIII est, dit-on, qu'il avait fondu en larmes sur les pelouses de l'établissement lors du deuil qui avait suivi la mort de son père. Or, ce deuil de la Cour a pris fin le 20 juillet. Etrange sensiblerie… En réalité, pendant que son frère et sa belle-sœur s'acquittaient à sa place du devoir qui était le sien, le roi, au volant de sa voiture, allait chercher Wallis et les Rogers à la gare d'Aberdeen ! Il y a pire : deux jours plus tôt, le duc de Kent et son épouse, enceinte, avaient été vus sur le quai de la même gare, attendant patiemment la correspondance pour Ballater, petite commune des monts Grampian à 65 kilomètres d'Aberdeen, en fait la gare la plus proche de Balmoral. Ainsi, le tortillard local est suffisant pour le duc et la duchesse de Kent, tandis que Mrs Simpson mérite une limousine conduite par le roi lui-même ! Le scandale est tel que la presse régionale passe outre les instructions respectées depuis trois mois dans le reste du royaume. L'Ecosse n'a pas eu l'honneur d'un séjour royal depuis longtemps, elle va donc en parler. L'affaire est à la une de l'*Evening Express*. Le titre est sibyllin : « A Aberdeen, visite surprise de Sa Majesté en voiture pour rencontrer des amis. » L'article est illustré de deux photos juxtaposées de telle sorte qu'elles mettent en évidence la différence de traitement réservée à certaine invitée pendant que le duc et la duchesse d'York accomplissent leur devoir officiel. Et le chef de gare raconte comment les Kent avaient attendu leur train très ordinaire, comme tous les autres voyageurs.

L'Ecosse est humiliée par ce grave impair et on le comprend, quand on connaît l'hospitalité écossaise et ses belles traditions. La faute est énorme. Les York, eux, sont encore plus accablés lorsqu'ils apprennent qu'à Balmoral, Mrs Simpson a droit aux appartements qui avaient été ceux de la reine Mary pendant ses vingt-cinq ans de règne sur le Royaume-Uni. Une vraie souveraine, elle... Le cauchemar continue quand Wallis donne l'ordre au roi d'aller chercher du champagne – et qu'il y va, « en extase », sous les yeux pétrifiés des valets –, puis quand il lui tend des documents officiels pour qu'elle les lise publiquement, et ce sans la moindre gêne, devant tous les invités.

Le frère du roi et sa femme sont invités à dîner à Balmoral. Horreur ! C'est Mrs Simpson qui les accueille, ce qui est contraire à l'étiquette : des membres de la famille royale ne peuvent être reçus que par le maître de maison, en l'occurrence le roi. Elizabeth, qui précède son mari le duc d'York, ignore Mrs Simpson et se dirige directement vers son beau-frère. Mrs Simpson en est pour ses frais. Et en passant devant l'intruse, la duchesse d'York lui lance un avertissement qui est aussi une leçon de protocole :

— Je suis venue dîner avec le roi[1].

1. Sarah Bradford, *George VI*, *op. cit.*

Le dîner achevé, la duchesse d'York, manifestement en guerre ouverte contre l'Américaine, donne le signal aux dames présentes de quitter la table. Mrs Simpson est totalement dépassée et Elizabeth définitivement courroucée. Son mari est particulièrement blessé par cette atmosphère, en rupture avec les heureux séjours en Ecosse, et il en veut à son frère. Mrs Simpson empoisonne la vie familiale et publique en prétendant assurer le bonheur du roi. Ce n'est plus tolérable. Au retour d'Ecosse, le conflit familial et bientôt gouvernemental est ouvert contre l'insupportable Wallis.

Tout l'été, le major Hardinge, secrétaire privé du roi, a insisté auprès du Premier ministre sur les dangers que le roi faisait courir à la monarchie par son comportement vis-à-vis de Mrs Simpson. Il avait ajouté que la censure de la presse britannique était illusoire, que la terre entière était au courant de cette romance aux implications politiques gênantes. Stanley Baldwin, pour une fois tolérant, avait d'abord espéré que la liaison serait remplacée par une autre, moins voyante. Puis le chef du gouvernement avait fait observer qu'aucune crise constitutionnelle n'était redoutée tant que Mrs Simpson restait officiellement mariée. Mais le scandale écossais avait révélé l'inconscience totale du roi qui pressait Wallis dans sa procédure de divorce. C'en était trop…

Le Premier ministre avertit le roi que la monarchie est en péril

A la mi-octobre, Edouard VIII accepte de recevoir son Premier ministre pour évoquer ce qui commence à se muer en affaire d'Etat.

Stanley Baldwin a 69 ans ; sa carrière politique, commencée en 1908, touche à sa fin, sur le constat que la Société des Nations, qui avait nourri tant d'espoirs, est totalement inefficace et que Hitler va tout faire pour qu'éclate une nouvelle guerre mondiale. De plus, il lui faut régler les problèmes personnels et politiques de Sa Majesté, comme le surveillant général d'un collège doit rappeler à l'ordre un élève turbulent !

L'audience, sollicitée en urgence, a lieu le lendemain, à 10 heures, à Fort Belvedere. Les deux hommes marchent dans les jardins, reviennent à la bibliothèque. Le Premier ministre semble épuisé ; il demande un whisky-soda. Lorsqu'un valet de pied le lui apporte, il lève son verre et dit ces mots étranges :

— Eh bien, sire, quoi qu'il arrive, mon épouse et moi vous souhaitons le bonheur, du plus profond de nos cœurs.

A ces mots, le roi éclate en sanglots, et – ce qui est plus insolite ! – le Premier ministre aussi. Les deux hommes savent, chacun dans ses fonctions, que le royaume est au bord de l'abîme. D'après le biographe britannique Christopher Hibbert[1], Olivier Baldwin, le fils du Premier ministre, et sir Harold Nicolson seront informés que le roi et son visiteur poursuivent leur conversation sur un canapé. Le chef du gouvernement reprend ses esprits et s'efforce d'expliquer à Edouard VIII les risques de la situation :

— La monarchie britannique est une institution unique. Dans ce pays, la Couronne, à travers les siècles, a été privée de nombre de ses prérogatives. Pourtant, aujourd'hui, elle n'a jamais eu autant d'importance. Mais si ce sentiment dépend largement du respect qui s'est intensifié depuis les trois dernières générations de la monarchie[2], il ne faudrait peut-être pas longtemps pour que, face aux critiques actuellement formulées, le pouvoir soit perdu plus rapidement qu'il n'a été gagné. Et une fois qu'il est perdu, je doute que quiconque puisse le restaurer.

L'heure est grave. Baldwin ouvre son porte-documents et étale une sélection de lettres qu'il a reçues ainsi que des extraits de la presse américaine. Il les commente et insiste sur l'effet catastrophique de la présence de Mrs Simpson à Balmoral, dont tous les détails ont été connus.

1. Christopher Hibbert, *op. cit.*
2. Victoria, Edouard VII et George V.

Le roi réplique que l'intéressée est son amie et qu'il n'entend pas la laisser dans l'ombre, et assure qu'il a assumé ses obligations avec dignité, ce qui est faux concernant le séjour écossais. M. Baldwin admet que ces obligations ne sont pas l'occupation favorite du roi et enchaîne sur la question la plus brûlante : le divorce de Mrs Simpson.

— Sire, il est inacceptable que vous le demandiez…

— Monsieur Baldwin ! Il s'agit de la vie privée de cette femme. Je n'ai aucun droit d'intervenir, surtout pas parce qu'elle est une amie du roi.

Le Premier ministre annonce alors que tout ce qui n'a pas été su ou dit serait étalé dans la presse, que des factions s'opposeraient… Ne pourrait-on prier Mrs Simpson de quitter le pays pendant six mois ?

Ce serait une sage décision, le temps d'apaiser les esprits. La réponse d'Edouard VIII appartient à l'un de ces moments où l'histoire prend un chemin qu'elle n'aurait jamais dû prendre. Si le roi était un aristocrate de devoir, réaliste, doté d'un caractère fort et ne songeant qu'à son pays, s'il n'était pas un homme affolé à l'idée de perdre celle qui lui avait permis de vaincre ses défaillances sexuelles, ce roman se serait achevé avec cet entretien.

Mais la réponse du roi est nette :

— Mrs Simpson, pour moi, est la seule femme qui soit au monde et je ne peux vivre sans elle. Vous et moi devons arranger cette affaire ensemble. Je ne permettrai à personne d'autre d'intervenir.

Les syndicats et la presse exigent le départ de Mrs Simpson

Le Premier ministre a échoué. Le souverain épousera Mrs Simpson lorsqu'elle sera de nouveau divorcée et il est évident qu'il devra abdiquer. Les jours suivants, Geoffrey Dawson, patron du *Times*, vient voir le secrétaire privé du monarque à Buckingham Palace. Il lui montre le courrier envoyé par un Anglais vivant aux Etats-Unis se plaignant de « la publicité empoisonnée de l'amitié du roi avec Mrs Simpson ». Pendant ce temps, le leader de l'opposition, comme il est d'usage dans ce système politique, est informé de la crise par le Premier ministre. Lui aussi refuse l'idée du mariage. Plus étonnante – lorsqu'on n'est pas Britannique – nous paraît la réaction du secrétaire général de l'Union des syndicats, organisme très puissant. Le dénommé Ernest Bevin est catégorique. Avec son accent cockney, il annonce :

— Nos gens ne permettront pas que Mrs Simpson, même divorcée, devienne notre reine.

Et il ajoute une remarque essentielle, particulièrement importante en monarchie :

— Le peuple n'aime pas qu'il n'y ait pas de vie de famille à la Cour. Je vous parie que toutes les femmes de la petite-bourgeoisie banlieusarde vous diront la même chose.

Et en peu de temps, des pétitions circulent parmi les fonctionnaires, en particulier ceux du secrétariat au Trésor, le ministère des Finances, qui traque les dépenses inutiles. L'une de ces protestations, soutenant le Premier ministre, met littéralement le roi en demeure de rompre toute relation avec Mrs Simpson. Le peuple britannique est contre elle. Neville Chamberlain, ancien planteur aux Bahamas et plusieurs fois ministre, alors chancelier de l'Echiquier (ministre des Finances), pressent que si le roi ne met pas un terme à sa liaison, il faudra appliquer les principes de la monarchie constitutionnelle, c'est-à-dire demander la démission du Cabinet. Il précise que ce serait inutile si Mrs Simpson quittait immédiatement le territoire britannique. Le temps presse. Le directeur du *Morning Post* avertit que son journal ne restera plus silencieux sur ce sujet. Le gouverneur général du Canada, représentant du roi dans ce vaste dominion, écrit que l'opinion, réceptive aux reportages de la presse américaine, est « troublée ». Même réaction, le 13 novembre, du haut-commissaire en Australie, qui prévient que personne ne veut de Mrs Simpson comme reine. Le secrétaire du roi, Alexander Hardinge, fils et successeur de Charles Hardinge, se résout à écrire à Edouard VIII une lettre qu'il montre d'abord au patron du *Times*, qui la juge « admirable, respectueuse, courageuse et définitive ». En trois paragraphes, ce collaborateur décrit, selon lui, les événements qui se préparent. La presse britannique va se ruer sur le scandale et l'effet en sera calamiteux. La démission du gouvernement ne permettra pas la formation d'un nouveau Cabinet ; il faudra organiser des élections générales dont le thème principal sera la vie privée du roi, dérive qui ne pourra que nuire au prestige de la Couronne. Enfin, il est urgent que Mrs Simpson s'en aille : « (...) Je supplie Votre Majesté de prendre en considération cette solution avant qu'il ne soit trop tard. »

Une belle lettre, en effet. Quelle est la réaction de son destinataire ? Il est choqué par sa brutalité et sa froideur. Il n'en comprend pas la raison et estime injustes les reproches qui lui sont formulés. Edouard VIII proteste : il a rempli ses fonctions de monarque. Dix jours plus tôt, n'a-t-il pas ouvert, selon la tradition, la session du Parlement à Westminster, la seule de son règne ? Certes, à cause de la pluie, la procession d'Etat avait été annulée et le roi s'était rendu à la Chambre des lords en voiture automobile. Et là, n'avait-il pas renouvelé, selon l'usage, la déclaration de fidélité de la Couronne à la foi protestante ? Puisqu'il n'avait pas été encore couronné, il avait revêtu son uniforme d'amiral de la Flotte, coiffé de plumes. Harold Nicolson se souviendra de deux particularités : à 49 ans, le roi avait l'air « d'un garçon de 18 ans » et pendant son discours, sa voix avait un accent américain qu'il ne cesserait d'amplifier. On sait pourquoi...

Le roi pense que le gouvernement et l'Eglise trament un complot

Malgré le parfum de scandale qui l'inonde, le monarque demeure populaire. Il confond le succès de ses apparitions publiques avec les effets néfastes de sa liaison, estimant que celles-là supplantent celles-ci et les effacent. Une erreur catastrophique. Visitant la Royal Navy à Southampton, malgré les trombes d'eau, il refuse d'endosser un imperméable et montre son talent pour « enthousiasmer les foules ». Les marins l'acclament. Il est « leur roi ».

A ce moment, Edouard VIII pense sincèrement qu'un complot a été fomenté contre lui par le Premier ministre, avec la complicité, nécessairement perverse, de l'archevêque de Canterbury ! Lorsque des anciens membres de la Maison de George V restés au service de son fils insistent, par écrit, sur les conséquences de son éventuelle abdication, il ne leur répond pas. Et exige leurs démissions. Le roi a-t-il montré à sa maîtresse la lettre de son secrétaire Hardinge ? Oui. Et elle, choquée, se dit prête à partir. Mais Edouard VIII ne modifie en rien son projet. Le Cabinet de Baldwin poursuit ses mises en garde : tout mariage du souverain doit recevoir l'approbation du gouvernement. Le Premier ministre rappelle que « l'épouse du roi devient la reine du pays. Par conséquent, dans le choix d'une reine, la voix du peuple doit être entendue ». Et le peuple ne veut pas de Mrs Simpson.

Nous sommes fin novembre. Une nouvelle audience, décisive, a lieu entre le roi et son Premier ministre.

— Monsieur Baldwin, je veux que vous soyez le premier à être informé. J'ai pris ma décision et rien ne me fera changer d'avis. J'ai examiné le problème sous tous ses aspects. J'ai l'intention d'abdiquer pour épouser Mrs Simpson.

— Sire, cela est une très grave décision et j'en suis profondément affecté.

Stanley Baldwin dira que le roi « ressemblait à un jeune chevalier qui venait de trouver le Saint-Graal » et qu'il assurait qu'avec cette femme comme reine « il aurait été le meilleur des rois ».

Les deux hommes se serrent longuement la main. Ils se quittent presque les larmes aux yeux.

Une tragédie sans précédent – même au pays de Shakespeare – venait de commencer.

5

10 décembre 1936 : l'abdication, une tragédie et un traumatisme

Encore aujourd'hui, le choc est difficile à imaginer. Dans la longue et complexe histoire britannique, à travers le destin de dix dynasties et de trente-six souverains jusqu'à George V, entre rivalités meurtrières, assassinats, guerres de succession, de religion et forfaits en tout genre, jamais un souverain n'avait décidé de renoncer au trône pour l'amour d'une femme. Les abdications pour des raisons d'âge ou de santé sont inexistantes et – Victoria en est le meilleur exemple – le monarque se maintenait à la fonction suprême jusqu'à son dernier souffle. Il était conscient de ses devoirs, la popularité était son soutien. Les gouvernements se succédaient, l'Etat était permanent, solide et incontesté. Qu'un roi dans la force de l'âge, en apparente excellente santé physique et intellectuelle, abdique au bout de neuf mois de règne pour épouser et vivre avec la femme qu'il aime depuis leur rencontre il y a environ cinq années est incroyable. Que le dépositaire de la plus prestigieuse monarchie occidentale – et l'une des plus fascinantes au monde – abandonne la Couronne (qu'il n'avait pas encore coiffée) et son pays qui a la dimension d'un empire, alors que l'Europe semble incapable de préserver la paix, est stupéfiant. Et quand l'opinion prend conscience que la femme responsable de ce chaos titanesque est une aventurière, presque une professionnelle de l'amour, et qu'elle est sur le point de divorcer une seconde fois, le traumatisme est réel. Si l'on ajoute que la cause de cette passion est une Américaine, certains y voient une vengeance remontant à la guerre d'Indépendance des colonies d'Amérique. Une Américaine ! C'est l'un des torts reprochés à celle qui est encore Mrs Simpson. Si elle avait été Galloise, Irlandaise, Ecossaise, l'affront eût semblé moins grave. Mais son statut d'étrangère aggrave son cas. Et son parler criard, jugé vulgaire, l'a toujours mise à part. Elle n'en était que moins respectable. L'histoire s'était parfois accommodée de ce qu'un souverain convolât avec une roturière. Mais dans un pays où les accents, très identifiables, situent immédiatement les origines et les milieux, le sien détonnait. Que le roi eût voulu d'elle pour reine était ressenti comme une insulte. Sa réputation avait encore été entamée par sa façon de s'imposer au mépris des convenances, et bien qu'elle ne fût acceptée nulle part, sinon auprès d'amis et de relations trop exubérants. Depuis qu'elle était entrée dans le lit du roi, qu'elle excitait ses fantasmes et les réalisait, tout chez elle sonnait faux. Intrigante, aventurière, courtisane, elle salissait la monarchie. Pour beaucoup, elle apparaissait comme une malédiction ; elle était la vraie coupable, avant que ne soit mise en évidence la dépendance physique et la soumission psychologique du monarque, son mépris du sens de l'Etat et de ses obligations. Ce drame est la rencontre d'une force et d'une faiblesse. Wallis domine Edouard.

Les frères du roi sont pétrifiés, sa mère lui reproche son égoïsme

Le lendemain de l'annonce de sa décision au Premier ministre, et alors que la rumeur enflait dans Londres, de Westminster aux docks de la Tamise, Edouard VIII réunit ses trois frères. L'aîné, le duc d'York, appelé à lui succéder, est tellement abasourdi qu'il est incapable de dire un mot.

On sait – et cela a été rappelé dans le récent et superbe film *Le Discours d'un roi* – qu'il souffre de bégaiement et tente d'y remédier depuis des années, avec le secours d'un orthophoniste et de son épouse Elizabeth. Le deuxième, le duc de Gloucester, est préoccupé de son propre avenir, bien qu'il ne devienne que troisième dans le nouvel ordre de succession, après ses deux nièces, Elizabeth et Margaret. Le troisième, le duc de Kent, le plus proche d'Edouard, n'accable pas son frère, bien qu'il n'apprécie guère Wallis ; il l'accuse de l'avoir éloigné de son frère aîné. Et leur mère, la reine Mary ? Elle a honte, montre sa colère et en veut à son fils de s'être révélé égoïste. A-t-il seulement pensé au pays, au peuple, au désarroi de millions de gens ? Elle savait qu'en s'opposant à son premier fils, elle ne ferait qu'aggraver son obstination. Mais elle lui reprochera toujours de ne pas avoir fait l'effort de lutter contre ses goûts, d'avoir cédé à la facilité. Deux ans plus tard, relève Christophe Hibbert, elle lui écrira : « Vous n'avez pensé qu'à vous. Je ne crois pas que vous ayez pris conscience du choc que votre attitude a causé à votre famille et à toute la nation. Il était inconcevable, pour ceux qui avaient fait tant de sacrifices pendant la guerre, que vous, leur roi, ait refusé un sacrifice moindre [...] Mes sentiments pour vous en tant que mère demeurent les mêmes [...] Après tout, toute ma vie, j'ai mis mon pays avant toute autre chose et je ne puis, simplement, changer maintenant[1]. »

Sans aucun doute, mais hélas pour la digne souveraine, à l'été 1936, une phase décisive était déjà engagée, dont – on peut le penser – seuls les services de renseignements, donc le Premier ministre, avaient été informés. Il s'agit, en fait, de la véritable raison de l'accélération des événements. Baldwin pense que si Mrs Simpson obtient son divorce avant le couronnement du roi, celui-ci s'empressera d'épouser Wallis immédiatement pour l'élever au rang de reine. Un désastre.

1. Christopher Hibbert, *op. cit.*

En effet, le 21 juillet précédent, tandis que le roi et sa maîtresse étaient en croisière, Ernest Simpson avait été surpris en flagrant délit d'adultère sur les bords de la Tamise, dans un certain Hôtel de Paris, en compagnie d'une inconnue, dite Mary Raffray. En réalité, il s'agissait d'une mise en scène élaborée entre Ernest et Wallis. La maîtresse de circonstance et son amant devaient être confondus à une heure prévue. La charmante complice du mari deviendra sa troisième épouse… dédommagée par Mrs Simpson elle-même, qui prendra aussi en charge les frais du divorce. Jouant un double jeu perfide, Wallis pouvait déjà prétendre qu'elle n'était pas responsable de la séparation qui serait prononcée, ajoutant cette remarque faussement angélique : « Ernest m'a déçue. Tout ce qui arrive n'est pas de ma faute. » Un concours d'hypocrisie et de mensonges ! Chacun et chacune devaient y trouver son compte, sauf la Couronne.

L'affaire est plaidée au tribunal d'Ipswich, célèbre commune du Suffolk où étaient nés deux admirables peintres, le portraitiste Gainsbourough et le paysagiste Constable. Mrs Simpson est la demanderesse. Elle se montre une offensée digne. Il y aurait pourtant de quoi rire quand le personnel de l'Hôtel de Paris témoigne qu'il a servi le thé à M. Simpson dans un grand lit avec une dame n'étant pas la plaignante. Personne n'a demandé si c'était du thé d'Inde, de Ceylan ou de Chine. Wallis ne rit pas, bien qu'elle sache tout de cette comédie organisée par elle-même.

Wallis sera divorcée sans être coupable d'adultère

Le vendredi 27 octobre, un jugement provisoire de divorce est prononcé en dix-huit minutes. La décision finale sera rendue dans six mois. Or, c'est aussi dans six mois qu'en principe, Edouard VIII devrait être couronné. Qui va l'emporter, de l'histoire ou du faux adultère ?

Quittant ce qui avait été leur domicile de Bryanston Court pour la dernière fois, Ernest, « le mari coupable », écrit à sa femme qu'il ne verse pas de larmes. « Je sais que quelque part dans ton cœur une petite flamme brûle toujours pour moi[1]. » C'est possible, mais la vérité – personne ne le sait encore et Wallis le reconnaîtra elle-même – est terrible : elle n'aime pas le roi et ne l'aimera jamais. Cette affaire n'est donc pas, de son côté à elle, « le plus beau roman d'amour du XXe siècle » qu'on a relaté tant de fois. L'ex-Mrs Simpson se sert de son ascendant sur lui, elle le tient : il ne peut plus se passer d'elle. Il s'agit donc d'une soumission totale. Un drame personnel aux conséquences politiques gigantesques à cause de l'arrivisme de Wallis.

Dans ses mondanités londoniennes, Mrs Simpson, portant toujours sa célèbre coiffure en bandeau, continue de jouer l'offensée et ose répéter que le divorce a été, en réalité, demandé par son mari ! Au pays de Shakespeare, on joue un vieux classique du répertoire, mais mis au goût du jour et que l'on pourrait appeler *La Comédie des impostures*. Même à ses amies intimes, telles Sibyl Colefax et Diana Cooper, Wallis a l'audace d'affirmer que jamais elle n'épousera le roi. Elle se dit victime des ragots de la presse américaine, qui, de fait, se régale des exploits de leur compatriote. Certaines personnalités ne sont pas dupes, telle lady Londonderry, dont l'influence dans la société londonienne est considérable. Le soir du 6 novembre, celle-ci ne se gêne pas pour avertir Wallis que si le roi avait l'intention de l'épouser, il perdrait vite ses illusions, car le peuple britannique ne tolérerait jamais une reine deux fois divorcée et dont les deux précédents maris sont toujours vivants. Et si quelqu'un s'était avisé de rappeler le goût répété du roi Henri VIII pour le divorce quatre cents ans plus tôt, on lui aurait fait remarquer qu'il s'agissait d'un Tudor et non d'un Windsor.

1. Hugo Vickers, *op. cit.*

Une première à Westminster : le nom de l'intrigante est cité

A la Chambre des communes, pour la première fois, le nom de Mrs Simpson est prononcé lors d'un vif débat, l'intéressée étant coupable d'avoir abaissé la monarchie à un niveau terrifiant. L'affaire prend donc une dimension politique, ce qui est grave car elle pourrait ouvrir une crise constitutionnelle. Toutefois, pendant la seconde quinzaine de novembre, le roi fait son métier ; il entreprend une tournée bien médiatisée au pays de Galles – son ancien fief de prince héritier – où il se montre très soucieux du chômage, déclarant :

— Il faut faire quelque chose. Vous pouvez être certains que je ferai tout ce qui peut être fait.

C'est le monarque qui s'exprime en public, le roi hors de sa vie privée ; devant le peuple, l'homme inspire toujours espoir et confiance. Il a des partisans. Ce comportement est perçu comme une pique au gouvernement et de nombreux parlementaires et syndicalistes critiquent cette interférence royale dans la vie politique. Cependant, la presse populaire soutient le roi. Le *Daily Mirror* titre « Notre roi bien-aimé » (il l'est encore dans les milieux modestes où l'on estime qu'il est malheureux), en reconnaissant qu'il est « un roi non conventionnel ». Quant au *Daily Mail*, chaleureux, il souligne « la sollicitude du roi Edouard », ce qui dénigre l'action des ministres. Des tentatives désespérées sont entreprises pour éviter le pire. Ainsi, le fils du propriétaire du *Daily Mail* invite Mrs Simpson à déjeuner au très élégant Claridge. Il lui suggère la solution d'un mariage morganatique qui ferait d'elle une épouse hors de la famille royale, sans aucun rang ni pouvoir sur la moindre question de succession. Elle resterait dans l'ombre. Elle semble approuver cette solution, mais est-elle sincère ? Le roi paraît y consentir mollement. Mais le Premier ministre objecte immédiatement qu'une loi spéciale devrait être soumise au Parlement et qu'elle n'aurait aucune chance d'être adoptée. Baldwin va plus loin : ayant consulté ses homologues des dominions, ces derniers suspectent la première phase d'une manœuvre visant à transformer l'épouse morganatique en reine de plein droit et cela serait inadmissible. La loi serait rejetée. Le 1er décembre, après un sermon très réprobateur de l'évêque de Bradford, dans le Yorkshire – une vigoureuse leçon de morale publique qui fait l'effet d'une bombe –, des journaux de province barrent leurs unes de ce titre : « Ils ne veulent pas d'elle ! »

Wallis va tenter de calmer l'irritation populaire, mais on peut estimer que, en réalité, elle a peur. Qui sait si sa vie n'est pas menacée ? On a jeté des pierres contre les vitres de sa résidence et, chaque jour, la presse l'accable d'insinuations, l'accuse de mauvaise influence. Il y a eu un attentat contre le roi. Pourquoi un déséquilibré ou un fanatique des institutions, voire un anti-Américain, n'essaierait-il pas de la supprimer ? Mais puisqu'elle ignore le fonctionnement de la monarchie constitutionnelle, elle pense que si elle s'éloigne, le roi aura raison de son Premier ministre. Wallis ne part que pour mieux revenir. Son choix se porte sur ses amis sûrs, les Rogers, installés près de Cannes, dans une maison appelée « Lou Viei ». Ils suivaient l'évolution de l'affaire dans les journaux et avaient proposé à Wallis, dès novembre, soit de venir la soutenir, soit de la recevoir chez eux dans le midi de la France.

Avant son départ, elle avait suggéré au roi de faire une déclaration à la BBC afin qu'il présente publiquement son point de vue. Le roi est enthousiaste car, après tout, il ne s'est jamais exprimé sur le sujet. Churchill, entre autres, parle comme Cassandre ; il fait valoir les risques d'une telle intervention, mais donne l'impression de se tenir relativement absent de l'affaire, bien qu'en réalité, il soit favorable au roi, ce qui lui sera vivement reproché et le mettra à l'écart des affaires publiques jusqu'à la guerre. Baldwin, qui sait que rien n'arrêtera Edouard VIII dans sa décision d'abdiquer, met encore le roi en garde en lui recommandant de sauvergarder sa dignité, d'éviter de couper le pays en deux et de rendre les choses aussi souples que possible pour son successeur. Car c'est un fait : la succession est désormais inévitable.

« Vous direz à des millions d'hommes et de femmes que vous êtes déterminé à épouser une femme dont le mari est toujours vivant. Ils voudront tout savoir sur elle et la presse se répandra en ragots, ce que Votre Majesté veut éviter. Vous risquez de diviser l'opinion. » Ayant consulté les patrons de presse, il estime que seuls trois journaux lui seraient favorables : le *News Chronicle*, le *Daily Mail* et le *Daily Express*. La presse serait donc elle aussi partagée. Le risque est énorme. De plus, l'intervention publique du souverain serait inconstitutionnelle, puisqu'il n'est censé s'exprimer qu'en accord avec la ligne politique du gouvernement. En aucun cas le roi ne peut parler en son nom personnel. Edouard VIII l'admet et renonce.

Inquiète, Mrs Simpson se réfugie chez des amis en France

Le voyage de Wallis, commencé le 3 décembre, est rocambolesque. Accompagnée du détective personnel de Sa Majesté, lord Brownlaw, et de deux policiers de Scotland Yard, l'Américaine va essayer, en vain, d'échapper aux journalistes qui la traquent. L'épisode le plus cocasse se situe au fameux restaurant La Pyramide, à Vienne, où elle s'arrête pour déguster la célèbre cuisine de la famille Point, et surtout pour se reposer dans ce restaurant réputé où l'on connaît Wallis depuis longtemps. Un seul journaliste, Jean Bouvard, du quotidien à fort tirage *Paris-Soir*, plus rapide que ses confrères, parvient à obtenir un bref entretien avec l'Américaine, élégante dans son trois-quarts en zibeline, lorsqu'elle arrive, épuisée. Dans un français élémentaire, elle dit, sitôt sortie de la Buick : « Vous autres Français, vous êtes très sympathiques, mais vous êtes trop indiscrets[1]. Je n'ai pas dormi une minute depuis deux jours. La nuit

1. Alain Decaux, *op. cit.* Wallis est très nerveuse, ce qui explique qu'elle oublie la boue dont elle est éclaboussée chaque jour par la presse anglo-américaine.

dernière, dans l'hôtel où je suis descendue, il y avait vingt-quatre journalistes. Je voudrais pouvoir me reposer, me reposer beaucoup… Et je ne peux faire aucune déclaration. Le roi est seul juge. Je n'ai rien à dire, sinon que j'aimerais bien qu'on me laisse tranquille. »

La suite tient du feuilleton. Avec la complicité de Mme Point, Wallis s'enfuit par une fenêtre au-dessus de l'évier de la cuisine. Les policiers ont fait la courte échelle à l'Américaine et la puissante voiture démarre. Le quatuor n'arrive à Cannes qu'en pleine nuit. La fuite de la maîtresse royale a nécessité un dispositif policier spécial devant la résidence des Rogers, car la foule était bien décidée – ainsi que la presse – à apercevoir la femme qui risquait de faire vaciller l'Empire britannique. Lorsque la Buick peut, lentement, avancer et franchir les grilles de « Lou Viei », la fugitive est invisible, plaquée contre le plancher et cachée sous une couverture. La pluie et la nuit ne récompensent pas l'obstination des curieux. Wallis, qu'Edouard VIII a chaque jour au téléphone, lui assure que « le roi est populaire [ce qui est vrai] et que sa popularité lui permettrait de vaincre les critiques [ce qui est illusoire] ».

La décision du roi est définitive : il va abdiquer… pour son bonheur

En ce début décembre, Edouard VIII n'a pas encore informé son frère le duc d'York que l'annonce de sa décision est imminente. Mal à l'aise, entêté et sans doute fort malheureux, il appelle sa mère, qu'il n'a pas vue depuis quinze jours, et lui répète que seul son bonheur lui importe, qu'il ne peut pas être un roi célibataire et qu'il doit épouser l'amour de sa vie. L'homme n'est déjà plus le même, comme s'il était libéré d'un insupportable fardeau. Il est ailleurs, dans son rêve sur le point d'aboutir, balayant de son esprit les conséquences désastreuses de son obsession. Toute la journée du 9 décembre est consacrée à la mise au point du déroulement et des modalités de l'abdication.

Le duc d'York passe des heures à Fort Belvedere pour discuter du sort des biens de famille, tels les châteaux de Sandringham et de Balmoral, propriétés personnelles du souverain, des revenus et de toute une série de questions matérielles. Le soir même, lors du dîner à Fort Belvedere où sont invités ses frères et le Premier ministre, Stanley Baldwin, « sombre et presque sans vie », observe le roi : celui-ci a l'air de ne songer qu'à son voyage de noces ! Le sujet crucial n'est même plus abordé, le monarque est inflexible. Baldwin est accablé[1]...

Si le roi semble apaisé, son frère, le duc d'York, appelé à lui succéder, est effondré, en larmes chez sa mère le lendemain, alors qu'il sc soucic dcjà dc l'ctat dc son cpousc alitée, souffrant d'une grippe.

Quel contraste entre le futur roi, si triste, et son frère, si heureux, charmant et satisfait de sa décision !

Le lendemain, le 10 décembre, à 10 heures du matin, le duc d'York et ses deux autres frères sont convoqués à Fort Belvedere pour être témoins de la signature par le roi de son acte d'abdication. Comme à son habitude, le duc de Kent est en retard et Edouard VIII s'en amuse.

La formalité a lieu dans le bureau octogonal, en présence de trois autres témoins, dont l'un décrira ce moment comme terrible et hélas ! inoubliable pour tous ceux qui l'ont vécu directement. Le texte est bref, comparé aux conséquences qu'il engendre : « Moi, Edouard le Huitième de Grande-Bretagne, d'Irlande et des dominions britanniques au-delà des mers, roi-empereur de l'Inde, annonce ma détermination irrévocable de renoncer au trône pour moi-même et pour mes descendants et mon désir que cet acte d'abdication prenne effet immédiatement. »

---

1. Un an plus tard, Stanley Baldwin reçoit un titre nobiliaire et se retire de la vie publique. Il meurt en 1947.

Le Premier ministre se rend à la Chambre des communes où l'atmosphère est surchauffée et bruyante. Emu, Baldwin met du temps à retrouver sa clé qui ouvre la boîte rouge au monogramme royal d'Edouard VIII. Il perd ses papiers, les ramasse maladroitement en se cognant la tête contre sa table. Puis il s'avance jusqu'au *speaker* (président) de l'Assemblée et lui remet les documents. Il annonce :

— Un message du roi, signé de sa main.

D'après Harold Nicolson, témoin de cette séance historique, le *speaker* était tellement bouleversé qu'il semblait sur le point d'avoir un malaise et que son émotion avait gagné toute l'assistance. « Je n'ai jamais vu une telle accumulation de pitié et de terreur. » Le Premier ministre, en jaquette, se lève. Il se trouble en racontant toute l'histoire, confond les dates, hésite, se reprend. Le silence n'est perturbé que par les journalistes qui, depuis la galerie réservée à la presse, téléphonent le texte à leurs rédactions, paragraphe par paragraphe. Quand la lecture est achevée, le silence redevient total. Nicolson ajoute que, malgré la stupeur générale et la confusion de l'orateur, jamais, jusque-là, un discours si brillant n'avait été entendu à Westminster. « Il n'était pas question d'applaudir. C'était le silence de Gettysburg[1]. »

Edouard VIII a cessé de régner. Le Parlement et le gouvernement ne réagissent que par un silence médusé. Ce jeudi 10 décembre 1936, la monarchie britannique vit un événement inédit. En une seule année, elle a vu se succéder trois rois : George V, Edouard VIII, non couronné, et le suivant qui prendra le nom de George VI.

Le roi Edouard VIII devient SAR le duc de Windsor

Au même moment, en fin d'après-midi, le duc d'York est de nouveau à Fort Belvedere, entouré de ses conseillers. Il s'agit de résoudre le problème posé par la situation finan-

1. Durant la guerre de Sécession, victoire décisive du Nord sur le Sud, le 3 juillet 1863. Voir aussi Christopher Hibbert, *op. cit.*

cière de l'ancien roi. Edouard se montre si exigeant pour ne rien perdre de ses privilèges que l'ancien secrétaire privé du roi George V se permet de dire que son père, feu George V, se retournerait dans sa tombe s'il savait que son fils aîné n'acceptait pas de se conformer à ses dernières volontés. Si l'on résume ce qui est proposé à l'ancien monarque, il recevrait 25 000 livres par an à condition de ne jamais revenir sur le territoire anglais sans avoir consulté au préalable le roi et le gouvernement. Edouard n'est pas content de ces dispositions et il s'ensuivra un éternel contentieux entre son frère et lui. Bertie, dominant sa difficulté d'élocution, lui demande :

— As-tu pensé à la façon dont on va t'appeler maintenant ?

— En fait, non.

Son frère y avait déjà songé, ainsi que plusieurs ministres, car il ne s'agissait pas d'une affaire anodine. C'était même urgent, puisque le lendemain soir, l'ancien monarque allait s'adresser à la nation sur les ondes de la BBC. Sir John Reith, son directeur général, ne savait pas comment annoncer l'intervenant.

— M. Edouard Windsor ? propose-t-il avec son accent écossais.

— Non, répond l'imminent nouveau roi George VI. Né fils de duc, il devient lord Windsor de toute façon. Et s'il revenait dans ce pays, il pourrait siéger à la Chambre des communes.

Un juriste spécialisé, M. Schuster, réplique :

— Non.

— Et à la Chambre des lords ?

— Pas davantage[1].

Tandis qu'Edouard montre des signes d'impatience souvent observés chez les gens immatures et timides, son frère tranche la question :

1. Pourtant, il est arrivé (et arrivera) que des ducs de la Maison royale s'expriment à la Chambre des lords : les fils du roi George III, le prince de Galles futur Edouard VII et le prince Charles, fils aîné de la reine Elizabeth II, quand il portait le titre de prince de Galles.

— Il n'est privé d'aucun de ses grades dans la Royal Navy, dans la Royal Air Force ni dans aucune armée terrestre. Je suggère donc le titre de Son Altesse Royale le duc de Windsor.

Pauvre George V ! Le défunt roi n'aurait pu imaginer que ce nom de Windsor qu'il avait imposé pour rénover la dynastie serait, moins de vingt ans plus tard, synonyme de scandale et de reniement à cause de son fils aîné et successeur. Le Cabinet donne son accord sur ce titre, mais en précisant la position hiérarchique du nouveau duc : il sera considéré comme le frère aîné du roi, aura le pas sur ses frères Gloucester et Kent, mais viendra protocolairement après ses deux nièces, Elizabeth et Margaret.

Et la nouvelle duchesse ? Le roi George VI a déjà réglé la question avec le gouvernement : en aucun cas, le titre d'Altesse Royale ne lui sera accordé, ni à elle ni à sa descendance éventuelle. Elle sera simplement la duchesse de Windsor. Les Premiers ministres des dominions, furieux contre elle – en particulier celui de la Nouvelle-Zélande –, estiment que ce titre est déjà excessif et qu'il symbolise un invraisemblable gâchis. Dans l'histoire de la monarchie britannique, cette différence de traitement et d'adresse entre le mari ayant rang d'Altesse Royale et sa future épouse privée de cet honneur est sans équivalent. Edouard et Wallis la vivront comme une humiliation, peut-être la pire sanction de leur union et la marque d'un déséquilibre social érigé en distance protocolaire. Wallis restera, si l'on peut dire, une simple duchesse, rabaissée parce qu'à cause d'elle, un homme a renoncé à être roi et provoqué un cataclysme.

Arrêtons-nous un instant sur l'attitude de cette femme peu de temps avant l'annonce de l'abdication, alors qu'elle est toujours réfugiée chez ses amis Rogers, guettée par une presse affamée. N'est-elle pas la cause de la crise ? Une photo d'elle vaut la une ! A-t-elle essayé d'éteindre l'incendie en se retirant de cet univers qui lui était hostile ? Aujourd'hui, après l'étude de divers documents, Wallis passe pour avoir tenté de raisonner le roi. Appels téléphoniques – laborieux et manifestement surveillés, d'où l'emploi d'un code qui complique tout – et lettres confiées à des mains sûres montrent qu'elle a été affolée de l'ampleur du drame et sans doute de ses conséquences à tous points de vue : « Il faut que je sorte définitivement de la vie de David. » Ou – ce qui est joliment dit : « Puisqu'il ne veut pas renoncer à moi, c'est à moi de renoncer à lui, et d'une manière qui ne lui laisse pas d'autre choix que d'accepter ma décision. » Malheureusement, Wallis n'a jamais formulé sa résignation elle-même publiquement. Ni lettre de sa main ni déclaration personnelle ne prouvent qu'elle était prête à renoncer à sa prodigieuse avancée sur la scène du monde. On ne parle que d'elle ! Mrs Simpson a seulement fait savoir indirectement, parlant d'elle à la troisième personne, que, « au cours des dernières semaines, [elle] a toujours eu le désir d'éviter toute action ou tout projet qui aurait été de nature à faire tort au roi et au trône. Aujourd'hui, son attitude n'a pas varié, et elle est toute disposée, si une telle décision devait résoudre le problème, à se retirer d'une situation rendue malheureuse et intenable ». Ce texte, daté du lundi 7 décembre, est publié dans la presse avec plus ou moins d'importance et d'effet. « La crise est passée » est évidemment un titre moins alléchant que « Le roi abdique ».

Mrs Simpson reste donc soupçonnée de mensonge et de manipulation, même si, intérieurement, elle était catastrophée par l'abdication. Puisqu'elle ne serait pas reine, qu'allait-elle devenir ? De toute manière, même si elle a fait semblant d'être prête à s'effacer, il est trop tard : depuis que sa procédure de divorce a été engagée, le gouvernement et l'opinion l'ont démasquée. Elle empoisonne la vie publique. Et Churchill, *a priori* favorable au roi, a échoué au Parlement dans une intervention jugée navrante et même honteuse, la plus pitoyable de sa carrière d'orateur. Même si Wallis revenait sur sa décision, Edouard VIII n'aurait pas changé la sienne.

L'ex-roi prend la parole depuis le château de Windsor

Dans la nuit du 10 au 11 décembre 1936, le prince Albert signe l'acte officiel qui fait de lui le successeur de son frère. A 1 h 52 ce vendredi, le duc d'York devient le roi George VI. Une fois de plus, la forteresse est au cœur du destin britannique. Dans la soirée du 11, c'est au Royal Lodge de Windsor qu'a lieu le dîner d'adieu d'Edouard en présence de ses frères, de sa sœur la princesse royale Mary (qui porte le même prénom que sa mère la reine) et de cette dernière. A 21 h 30 vient l'heure pour Edouard de s'adresser à la nation. N'est-ce pas un étonnant paradoxe que l'ancien roi, qui allait porter le titre de duc de Windsor créé pour lui, prenne la parole à titre personnel, pour la première et la dernière fois, depuis ce château à l'origine de sa nouvelle identité ? Il est un détail souvent oublié dans ce moment pathétique. Le nouveau roi, son frère, a exigé que lors de l'annonce qui allait être faite à la BBC, l'ex-monarque ne soit présenté que sous le titre de « Son Altesse Royale le prince Edouard ». George VI montre une nouvelle fois sa fermeté imprévue. Ce soir, en s'adressant à la nation britannique, son frère n'est qu'un membre de la famille royale, mais, en somme, un Windsor proscrit et pas encore le duc de Windsor. Une brève mais significative transition. La maison de Windsor subit une altération, la monarchie n'est pas interrompue.

Dans un salon encombré de câbles, le vieux château est transformé en studio. Une ampoule rouge s'allume. L'heure du dénouement. D'une voix solennelle, profonde, Reith, le patron de la BBC, annonce : « Ici le château de Windsor. Vous allez entendre Son Altesse Royale le prince Edouard. »

Les mains croisées, la voix terne, « calme et émouvante » selon Wallis, l'intervenant fixe le microphone, qui a presque la forme d'un obus, puis lit sa déclaration. L'Empire l'écoute ou l'écoutera en fonction du décalage horaire ; les rédactions des journaux sont mobilisées en silence, car chaque mot va compter. Dans le midi de la France, l'ancien monastère du XIIe siècle aménagé par les Rogers semble être redevenu un havre spirituel. On va y entendre une confession publique, dans le salon, autour d'un poste de radio. Même le personnel est réuni dans la pièce. Wallis est allongée sur un canapé, défaite et abattue, « les mains sur les yeux, essayant de cacher mes larmes », dira-t-elle, écoutant le message d'adieu de l'homme qui préfère l'amour à la gloire et choisit l'exil. A cause d'elle.

« Enfin, je suis en mesure de m'adresser à vous personnellement. Je n'ai jamais cherché à dissimuler quoi que ce soit, mais jusqu'à maintenant, constitutionnellement, il m'était impossible de parler. Il y a quelques heures, j'ai rempli mon dernier devoir de roi et d'empereur, et maintenant que mon frère, le duc d'York, me succède, mes premiers mots sont pour lui déclarer mon allégeance. Ce que je fais de tout mon cœur.

« Vous connaissez tous les raisons qui m'ont conduit à renoncer au trône. Mais je veux que vous compreniez qu'en prenant ma décision, je n'ai oublié ni le pays ni l'Empire que je me suis attaché à servir pendant vingt-cinq ans comme prince de Galles, puis récemment comme roi. Mais vous devez me croire quand je vous dis qu'il m'est apparu impossible de supporter le lourd fardeau des responsabilités et de remplir les obligations qui m'incombent en tant que roi, comme j'aurais aimé le faire, sans l'aide et le soutien de la femme que j'aime.

« Les ministres de la Couronne et en particulier M. Baldwin, le Premier ministre, m'ont toujours traité avec une parfaite considération. Il n'y a jamais eu une quelconque divergence constitutionnelle entre eux et moi et entre moi et le Parlement. Elevé dans la tradition constitutionnelle par mon père, je n'aurais jamais permis qu'un tel affrontement se produise.

« Je quitte les affaires publiques en même temps que je dépose mon fardeau. Il pourra peut-être s'écouler du temps avant que je ne revienne dans mon pays natal, mais je suivrai toujours avec un profond intérêt le destin du peuple britannique et de l'Empire. Et si à un moment quelconque dans l'avenir, je puis être requis pour le service de Sa Majesté dans une fonction privée, je n'y manquerai pas.

« Et maintenant, nous avons tous un nouveau roi. De tout mon cœur, je lui souhaite ainsi qu'à vous, son peuple, bonheur et prospérité. Dieu vous bénisse tous. *God save the King*[1]. »

Les réactions immédiates varient, comme l'a noté lady Hardinge dans son journal, entre les larmes des uns et le mépris des autres qui ont trouvé cette intervention vulgaire. Préférer l'amour – et quel amour ! – à la raison d'Etat est pitoyable. Et pourtant, cela aurait pu être pire. En effet, selon un biographe de Baldwin, G.M. Young, le Premier ministre aurait révélé au directeur du *Times* qu'Edouard avait écrit lui-même[2] une première version de son discours. Elle était catastrophique puisqu'elle commençait par cette phrase : « Je suis maintenant libre de vous dire comment j'ai été éjecté du trône. » Horrifié, Churchill, qui n'avait jamais failli au roi dans cette période troublée, aurait jeté cette version au feu et réécrit le discours tel qu'il serait prononcé. Il y a beaucoup de raisons de croire à cette révélation, car elle cadre exactement avec les « instructions » envoyées par Wallis à Edouard dans son courrier du 6 décembre. Mrs Simpson y ordonnait au roi de « ne pas rester silencieux », assurant que « la forme du texte de l'abdication importe peu puisque tout le monde sait que le Cabinet vous a, pour ainsi dire, fichu dehors ». On imagine le tollé qu'aurait provoqué la diffusion du texte initial !

Le prince Edouard, qui semble très satisfait de son allocution, rejoint ses frères. Lord Louis Mountbatten, arrière-petit-fils de Victoria, est également présent. Au nouveau roi George VI, qui se dit affolé par la tâche qui l'attend et rappelle qu'il n'est qu'un officier de marine n'ayant jamais vu

1. Traduction de l'auteur.
2. *Dawson Papers, in* Sarah Bradford, *George VI, op. cit.*

un document d'Etat, « Dickie » Mountbatten, lui-même né à Windsor et ancien aide de camp d'Edouard lorsqu'il était prince de Galles, dit ces mots rassurants :

— George, vous vous trompez. Il n'y a pas de meilleure préparation au métier de roi que d'avoir servi dans la Royal Navy. Pour affronter les tempêtes !

Mais celui qui est devenu George VI, troisième roi Windsor et quarantième monarque depuis Guillaume le Conquérant, n'en est pas convaincu. Et son frère cadet, le duc de Kent, répète :

— C'est impossible ! Je n'y crois pas !

Edouard n'a qu'un seul commentaire, comme si l'événement lui était étranger :

— C'est fini.

« Ce soir-là, écrit Wallis, je bus la coupe amère de mon échec et de ma défaite [...] Quand il eut fini, les autres quittèrent la pièce et me laissèrent seule. Je restai allongée un long moment avant de pouvoir me contrôler suffisamment pour traverser la maison et monter dans ma chambre[1]. » Mais si Mrs Simpson est aussi accablée, c'est sans doute parce que le début de l'allocution d'Edouard n'était pas conforme à ce qu'elle avait préconisé. Et elle n'a pas dû apprécier l'hommage appuyé au Premier ministre et au Cabinet. Bravo Churchill ! Quant à la reine Mary, qui avait toujours été opposée au principe de ce discours d'adieu, peut-être n'a-t-elle jamais su à quel point elle avait eu raison de la redouter.

Dès le lendemain, l'opinion montre de l'hostilité, voire du mépris à l'encontre du prince Edouard. On n'appréhende plus de le voir abdiquer : on approuve et subit cette situation, bien qu'elle soit ressentie comme une ineffaçable lâcheté de la part de l'ancien monarque. Harold Nicolson observe que ce n'est plus Mrs Simpson qui est impopulaire et jugée coupable, mais l'ancien roi. S'il a pu trahir son pays, il pourrait trahir la femme qu'il aime. Même à la

1. Michael Bloch, *L'Amour souverain : les lettres intimes du duc et de la duchesse de Windsor*, traduction de Jean-Luc Barré, Perrin, 1986.

Chambre des communes, les parlementaires n'ont pas de mots assez sévères à son encontre. Heureusement qu'il a abdiqué ! Et l'on s'interroge sur son successeur, roi par défaut que sa situation n'enthousiasme guère.

Mais déjà le duc de Windsor – il l'est enfin – a été discrètement, presque honteusement, conduit à bord d'un destroyer de la Royal Navy, le *HMS Fury* (un nom tout indiqué !), quittant Portsmouth pour Boulogne. Pour celui qui, pendant neuf mois, avait porté le prestigieux titre d'amiral de la Flotte, cette traversée nocturne ressemble à une fuite.

Un étrange exil commence.

6

1937-1939 : Windsor contre Windsor ou les défis de George VI

La nuit où George VI avait succédé à son frère aîné Edouard VIII, devenu le duc de Windsor, le nouveau souverain avait averti ses deux autres frères, les ducs de Gloucester et de Kent : ils allaient devoir adopter une conduite irréprochable. Par tous les moyens, la famille royale devait consolider sa crédibilité et faire oublier, autant que possible, la honte de l'abdication.

Qui est George VI ? Né en 1895 à Sandringham, Albert, surnommé « Bertie », deuxième fils de George V, a été élevé par un précepteur privé et vécu une enfance austère. Le roi et la reine aiment leurs enfants, mais sont peu chaleureux à leur égard, ne les voyant qu'une demi-heure par jour. Des parents ? Presque des icônes. La reine Mary tend sa main gantée à ses fils. Ils s'inclinent. La chaleur d'un Edouard VII est bien loin. Ils sont livrés à la terrible Mrs Green, une gouvernante perverse qui les prive de dîner pour une bêtise ou les nourrit de porridge compact et de flageolets froids. Albert est plus atteint que son frère aîné par les maladies. Il a accumulé les difficultés, entre les remontrances de son père qui le rabroue à la moindre occasion, son extrême timidité et surtout un pénible bégaiement qui le complexe profondément et lui fait préférer le mutisme à l'humiliation d'une élocution ridicule.

Albert se sent mal-aimé. Même les nurses le traitent moins bien qu'un chien et raillent jusqu'à ses genoux cagneux ! Il convient de rappeler qu'enfant, son père souffrait déjà de ses genoux tournés en dedans et que tous ses fils, à l'exception d'Edouard, ont « hérité » de cette déformation. Très jeune, Bertie est obligé de porter des attelles plusieurs heures par jour et même souvent la nuit pour redresser ses jambes. Un vieux valet de chambre compatit : au risque de perdre sa pace, il desserre les lanières de cuir pour que l'enfant souffre moins. Et alors qu'Albert est gaucher, on l'oblige à écrire de la main droite, ce qui aggrave ses complexes ; il doit s'asseoir dans un fauteuil de handicapé, idéal pour la lecture, mais très inconfortable pour l'écriture. Cette situation le fait souffrir moralement autant que physiquement Toutefois, il ne geint jamais, appliquant l'une des célèbres maximes de son arrière-grand-mère la reine Victoria : « *Never complain, never explain* » (« Ne jamais se plaindre, ne jamais expliquer »).

L'adolescence de Bertie n'est pas loin de ressembler à un supplice, mais peu de gens en ont conscience. Mesurant près d'1,70 mètre, émacié, la silhouette fluette, il a des traits raffinés. S'il passe pour un homme introverti, c'est parce qu'il apprend à l'école du courage et de la volonté ; pour dompter ses peurs, celles de sa démarche incertaine et de son défaut d'élocution ; en silence et avec pudeur et parce qu'on ne cesse de le comparer à son frère... Sa scolarité est peu brillante : en 1911, au collège Naval de Darmouth, il est classé soixante et unième sur soixante-sept. Sur un navire-école, il fait un tour du monde. Ses camarades le surnomment « la Sardine » ! Elève officier de marine participant à la bataille du Jutland en 1916, puis pilote dans le Royal Naval Air Service jusqu'en 1918, il reçoit de son père le titre de duc d'York le 3 juin 1920, après une année passée à Cambridge. Il se consacre très sérieusement à des œuvres sociales et à ses nombreuses obligations officielles.

Le 10 juin 1920, accompagné de sa mère et de sa sœur, le prince Albert se rend à un dîner chez lady Farquhar dont le mari est un ami personnel du roi. Parmi la soixantaine d'invités se trouve lady Elizabeth Bowes-Lyon, âgée de 19 ans, qu'il avait peut-être rencontrée lorsqu'ils étaient beaucoup plus jeunes. Cette aristocrate écossaise n'est pas immédiatement séduite par Bertie, car elle a beaucoup de succès et est très courtisée. Elle n'est pas vraiment jolie, mais elle a un charme fou, elle est gaie, pleine d'humour. Albert est conquis. La fille du quatorzième comte de Strathmore a passé son enfance au château de Glamis, l'un des plus beaux d'Ecosse, où Shakespeare a situé l'action de *Macbeth*[1]. Très friande d'histoires de fantômes, Elizabeth tiendra, sous un pseudonyme, une chronique dans une revue mondaine évoquant des spectres et des meurtres mystérieux derrière les vieux murs. Lady Elizabeth est vraiment délicieuse et, rapidement, le prince Albert en est épris. Mais le 5 janvier 1923, une indiscrétion du *Daily News* annonce les fiançailles de l'exquise Elizabeth avec… le prince de Galles, l'héritier du trône et le frère aîné du prince… Albert ! Or tout le monde sait qu'Edouard – qui n'a pas encore rencontré Mrs Simpson – est tout dévoué à Freda Dudley. En fait, l'écho du journal se trompe de prince : c'est Bertie qui attire l'attention d'Elizabeth. Elle le juge beau, élégant, doté comme elle du sens de l'humour. S'il est, remarque-t-elle, fragile et sensible, d'une réserve presque maladive, au moins se conduit-il en parfait gentleman, au contraire de son frère aîné qui traîne une réputation de noceur aussi épouvantable que justifiée. Pourtant, la jeune femme de 22 ans, à qui les hommages masculins ne manquent pas, refuse par deux fois la demande en mariage d'Albert, dont l'ulcère à l'estomac, dû à la mauvaise alimentation de son enfance, se réveille. Lettres et petits

1. Aujourd'hui encore, le visiteur de Glamis (on prononce « Glamse ») est instruit qu'une partie de cartes, commencée il y a des siècles un vendredi saint – ce qui était interdit par l'Eglise –, se poursuit dans une pièce du château et s'y poursuivra éternellement comme châtiment des deux joueurs sacrilèges.

cadeaux n'y changent rien. Bertie, qui ne se décourage pas, a parlé d'Elizabeth à son père. Enchanté, le roi George V lui a répondu : « Tu seras un homme heureux si elle veut de toi ! »

Le samedi 13 janvier, le prince Albert demande une troisième fois à Elizabeth de l'épouser. Elle accepte enfin et le consentement royal est accordé, avec joie, le lundi suivant. Peut-être pour la première fois de sa vie, Bertie parvient de lui-même, et comme transformé par le bonheur, à vaincre sa timidité. Une victoire remportée sur l'un de ses handicaps qui résume tous les autres. Le mariage du duc d'York et de lady Elizabeth Bowes-Lyon a lieu le 26 avril 1923. L'union est un événement historique, puisque c'est le premier mariage d'un prince royal célébré à Westminster depuis cinq siècles !

Mais à cette époque, le Royaume-Uni ne s'est pas encore relevé des conséquences de la guerre. Le chômage est si élevé et la gauche tellement virulente contre le gouvernement que l'on s'en tient à des festivités relativement discrètes. En effet, l'année précédente, en 1922, l'union de la fille de George V, la princesse Mary, avec le vicomte Lascelles, un riche héritier, avait fait scandale par l'étalage de ses fastes. La retenue imposée par le roi au mariage de Bertie n'empêche pas le comte de Strathmore d'offrir à sa fille une tiare délicate, ornée de marguerites de diamants. Quant au souverain, il a choisi pour sa future belle-fille une extraordinaire parure de turquoises et de diamants assortie à un diadème[1]. D'abord effacée, la jeune duchesse va bientôt se trouver sur le devant de la scène ; elle ne la quittera plus. La veille de son mariage, une réception réunit huit cents personnes – tout de même ! – à Buckingham Palace. Surmontant ses hésitations, le duc d'York présente sa future femme à un leader travailliste qui, dans une gazette, avait fait des commentaires peu aimables sur la mariée qu'il rabaissait au niveau d'« une petite Ecossaise » ! L'époux,

1. Devenue veuve en 1952, la reine mère Elizabeth en fera cadeau à sa seconde fille, la princesse Margaret.

d'un ton qui parvient à être plaisant, répond à cette grossièreté du parlementaire :

— Voici une brave fille écossaise !

Albert et Elizabeth préfèrent la vie de famille aux mondanités futiles

Une édition spéciale du *Times* fait état de la satisfaction patriotique que le duc ait choisi une femme « britannique jusqu'à la racine des cheveux » ! Elizabeth est plus que « brave ». Depuis leurs fiançailles, l'Ecossaise qui n'a pas peur des fantômes a aidé Bertie à affirmer sa personnalité. Elle lui apporte un soutien inconditionnel et devient rapidement populaire. Elle est si bien acceptée par la famille que lorsqu'elle arrive légèrement en retard à un déjeuner, priant, en rougissant, que le roi l'excuse, George V lui répond :

— Je crains que nous ne nous soyons assis deux minutes trop tôt...

Les pendules étaient enfin à l'heure exacte !

Si un million de personnes vont se masser dans les rues de Londres sur le passage du cortège nuptial, pour consoler ceux qui ne pourraient rien voir ni rien entendre, on suggère de retransmettre la cérémonie religieuse *via* la TSF. Mais le doyen de l'abbaye de Westminster, invoquant la décence, s'y oppose : une cérémonie sacrée ne peut être entendue dans des pubs et autres lieux publics par des ivrognes !

Lors du banquet de gala, le menu approuvé par George V honore les deux familles : consommé à la Windsor, suprême de saumon reine Mary, côtelettes d'agneau prince Albert, chapons à la Strathmore et fraises à la duchesse Elizabeth. Une attention qui souligne l'entrée de la jeune femme dans la dynastie. Seul George V, toujours modeste, n'a pas voulu qu'un mets porte son nom. Habilement, il décerne à son fils l'Ordre écossais du chardon et confère à sa belle-fille le titre d'Altesse Royale. Puis les convives ne peuvent échapper à l'inévitable pièce montée soutenue par une armée de valets. Un monument et une tradition, également écossaise, de chez McVities.

Au même moment, le souverain fait distribuer dans Londres et dans des cités manufacturières très touchées par la misère des montagnes de gâteaux identiques, qui régalent surtout les enfants.

L'irruption d'Elizabeth, dont le sourire permanent semble une devise, rajeunit l'image féminine de la royauté. Victoria, d'apparence digne, était une icône en deuil ; Alexandra une reine veuve un peu fugace et isolée par sa surdité ; Mary est un parangon de conformisme guindé. Avec Elizabeth, la bonne humeur entre chez les Windsor. D'ailleurs, Edouard, qu'elle n'aime pas, sera obligé de reconnaître à sa belle-sœur cette qualité : « Elle a rendu la vie de famille amusante. » Avec lui, elle deviendra un enfer.

Le couple sera très uni, attentif à ses deux filles, Elizabeth, née en 1926, et Margaret, en 1930. Le duc d'York est un père modèle, donnant à sa progéniture l'enfance affectueuse qu'il n'a pas eue. La vie de famille est casanière, ponctuée de joies simples : mots croisés, pêche à la ligne, chasse à la bécasse et parfois au requin, pique-nique avec sandwiches au concombre, promenades dans la fascinante Ecosse. Ils sont à l'écart de la société londonienne débridée des « années folles » qui les regarde avec condescendance, comme s'ils étaient des rustres. Eux privilégient un modèle d'art de vivre britannique campagnard où le rite du thé en famille est sacré, alors que le frère aîné du duc, Edouard, fréquente les boîtes de nuit, se couche à l'aube et néglige ostensiblement ses obligations. Bertie est son contraire, rigoureux dans ses devoirs de représentation, par exemple à l'Exposition consacrée à l'Empire en 1924, à Wembley.

Après une sérieuse préparation politique et diplomatique, le duc d'York, accompagné de son épouse, a accompli un voyage officiel très réussi en Nouvelle-Zélande et en Australie où il a inauguré la nouvelle capitale des territoires australiens, Canberra. Ceux-ci ont été érigés en Commonwealth d'Australie le 1er janvier 1901, mais toujours sous souveraineté britannique. Si ce périple est un succès, y compris pour la jeune femme, aimable, simple et très gaie, vite populaire et surnommée « la duchesse sourire », il est également une victoire du duc sur lui-même, grâce aux méthodes originales d'un orthophoniste australien, Lionel Logue.

Au prix d'efforts inouïs, le duc d'York lutte contre son bégaiement

C'est d'abord incognito, sous un nom d'emprunt, que le prince consulte le thérapeute. Puis, l'identité de son client lui étant révélée, l'orthophoniste traite le duc d'égal à égal, se moquant du protocole.

Mark Logue, le petit-fils de Lionel, a retrouvé par hasard, dans un grenier, le journal intime de son grand-père. Dans un entretien au *Wall Street Journal* début 2011, il a précisé : « Mon grand-père est devenu un ami très intime du duc, puis du roi. Il a consigné tous ses rendez-vous avec lui dans ses carnets et le *verbatim* de leurs séances. » Mais tout cela reste confidentiel : seule Elizabeth est au courant, agissant comme un relais thérapeutique auprès de son époux, toujours d'humeur égale quand, découragé, il parvient à… jurer ! Quel progrès[1] ! L'originalité de Lionel Rogue, qui se présente comme un acteur raté, est d'avoir aidé des anciens combattants australiens, traumatisés et incapables d'émettre un son, à retrouver l'usage de la parole. Avec le duc d'York, Rogue se permet des grossièretés, des plaisanteries grasses ; il a compris combien le prince était paniqué à l'idée de devoir prendre la parole en

1. Ces révélations correspondent à la sortie du remarquable film d'un jeune cinéaste britannique, Tom Hooper, *The King's Speech* (*Le Discours d'un roi*, voir p. 138) ; avec autant de courage que d'humour et de tendresse, il évoque cet aspect assez méconnu de la vie du futur George VI, père de l'actuelle reine Elizabeth II. Le film, bouleversant, fut un succès mondial, reçut de nombreuses récompenses (et quatre oscars), notamment pour la performance des comédiens Colin Firth et Geoffrey Rush.

public et qu'il se sentait coupé du monde. Entre progrès et désespoir, les leçons de Lionel Rogue durent des mois. A la fin des années 1920, le duc d'York a fait des progrès spectaculaires, mais il n'est pas encore sûr de lui. Sur certains mots, sur des bribes de phrases, il bute encore. Il faut persévérer.

Le duc et la duchesse sont très aimés. Le 27 juin 1927, revenus d'Australie après une dernière escale en Egypte, ils arrivent dans la rade de Plymouth à bord du cuirassé *Renow*. Une réception enthousiaste les attend, car ils ont quitté l'Angleterre il y a près de six mois. Puis un train spécial de voitures Pullman, à la livrée marron et crème, les conduit jusqu'à Londres. Sur le quai de la gare Victoria, le prince de Galles, la reine Mary, le roi George V et lady Bowes-Lyon attendent les York. La jeune duchesse embrasse sa mère. Les trois hommes sont en grand uniforme de la marine, avec bicorne, épaulettes et sabre – des tenues qui semblent appartenir au siècle précédent.

Cette famille officiellement unie sera traumatisée par l'abdication. Le duc d'York, irréprochable, ne voulait pas être roi, mais il le deviendra, malgré lui, le 10 décembre 1936, dans les conditions que j'ai évoquées. La monarchie a failli sombrer, il devra la relever pour qu'elle redevienne respectable. « Une lourde tâche », confie-t-il à son cousin Mountbatten, qui le soutient en ces heures dramatiques. Mais les circonstances vont démontrer son courage de monarque, reflet de sa ténacité discrète d'homme. Passés les premiers moments de doute et d'angoisse, il se met au travail.

C'est le 17 février 1937 que George VI et Elizabeth s'installent à Buckingham Palace. Elizabeth avait fait sa première apparition au célèbre balcon à 13 h 15 le jour de son mariage, souriante. Elle avait alors le quatrième rang dans l'ordre protocolaire, après la reine douairière Alexandra, veuve d'Edouard VII, la reine Mary, sa belle-mère, et la princesse Mary, sa belle-sœur. Treize ans plus tard, Elizabeth est la reine, mais n'a rien perdu de son humour ni de ses qualités de cœur, lesquelles ne vont jamais empiéter sur son sens du devoir. A Buckingham, on sert souvent, dans les grandes occasions, le fameux consommé à la Windsor. Avant cette maudite abdication, le nom était un modèle. Il avait été traîné dans la fange. George VI et Elizabeth étaient les seuls à pouvoir lui rendre son honneur et l'on reconnaît unanimement qu'Elizabeth est une reine idéale.

1937 : le sacre de George VI réconcilie l'opinion avec la monarchie

La plus brillante manière de laver cette tache est le sacre du roi, cérémonie dont le peuple avait été privé à l'avènement d'Edouard VIII – et heureusement, sinon Wallis, que l'ambassadeur des Etats-Unis Joseph Kennedy[1] traitait de « poule », aurait pu devenir reine et plonger la monarchie dans la révolution. Précisons qu'avant la crise et l'abdication, le couronnement d'Edouard était prévu pour mai 1937.

Cette intronisation doit être un sacre, puisque le souverain est protecteur de l'Eglise anglicane, une consécration populaire et même une réconciliation avec tous les usages mis à mal par les scandales.

Mais la cérémonie est également une épreuve particulière pour George VI ; sachant qu'il sera contraint de prononcer un discours le soir de cette épuisante journée, il doit perfectionner sa diction encore heurtée. Quand il est seul ou avec Elizabeth, il ne cesse d'ouvrir et de fermer sa mâchoire. Un exercice efficace, conseillé par Lionel Rogue, qui lui fait aussi répéter ces mouvements pour formuler des mots puis des phrases. La confiance du roi dans son thérapeute aux méthodes peu classiques, mais si amusantes est telle que l'on commence à envisager avec plus d'optimisme l'épreuve du discours royal qui sera diffusé en direct par la BBC. Le spectre de l'épilepsie, qui avait été évoqué dans certains milieux et dans la presse, s'éloigne. Mais la fatigue,

1. Il s'agit du père du futur président John Fitzgerald Kennedy.

la tension nerveuse peuvent soudain bloquer le verbe royal. En direct, ce serait un désastre – ou plus exactement, un nouveau désastre. Car la comparaison avec la dignité consciencieuse de George V suivie de la futilité inconvenante et de la défection pitoyable d'Edouard VIII imposent à George VI une sorte d'ultime examen de passage après son mariage – réussi – et son existence – exemplaire. Un test crucial. De manière à éviter toute fatigue, le roi annule un voyage en Inde. La prestigieuse colonie est déçue, mais comprend, car George VI, outre la cérémonie, redoute toujours l'épreuve de son premier discours radio – diffusé depuis Buckingham Palace. De plus, pour la première fois, la télévision, encore à ses balbutiements, pourrait retransmettre le couronnement ; il ne serait vu que par quelques personnes disposant d'appareils rudimentaires dans un périmètre ne dépassant pas 50 kilomètres autour de Londres. Il s'agirait d'une expérience pleine d'imprévus et d'aléas techniques, avec des caméras – énormes – cachées dans de fausses ornementations gothiques de Westminster. Le clergé s'y oppose. En définitive, les risques étant immenses, on renonce à la télévision, notamment parce qu'elle risquerait de montrer en direct et en gros plan le roi mastiquant, inconsciemment, pour entraîner ses muscles avant son allocution de la soirée. Et si le roi avait un malaise, il serait impossible de censurer l'émission : l'interrompre serait encore plus grave. Ce serait d'un effet déplorable, qui pourrait ridiculiser ou affaiblir la monarchie, laquelle n'a pas besoin d'être de nouveau dénigrée. Pour les images, on s'en tiendra à un reportage filmé et ce sera, de fait, le premier couronnement d'un roi d'Angleterre archivé par le cinéma. De surcroît, Edouard VIII avait un talent d'orateur que personne n'a oublié ; si le fond de son discours d'adieu avait déplu, sa forme était parfaite. Il faut donc que son frère soutienne et même emporte la comparaison. Un obstacle supplémentaire et une rivalité imprévue entre le monarque du refus et celui du devoir…

Le roi s'isole à Sandringham pour travailler son discours dans le calme. Seul étranger admis auprès du roi, Lionel

Logue s'attache à l'apaiser, à le débarrasser de sa terrible angoisse. Il faut surtout qu'en dehors de sa femme, personne n'intervienne. George VI accroche sur les lettres *c* et *s*. Le texte est remanié, deux enregistrements d'essais sont écoutés, analysés, nous dirions décryptés. Dans sa chambre à Buckingham Palace, le roi se défie lui-même : il répète son discours deux fois de suite ! Les conseils de sir John Reith, le patron de la BBC qui avait « annoncé » le discours du « prince Edouard » sont pris en compte, car il faut préparer l'endroit (quelle pièce ?), la place exacte du roi pour qu'il ne soit pas gêné, celle du micro. Jamais, dans l'histoire monarchique, un discours royal n'a été conçu et mis au point avec autant de minutie, et pendant des semaines harassantes. Et puis, il y a les répétitions dans Westminster : celles des gestes, des mouvements, des places, y compris avec les atours royaux, somptueux mais pesants, sans parler des couronnes, très lourdes. George VI, passionné de détails historiques, se plonge dans le passé de ses prédécesseurs et de leurs sacres. Car dans ce pays, il est impressionnant de songer que tel usage remonte au XIVe siècle, que tel personnage symbolise, par sa tenue, une fonction séculaire. Toutes les époques y sont représentées, ne serait-ce que par les uniformes. Le couronnement d'un roi d'Angleterre, témoin d'une histoire si complexe, obéit à un rituel commencé il y a dix siècles à Westminster, quand Edouard le confesseur fit construire l'abbaye. Un spectacle dynastique, national et religieux, puisqu'il consacre le mariage mystique du souverain avec le sacré.

Le grand jour est fixé au 12 mai 1937. Le doyen de Westminster prend sur l'autel la sainte ampoule, verse l'huile consacrée dans la cuillère de vermeil qu'il remet à l'archevêque de Canterbury qui s'approche du souverain assis sur le trône d'Edouard le confesseur. L'instant est solennel. Aux accents de l'hymne de Haendel, le chœur entonne *God Save the King*. Tout Westminster vibre d'espoir. Après les épreuves subies par la famille royale, on imagine les sentiments du monarque et de la foule des croyants dont il est devenu le protecteur. Selon Harold

Nicolson, « il ne fait aucun doute que le roi et la reine ont rempli leur devoir avec un grand sens religieux[1] ».

L'importance de l'événement est encore accrue par le fait que pour la première fois, le peuple britannique est admis à l'intérieur de l'abbaye, représentant toutes les conditions sociales du royaume. Ajoutons que George VI a aussi imposé quelques invités personnels issus des milieux ouvriers les plus divers, mines, usines et fabriques. Un monde noirci par le charbon, mais qui a revêtu ses vêtements de cérémonie. Il y a eu quelques protestations de la part des ambassadeurs se jugeant à l'étroit, mais la volonté royale s'est imposée comme celle d'un arbitre équitable. Grâce à la radio, des haut-parleurs d'un modèle perfectionné permettent à des centaines de milliers de gens de suivre le déroulement. A Londres et jusqu'aux confins de l'Empire, ils sont des millions de témoins de ces instants inoubliables où le chef de l'Etat devient aussi le chef de l'Eglise. L'un des instants les plus émouvants est celui où Elizabeth, très émue, reçoit sur sa tête une couronne spécialement montée en platine et dont le bandeau est celui que portait la reine Victoria à la Cour ; sur le sommet est enchâssé le célèbre diamant Koh-i-Noor[2].

Enfin, le soir du couronnement, vient l'heure du discours du roi

On dit que de mémoire de Londonien, on n'avait jamais vu pareille foule envahir la ville. Par trains spéciaux, les plus lointaines provinces ont investi la métropole malgré des records de pluie, de vent et d'humidité. Des milliers de gens ont dormi sur des banquettes trempées. Même si ces anonymes n'ont pu entrer dans l'abbaye, les commenta-

1. Sarah Bradford, *George VI*, *op. cit.*

2. Trouvé en Inde et ayant appartenu aux Grands Moghols, il avait été offert à la reine Victoria proclamée impératrice des Indes en 1876. De 800 carats à l'origine, son poids, après la taille, a été réduit à 279 carats.

teurs leur décrivent les deux trônes rouges, surélevés de cinq gradins pour le roi, de trois pour la reine, sur lesquels les souverains prennent place après l'onction et le couronnement proprement dit. Les invités sont arrivés à partir de 7 heures du matin et ont été placés de quart d'heure en quart d'heure, avec discipline, jusqu'à l'arrivée des souverains à 11 heures.

Par leur sacre, George VI et Elizabeth entrent dans une vie nouvelle ; ils sont désormais au service de tous leurs sujets dont la Providence leur a confié la direction morale et spirituelle. C'est la reine, devançant le roi, qui quitte la première l'abbaye, sa traîne d'hermine soutenue par six demoiselles d'honneur, accompagnée par les évêques de Saint-Albans et de Blackburn. Puis, semblable à une princesse de conte de fées, Margaret (7 ans) sort à son tour, portant sa traîne sur le bras droit. Elle monte dans le carrosse où l'ont déjà précédée sa grand-mère la reine Mary et sa sœur aînée, la princesse héritière Elizabeth. Des trompettes d'argent rivalisent avec les carillons et les coups de canons. Le cortège, avec ses carrosses et ses somptueux attelages, se dirige vers Buckingham Palace. Pour la première fois, toute la famille royale apparaît au fameux balcon, chacun coiffé de sa couronne. Une immense et longue ovation suit, montant d'une marée humaine.

Enfin, c'est le temps de l'ultime épreuve de la journée, celle pour laquelle le roi bègue a travaillé depuis des mois : son discours. Le monarque attend son épouse dans une pièce attenante au studio. Il avait été décidé que le souverain s'y dirigerait au moment où l'on jouerait le *God Save the King*, ce qui lui donnerait le temps d'arriver sans hâte jusqu'au micro. Pour une raison mystérieuse, l'hymne national, qui avait pourtant été soigneusement minuté, est plus court que prévu ! Quelques secondes de silence, interminables pour les organisateurs, s'écoulent. L'angoisse est palpable. Le roi va-t-il pouvoir parler ? Oui ! Enfin, il s'exprime, faisant entendre une voix « chaude et forte ». Sans hésitation, il prononce le premier discours de couronnement jamais diffusé par la radio. Extrait : « […] C'est avec tout mon cœur que je vous parle ce soir. Jamais, avant aujourd'hui, un roi venant d'être couronné n'a eu la possibilité de parler à tous ses peuples chez eux, le jour de son couronnement. [...] La reine et moi garderons toujours dans nos cœurs l'inspiration de cette journée. Puissions-nous toujours être dignes de la bonne volonté dont je suis fier de penser qu'elle nous entoure à l'aube de mon règne[1]... »

C'est un triomphe. La victoire de l'homme soutenu intelligemment – et parfois avec brutalité – par Lionel Logue et la reine Elizabeth. La revanche d'un prince qui – il l'avait avoué à l'épouse du Premier ministre Baldwin le 11 janvier 1937 – s'était toujours senti inférieur à son frère Edouard, si brillant, léger et séduisant, qui portait bien l'uniforme, multipliait les conquêtes féminines et renvoyait l'ère victorienne au musée ; ce frère qui était un dandy et un opportuniste provocateur. A côté de ce météore carbonisé dans le scandale, George VI est un roc, modeste et dévoué, mais avant tout solide. Aux châteaux et à la vie simple, Edouard préférait les plages et les greens de golf, sport dans lequel il brillait particulièrement, et les night-clubs. Mais ce soir, le cadet est le roi, reconnu, acclamé, « écouté et entendu » dans tous les sens des termes, à Piccadilly comme au bout du monde. Le roi avait rétabli cette délicate rencontre entre la proximité et la distance du souverain, un conseil qui émanait d'un ancien trésorier de son père et qu'Edouard avait balayé d'un revers de mépris. Au contraire, le nouveau roi s'était souvenu « que la monarchie doit toujours conserver un élément de mystère. Un prince et un roi ne doivent pas se montrer trop souvent et ne pas se tromper de circonstances ». George VI venait de vivre la journée la plus longue de sa vie. Il ne l'oublierait jamais, comme il n'oublierait jamais celles et ceux à qui il devait cette ouverture au monde. Au dîner de Noël suivant, à Sandringham selon la tradition, le chambellan de Buckingham Palace invite Lionel Logue « par ordre de Sa Majesté ». Ce sera un

1. Traduction de l'auteur.

autre souvenir ineffaçable pour l'orthophoniste qui l'a consigné dans son journal intime publié récemment par son petit-fils : « J'étais assis en face du roi. C'était merveilleux. »

Edouard VIII appartenait au passé et l'on cherchait à l'oublier. Mais quel pouvait être l'avenir du duc de Windsor qui, adulte, n'avait jamais passé une seule nuit dans ce château dont il portait désormais le nom ?

Que va faire le duc de Windsor, ancien roi exilé par sa faute ?

En quittant le Royaume-Uni, l'ex-monarque restait moins soucieux de l'avenir du pays que de l'état de ses finances. Pendant son bref règne, il n'avait cessé de réclamer des rallonges budgétaires à sa liste civile, se plaignant sans cesse, poussé dans ses revendications par l'intéressée Wallis. Pourtant, « il possède une des plus grosses fortunes de l'époque, évaluée à un million de livres, soit environ 60 millions de livres d'aujourd'hui[1] ». Le duc est exilé. Mais pour aller où ? Dans l'immédiat, il lui est déconseillé de rejoindre sa maîtresse, car s'il vivait avec elle, le divorce qu'elle avait demandé risquerait de ne pas être définitivement prononcé. Ils doivent rester éloignés l'un de l'autre jusqu'au jugement. D'ailleurs, Wallis est furieuse contre Edouard. Selon son amie Katherine Rogers, Mrs Simpson, après le discours d'Edouard, aurait hurlé : « Quel idiot ! Mais quel idiot ! » Et, de rage, elle aurait cassé des bibelots avant de regagner, toujours en vociférant, sa chambre au troisième étage de la villa « Lou Viei ». Une charmante invitée !

A l'aube du 12 décembre, à Paris, le duc était monté dans le romantique Orient-Express à destination de l'Autriche. Il allait s'installer chez un baron de Rothschild, dans

1. François Kersaudy, *Histoire de la dernière guerre*, n° 7, septembre-octobre 2010.

un impressionnant château proche de Vienne. Ce n'était pas son cher Fort Belvedere, où sa vie était réduite à un jeu, mais ce n'était pas non plus Windsor, qu'il n'avait jamais aimé. Il devait y rester trois mois, jusqu'en mars 1937. En l'apprenant, son ancien dévoué secrétaire Alan Lascelles, qui avait démissionné, écœuré par le comportement d'Edouard, avait dit le fond de sa pensée à un proche, déclarant, furieux et sévère : « [L'ancien roi] est sans âme et cela l'a rendu un peu fou. Il va probablement être très heureux en Autriche. Il va s'acheter un petit *Schloss* [château] ; jouer au golf dans le parc ; aller dans les boîtes de nuit à Vienne… Inutile de le plaindre : il sera ravi de porter ces ridicules petits costumes tyroliens. Il n'a jamais aimé l'Angleterre ni les Anglais. Tout cela, c'était du boniment. En fait, il haïssait ce pays[1]. »

Pourquoi le duc a-t-il choisi l'Autriche ? Peut-être parce que l'Allemagne reconnaît la souveraineté territoriale autrichienne (une illusion, comme on le verra) et que, depuis l'assassinat du chancelier Dollfus par les nationaux-socialistes deux ans plus tôt, son successeur Schuschnigg s'emploie à éviter un conflit avec Hitler. Et parmi ses obsessions, l'ancien roi a toujours eu celle de la paix et des liens renforcés avec l'Allemagne. Le duc est accompagné, mais, au fond, il est seul. Quelques amis et aides de camp l'ont suivi ou rejoint. Mais Wallis n'est pas là. Elle n'est qu'au téléphone, plusieurs fois par jour, avec des coupures, de la friture sur la ligne, encore des coupures parce que la connexion passe par les Alpes et qu'il a beaucoup neigé… Le fil du téléphone devient une sorte de cordon ombilical, fragile et frustrant. La voix de Wallis la dominante, encore plus vulgaire que d'habitude parce qu'elle est obligée de hurler, est un soulagement, un espoir. Edouard se dit qu'il ne s'est pas fourvoyé, qu'elle l'attend. Mais ils n'ont jamais le temps d'aller au bout de leurs conversations. Sans préavis, la communication est coupée, aussi bien pour des raisons techniques que par la volonté de l'opératrice : en

1. Repris par Martin Allen, *op. cit.*

Autriche, que le duc considère comme libre, on ne peut pas tout dire. Et puis ces bribes de confidences, déjà laborieuses, deviennent pénibles et sans chaleur quand on sait que l'opératrice vous écoute. L'intimité est brisée : l'identité du duc et de sa correspondante ne parlant qu'anglais est vite dévoilée.

Heureusement, le courrier reste un moyen sûr, bien que lent. Le lendemain du discours, Mrs Simpson, sa colère passée, a écrit une lettre que le duc, on peut le penser, a trouvée à son arrivée à Enzesfeld, puisqu'il avait mis sa maîtresse au courant de sa destination. Elle lui apporte son amour, maudissant l'éloignement car « (...) le martyre de ne pouvoir vous voir après tout ce que vous avez enduré est intolérable. En ce moment, nous avons le monde entier contre nous ». Elle évoque des amis sûrs, des Américains, qui ont une maison en France, près de Tours. En attendant le divorce, elle juge qu'ils ne doivent pas se rejoindre. Elle ignore encore que cette attente forcée va durer des semaines, exactement vingt. Cinq mois !

Wallis se dit menacée, Edouard paraît libéré et optimiste

Mais si, progressivement, Edouard, magnifiquement hébergé chez le baron Eugène et la baronne Kitty de Rothschild, semble retrouver une relative sérénité, Wallis, elle, avoue sa peur : « On dit qu'il y a une organisation qui a juré de me tuer [...] Il ne faut prendre aucun risque. Avoir un accident maintenant serait trop lourd à supporter. Aussi, je vous en prie, soyez une "poule mouillée" en matière de protection, tout comme je le suis moi-même [...] »

Etrange situation : quand il était roi, Edouard avait peur du pouvoir et fuyait ses responsabilités, noyant ses phobies dans le champagne et les cigarettes. Maintenant, il est otage de sa passion et de sa décision. A Cannes, les journalistes (« la horde », écrit Wallis, exaspérée, le 16 décembre) se sont égaillés. Mais le courrier qui lui parvient à la villa de ses amis protecteurs ne contient pas que les lettres du duc. Par milliers, des missives d'insultes arrivent pour la torturer. Elle les lit, effondrée, en disant, plus tard : « [...] Je puis dire sans exagération que chaque matin, sur un plateau, je trouvais ma vie en lambeaux. On condamnait en bloc tout ce que je représentais. On m'accusait d'avoir pris une trop grande influence sur un roi adoré de ses sujets. Le vocabulaire dont les gens disposent pour vous injurier et vous déchirer est infiniment plus étendu que je ne le croyais. Je pense qu'il est peu de qualificatifs applicables à mon sexe qui aient manqué à mon petit déjeuner[1]. » On comprend que l'accusée en perde l'appétit... Et ce n'est ni la froideur des Britanniques de la Côte d'Azur – qui lui refusent la moindre compassion, à l'exception du romancier Somerset Maugham sensible aux tourments de l'âme – ni les commentaires négatifs de la presse qui peuvent lui redonner confiance. Mrs Simpson sait qu'elle est entraînée dans un désastre – elle l'avait redouté – dont elle se sent responsable. Son échec est complet. Quel peut être le sort de cette femme divorcée, cible de toutes les haines, jalousies et rumeurs qui – déjà – mettent en doute son amour pour le duc puisque, dit-on, lorsqu'il s'appelait Edouard VIII, elle avait d'autres liaisons... ?

A l'opposé, ce qui nous surprend est l'inconscience du duc. Que fait-il ? Il succombe à l'irrésistible charme viennois, se promène dans l'ancienne capitale impériale d'un pays réduit au neuvième de sa superficie d'avant 1918, visite ses musées et les vestiges de sa gloire évanouie. Une atmosphère à la Stefan Zweig, celle d'un empire défunt devenu une république de plus en plus convoitée par Hitler, obsédé d'annexer son pays natal au Reich. Et quand il regagne le château où il est magnifiquement installé, le raffinement de la décoration, l'admirable mobilier et l'exquise courtoisie de ses hôtes confortent le duc dans sa situation. Elle est provisoire et tout est simple, puisque Wallis est

1. Michael Bloch, *L'Amour souverain*, *op. cit.*

dans sa vie et qu'elle sera bientôt sa femme. « Dieu nous bénit, répète-t-il. Il prie dans les églises d'Autriche pour nous deux. » Une surprenante extase. En réalité, Edouard n'éprouve à aucun moment le sentiment d'un gâchis titanesque. Il se sent libéré, heureux « pour la première fois de sa vie ». Une mentalité d'adolescent débarrassé de toute contrainte. Il se comporte comme s'il n'avait pas davantage conscience des menaces allemandes.

De son côté, Wallis, tout en assurant que ce qu'on dit d'elle n'est qu'un ramassis de mensonges et de calomnies, remercie Kitty de Rothschild de ses attentions pour Edouard : « [...] Chère Kitty, soyez bonne pour lui. Il est droit et généreux et totalement digne d'affection. Ils ne l'ont pas compris. » Ce sont là les propos d'une gouvernante plus que d'une femme amoureuse. Cependant, elle achève sa lettre du 12 décembre par deux phrases résumant son attitude : « [...] Je vous aime, David, et vous tiens serré très fort. »

Si on a pu douter de la sincérité de son amour – on en discute encore –, le fait qu'elle tienne son amant « serré très fort » peut être interprété de diverses manières, y compris par allusion à une habileté érotique dont Wallis était créditée. Pour les exilés séparés, Noël s'annonce triste. Le 22 décembre, le duc s'interroge sur cette longue attente du divorce qui sera prononcé en principe le 27 avril suivant, remercie Dieu d'avoir inventé le téléphone qui lui permet de supporter l'interminable épreuve et, de plus en plus mystique, écrit : « [...] J'irai à l'église de Vienne, vendredi, pour le service de onze heures, et je prierai Dieu si fort qu'il nous bénira pour le reste de notre vie. » Et à son tour, il souligne ce lien qui les unit : « [...] Je vous aime, vous aime, Wallis, plus et plus encore, et je vous tiens serrée contre moi. » Une entente parfaite... Mais, de l'avis d'une femme telle que Mrs Simpson, le monde est contre elle et contre elle seule.

La surprise de Noël : Ernest Simpson pense à sa femme

Le complot, selon elle, est ourdi par la reine Mary, qui prétend qu'elle n'a jamais rencontré l'Américaine et qu'elle ne l'acceptera jamais. Et l'ambition notoire de Wallis est blessée quand elle écrit : « C'est évident que York[1], poussé par elle, n'aura pas le panache de me faire Altesse Royale – la seule chose qui pourrait me réhabiliter aux yeux du monde. Je suis désespérée d'avoir été si mal traitée. » La plaie est ouverte et c'est sans doute de cette humiliation que souffre le plus Wallis. Elle a subi – et provoqué – un cataclysme et ne sera pas Altesse Royale. Une sordide mesquinerie, selon elle. Le titre lui est refusé, elle y avait droit, il lui manque, elle dépérit : « (...) Je parais 100 ans et pèse 55 kilos. Vous ne m'aimerez plus quand vous verrez ce que l'Angleterre a fait de moi. » Perfide Albion !

Soudain, fin décembre, le vaudeville succède au mélodrame. En effet, voici qu'arrive à Cannes une lettre d'un fantôme.. Ernest Simpson ! Il ne manquait plus que le mari dans cette romance contrariée, un époux jadis si utile, serviable et compréhensif. Un homme, rappelons-le, que son épouse, il y a encore trois mois, estimait. Que dit-il dans ce courrier totalement inattendu ?

« Je n'avais pas le cœur de vous écrire auparavant. Les événements qui viennent de se dérouler m'ont terriblement frappé et rendu quasi malade. Cependant, je n'en parlerai pas. Je veux croire – je crois vraiment – que vous avez fait tout ce qui était en votre pouvoir pour éviter la catastrophe finale.

« Mes pensées ne vous ont pas quittée au cours de votre épreuve, et, je vous l'assure, personne n'a ressenti plus profondément que moi ce que vous éprouviez. Pour quelques

1. Le roi George VI, que dans sa rage Wallis refuse de nommer par son titre.

sous, je me tiens journellement au courant de vos faits et gestes. »

Partagée entre l'émotion, la stupéfaction et l'attendrissement, sa femme a le courage de continuer à lire l'ultime question que lui pose Ernest :

« [...] Et votre vie serait-elle redevenue la même si vous étiez revenue en arrière ? Je veux dire par là, auriez-vous pu reprendre votre vie d'autrefois et oublier le pays féerique où vous vous étiez aventurée ? Mon enfant, je ne le crois pas. »

Ernest Simpson est parfaitement lucide. Il a souffert, lui aussi, et souffre peut-être que la procédure du divorce ne le libère pas plus raupidement de celle avec qui il avait tant partagé. Gentleman, M. Simpson disparaît définitivement de la vie de Mrs Simpson.

Le 1er janvier 1937, Edouard écrit à Wallis en soulignant quatre fois le millésime qui doit être celui de leur bonheur.

« [...] Il est bon de penser que 1936 est derrière nous et qu'il y a, devant, cette année et de nombreuses autres heureuses. Oh ! WE[1], nous allons y arriver – mais fichtre, que cette séparation est une dure et terrible épreuve. S'il n'y avait pas le téléphone, aussi mauvais soit-il, je crois que je deviendrais fou. »

Par un ami sûr, il lui envoie « deux plumes » (en réalité des bijoux) et « quelques monogrammes pour le choix du papier à lettres », une manière d'anticiper leur prochaine vie commune. Il est aussi question d'une épingle à cheveux de Wallis que le duc a perdue et qui en attend une autre pour la remplacer. Il envoie aussi les baisers du chien

1. Dans cette correspondance, le duc a pris l'habitude d'unir leurs initiales en un sigle, WE (Wallis et Edouard), afin de se prouver le caractère définitif de leur union.

nommé Loo et un trèfle à quatre feuilles. En fait, il en a trouvé deux dans la forêt autour du château et en conserve un.

« [...] Mon Dieu ! Comme je vous aime, je vous aime ma Wallis, mon cœur adoré, encore et encore et encore. J'attends avec impatience ce jour précieux, cher et adorable. Ô Dieu, faites qu'il arrive vite et bénissez WE cette année et pour toujours. Votre David. »

Ils se téléphonent pour la nouvelle année. Les vœux du duc sont noyés de larmes. Wallis lui répondra qu'elle n'a pu supporter de l'entendre pleurer et lui assure : « Mon bébé, c'est parce que je languis si fort d'être avec vous que tout prend des proportions énormes. Mon chéri, je vous aime. Venez vite. »

Le dossier du divorce est ralenti par un maître chanteur

Venir ? Où ? Quand ? Tous ces projets sont soumis au jugement de divorce. Or, des contestations de procédure ont été soulevées pour empêcher la conclusion de l'affaire. Mais on apprendra que c'était la manœuvre d'un maître chanteur, sans doute pour obtenir une somme d'argent. Wallis ne décolère pas, accusant d'intrigues aussi bien le Premier ministre que la famille royale. Ne leur suffisait-il pas, à ces Anglais, que désormais le duc ne puisse plus se présenter à la Cour ? Que, selon un ragot, aucune pension ne lui serait versée par la liste civile ? Qu'aucun membre de cette bande n'ait encore dit s'il assisterait à son mariage ? Que sa femme ne serait jamais de rang royal ? Et que lui, ce pauvre Edouard, ne pourrait jamais rentrer dans son pays sans demander la permission à son frère et au gouvernement ? Wallis est outragée. Et elle s'ennuie effroyablement à Cannes. Mais « (...) c'est salutaire, après deux années à être debout jusqu'à 3 heures du matin ». En effet, le temps des nuits blanches dans les night-clubs de Londres et d'ailleurs est révolu. Courant janvier, Mrs Simpson est avertie d'une minutieuse enquête judiciaire visant à établir la nature exacte de ses relations avec Edouard (il était temps !). Les membres de l'équipage du yacht *Nahlin*, celui de leur croisière, ainsi que tout le personnel du bord sont interrogés pour savoir si Mrs Simpson a été ou non coupable d'adultère. Wallis s'estime persécutée puisque c'est elle qui a demandé le divorce, dans les conditions factices que l'on sait. Mais elle est confiante et commence à réfléchir à un endroit où elle pourrait enfin retrouver le duc et l'épouser. Plusieurs résidences sont envisagées, notamment à Antibes et en Autriche.

Fin janvier, le duc veut profiter d'un rendez-vous chez son coiffeur viennois pour rencontrer l'ambassadeur britannique. C'est la première fois, depuis son arrivée en Autriche, que l'ex-monarque s'intéresse à la politique européenne, « faute de pouvoir accéder aux télégrammes, aux dépêches du ministère des Affaires étrangères et aux comptes rendus du Cabinet ». On peut supposer que le représentant de Sa Majesté George VI a été prudent lors de l'entretien, car le duc de Windsor est, entre autres, interdit de toute activité à caractère diplomatique et publique. Curieusement – et toujours avec inconscience –, il écrit à Wallis avoir le sentiment d'être « en mission » à Vienne ! Si cela se savait, on s'en étranglerait de rage à Buckingham Palace, à Downing Street et au Foreign Office ! Effectivement, il y a de quoi s'informer et s'inquiéter, entre la guerre d'Espagne et les premières déportations en Allemagne d'individus « contraires aux bonnes mœurs ». Mais le duc est rassuré : la police française assure une protection discrète autour de Mrs Simpson à la suite de menaces confuses qui lui ont été adressées. Deux inspecteurs de la Sûreté sont présents. Par le biais d'un ami, Edouard remercie les autorités du ministère de l'Intérieur et aussi, ce qui est insolite, demande qu'on lui fasse parvenir des affaires par la valise diplomatique « ou tout autre moyen *via* l'ambassade de France » en Autriche.

On ne peut qu'être étonné de l'insouciance quasi permanente de l'ancien roi et de sa grossièreté quand il écrit, toujours fin janvier, que son hôtesse va s'absenter dans une semaine sans son mari : « [...] Dieu merci. Naturellement, elle aurait pu penser à partir avec Eugène si elle avait eu le moindre tact et si elle n'était pas aussi stupide. Sinon, cet endroit est aussi bien que possible dans les circonstances actuelles. » Quelle reconnaissance envers celle qui l'héberge depuis un mois, sans parler de la « téléphonite aiguë » donc le duc est atteint ! Même s'il s'acquitte de factures himalayennes, toute la maison est perturbée par les appels, coupures, rappels et conversations interminables.

Mais le duc s'apaise quand il apprend que sa sœur, la princesse Mary, et son époux vont venir lui rendre visite. Donc, peut-il en déduire, il n'est pas complètement pestiféré... Encore une fois, il se trompe.

C'est décidé : ils se marieront au château de Candé, en Touraine

En revanche, Mrs Simpson a deux préoccupations urgentes. La première est d'en savoir plus sur la procédure qui traîne et les artifices avancés par le procureur du roi. Aurait-il reçu des ordres de cet effronté York qui a pris la place d'Edouard ? La seconde est de trouver un endroit chic et sûr pour célébrer leur mariage. Début février, après de multiples recherches, les amants séparés tombent d'accord sur une résidence en France, le château de Candé, en Indre-et-Loire, un édifice datant du XVIe siècle, près de Monts. C'est en Touraine que leur bonheur sera enfin officialisé. Le duc harcèle son frère au téléphone, mais le roi finit, selon le standard de Buckingham Palace, par faire dire qu'« il n'est pas disponible ». Les relations entre les deux frères se détériorent. Même si le duc de Kent, son frère préféré, vient le voir, Edouard est très affecté par son isolement. Il lit et relit la lettre qu'Elizabeth, sa belle-sœur, qu'elle lui avait adressée le jour même de son abdication :

« [...] Nous sommes tous submergés de tristesse, et pouvons seulement prier que vous trouviez le bonheur dans votre nouvelle vie. » Déjà, au début de la crise, Elizabeth, encore duchesse d'York, avait écrit à la reine Mary, sa belle-mère : « [...] Toute la difficulté vient d'une certaine personne. Je ne me sens pas capable de lui faire des avances et de l'inviter chez nous, comme on aimerait bien, j'imagine, et cela va rendre nos relations un peu difficiles[1]. »

Un euphémisme... Wallis était la coupable de tout et lui, Edouard, son partenaire subjugué, sans volonté et dominé. Les seules informations officielles que reçoit le duc de Windsor sont la confirmation qu'il ne percevra aucune pension de la liste civile et que sa famille n'assistera pas à son mariage. Cependant, on doit préciser qu'avant de ne plus accepter de parler à Edouard au téléphone, George VI lui a laissé le choix définitif du lieu où se dérouleraient ses noces. Il semblait à Sa Majesté que le château de Candé était l'endroit le plus digne possible.

Pourquoi Candé ? Son propriétaire Charles Bedaux, né en France, avait émigré au début du siècle aux Etats-Unis. Il était ingénieur et avait travaillé dans des exploitations minières. Après son mariage avec une femme d'origine allemande, en 1914, il avait été réformé. Les services de renseignements américains l'avaient fortement soupçonné d'être un agent au service de l'Empire allemand. Divorcé en janvier 1917, il s'était remarié un mois plus tard avec une ravissante et élégante jeune fille de la bonne société de Grand Rapids (Michigan), Fern Lombard. Devenu ingénieur conseil, il avait mis au point un système pour rentabiliser le travail des ouvriers, allant d'une usine à l'autre et leur permettant d'obtenir des primes au rendement. Dans les années 1920, ayant fait fortune avec ses méthodes très recherchées, il était devenu le conseiller de Henry Ford et ses clients étaient les magnats de l'industrie américaine.

1. Citations traduites par l'auteur, extraites de William Shawcross, *Queen Elizabeth, the Queen Mother*, MacMillan, 2009 (rééd. Pan Books, 2010).

C'est à cette époque qu'il avait fait la connaissance du frère d'Hermann Rogers, ce même Hermann Rogers qui, plus tard avec son épouse, allait recueillir Wallis à Cannes, dans sa villa « Lou Viei ». En 1926, Charles Bedaux avait créé des sociétés dans toute l'Europe et acquis des résidences en Ecosse, en Espagne, en Hongrie. Mais son plus beau fleuron était le château de Candé, acheté en 1927 et dont les restaurations du XIXe siècle étaient visibles. Il y fait de grands travaux, « dépensant 6 millions de francs à faire installer 800 mètres de canalisations, ajoutant des salles de bains, des garages, une piscine, des courts de tennis et même un golf[1] ». Ses affaires les plus importantes se situaient en Allemagne et, en 1935, il avait acquis un chalet à Berchtesgaden. L'Américain était reçu par les plus hauts dignitaires du régime national-socialiste : Hitler, Ley, Goebbels, Ribbentrop, Hess et Göring. Il semble que les services britanniques n'aient alerté ni le gouvernement Baldwin ni le roi des contacts de Bedaux, un homme d'affaires dont les activités ne soulevaient pas, à ce moment-là, de réticence, même s'il était plus ou moins surveillé en raison du volume de ses entreprises[2].

En 1937, le châtelain de Candé juge sans doute que connaître et recevoir le duc de Windsor chez lui ainsi que celle qu'il va épouser peut être intéressant. En même temps, ils vont devenir ses obligés. Derrière sa courtoisie d'hôte, son geste est un calcul : il connaît les sentiments progermaniques de l'ancien souverain. Et le divorce ? D'interminables péripéties judiciaires, lenteurs et rumeurs se succèdent : « Mrs Simpson est enceinte ! » annoncent certains journaux, ce qui est non seulement faux, mais impossible. Les rebondissements, insultes et commérages ont engendré chez Wallis et Edouard des désirs et délires de vengeance : ils nourrissent le fantasme de revenir triomphalement en Angleterre « pour en faire une république »

1. Martin Allen, *Le roi qui a trahi*, *op. cit.*

2. Charles Bedaux sera arrêté par les Américains en 1943, accusé de haute trahison. Il se suicidera en 1944 dans sa prison de Miami.

et de prendre leur revanche sur « tous ces porcs » ! Ils rabâchent la même double accusation : à Edouard, on a volé son trône ; à Wallis, on ne voue que du mépris. L'étude de leur correspondance montre qu'en quatre mois, leur ton a changé. Les mots sont devenus agressifs, menaçants, vindicatifs. Wallis comme Edouard sont sur le point de craquer. L'Américaine – qui a pris en horreur « Lou Viei » et ses maîtres – n'est pas loin de la crise de nerfs lorsque, le 6 mars, elle décharge sa bile contre les Anglais : « Ils reportent tout sur moi. Ils m'accusent de tous les maux ? Je suis leur bouc émissaire ? C'est une attitude de mufles, mais c'est une nation de mufles en ce qui concerne les femmes. »

Divorcée, Wallis épousera le duc de Windsor. Le bonheur ?

Enfin, le 27 avril 1937, le somnolent dossier est réveillé : le divorce est prononcé et, le 3 mai, l'avocat du duc téléphone la bonne nouvelle à Edouard, qui a fini par quitter le château des Rothschild – était-il devenu un hôte encombrant ? en avait-il assez ? – pour s'installer dans un hôtel au bord du lac de Saint-Wolfgang, plaisante villégiature où les deux amants étaient venus et qui deviendrait célèbre avec l'opérette *L'Auberge du Cheval blanc*. Wallis est libérée, mais déjà loin de Cannes. Quelques informations sur son dossier l'ont mise en confiance. Ce n'est plus qu'une question de jours. Et elle est déjà installée à Candé depuis le 9 mars, c'est-à-dire depuis six semaines, après onze heures de route, traquée par « la horde » de journalistes. Enfin, il se passe quelque chose !

A Candé, la comédie du téléphone recommence. Régulièrement, un valet annonce que « Son Altesse Royale appelle d'Autriche ». Mme Bedaux compte : certains jours, le téléphone sonne trois fois, d'autres toutes les heures ! La châtelaine est vraiment aimable, parce que le duc ne se gêne pas pour rappeler… à minuit ! L'invitée, elle, se tient mieux. Dès l'annonce de la fin de leur si longue attente,

Wallis, à la fois apaisée et excitée, avait écrit à Mme Charles Bedaux pour la remercier de les accueillir :

« [...] Il est terriblement difficile pour moi de vous faire comprendre un dixième de ce que m'inspirent la bonté et la générosité dont vous et M. Bedaux avez fait preuve envers le duc de Windsor et moi-même.

« Peut-être, quand nous nous rencontrerons, pourrai-je vous le faire sentir. Je suis tellement impatiente d'arriver à Candé le 9 et j'espère que vous n'aurez pas un choc en voyant l'ampleur de la caravane[1]... »

Evidemment, sa présence en Touraine est une manne pour les journalistes. Avec l'accord des propriétaires – plutôt amusés et rompus aux conférences de presse, fréquentes aux Etats-Unis –, Wallis reçoit les envoyés spéciaux et les correspondants locaux. Ils l'interrogent sur la guerre d'Espagne où les deux camps s'étripent tandis que des intellectuels français prennent des positions opposées, comme André Malraux et Georges Bernanos. La veille du jour où Wallis a été informée que son divorce était définitif, une escadrille de la légion allemande Condor a bombardé la petite ville de Guernica, au Pays basque espagnol. Dans ses réponses, l'interviewée est loin d'être maladroite : « Je suis consternée pour les deux camps. Cette guerre est la ruine de l'Espagne. » Curieusement, les comptes rendus parleront surtout du saphir qu'elle porte à la main gauche. Il est si gros que cela eût été une faute professionnelle de ne pas le voir. Et ce saphir répond à des questions qui ne sont pas posées, puisque son divorce n'est toujours pas prononcé. C'est d'ailleurs pour cette raison que le duc de Windsor est toujours en Autriche, piaffant, désordonné, inutile, mais débordé entre futilités et quelques observations sur les événements ; ainsi, il apprend que l'encyclique du pape Pie XI condam-

1. Frances Donaldson, *Edward VIII*, Weindenfeld & Nicolson, Londres, 1974.

nant l'idéologie du national-socialisme, les persécutions des catholiques allemands et les violations répétées du Concordat n'a pu être diffusée en Allemagne, la Gestapo ayant saisi tous ses exemplaires. Wallis, pragmatique, est arrivée à Candé en connaissant déjà les formalités à remplir pour un mariage en France. Le duc ne perd pas un instant. Avant de quitter l'Autriche, il règle une affaire urgente, c'est-à-dire l'envoi à Wallis du… petit chien M. Loo, *alias* Slipper, un carlin, avec son peigne, sa brosse, ses biscuits et son tapis, confié aux soins d'un inspecteur. Le policier est également pourvu du peigne de Wallis, de son poudrier, de son rouge à lèvres et d'une de ses ceintures – mais pas de biscuits –, l'ensemble étant présenté depuis des semaines dans la chambre du duc, comme des reliques. On imagine le détective veillant à ne pas confondre le peigne du chien avec celui de sa maîtresse[1] !

Ils se retrouvent enfin. Leur mariage à Candé est fixé au 3 juin 1937

Le duc s'occupe de ses malles – il y en a… dix-sept ! –, prestement remplies et bouclées, puis se fait conduire à Salzbourg, monte dans l'Arlberg-Orient-Express à destination de la France, la majorité de ses bagages étant enfermés dans le fourgon. Sa suite se compose d'un écuyer – il est nouveau –, d'un secrétaire particulier et d'un inspecteur

1. Ce chien, un cadeau d'Edouard à Wallis, n'avait pu la suivre dans son exil en France. Edouard l'avait récupéré et avait envoyé des nouvelles de l'animal presque quotidiennement. Quelques jours après son arrivée à Candé, Wallis se promène dans les bois avec son chien, suivant vaguement un parcours de golf. Le petit Slipper disparaît. On le retrouve presque sans vie : une vipère l'a mordu. Le chien meurt chez un vétérinaire de Tours. Wallis est effondrée : « Dois-je perdre tout ce que j'aime ? » Les Romains y auraient vu un signe. Mme Bedaux, alors au Ritz, à Londres, achète un carlin qui est la copie conforme de M. Loo et le fait envoyer à Wallis… par avion spécial. On n'est pas plus aimable. Le décès du premier chien et l'arrivée du second régalent les journalistes : quelle actualité !

principal de police, un Britannique. En voiture pour le bonheur ! La légende rapporte que le duc aurait obtenu un arrêt spécial du train de luxe au matin, pour retrouver Wallis au plus tôt. Charles Bedaux avait envoyé sa Rolls-Royce et une escorte de policiers en voitures et à motocyclettes. Presque un cortège royal…

C'est Wallis qui accueille l'ancien roi et empereur au château de Candé. Edouard avale les escaliers comme un jeune homme pressé. Il a maigri, il est fatigué. Elle aussi a minci, mais elle a eu le temps de se reposer dans cette résidence où le service est parfait. Maintenant, Wallis n'a qu'un but : se faire épouser. Mais elle assure préférer attendre que le couronnement de George VI ait eu lieu, sinon, tout le Royaume-Uni n'étant préoccupé que de la cérémonie, son nouveau destin risquerait d'être traité avec trop de discrétion. Ce serait une nouvelle humiliation. Elle veut revenir sur le devant de la scène. Il est également vraisemblable que George VI ait fait savoir à son frère que son mariage avant le couronnement serait mal interprété et le desservirait. L'ancien roi est, pour une fois, en accord avec son successeur, peut-être parce qu'il espère toujours la présence de la famille royale à Candé. Mieux vaut donc ne pas indisposer Buckingham Palace. Le 12 mai, le duc de Windsor et Wallis – celle-ci presque en apnée – entendent plus qu'ils n'écoutent à la radio la retransmission de la cérémonie. Quand le silence retombe dans le salon, Wallis semble avoir des regrets. Ce couronnement aurait pu, aurait dû être celui d'Edouard et le sien. Le duc de Windsor, lui, ne nourrit aucune amertume. Son seul bonheur est d'être avec celle qu'il aime. Il le confie aux rédacteurs du *Petit Journal*, dont l'édition illustrée du dimanche 28 mai relate comment « le duc de Windsor et Mrs Warfield [Wallis avait repris, très provisoirement, son nom de jeune fille] vivent dans le château de Candé leurs derniers jours de fiançailles ». Ils ont posé dans le jardin, veillant à se sourire.

Charles Bedaux a débarqué de New York en parangon du milliardaire américain : énergie, séduction, organisation.

Il raconte comment son ami Henry Ford va instaurer, début juin, la semaine de trente-deux heures dans ses usines. Staline, lui aussi, « réorganise » le travail : il épure les cadres de l'Armée rouge, généraux compris, qui sont déportés ou fusillés. Et puisque *time is money*, n'en perdons plus, disent les propriétaires de Candé à leurs invités. Le mariage est fixé au jeudi 3 juin, une date qui choque à Londres lorsqu'elle est connue : c'est celle de l'anniversaire de la naissance de George V. De la part de son fils, est-ce une vengeance inconsciente, freudienne, contre la mémoire de son père ? En tout cas, pour sa famille, une faute de goût supplémentaire.

Pourtant, Edouard et Wallis s'interrogent de nouveau : qui, dans la famille royale, viendra assister à leur bonheur ? Le duc a sollicité la présence de ses frères, en particulier le duc de Kent. Pas de réponse. Pressentant le pire, Edouard, furieux, demande à Dickie Mountbatten d'être son témoin. Mais Dickie refuse, ce que le duc ne lui pardonnera jamais. C'est alors qu'un petit paquet postal, envoyé de Londres par un aide de camp de George VI, arrive à Candé. Un cadeau inattendu... Lors d'un couronnement, il est d'usage de frapper une médaille à l'effigie du souverain. George VI en fait envoyer un exemplaire à son frère qui, de rage, retourne la médaille à l'expéditeur le jour même, avec ces mots amers, datés du 14 mai : « [...] Veuillez dire au roi que, touché par l'intention qu'il a manifestée à mon égard, je ne désire pas cependant accepter la médaille, parce qu'il n'en a pas envoyé à Mrs Warfield, qui est après tout sa future belle-sœur. Sincèrement vôtre. Edouard. »

La famille royale refuse d'assister au mariage du duc avec Wallis

L'envoi de cette médaille par George VI n'était pas un signe d'apaisement à l'égard de son frère, au contraire. En effet, quatre jours plus tard, Buckingham Palace publie un communiqué glacial qui pourrait avoir été inspiré par le

Premier ministre. On y lit : « Comme on a conseillé à Sa Majesté le roi de ne déléguer aucun membre de la famille royale pour la représenter, aucune personne apparentée à Son Altesse Royale ne sera présente. » Un couperet. De façon insensée compte tenu de ce qui précède, Edouard espère encore que sa future femme aura droit à la qualité d'Altesse Royale. C'est George VI lui-même qui répond à son frère que ce titre ne peut être accordé à la duchesse car elle ne figure pas dans « la succession au trône », selon les lettres patentes de la reine Victoria. Bertie assure qu'il en est triste, mais qu'il doit respecter la Constitution. Un deuxième couperet…

La vérité est crue : la famille, le gouvernement et l'opinion sont contre ce mariage parce qu'ils en veulent au roi Edouard VIII d'avoir abdiqué pour une raison passionnelle, un cas unique dans l'histoire de la monarchie anglaise. Mais on peut risquer une hypothèse complémentaire concernant ce refus : si Edouard divorçait et que Wallis se remariât, elle serait capable de transmettre sa qualité d'Altesse Royale à son nouvel époux ! Des Altesses Royales un peu partout, sans contrôle ni tenue ? Cela constituerait un nouveau désastre et la Couronne serait en danger. Stanley Baldwin peut fort bien avoir soulevé cet argument. Les protestations d'Edouard resteront sans effet. Et le Premier ministre sera fait comte par le roi le 29 mai… Un hasard ?

Mortifiés, les amants n'ont plus qu'à construire enfin ce bonheur qu'on leur dispute. Le 3 juin, il fait beau sur la Touraine. Wallis, qui avait tenu à faire remarquer que sa chambre était à l'opposé de celle d'Edouard, annonce une journée « magnifique, chaude, ensoleillée ».

La veille, Edouard s'est couché furieux, les mâchoires serrées, comme celles de son frère avant qu'il soit débarrassé de son handicap.

Si la cour d'Angleterre ignore le mariage, les journalistes, eux, se sont battus pour être admis à « couvrir » l'événement. Un roi d'Angleterre qui abdique, une Américaine scandaleuse, leur mariage boudé dans un château de Touraine, mais en fait guetté par des millions de gens, quel roman à raconter ! Et c'est assez piquant si l'on songe aux rois d'Angleterre d'autrefois qui ont aimé la vallée de la Loire. Avec la presse, il a fallu transiger, car le scandale allait bien se vendre. Cinq envoyés spéciaux seulement, un seul Français, reporter de 27 ans à l'agence Havas, Maurice Schumann, futur porte-parole de la France libre à la BBC et futur ministre. Il est en jaquette, comme ses confrères : c'est l'usage. Des centaines d'autres correspondants sont maintenus derrière les grilles. On guette les invités ayant confirmé leur venue. Ils seront vite comptés, moins de vingt personnes, dont seulement sept Britanniques. Des amis proches ont préféré ne pas contrarier la Cour. Le plus difficile a été de trouver un pasteur pour célébrer religieusement l'union, l'Eglise d'Angleterre refusant alors de consentir au mariage d'une femme deux fois divorcée – ce qui n'a pas amélioré la réputation de Wallis. Le curieux révérend Jardine, ancien agnostique, aura ensuite de nouvelles difficultés avec sa hiérarchie.

La garde rapprochée du duc (le major Metcalfe et son écuyer Forwood, entre autres) sert à meubler des pièces soudain trop vides. Les Rogers sont venus, bien sûr, et c'est Hermann qui conduira Wallis à l'autel. La chère tante Bessie a traversé l'Atlantique, heureuse et sans doute soulagée de vivre la conclusion d'une romance incroyable.

11 h 20. Les journalistes, que l'on a installés dans le grand – trop grand – salon, commentent discrètement l'exploit du paquebot *Normandie*, rival en vitesse du *Queen Mary* depuis un an. Le *Ruban bleu* vient d'être repris par *Normandie.*

11 h 30. Le duc paraît. Son allure est celle que l'histoire conservera, grâce aux photographies. Naturellement, Edouard est en jaquette, pantalon rayé comme il se doit, un œillet blanc à la boutonnière, un gilet gris clair. Le nœud de sa cravate gris perle – un nœud double – va devenir célèbre, comme son auteur. On parlera – et on emploie encore l'expression – du « nœud à la Windsor ». Le maire du village dont dépend Candé, un médecin, s'est déplacé pour que, au nom de la République française, soient unis

un ancien roi d'Angleterre et une Américaine. Dans la paisible région, on en parlera longtemps !

Un mariage involontairement intime : seulement vingt invités y assistent

Mais puisqu'il s'agit, juridiquement, de ressortissants britanniques, le consul général de Sa Majesté à Nantes, M. Graham, est venu pour l'enregistrement de tous les actes consulaires les concernant. Le duc reconnaît le fonctionnaire : il l'avait rencontré en Equateur cinq ans plus tôt. L'« obscur diplomate », selon Edouard, est confondu par la stupéfiante mémoire du marié. M. Graham est le seul représentant officiel du Royaume-Uni et uniquement pour une question d'état civil. C'est peu.

11 h 43. Dans le cadre de la grande porte se détache une silhouette bleu pâle : robe longue « avec un corsage très ajusté », chapeau et souliers, voici Mrs Warfield, la future duchesse. Elle est coiffée d'un chapeau de paille avec tulle, plumes et quelques fleurs blanches. Wallis jauge le salon, ridicule pour une cérémonie intime. Une nouvelle blessure portée à son ambition, encore plus pathétique si l'on sait que la veille, les amants ont « répété » leur mariage. Une répétition, comme à Westminster... On comprend l'aigreur de l'Américaine : sept années d'espoirs et un mariage en exil où aucune personnalité n'est venue. Maurice Schumann note l'humeur de Wallis, belle, élégante, mais contenant mal sa rage : « Elle ne se force pas à sourire. » L'épouse du major Metcalfe constate qu'Edouard s'est affranchi du mépris avec lequel il estime avoir été traité : « Je n'ai jamais vu Son Altesse Royale aussi heureux ni moins nerveux, mais en la regardant, elle [...], on a du mal à réaliser qu'elle est la cause de toute cette incroyable histoire[1]. » Du grand salon et de la cérémonie civile, la maigre troupe passe au petit salon vert pour l'équivalent religieux ;

1. Hugo Vickers, *op. cit.*

ce n'est pas un service, mais une simple bénédiction. De la première pièce, on entend l'orgue confié au maître Marcel Dupré, virtuose et prodigieux improvisateur. L'année précédente, il a été nommé organiste titulaire de l'église Saint-Sulpice. Maintenant, en ce début d'après-midi, le nuptial Bach a succédé au grave Saint-Saëns. Le prêche du révérend sur le mariage est sévère, tout va vite et c'est Edouard qui semble le plus pressé d'épouser Wallis devant Dieu après la formalité laïque. Dire qu'avec le révérend, la veille, ils avaient aussi répété... Le missel tenu par Edouard est celui que lui avait donné sa mère, la reine Mary. En l'ouvrant, Edouard est en larmes.

15 heures. Le gotha compte désormais une duchesse de Windsor, un titre sans précédent dans l'armorial britannique. Son mari l'aime au point d'avoir renoncé à sa couronne ; cela aussi ne s'était jamais vu. Un témoin de ces tristes et bien modestes formalités, lady Alexandra Metcalfe, se souviendra de la gêne qu'elle a éprouvée au moment de quitter les mariés : « Nous leur serrâmes la main dans le salon. Je me rendais compte que j'aurais dû l'embrasser, mais je ne pouvais tout simplement pas... Si encore elle manifestait de temps en temps un rien de douceur, si elle lui prenait le bras en le regardant comme si elle l'adorait, on pourrait se prendre de sympathie pour elle. [...] Elle donne l'impression d'une femme indifférente aux attentions d'un homme plus jeune qui s'est entiché d'elle. Espérons qu'elle se dégèle en privé avec lui, sinon ce doit être sinistre[1]. » Visiblement, l'amour n'est que d'un seul côté, celui d'Edouard.

Aussi implacable dans ses jugements que dans sa façon de photographier le monde, Cecil Beaton juge que, ce jour-là, Wallis a perdu de son éclat, que tout romantisme est absent de cette femme, qu'elle est dure, calculatrice. Certes, elle est inquiète, mais n'éprouve aucune émotion. En vérité, elle est horriblement contrariée et vexée de ce mariage étriqué, pour ainsi dire à l'économie. Autre confi-

1. Martin Allen, *op. cit.*

dent qui était présent, sir Walter Monckton prend la duchesse à part pour l'avertir que ce mariage ne peut, en aucun cas, être un échec. « Je lui dis que la plupart des gens en Angleterre ne l'aimaient pas parce que le duc l'avait épousée et qu'il avait abandonné son trône pour elle, mais que si elle le rendait heureux et savait le rendre toujours heureux, tout cela changerait. Mais que s'ils étaient malheureux, rien ne serait trop méchant pour elle. Elle reçut ce conseil avec beaucoup de gentillesse et de simplicité, se contentant de me dire : "Walter, ne pensez-vous pas que j'ai réfléchi à tout cela ? Je pense que je puis le rendre heureux."[1] »

Parmi les présents que reçoivent le duc et la duchesse figure une petite boîte en or, gravée. C'est le cadeau d'Adolf Hitler. Le duc de Windsor, ex-roi Edouard VIII, ne le renvoie pas. Quelle destination le couple a-t-il choisie pour son voyage de noces ? L'Autriche, en passant par Venise. Le Simplon-Orient-Express emporte un cortège où la presse américaine, impitoyable, compte... deux cent vingt-six bagages, sept serviteurs et deux chiens. Cet étalage choque, mais Wallis n'a pas l'intention de se déplacer comme une duchesse sans le sou. S'ils ne passent que moins de quatre heures à Venise, la Sérénissime s'en souviendra : devant la foule de curieux, le duc, bras tendu, ose le salut fasciste. Mussolini leur a réservé des gondoles pour rejoindre le fameux hôtel Excelsior, au Lido, afin qu'ils puissent se rafraîchir, se changer et prendre le thé. Lorsqu'ils reviennent à la gare, le *Duce* fait remettre à la duchesse un bouquet de cent œillets. Mussolini sait-il que ces fleurs ont la réputation de porter malheur ? Nouveau salut fasciste et acclamations, le tout transmis par télégramme diplomatique à Londres. Edouard semble heureux, il existe de nouveau, on l'accueille fastueusement.

Le *Duce* est enchanté de scandaliser le Royaume-Uni. Et Wallis éblouie d'être aussi bien considérée, enfin ! Et en toute inconscience...

1. Citation traduite par l'auteur, extraite de Sarah Bradford, *George VI*, *op. cit.*

Un voyage de noces très peu discret en Europe centrale

Un nouveau train puis, à la frontière autrichienne, une limousine de marque allemande conduit le couple, en pleine nuit, jusqu'à un château de Carinthie, Wasserleonburg, propriété néogothique prêtée par le comte Munster. On est en plein faux Moyen Age, mais avec tout ce qu'il faut pour se distraire, des écuries à la piscine chauffée en passant par des courts de tennis, et la région abonde en gibier. Les jeunes mariés sont-ils satisfaits ? Derrière ce luxe de façade et des attentions spectaculaires, la nostalgie de l'Angleterre obsède leurs pensées. La duchesse aura beau prétendre : « Nous avons adoré l'Autriche ! Oh ! nous étions si heureux là-bas ! Nous pouvions nous promener sans être importunés […] », leur séjour et leur périple sont obérés par de confuses idées de revanche. L'évolution de la situation politique semble exciter le duc, qui n'a aucun statut officiel où qu'il aille et n'est porteur d'aucune mission. En aucun cas, il ne peut être hébergé dans une ambassade ou un consulat britannique. Seul un fonctionnaire de ces services peut venir les saluer dans une gare, et les déjeuners, dîners et autres engagements de ce genre doivent conserver un caractère strictement privé. Il pourrait y avoir une ambiguïté si Son Altesse Royale était considérée en vacances et avoir droit au traitement habituel. Londres ne cesse d'inonder ses services diplomatiques d'instructions précises. Face à ces interdits, Edouard tente de s'informer, de décrypter une conversation imprudente ou provocante devant lui, bref, de jouer un rôle.

Les Windsor sont toujours en Autriche lorsqu'on apprend que, le 28 juillet, la visite en Irlande du couple royal britannique est marquée par des attentats terroristes. A sa manière, l'IRA proteste contre le refus de l'Ulster, protestante, de se joindre à l'Etat libre d'Irlande, catholique. C'est à l'arrivée de George VI à Belfast que se produit l'incident le plus grave : le roi échappe, de peu, à une bombe qui explose moins de 300 mètres derrière sa voiture. Edouard s'informe, Buckingham Palace répond aimablement que Leurs Majestés sont saines et sauves.

Plus proche est le problème posé par la présence du duc et de la duchesse de Kent en Yougoslavie au mois d'août, non loin des Windsor. Dans un premier temps, Edouard est ulcéré d'apprendre que seul son frère leur rendrait visite. Devant des risques d'interprétation déformée, les Kent annulent leur venue. Lassés de leur lune de miel protocolairement chaotique, le duc et la duchesse décident d'aller à Paris et d'y chercher une résidence, en commençant par s'installer au Meurice.

Depuis leur voyage de noces, les mariés les plus observés de la saison font l'objet de rapports favorables envoyés à Berlin. A plusieurs reprises, notamment à Vienne, le duc a dit combien il était fier de son sang allemand et regrettait la décision de son père lorsqu'il l'avait renié publiquement. Le développement du Reich l'intéresse, en particulier « les conditions de travail et de logement ». Mais il y a plus préoccupant : selon un rapport personnel de Rudolf Hess, à qui Hitler, lorsqu'il était emprisonné, avait dicté *Mein Kampf* et qui avait été son secrétaire particulier, « le duc et son intelligente épouse tiendront leurs promesses[1] ». Autrement dit, le duc et la duchesse de Windsor sont les amis de l'Allemagne. On pourrait supposer une de ces calomnies, un de ces fantasmes parfois totalement infondés, dont le couple a été accablé. Mais dans ce cas précis, la suite immédiate de ces assertions prouve que la condition ouvrière allemande n'est pas le principal sujet d'intérêt de l'ancien monarque, même si – cela est avéré – Edouard est un pacifiste. Mais à quel prix ? En effet, Hitler invite officiellement le duc et la duchesse en Allemagne, ce qui provoque stupeur et inquiétude à Buckingham Palace, à Downing Street (où, au mois de mai, Chamberlain a succédé à Baldwin) et au Parlement. Dans ces sphères, on pense qu'Edouard a trouvé en Wallis un soutien à ses idées officiellement généreuses qui, en réalité, dissimulent une

1. Cité par Martin Allen et Charles Higham, *op. cit.*

volonté de provoquer une crise politique chez ces maudits Anglais. Et, pourquoi pas, le retour du duc et de la duchesse en « leur » royaume…

Stupeur à Londres : Hitler invite les Windsor en Allemagne !

Voyages, démarches et interventions à Paris auprès des Windsor sont sans effet. Pire : ils annoncent qu'après l'Allemagne, ils se rendront aux Etats-Unis. Qu'adviendrait-il s'ils parvenaient au Canada, un dominion essentiel au Commonwealth ? Le 7 octobre, à Balmoral, George VI réunit un conseil extraordinaire pour discuter « des Windsor », mais essentiellement du voyage aux Etats-Unis prévu par le couple, et qui s'annonce délicat quant à leur hébergement et aux instructions à donner à l'ambassadeur de Sa Majesté à Washington.

Cette réunion est peut-être la première depuis l'abdication où la reine Elizabeth, à qui le roi avait demandé d'être présente, évoque avec peine son beau-frère : « Il a tellement changé, il était si agréable avec nous ! » En revanche, Wallis n'échappe pas au couperet d'Elizabeth. Selon la reine, la duchesse est largement responsable des défis que le duc lance à son frère, elle les soutient. Depuis qu'ils sont proscrits, « les Windsor » n'ont cessé d'embarrasser la Couronne. Edouard se souvient-il qu'il a régné ? Si peu et si maladroitement, il est vrai…

Dans son édition du 9 octobre, le *New York Times* annonce qu'un entretien est prévu entre le chancelier Hitler et ce qu'on nomme hypocritement « l'invité anglais ». Il y sera question du prolétariat, un thème cher au duc, et le programme inscrit la visite de neuf villes allemandes. Au soir du 10 octobre, à Paris, gare du Nord, la police et un diplomate britannique relèvent que trois cents personnes accompagnent le duc et la duchesse jusqu'au départ du Nord-Express à destination de Berlin. Ce voyage tant contesté – et qui sera à l'origine de l'image frappante d'un ex-roi d'Angleterre devenu félon – commence le 11 octobre

1937. Officiellement, il s'agit d'une visite privée. Mais la façon dont la célèbre gare berlinoise de la Friedrichstrasse est remplie de centaines de sympathisants est révélatrice. Parmi eux, des amis de Charles Bedaux, le châtelain de Candé. Pour recevoir les Windsor, il y a, entre autres, Joachim von Ribbentrop, ancien ambassadeur à Londres devenu ministre des Affaires étrangères du Reich, que Wallis semble heureuse de revoir. Le plus étonnant est d'entendre des « *Heil* Windsor ! » et des « *Heil* Edouard ! » lorsque le duc et la duchesse descendent de leur *sleeping*. Visiblement, le couple était très attendu. Et apprécié. Ensuite, lorsque les Windsor sont conduits à leur hôtel – leur suite donne sur la chancellerie –, il faut imaginer l'embarras du diplomate britannique sir George Ogilvie-Forbes, qui, défiant les instructions du Foreign Office, est venu « en l'absence de l'ambassadeur », présenter ses respects à Son Altesse Royale !

Le programme est chargé, avec des visites d'usines, où les ouvriers manifestent leur satisfaction des conditions de travail, jusqu'aux repas servis dans les cantines. Selon l'ambassadeur de France à Berlin, André-François Poncet, Ribbentrop juge que le duc sera très impressionné par les performances du travailleur allemand et qu'il pourrait influencer son homologue britannique. Quant au concert donné l'après-midi par l'orchestre du Front du travail du docteur Ley (homme rustre, vulgaire, mais puissant et tenace) pour mille ouvriers, s'il y a, évidemment, Wagner (mais aussi Liszt) au répertoire, il est significatif qu'après le *Deutschland über Alles*, l'assemblée entende, debout, le... *God Save the King* ! En l'honneur des Windsor ! Hitler révélera plus tard qu'il rêvait de s'installer au château du même nom dès son arrivée au Royaume-Uni.

Toutes les réalisations du national-socialisme sont montrées au duc, qui ne se prive pas du salut rituel lorsqu'il passe en revue des détachements de SS et qui donne des entretiens à la presse en vantant les réussites allemandes. La duchesse s'ennuie un peu en visitant des usines de textiles artificiels. Dîners avec tous les dignitaires du régime, déclarations du duc en allemand, traitement royal partout et foules enthousiastes se succèdent pendant plusieurs jours. On peut retenir une rencontre familiale avec le duc de Saxe-Cobourg-Gotha, qui avait été très proche d'Edouard à la mort de George V. Le dîner offert par Charles de Saxe-Cobourg-Gotha présente une particularité : connaissant l'obsession d'Edouard pour que sa femme soit reconnue Altesse Royale, le carton devant la place de la duchesse est rédigé avec les initiales IKH, équivalent allemand de HRH (*Her Royal Highness)* ! Et la duchesse, que l'on imagine fière, a droit à la révérence de toutes les dames… enfin ! Londres et les mesquineries de sa Cour paraissent bien loin. Si Wallis est provisoirement adulée et sera considérée comme pronazie, son comportement tient plus d'une revanche sur la société britannique qui l'a rejetée que d'un engagement politique. Le poids d'un complexe…

Selon Hitler, la duchesse « aurait fait une bonne reine »

A tous points de vue, le sommet de cette tournée de propagande est la rencontre au « nid d'aigle » de Berchtesgaden entre Hitler et les Windsor, le 22 octobre. La maîtresse du Führer, Eva Braun, est furieuse de ne pas être présentée à la duchesse. Les invités resteront près de deux heures devant ce panorama exceptionnel, que Mussolini avait admiré un mois plus tôt. L'Autriche est si proche… Mondain en uniforme, s'inclinant sur la main de Wallis, Hitler fait servir du thé anglais. Un hôte attentif. L'entretien est compliqué par la présence de traducteurs qui agacent le duc, germanophone accompli, mécontent des transcriptions, qu'il juge non fidèles, de ses propos anglais. De cette conversation à la fois historique et futile, ce qu'il faut surtout retenir est l'opinion partagée entre les deux hommes : l'ennemi est l'URSS et le communisme un fléau. Quel dommage que l'Allemagne et le Royaume-Uni n'aient pu s'entendre « pour préserver la paix en Europe » ! Ainsi que Göring l'avait expliqué à sa femme, intriguée par l'idée fixe de Wallis de se faire épouser, c'était le duc qui importait. Avec lui, Berlin et Londres pouvaient s'entendre. Au bout d'une heure et demie d'entretien, le duc est convaincu du pacifisme sincère de Hitler. La duchesse fait la tête parce qu'elle n'a pas été admise à cette conversation. Le chancelier se fait pardonner sa longue réunion dont elle a été exclue. Le regard tour à tour magnétique et charmeur, Hitler se montre même affectueux avec Wallis en lui prenant les mains pour lui dire au revoir avant de se figer dans un salut nazi. Après leur départ, le chancelier se serait tourné vers l'interprète désigné par le Foreign Office accompagnant le duc en lui disant : « Elle aurait fait une bonne reine ».

Outre les échanges avec Goebbels, Göring et d'autres dignitaires ou industriels importants, les Windsor ont été choyés, célébrés, reconnus. « Pendant quatorze jours, on les escorte de crèches en camps de jeunesse et de logements modèles en usines d'aviation [...]. On comprend pourquoi le Führer déclarera que l'abdication d'Edouard VIII a été "une perte sévère pour nous ; avec lui, tout aurait été différent"[1]. »

Posons la question : Edouard et Wallis sont-ils conscients d'avoir été spectaculairement utilisés pour assurer la promotion du Reich et des vertus du national-socialisme ? Sans doute non, mais ces deux semaines ont satisfait leur ego. Ainsi, on en revenait à la même contradiction, funeste chez Edouard : il avait toujours voulu jouer un rôle ; il en avait eu un, le plus prestigieux, et l'avait sabordé. Il acceptait les honneurs, les plaisirs (Wallis), les avantages, mais refusait les contraintes, les devoirs et le vrai travail d'un monarque constitutionnel. C'était ce qui l'avait

1. François Kersaudy, *Histoire de la dernière guerre*, n° 10, mars-avril 2011. Comme cet auteur, je remarque que « cela ne fait guère de doute, même si Hitler, aussi ignorant que ses acolytes du fonctionnement des institutions britanniques, surestime fatalement le rôle d'un monarque dans la vie politique du Royaume-Uni ». Dans ce domaine, Hitler était aussi mal informé que Wallis, celle-ci répétant souvent qu'un roi avait tous les droits, une illusion qu'elle avait toujours entretenue.

perdu. Maintenant – et son titre de duc de Windsor lui apparaissait comme un lambeau d'autorité qu'il devait faire valoir –, il se moquait des interdictions le concernant, mises au point par son frère et le Cabinet.

De son voyage, Edouard avait retiré l'impression que le Royaume-Uni était en retard dans de nombreux secteurs. En Allemagne, il avait en somme redoré son blason personnel : il passait officiellement pour un homme désirant la paix et le progrès social, mais de sordides politiciens avaient torpillé son idéal en mettant en lumière une très romanesque histoire de femme. Du point de vue de Hitler, le duc de Windsor devait être placé en réserve et ménagé comme tel, au cas où... Quant à la duchesse, du moment qu'elle est traitée avec tous les égards auxquels elle estime avoir droit, elle sera docile.

A Paris, le couple se repose au Meurice après ce marathon de deux semaines. Il ne se doute pas de l'ouragan qu'a soulevé ce voyage et qui s'est déroulé en trois temps : l'acceptation de l'invitation de Hitler, les fastes, attentions et larges échos accordés à cette tournée, l'enchaînement sur le voyage suivant programmé aux Etats-Unis dont Charles Bedaux est le principal concepteur. Le cyclone s'abat sur le Royaume-Uni, où l'Allemagne a de nombreux partisans, tels ceux de sir Oswald Mosley, plus ou moins discrets ; certains de ces éléments favorables au rapprochement anglo-allemand agissent dans d'importants secteurs. On se doute que le Premier ministre ainsi que le roi s'inquiètent de ces réseaux où l'espionnage dispose d'un terrain de choix. En même temps, George VI ne peut prendre le risque de paraître publiquement condamner les agissements de son frère qui, officiellement, a renoncé à tout... sauf à se plaindre. Ignorer les prétentions de la duchesse est une chose, donner à l'opinion le sentiment que le duc est un martyr serait catastrophique. Car il a des partisans, dont Churchill, qui lui écrit, le 28 octobre : « J'ai suivi votre voyage en Allemagne avec grand intérêt. On me dit qu'aux actualités, les images de Votre Altesse Royale sont toujours très applaudies dans les cinémas. Je redoutais avant votre voyage en Allemagne qu'il ne choque beaucoup les antinazis de ce pays, parmi lesquels vous avez beaucoup d'amis et d'admirateurs ; mais je dois reconnaître qu'il ne semble pas avoir eu cet effet. Et je suis heureux que vous l'ayez accompli avec autant de distinction que de succès[1]. » Le Churchill de cette époque, retiré de l'action politique pour écrire la vie de son ancêtre Marlborough, le fameux « Malbrouk s'en va-t-en guerre… » de la chanson, s'est déjà élevé contre toute concession au régime hitlérien et plaide pour une entente avec l'URSS.

Le roi George VI ne cesse d'être mortifié par le couple Windsor

Discret, soucieux d'éteindre les querelles familiales, le frère régnant d'Edouard ne veut pas davantage envenimer les questions d'argent avec le duc, lequel, on l'a vu, s'est toujours plaint de manquer de ressources. C'est faux, mais le train de vie exigé par la duchesse n'a fait que rendre plus pressantes les exigences financières d'Edouard. Et, bien entendu, le duc serait disposé à informer ses admirateurs que le roi est avare ! Or, pour déjouer ces lamentations, George VI a fait verser à son frère le « revenu annuel du duché de Lancastre (environ 20 000 livres, soit 5 millions de dollars d'aujourd'hui[2]) ; il ne lui avait pas réclamé le montant de l'impôt, mais l'avait payé lui-même ». C'était élégant et généreux, mais, de nouveau exaspéré par la désinvolture financière de son frère, le roi l'avait fait appeler au téléphone par un intermédiaire pour le prier de s'acquitter de cette contribution. La duchesse écoutait sur un autre appareil. Elle refuse en répondant pour son mari un « Nous ne céderons pas ! » qui en dit long : l'emprise de Wallis s'exerce en permanence sur Edouard, heureux de se soumettre. Une abdication permanente. Les menaces de

1. Charles Higham, *op. cit.*
2. Estimation financière en 2005.

fuite dans la presse qui révéleraient le manque de civisme fiscal du duc ne changent rien. Et, souligne Charles Higham, toute la famille royale est exaspérée, y compris les belles-sœurs de George VI. En admettant – hypothèse très théorique – que la question du titre d'Altesse Royale de la duchesse ait pu être réexaminée d'un point de vue constitutionnel, « cet incident mettait fin à pareille éventualité ». Toute leur existence, les Windsor ne cesseront de réclamer de l'argent et de vivre dans des conditions luxueuses, tout en se plaignant... Par tous les moyens, le duc et la duchesse s'évertuent à mobiliser l'attention, à faire parler d'eux, à se montrer partout, en opposition avec la discrétion forcée de George VI. Puisque Edouard est libéré de toute contrainte officielle, il ne se prive pas de se faire entendre, jouant toujours sur la confusion de son titre avec une éventuelle mission plus ou moins officielle. Il dérange pour exister. La famille royale est mortifiée par la compromission politique de l'ancien roi autant que par son comportement dans les affaires les plus intimes.

Le duc et la duchesse sont totalement inconscients du contexte européen en pleine mutation et de ses répercussions mondiales. Ainsi, au moment où le couple va partir pour les Etats-Unis, ils ne songent qu'à être invités à des dîners et à des réceptions diplomatiques, les mondanités étant leur domaine de prédilection, voire leur seul réel intérêt. Ainsi, lors d'une réception à Paris en l'honneur de S.E. William Bullitt, ambassadeur des Etats-Unis, ils rencontrent Léon Blum, ancien président du Conseil français dont le gouvernement, le premier Front populaire, a été renversé six mois plus tôt. Qu'un déjeuner, privé, soit offert par l'ambassadeur de George VI à Paris n'apaise pas le duc, puisque la duchesse n'y est pas appelée Altesse Royale. La courtoisie germanique n'avait été qu'une manœuvre. En revanche, l'ancien roi se rend-il compte qu'en application de l'axe Rome-Berlin créé un an plus tôt, l'Italie quitte la SDN le 11 décembre et se rapproche de l'Allemagne ? Mieux – ou pis –, Mussolini annonce que, désormais, il se désintéresse du sort de l'Autriche. Ainsi est levé ce qui pouvait être considéré comme le principal obstacle à l'Anschluss.

Edouard accumule aussi les ambiguïtés et les provocations, mais il n'a pas forcément tort. Ainsi, à Cherbourg, son embarquement prévu à bord du paquebot allemand *Bremen* à destination de New York déchaîne la presse américaine. Celle-ci est déjà très critique sur le voyage des Windsor outre-Atlantique et leurs relations avec Charles Bedaux ; en effet, le châtelain de Candé est attaqué par les puissants syndicats américains qui l'accusent d'exploiter le monde ouvrier sous couvert de générosité. Edouard répond – et il a raison ! – qu'étant interdit de séjour sur le territoire britannique sauf autorisation spéciale, il ne pouvait monter à bord d'un paquebot qui aurait fait escale à Southampton. Le *Bremen* assurait une traversée directe, Edouard respectait les instructions… Certes, mais le superbe transatlantique était allemand !

Or, ce voyage est annulé pour de multiples raisons. Avec la dégradation du climat entre Bedaux et ses contradicteurs, les bagages des Windsor risquent de ne pas être déchargés à l'arrivée du *Bremen*… Baltimore, la ville natale de Wallis, n'est plus aussi fière de sa concitoyenne, dont le comportement de femme entretenue du gotha est déclaré incompatible avec un sincère intérêt pour le monde du travail. Le vent tourne dangereusement contre Bedaux, que l'on sait maintenant très impliqué dans le réarmement de l'Allemagne. L'ingénieur châtelain à la réussite voyante est attaqué de tous côtés et, pour résumer sa chute, il doit céder presque toutes les parts de ses affaires, s'enfuit au Canada sous un faux nom, revient en Bavière où il est traité pour une dépression. Le véritable mal dont il souffre est sa haine des Américains qui l'ont si rapidement humilié et mis à terre. Les Windsor perdent un appui de poids, soudain gênant, puis disparu. Ce bouleversement se greffe sur une erreur chronologique : le projet de voyage américain est un échec parce qu'il a été programmé après leur séjour en Allemagne et ses retombées.

Ensuite, la principale activité des Windsor est de trouver un endroit agréable et digne d'eux pour passer Noël et célébrer la fin de cette année 1937, puisqu'elle était celle de leur bonheur. Que ce voyage fût oisif ou mal inspiré et encombrant ne semblait guère vraiment compter pour l'ancien roi. Cela faisait un an qu'il avait renoncé au trône. Il était devenu un prince errant. Avec une épouse en mal de reconnaissance, à la recherche obsessionnelle d'un titre. En réalité, ni lui ni elle n'assument les conséquences de leur choix. Ils ne songent qu'à leur statut. Que le physicien Otto Hahn publie, à Berlin, le résultat de ses recherches sur les possibilités de la fission atomique – découverte confirmée par les Français Joliot-Curie – n'était pas préoccupant. En revanche, les Rogers, alors en Amérique, pourraient-ils prêter leur villa « Lou Viei » au duc et à la duchesse de Windsor ? C'était cette question qui focalisait tout leur intérêt. N'était-ce pas une habitude très britannique de réveillonner sur la Côte d'Azur ?

Depuis leur couronnement, le roi et la reine glorifient la monarchie

George VI et Elizabeth vivent la fin de l'année 1937 avec le souvenir, très gratifiant, de la cérémonie réussie à Westminster. Et auprès de millions de sujets, ils bénéficient d'un écho, jusque-là inconcevable, puisque le film du couronnement avait été projeté dans tout le Commonwealth. Les membres du Cabinet sont sensibles à l'autorité, à l'assurance et au jugement du souverain. Anthony Eden, 40 ans, titulaire du Foreign Office (mais dont l'attitude s'oppose de plus en plus à celle du Premier ministre Chamberlain à cause de l'Allemagne et de l'Italie), est lui-même frappé par les progrès du roi. Reçu à Windsor pour évoquer les multiples problèmes posés par… les Windsor à l'étranger, le ministre constate que George VI, en dépit de sa contrariété, s'exprime à l'improviste, pratiquement sans difficulté et même vigoureusement. En décrivant le monarque, sir Robert

Lindsay ajoutera : « [...] Je dirais qu'il était presque l'exacte réplique de son père quant à ses manières et à son esprit, mais pas en apparence. Et il fit une excellente impression sur moi, bien meilleure que je ne l'avais espéré[1]. » Ces compliments s'adressent également à la reine Elizabeth dont la douceur apparente enrobe un caractère fort, un incontestable bon sens et le fait qu'elle soutienne efficacement son mari, notamment dans la conduite à observer vis-à-vis d'Edouard et de Wallis qui polluent et troublent inutilement la vie britannique par de ridicules, mais gênantes susceptibilités. La volonté de nuire ? C'est vraisemblable.

Au début de la nouvelle année, la situation en Europe s'aggrave. Le 12 février 1938, à Berchtesgaden, Hitler reçoit le chancelier autrichien Schuschnigg et lui remet un ultimatum prévoyant la nomination à Vienne d'un ministre de l'Intérieur acquis au national-socialisme. Ce dernier accepte, mais annonce rapidement un plébiscite sur la question autrichienne. Hitler réplique par la force et, par une série de mesures immédiates, le 12 mars, les troupes allemandes franchissent la frontière autrichienne. Un plébiscite ratifie l'annexion à 99 % des voix dans les deux pays. Aucun coup de feu n'a été tiré. L'Anschluss est une réalité et la communauté internationale n'a pas bronché[2]. En désaccord complet avec la politique « conciliatrice » de Chamberlain, Anthony Eden avait déjà remis sa démission au Premier ministre dès le dimanche 20 février. Alors à Windsor, George VI, avec stupéfaction, avait appris cette démission par les journaux du dimanche. Furieux, le roi exigea que désormais on l'avertisse de ce genre d'incident en même temps que son Premier ministre. Le silence approbateur de Mussolini sur l'annexion de l'Autriche par

1. Citation traduite par l'auteur, extraite de Sarah Bradford, *George VI*, *op. cit.*

2. L'archiduc Otto de Habsbourg, qui avait toujours refusé de rencontrer Hitler et était devenu sa bête noire, m'a fait remarquer qu'un seul pays avait émis une protestation, oubliée : le Mexique. De rage contre l'héritier des Habsbourg qu'il tentera de faire assassiner, Hitler avait donné à l'Anschluss un nom de code : « opération *Otto* ». L'archiduc Otto est décédé le 4 juillet 2011, dans sa 99e année. Voir Jean des Cars, *La Saga des Habsbourg*, Perrin, 2010 (rééd. 2011).

l'Allemagne laissait pressentir que le prochain objectif de Hitler était la Tchécoslovaquie, l'un de ces « Etats artificiels » créés par le traité de Versailles et l'une de ses conventions connexes du 3 septembre 1919.

Les Windsor se trouvent alors en région parisienne, dans un château près de Versailles, loué pour six mois, mais dont ils vont vite se lasser, comme d'habitude. Lors d'un dîner chez une amie, le duc choque l'assistance en déclarant, avec vigueur, que « (...) la Tchécoslovaquie n'est pas une nation, mais une invention de Woodrow Wilson ». Exact.

Mais quand il ajoute : « Comment pourrait-on faire la guerre à propos d'un pays de ce genre ? », l'ex-roi prouve son aveuglement total sur les intentions, pourtant lumineuses, de Hitler. La Tchécoslovaquie était peut-être « un pays ridicule », selon le duc, mais il existait. Le 1er octobre, Hitler allait occuper le territoire des Sudètes (population allemande majoritaire de la Tchécoslovaquie) et, six mois plus tard, les Allemands entreraient dans sa capitale, Prague.

1938 : la visite de George VI à Paris renforce l'Entente cordiale

En accord avec le Cabinet, le roi, très instruit des appétits hitlériens, décide de se rendre à Paris. Son père George V y était venu à la veille de la Grande Guerre, le 21 avril 1914. Un nouveau voyage devrait resserrer les liens franco-britanniques. Le 19 juillet 1938, à 16 h 45, d'un canon du Mont-Valérien, on entend les traditionnels cent un coups saluant l'arrivée du train royal à la gare de l'avenue Foch, fastueusement décorée par l'architecte Pierre Sardou. L'événement est, entre autres, le premier voyage officiel organisé par la toute neuve SNCF (elle n'existe que depuis le 1er janvier) en collaboration avec la Compagnie internationale des wagons-lits. La locomotive, une 231 bleu et or, au profil aérodynamique et pavoisée, tire un convoi d'environ 160 mètres de long, composé d'un fourgon, d'une voiture Pullman avec cuisine, d'une voiture restaurant, d'une voiture salon et d'un second fourgon. En raison de diverses menaces et de l'assassinat du roi Alexandre de Yougoslavie à Marseille quatre ans plus tôt, la sécurité est renforcée. L'armée française a particulièrement surveillé l'itinéraire, plaçant un soldat tous les 50 mètres le long de la voie, et aucun autre convoi ne circule ce jour-là entre Boulogne et Paris. Un complot, fomenté par des phalangistes espagnols, est déjoué à temps.

Au déjeuner servi entre Etaples et Amiens, le roi et la reine dégustent, entre autres mets, un suprême de sole grillé à l'anglaise et une salade Trianon. L'Entente cordiale est à table ! Leurs Majestés sont accueillies par Albert Lebrun, président de la République, accompagné de son épouse, ainsi que par Jules Jeanneney, président du Sénat, Herriot, président de la Chambre des députés, et Daladier, président du Conseil. Le roi porte l'uniforme d'amiral de la Flotte, toujours avec bicorne, la reine est vêtue et chapeautée de clair. Or, la reine est en deuil, venant de perdre sa mère. Hormis ce soir, la seule autre couleur admise était le blanc, et le couturier Norman Hartnell avait refait la garde-robe d'Elizabeth en huit jours. La reine a le talent de se créer une image définitive, ne cédant jamais aux tendances de la mode. En aucune circonstance, ses chapeaux ne dissimuleront son visage.

Après les baisemains présidentiel et royal, un détachement des équipages de la Flotte en tenue d'été, bérets blancs et guêtres grises, présente les armes, et l'on entend les hymnes nationaux. La veille, un convoi a déjà livré soixante-dix bagages, dont cinq seulement pour l'ambassade britannique, proche de l'Elysée. Les discours ne brillent pas par leur originalité, mais le président Lebrun insiste sur « les augustes souverains de la nation amie ». La foule est enthousiaste dans une synthèse de fierté royale et de ferveur républicaine. Même le quotidien communiste *L'Humanité* a publié un reportage chaleureux de bienvenue qui, toutefois, fait la différence entre « la véritable Angleterre » (que l'on suppose représentée par Leurs Majestés) et « l'administration conservatrice de M. Chamberlain ». *L'Illustration* consacre un numéro spécial à la reine Elizabeth, rappelant qu'elle descend des rois d'Ecosse qui ont donné à la France la « charmante » Marie Stuart (mieux vaut ne pas rappeler que celle-ci a été exécutée sur l'ordre de sa cousine Elizabeth Ire, reine d'Angleterre !). Le roi est qualifié d'homme naturel, franc, énergique et spontané sachant mettre son visiteur à l'aise quel que soit son rang social. Un passé récent est évoqué : l'arrivée des premières troupes britanniques en 1914 et la tombe du soldat inconnu sur laquelle le roi dépose une gerbe. Guerre et histoire se retrouvent à Versailles lors du déjeuner offert pour deux cent soixante couverts dans la galerie des Glaces, qui n'avait pas connu une telle activité depuis la Conférence de la paix, près de vingt ans auparavant.

Au retour, le roi tient à honorer la mémoire des Australiens victimes de la guerre. Le mémorial de Villers-Bretonneux étant considéré comme territoire britannique, c'est George VI qui y accueille le président Lebrun. Après un défilé de cinquante mille hommes devant George VI, Churchill, invité spécial du gouvernement français, se souviendra qu'il estimait, en ce jour d'été 1938, que l'armée française était « le rempart de la liberté en Europe ». On sait ce qu'il en fut deux ans plus tard...

Pour la foule, l'apogée de cette visite d'Etat se situe le dernier soir, à l'apparition des souverains au balcon de leur résidence, au Quai d'Orsay, à l'issue d'un banquet. Ils sont acclamés. Mais politiquement, dans le discours du monarque à l'Elysée, le premier soir, on peut retenir une phrase évoquant l'Entente cordiale assurant que « notre amitié n'est dirigée contre aucune puissance ». Après ce voyage triomphal, George VI et sa famille font une croisière à bord du yacht *Victoria and Albert,* en direction de l'Ecosse où ils arrivent pour le traditionnel séjour à Balmoral.

Mais Hitler allait interrompre les vacances européennes, comme on pouvait le redouter.

Les voyages, bien différents, du duc et de la duchesse de Windsor

Lors de la venue de George VI, il avait été prescrit au couple ducal de demeurer dans le midi de la France et d'éviter de prendre tout contact avec la famille royale lors de son séjour. Les Windsor vont d'un château sur la Côte d'Azur à leur nouvelle résidence parisienne, louée boulevard Suchet qu'ils ont aménagée, à la fois dans un luxe déplacé et une atmosphère d'imitation, une prétendue demeure royale. Une pathétique reconstitution de la vie à Buckingham Palace, bien que cette existence n'ait jamais été la leur. Même si leurs deux Buick sont confortables, le duc juge leurs voyages harassants. Il demande à la Compagnie des wagons-lits de mettre à sa disposition une voiture-lit spéciale. Celle-ci, la n° 3538, datant de 1929, est l'une des plus somptueuses du matériel. Construite à Aytré, près de La Rochelle, la voiture, initialement prévue pour dix voyageurs, avait déjà été transformée en un véritable appartement avec un salon et une salle de douches, le reste des cabines demeurant inchangé. Selon les souhaits du couple, cette voiture est accrochée aux plus célèbres trains de nuit, notamment le Calais-Méditerranée-Express, rebaptisé Train bleu en raison de la livrée bleu nuit des voitures métalliques, inspirée par le directeur de la Compagnie, qui avait porté l'uniforme des chasseurs alpins[1].

Les voyages les conduisent surtout de Paris à la Riviera, pour paraître. Qui voient-ils ? Des amis fidèles, bien sûr, mais d'autres sont peu à peu lassés d'avoir à subir des récri-

1. Le destin de cette voiture n'est pas banal. A l'origine aménagée pour le président de la République, elle n'avait été utilisée qu'une fois par Albert Lebrun le 10 août 1937, pour l'inauguration d'un mémorial à la gloire du corps expéditionnaire américain à Montfaucon, près de Verdun, où il avait remporté une victoire en septembre 1918. Puis, après les Windsor, d'avril 1940 à fin 1942, la voiture fut incorporée dans le train de l'amiral Darlan, vice-président du Conseil du gouvernement du maréchal Pétain, à Vichy.

minations permanentes contre le mépris ou, au minimum, contre l'indifférence et la méfiance que la famille royale et le gouvernement infligent au couple, privé de statut officiel et de toute fonction monarchique, même la plus symbolique. Edouard et Wallis, manifestement immatures, ne veulent pas admettre que leur rencontre avec Hitler a encore consolidé leur réputation de provocateurs inconscients, alors que se précisent les menaces contre de la Tchécoslovaquie.

Ainsi le duc et la duchesse de Windsor sont-ils en apparence de fortunés exilés itinérants à bord de leur voiture-lit louée à prix d'or, de mai 1938 à septembre 1939. Un faux train royal, roulant dans une vie superficielle. Mais la réalité est fort différente. L'existence dispendieuse des Windsor, en particulier la garde-robe sur mesure de Wallis habillée par les plus grands couturiers, par exemple Chanel et Schiaparelli, l'achat d'antiquités d'un goût aussi variable que leurs prix, les nouveaux bijoux dont la duchesse est avide, la domesticité et des réceptions cherchant à rivaliser avec le mode de vie des personnes les plus fortunées engloutissent les revenus alloués au duc – 25 000 livres par an, équivalent de 100 000 dollars de 1938. Comme d'habitude, le duc est donc à court d'argent. « Le duc vendit aux enchères, pour 10 000 dollars, la totalité du troupeau de bovins de son ranch canadien de High River, dans l'Alberta, rapporte Charles Higham. Cela boucha quelques trous, mais les capacités financières d'Eugène de Rothschild furent d'un plus grand secours. Assez bizarrement, une grande partie des capitaux du duc étaient investis dans les Lyon's Corner House, chaîne de restaurants populaires installés en Angleterre, et les bénéfices qu'en tirèrent les Windsor ne firent qu'augmenter avec le temps[1]. »

Quelle est la réaction du frère de George VI après la Conférence de Munich des 29 et 30 septembre, capitulation des démocraties, mais espoir de paix dans une large partie de l'opinion française et britannique ? Il fait publier,

1. Charles Higham, *op. cit.*

dans le *Sunday Dispatch* du 2 octobre, une déclaration – ce qui lui est interdit – qu'on peut qualifier de « munichoise » : « Son Altesse Royale n'a jamais perdu l'espoir [d'une solution à la crise], ayant toujours cru aux qualités du Premier ministre, si faibles qu'aient paru les chances de succès. Son Altesse Royale était convaincue que la personnalité de M. Chamberlain s'imposerait et que sa politique de paix réussirait. » Or, non seulement cette opinion naïve et bien-pensante est très répandue, mais George VI est, pour une fois, d'accord avec son frère. A son retour de Munich, le Premier ministre est reçu à Buckingham Palace par le roi qui lui exprime personnellement ses « plus chaleureuses félicitations pour le succès de sa visite à Munich ; sa patience et sa détermination lui valaient la gratitude éternelle des populations à travers l'Empire[1] ». Aveuglé comme le furent les foules qui applaudirent les retours de MM. Chamberlain et Daladier, George VI a confiance. Il fallait céder sur certaines exigences jugées « justes » formulées par l'Allemagne nazie et octroyer à Hitler la région tchécoslovaque des Sudètes. Ce ne pouvait être un abandon du pays, puisque Hitler avait reçu ces messieurs en jaquette. Il pouvait donc s'habiller en gentleman[2]. Churchill avait déjà compris, lançant une des formules qui construiraient sa légende : « L'Angleterre et la France ont voulu éviter la guerre au prix du déshonneur. Elles ont eu le déshonneur et elles auront la guerre. » Le 9 novembre, la terrifiante et sinistre Nuit de cristal prouve que Hitler ne respecte pas le règlement d'un club, celui des autorités pratiquant l'*apeasement*.

---

1. Citation traduite par l'auteur, extraite de Christopher Hibbert, *op. cit.*

2. Lors de son retour triomphal à Paris, devant la foule en liesse qui bloquait sa voiture, Edouard Daladier s'exclama : « Les cons ! » Le « taureau du Vaucluse » était sans illusion.

On refuse au duc de citer sa contribution au souvenir de George V

Alors que les bonnes volontés sont ridiculisées et que beaucoup refusent la seule idée d'une nouvelle guerre contre l'Allemagne, au début de 1939, le duc de Windsor, entêté – et désœuvré –, demande à son fidèle soutien Monckton – qui assista au mariage à Candé – s'il pouvait envisager une brève visite à Londres pour prendre quelques affaires à Windsor, en intervenant auprès du Premier ministre. Ce dernier – on peut le supposer – a d'autres problèmes à régler que les éternelles réclamations de l'ex-roi. Mais Arthur Neville Chamberlain, aussi droit que son haut-de-forme et sa cravate sur son col cassé (Mussolini trouvait qu'il avait l'air d'arriver d'une autre planète !), promet d'étudier cette énième requête. Alors que la Tchécoslovaquie n'est plus qu'un protectorat germanique, la demande du duc de Windsor est particulièrement déplacée. A moins que les événements ne l'incitent à se rapprocher de sa famille et de son pays ?

Un ensemble de raisons motive cette nouvelle démarche. Edouard avait proposé de payer la moitié de la sculpture représentant son père George V qui devait être érigée sur sa tombe au château de Windsor. Cela représentait une somme de 4 000 livres. Le duc apprend qu'il ne sera pas invité à l'inauguration du monument. Il enrage. A bon droit, il exige que sa contribution financière soit mentionnée dans la presse, mais aucun journal n'y fera allusion. Ainsi, l'engrenage des mesquineries, des rancœurs et des leçons de morale ne cesse de broyer les maigres chances de réconciliation. La reine Mary n'a pas pardonné à son fils. En représailles, il décide de ne pas souhaiter son anniversaire à la reine veuve, le 26 mai. Le duc boude sa mère, une attitude puérile, mais l'occasion de mettre un baume sur son orgueil blessé a été gâchée.

Le 5 mai, à Southampton, George VI et Elizabeth s'embarquent à bord de l'*Empress of Australia* pour un voyage d'Etat, le premier au Canada et aux Etats-Unis. Pour le couple royal, c'est l'occasion d'apparaître sur la scène internationale et aussi de renouer des liens avec le dominion et son puissant voisin américain. Cela pouvait être utile. Chamberlain venait de renoncer à sa patience obstinée pour réarmer le royaume et instituer le service militaire obligatoire. Toutefois, la visite canadienne a aussi pour but, moins connu, de consolider l'unité des anglophones qui se disent menacés par les francophones. Il faut cependant ajouter qu'au Canada, à cette époque, on connaît bien le duc de Windsor – on l'a même beaucoup aimé en qualité de prince de Galles –, on n'aime pas vraiment celle qu'il a épousée, mais on a de la sympathie pour le couple qui a choisi l'amour. Et l'on ne connaît pas du tout le roi et la reine, seulement vus sur les images du film de leur couronnement. Il était donc temps de présenter à la population les… « vrais » Windsor !

Aux Etats-Unis, le président Roosevelt, qui avait connu George V et appréciait son humour poivré de marin, est curieux de rencontrer son fils. Roosevelt se dit fasciné par la pompe royale et par des personnages qui représentent des siècles d'histoire. L'événement est considérable : George VI est le premier souverain régnant d'Angleterre qui visite les anciennes colonies qui s'étaient révoltées contre son arrière-arrière-arrière-grand-père George III.

Son frère étant éloigné et quatre jours seulement après le départ de George VI, le duc de Windsor se rend sur le champ de bataille de Verdun et veut enregistrer dans un studio de radio un appel pour la paix mondiale. Si l'on retient le moment de cette initiative, Edouard tente d'attirer l'attention sur lui en l'absence du roi. Son message est destiné à l'opinion publique américaine. La BBC refuse de diffuser l'intervention ducale, qui tourne au fiasco. Et George VI admoneste son frère en lui faisant remarquer que cet appel aurait eu une réelle audience à la fin du voyage royal au Canada. Une manière de rappeler à son aîné qu'il n'est plus le souverain. Et donc en aucun cas son égal.

Américains et Canadiens jugent le roi et la reine « remarquables »

Etait-ce une idée du duc ou la lui avait-on soufflée en espérant attirer l'attention sur lui ? L'intéressé s'expliquera beaucoup plus tard, en 1967, en justifiant ses informations diplomatiques du printemps 1939 : « A partir de ces renseignements et d'autres sources, je fus convaincu que l'Europe ne pourrait s'empêcher d'entrer en guerre. Seuls les Américains avaient la capacité d'arrêter cette tendance fatale. C'est pour cette raison que je m'adressai à eux[1]. »

L'intervention du duc de Windsor prouve qu'il souffre d'être tenu à l'écart et qu'il lui est « déconseillé » d'avoir des idées, des projets, des intentions dépassant le domaine de sa vie privée. Edouard oublie qu'il a abdiqué et sans doute juge-t-il que sa vie est plutôt vide en des moments aussi graves. En résumé, il cherche à se rendre utile, avec toutes les maladresses, provocations et erreurs de jugements dont il est capable. Son frère impressionne les Américains par sa vision politique. Le voyage triomphal de George VI et d'Elizabeth au Canada ne peut qu'alourdir l'amertume d'Edouard. Entendre et lire de la part des Canadiens : « Nos monarques sont des gens absolument remarquables » entraîne-t-il des regrets chez celui qui a abdiqué ? Non : seulement l'envie de se rendre utile et d'apparaître comme une personne informée et fiable ; et sans doute aussi, une inévitable jalousie.

Lorsque le roi et la reine débarquent à Southampton, leurs deux filles Elizabeth et Margaret sont venues les accueillir. La population est enthousiaste. Le soir, à Buckingham Palace, lorsqu'ils apparaissent au balcon, plus de cinquante mille personnes acclament les souverains, allant même jusqu'à chanter, après l'hymne national, la

1. Traduction de l'auteur d'un extrait du *Sunday Express* du 5 mars 1967 concernant un article sur « L'oncle de la reine ». Voir aussi Sarah Bradford, *George VI, op. cit.*

rengaine, ici inattendue, des universités : *For He's a Jolly Good Fellow.*

A leur retour, George VI et son épouse peuvent être soulagés : en moins de trois ans, la famille royale est parvenue à faire oublier le scandale de l'abdication et à consolider sa crédibilité.

Paris, 23 juin 1939. Le duc de Windsor a 45 ans. Pour lui, Wallis organise une réception au restaurant chic du premier étage de la tour Eiffel. S'ils consultent le livre d'or du monument, ils apprendront qu'il a été inauguré le 10 juin 1889 par le prince de Galles, futur Edouard VII, grand-père du duc. L'atmosphère est joyeuse, la table de qualité et la vue sur Paris toujours aussi prodigieuse. Soudain, les invités et le personnel perçoivent un cri venant du deuxième étage et un corps humain chute à quelques centimètres de la table où se trouvent Edouard et Wallis. Emotion et peur. La duchesse hurle. Serait-ce encore un de ces suicidés de la tour Eiffel qui, en dépit de toutes les protections, peuvent se jeter dans le vide et s'abattre sur d'innocents passants ? La police examine le cadavre écrasé sur le sol du Champ-de-Mars. Rapidement, la thèse du suicide est écartée ; en effet, un maître d'hôtel et un cuisinier avaient remarqué un homme sur une passerelle installée sous le deuxième étage et dont l'accès est interdit au public. L'inconnu avait perdu l'équilibre, tenté de se raccrocher à un arbalétrier, mais avait lâché prise. L'homme ne s'était pas jeté dans le vide, il était tombé. Son identité intrigue : il s'agit de l'attaché militaire du gouvernement tchécoslovaque en exil. Une thèse circule alors : ce malheureux a peut-être tenté d'assassiner le duc de Windsor qui avait soutenu Hitler dans ses exigences en faveur des Sudètes et permis la disparition de la Tchécoslovaquie, diluée en « protectorat de Bohême-Moravie ». Que faisait cet homme à un tel endroit ? Un attentat contre le duc de Windsor avait-il échoué par hasard ? L'homme avait-il glissé ? Ce n'était pas le premier incident étrange autour du duc, que la Sûreté avait averti de complots plus ou moins sérieux.

Après bien des supputations, l'affaire de l'anniversaire mouvementé d'Edouard n'a jamais été éclaircie, mais ses échos ont rappelé les sympathies de l'ex-roi pour Hitler. Le dictateur prépare une surprise qui va stupéfier le monde sous le nom de Pacte germano-soviétique, signé à Moscou le 23 août, par MM. von Ribbentrop et Molotov, en présence de Staline. L'alliance du national-socialisme et du communisme est ahurissante et provoque, entre autres réactions, la stupeur et, chez les antifascistes qui se sentent bernés, une colère impuissante. L'annonce d'une telle non-agression ne signifie qu'une chose : la guerre est imminente et la première victime en sera la Pologne, partagée et déchirée depuis le XVIIIe siècle. Qui aura le courage de « mourir pour Dantzig » ?

C'est la guerre ! Les Windsor sont rapatriés au Royaume-Uni

Le 3 septembre 1939, jour où la France et le Royaume-Uni déclarent la guerre à l'Allemagne, les Windsor sont au cap d'Antibes, dans la ravissante villa de La Croë qu'ils louent depuis l'année précédente à un magnat de la presse anglaise. Cette résidence, qui date de 1927, s'étend sur 3 000 mètres carrés, avec un parc de 7 hectares. A sa grande époque, elle pouvait employer jusqu'à... trente-trois domestiques ! Le duc y fait flotter l'étendard du duché de Cornouailles et s'amuse à apparaître en kilt en jouant de la cornemuse. Mais aujourd'hui, le couple est presque seul, l'invasion de la Pologne à 4 h 45 du matin ayant incité la plupart de leurs amis à prendre des dispositions. Les nouvelles diffusées par la radio sont confuses. Est-ce vraiment la guerre ? Oui. La résistance polonaise ayant été balayée, le duc commence une autre bataille avec les indispensables « demoiselles du téléphone » afin d'obtenir Londres, Buckingham Palace et le roi. Mais toutes les lignes avec Londres sont occupées. Edouard doit patienter. Il est confiant : « Dès qu'une décision sera prise, je suis convaincu que j'aurai des nouvelles de mon frère. »

En attendant, Wallis propose qu'ils aillent se détendre au bord de la piscine. Dès leur arrivée, un serviteur prévient Edouard que l'ambassadeur britannique en France, sir Ronald Campbell, est au téléphone. Après son entretien, le duc, très calme, plonge dans la piscine. S'il est sûr qu'on va le rappeler dans son pays, il craint aussi que la guerre « n'ouvre la voie au communisme mondial ». Pour une fois, son appréhension sera justifiée.

Dans la soirée, les lignes téléphoniques étant moins encombrées, Edouard parle avec Monckton, qui lui propose de lui envoyer un avion pour le ramener en Grande-Bretagne. Le duc fait alors des difficultés protocolaires, exigeant que son frère l'invite lui-même (on peut penser qu'en cette soirée terrible, George VI a d'autres urgences !) et qu'il puisse résider à… Windsor (ce château qu'il n'aime pas). Leur ami Metcalfe est stupéfait de cette crise d'orgueil en un tel moment. Edouard devrait être « fichtrement reconnaissant » au lieu de tergiverser. La discussion, surréaliste, dure jusqu'à 3 heures du matin. Alors qu'il essaie, par tous les moyens, de jouer un rôle depuis son abdication, le duc serait capable de gâcher cette chance historique ! La réponse royale parvient enfin : pas question de s'installer à Windsor, pas question de recevoir Wallis. Deux postes lui sont proposés, l'un au pays de Galles, l'autre à Paris, comme agent de liaison de la mission militaire. A prendre ou à laisser. S'ils laissent passer cette proposition, les Windsor seront en grand danger et ne pourront compter sur personne. Il n'y a donc pas à hésiter. Finalement, les valises sont entassées dans deux voitures avec les chiens. Le temps presse. Le couple arrive à Cherbourg avec les Metcalfe. Qui les attend ? Grâce à Churchill, nouveau Premier lord de l'Amirauté, Louis Mountbatten, le cousin du duc qui s'était abstenu de venir à Candé, a traversé la Manche pour rapatrier les Windsor. Mountbatten est le plus jeune capitaine de vaisseau de la Royal Navy et il commande le destroyer *HMS Kelly*. Enfin, après deux ans et demi d'ostracisme, l'ancien roi va retrouver son pays.

Mais à Portsmouth – ce port où il s'était embarqué pour son exil –, le duc déchante. Tout est plongé dans le noir à cause du couvre-feu. Si Edouard passe en revue une garde d'honneur britannique, si on joue le *God Save the King*, c'est en version courte, comme pour un simple membre de la famille royale. Justement, aucun membre de ladite famille n'est venu l'accueillir et aucune voiture officielle ne les attend, lui et sa femme. Déjà des mesquineries ! De plus, les trois chiens sont retenus dans le chenil de la douane. Encore des tracasseries ! Un retour sans gloire, triste, mais un retour au pays. Que pouvait donc espérer l'ancien monarque ? Grâce à Churchill, ils passent la nuit à l'Amirauté. Sur ces deux revenants, les regards sont d'une courtoisie glacée et soupçonneuse. Le lendemain, les Metcalfe hébergent les Windsor chez eux à Londres, 16, Wilton Place. Ils se restaurent de sandwiches et de thé, puis Wallis se lave les cheveux. Lucide, elle dira en parlant d'Edouard : « Il n'y aura jamais aucune place pour lui dans ce pays et je ne vois pas pourquoi il y est revenu. » Et elle sait que la reine ne la recevra jamais.

Quelques jours plus tard, George VI accorde enfin une audience à son frère, le 14 septembre. Bien entendu, la duchesse en est exclue.

Quelle fonction attribuer au gênant et susceptible duc de Windsor ?

Ils ne s'étaient jamais revus depuis l'abdication. Pour le roi, le dilemme est le suivant : si son frère reste sur le sol britannique, il sera voyant, encombrant, inutile et peut-être approché par des agents ennemis. Et si sa belle-sœur Wallis s'avisait, par exemple, de se rendre en Ecosse, ce serait une émeute ! Et si jamais l'Allemagne parvenait à envahir le pays, Edouard ferait valoir sa qualité de frère aîné et revendiquerait le trône avec l'appui de Hitler, qui a déjà prévu cette mascarade d'un souverain fantoche. Donc, le duc de

Windsor doit repartir au plus vite, mais avec un rôle officiel, compatible avec sa situation et la guerre. Il faut l'occuper, mais aussi le contrôler. George VI est accablé d'avoir à s'occuper de son insupportable frère. Des discussions sont engagées avec l'état-major français, guère enthousiaste d'enrôler, à titre honorifique, un sympathisant notoire du nazisme pour inspecter les lignes républicaines. Mais le généralissime Gamelin donne son accord, à l'immense soulagement des autorités britanniques. Une annexe imprévisible à l'Entente cordiale ! Edouard a le grade de major général, honorifique et sans solde, selon l'usage observé par les membres de la famille royale sous les drapeaux. Il doit agir comme officier de liaison de l'état-major impérial auprès du haut commandement de l'armée française. Mais comme Londres se méfie des bavardages et indiscrétions du duc, surtout après quelques verres, il ne sera pas en contact avec les troupes et n'aura accès à aucune question « sensible ». Il faut rappeler que le duc et la duchesse ont toujours animé leurs dîners avec des ragots en tout genre. Et Edouard était incapable de garder pour lui des informations confidentielles. Wallis le harcelait « pour tout savoir ». Ils seront donc surveillés. Tous les deux. Le duc est-il dupe de cette mise en scène ? Peut-être, mais l'essentiel pour lui est d'être basé à Paris, ville de plaisirs où il a ses habitudes… Avant de partir, il voit Churchill, qui compte bien que Son Altesse Royale fera son devoir « comme chacun de nous », et Chamberlain, encore Premier ministre, lequel partage avec le roi le besoin urgent de se débarrasser du duc.

Il y a gros temps lorsque le modeste torpilleur *Express* gagne Cherbourg fin septembre. Le duc est accompagné de Metcalfe, promu écuyer, et d'un capitaine interprète. La duchesse, elle, n'a évidemment aucune dame d'honneur. Paris s'apprête à protéger ses trésors ; on va démonter les vitraux de Notre-Dame, camoufler les statues, et des tableaux ont déjà été roulés et envoyés en province.

Rouvrir le boulevard Suchet ? Trop compliqué. Les Windsor s'installent au Trianon Palace, à Versailles, une bonne adresse. S'étant présenté à la mission militaire, sise à Nogent-sur-Marne, Edouard, le général-duc, a reçu ses ordres. Il évaluera les forces des lignes françaises et aussi leurs faiblesses. Inutile de préciser que cette mission a déjà été confiée à de véritables spécialistes. « Du reste, rappelle François Kersaudy, la liaison entre les états-majors français et britanniques est elle-même toute symbolique, ce qui explique en partie le désastre de mai 1940[1] ».

Wallis ne veut pas rester inactive. Elle propose ses services à divers organismes britanniques « où elle n'est pas la bienvenue », tandis que leurs homologues français, « polis et charmants », l'acceptent. Au Colis de Trianon, la duchesse emballe des paquets de tricots, de chaussettes, de gants et de savon envoyés aux soldats. Puis elle rejoint le service des ambulances de la Croix-Rouge, fait des livraisons aux hôpitaux et leur offre même une ambulance[2]. Transmises à Londres, ces informations sur la duchesse sont jugées sans intérêt.

Les Windsor commettent leur première erreur au bout de trois jours.

Ils ne sont pas gens à refuser un dîner au Ritz. L'ennui est qu'ils y retrouvent leurs hôtes de Candé, les Bedaux, qu'ils n'ont pas vus depuis deux ans et le naufrage du voyage américain. Charles est rétabli et semble très actif ; il voyage facilement partout, très engagé en faveur de l'Allemagne. Il ne s'en cache pas. Le duc lui raconte, sans doute avec fierté, sa mission en France. Cette nouvelle intéresse beaucoup Charles Bedaux, à l'affût de tout. Edouard enjolive sans doute ce qui lui a été demandé. Après tout, « on » l'a rappelé ! Si l'on ignore les détails de la conversation – le dîner est servi dans un salon privé –, on saura plus tard que les deux hommes ont parlé des ravages de la

1. François Kersaudy, *Histoire de la dernière guerre*, n° 10, mars-avril 2011.
2. Hugo Vickers, *op. cit.*

guerre, de la nécessité d'une paix rapide avec l'Angleterre et la France pour s'opposer à l'extension du communisme et, d'une façon générale, des bienfaits du pacifisme... Et sans se gêner, Charles Bedaux annonce qu'il part le lendemain pour Berlin.

Le duc de Windsor fait remettre des secrets militaires à Hitler

Pendant la « drôle de Guerre », le duc commet quelques gaffes protocolaires en portant, par distraction, des souliers de daim avec son uniforme (le manque d'habitude, sans doute !), en saluant à la place de son frère le duc de Gloucester venu inspecter officiellement des troupes anglaises et en tentant de sortir de son rôle, qui lui semble trop modeste et lointain. Malgré l'interdiction du roi, il se rend sur le front nord, à l'embarras des Français qui n'osent pas refuser de l'y conduire. Ces manquements commencent à agacer Londres et le champ d'action du général-duc est de plus en plus réduit. Hélas ! il y a pire – mais on ne saura les détails que plus tard : lors d'un nouveau dîner au Ritz, le 6 novembre, Edouard remet un lettre à son ami Bedaux. La lettre, « pliée en deux, repliée encore en une bande étroite d'une quinzaine de centimètres de long sur cinq de large, fut dissimulée sur la personne même de Bedaux, peut-être dans la doublure de son manteau, voire glissée à l'intérieur de la bande de cuir de son chapeau[1] ». Cette lettre – elle existe – est datée du 4 novembre. Elle contient un avertissement relatif à des informations révélées par Edouard sur sa visite du front nord et que Bedaux a recueillies en détail. Cet « ami » sera chargé de les donner oralement, avec précision, à la personne qu'il va rencontrer. Le lendemain, par train, Bedaux gagne Bruxelles puis Cologne où il passe la nuit et, le matin suivant, un avion de la Luftwaffe le conduit à Berlin. Ce courrier sera remis à son destinataire

1. Martin Allen, *op. cit.*

qui vient d'échapper à un attentat dans une brasserie munichoise, Adolf Hitler. La lettre est rédigée d'une fine écriture penchée vers la droite, très facile à reconnaître. Elle est en allemand. Elle est signée E.P., Edouard Prince. C'était un code.

L'ancien roi d'Angleterre, le duc de Windsor, est un traître.

7

1940-1945 : les Windsor en guerre

Si, pendant de longs mois, la « drôle de guerre » – que les Allemands surnomment par dérision la « guerre assise » et les Anglais *phoney war* (« fausse guerre ») – est pour beaucoup une surprenante inaction et une attente incompréhensible, George VI et Elizabeth s'engagent immédiatement au service de leur pays. Dès la mobilisation, le couple se considère comme prêt au combat, sous toutes ses formes. A partir du 5 septembre, jour après jour, nuit après nuit, le roi est désormais toujours en uniforme dès qu'il apparaît en public et même en privé. Il ne reprendra des vêtements civils qu'à la fin de la guerre, suivant une sorte de vœu.

La reine et son époux inspectent les abris de la défense passive, les centres d'hébergement, les convois d'ambulances, les trains sanitaires répartis dans toutes les gares londoniennes (les machines, sous pression, peuvent être mises en marche rapidement), les hôpitaux, les usines, les docks le long de la Tamise, les casernes. La détermination calme et souriante d'Elizabeth, dont l'apparence et la sobre élégance accompagnent toujours le souverain, ajoute à l'impression de sérieux et de confiance. Le roi et la reine se battent eux aussi pour imposer une image qui reflète la réalité : l'unité. Partout, ils sont acclamés et applaudis.

Dès le dimanche 3 septembre 1939, six heures après la déclaration de guerre annoncée par Chamberlain, George VI, maître de ses mots chargés d'émotion et de grandeur, s'était adressé par la radio à l'Empire (sa photo en uniforme avait fait la une des journaux du lendemain) et il était devenu le symbole de la loyauté et de l'identité des peuples. Avec le recul dont nous disposons, on peut penser qu'aucune période de paix n'aurait été susceptible de hisser la notoriété du couple souverain à la hauteur d'un tel symbole. Ils seront au premier rang dans l'épreuve. Celle de la guerre fera entrer George VI et Elizabeth dans l'histoire. La reine, en particulier, joue parfaitement son nouveau rôle, celui de soutien moral. Il lui paraît naturel parce qu'elle aime son pays. Dans une réponse à l'archevêque de Canterbury qui la félicitait pour son engagement spontané, Elizabeth écrit : « Il y a une chose que je ressens clairement : si nous n'aimions pas ce pays et ses peuples d'un amour profond, alors notre travail serait presque impossible[1]. »

Ce n'est pas diminuer les mérites des souverains que de rappeler qu'ils ont été immédiatement confortés par le ralliement de l'Empire, même appelé Commonwealth, à la Grande-Bretagne. Compte tenu du décalage horaire, l'Australie a été fière d'annoncer qu'elle aussi entrait en guerre seulement soixante-quinze minutes après la déclaration officielle à Londres. Les autres dominions ont fait parvenir leurs réponses positives dans les meilleurs délais. Seule dans l'environnement anglophone, la république d'Irlande, voisine de l'Ulster royaliste, a fait savoir qu'elle resterait neutre[2]. Enfin, pour beaucoup de vétérans, la guerre rappelait trop la précédente, déjà contre l'Allemagne. Il allait falloir faire aussi bien, sinon mieux, que ceux de 14-18. En entendant la voix du roi à la radio, la reine mère Mary, 72 ans, avait éclaté en sanglots : l'intonation grave de son

1. Citation traduite par l'auteur, extraite de William Shawcross, *op. cit.*
2. Une neutralité relative, qui sera très malmenée par les agents allemands, puisque l'Eire, à cette époque, fait toujours partie du Commonwealth.

fils lui avait rappelé celle de son époux. Les règnes de George V et de George VI étaient-ils condamnés à subir l'horreur d'une guerre mondiale ?

Les soucis du roi sont de tous ordres. Mais Sa Majesté est très contrariée par l'attitude de l'ambassadeur des Etats-Unis, qui est toujours Joseph Kennedy, un visiteur régulier de Buckingham Palace. Son Excellence fait preuve d'un inquiétant défaitisme, se contentant d'exprimer sa sympathie pour la Grande-Bretagne et la France, assurant que son pays les aiderait économiquement. Mais il ne fallait pas compter sur l'entrée en guerre des Etats-Unis : le conflit se déroulerait sans eux. On comprend la surprise du monarque après son voyage triomphal outre-Atlantique et ses entretiens très positifs avec le président Roosevelt. Pour le souverain, cette attitude relève de l'isolationnisme, de l'irrationnel et n'est d'aucun secours. George VI s'interroge : est-ce la position officielle de la Maison Blanche et du Département d'Etat ou s'agit-il d'une maladroite réaction personnelle ? Il n'a pas à attendre longtemps : c'est avec soulagement qu'il apprend la démission de Joseph Kennedy. Washington pourrait ne pas avoir apprécié son analyse de la situation. On peut voir une preuve de la satisfaction de George VI quand on note un fait sans précédent dans les relations anglo-américaines : à peine quinze jours plus tard, le nouvel ambassadeur, John Winant, arrivant de Londres à Windsor par le train, est attendu sur le quai par le souverain lui-même. Un roi venant à la rencontre d'un ambassadeur ? Le diplomate, timide et silencieux, n'en revient pas ! Mais l'essentiel est que les relations aient repris. George VI et le président vont s'écrire souvent, amicalement, sans protocole.

George VI est inquiet : il craint un enlèvement de sa mère

Averti de menaces pesant sur sa famille, qui pourraient émaner d'une « cinquième colonne », le roi prend des précautions afin d'éviter que ne soient enlevés des proches à titre d'otages. La jeune princesse héritière Elizabeth, surnommée Lilibeth, et sa sœur sont en Ecosse, où elles resteront jusqu'à Noël, tandis que la reine Mary est transférée sous bonne garde à la campagne, ce qu'elle n'a jamais apprécié. Cette retraite forcée à Badminton House, près de Bristol, dans la demeure du mari d'une de ses nièces, est choisie par le roi pour la sécurité de sa mère[1]. Heureusement, les Windsor sont retournés en France ! « Je suis sûre que Mrs Simpson, écrit la reine Mary qui refuse de la considérer comme une duchesse, hait notre cher pays. Il ne faut pas qu'elle soit ici en temps de guerre[2]. » Pour la reine mère, il est indispensable que l'intrigante soit en France et qu'elle « Y RESTE », écrit-elle encore en lettres majuscules, la rage au bout de la plume ! La veuve de George V ne sera rassurée que lorsque son fils lui apprendra que les Windsor et leur entourage sont désormais sous la surveillance discrète mais permanente de l'Intelligence Service, ce dont le duc et la duchesse se doutaient vraisemblablement et qui les exaspérait. De plus, la duchesse semble entretenir une liaison avec l'ambassadeur américain à Paris, William Bullitt, lequel s'efforce d'être en bons termes avec Mussolini ! « Drôle de guerre » aussi chez les Windsor !

En qualité de chef d'Etat et de commandant en chef des forces armées de Grande-Bretagne et de l'Empire, le roi est devenu chef de guerre. Ainsi que son père l'avait fait en 1914 et tout en respectant le régime constitutionnel, George VI accomplit scrupuleusement son devoir. Il conseille et avertit le Premier ministre dans une confiance mutuelle. Mais dans les dernières semaines de l'année 1939, le souverain souhaite agir concrètement afin d'être utile. « J'aimerais avoir une mission définie comme toi », écrit-il à Mountbatten le 23 octobre, alors que son cousin a été

1. L'hypothèse d'un rapt de la reine mère n'était pas absurde : en effet, quelques mois plus tard, la reine Wilhelmine des Pays-Bas, s'étant réfugiée à Londres avec son gouvernement après l'invasion de son pays par les Allemands, faillit être victime d'un enlèvement par des agents ennemis.

2. William Shawcross, *op. cit.*

nommé commandant de la Ve flottille de destroyers. En fait, le monarque piaffe, fustigeant ce qui lui paraît être une quasi-inaction ; selon lui, son métier de roi est encore trop flou. Comme des millions de militaires et de civils, il espère qu'il va se passer quelque chose. Comment est-il possible que les armées françaises et allemandes, notamment, demeurent face à face entre Rhin et Moselle sans rien tenter ? Paradoxalement, la *phoney war* ou *komische Krieg*, cette « drôle de guerre », va permettre au roi de se préparer à toutes les situations, de connaître les différents rouages de la machine militaire britannique et d'entretenir avec ses hauts responsables des relations très franches, fort utiles lorsque se feront jour des querelles d'état-major. En résumé, George VI achève sa formation, et son expérience de marin lui est très précieuse pour acquérir des connaissances supplémentaires. Mountbatten l'en avait assuré le jour même où il avait succédé à son frère.

Le 5 décembre, saisissant le prétexte de la signature à Paris d'un accord de coopération économique entre la Grande-Bretagne et la France et alors que les pleins pouvoirs ont été renouvelés à Daladier, le roi et son frère le duc de Gloucester s'embarquent à Douvres pour inspecter le quartier général britannique près d'Arras. Alors que Londres et Paris envoient du matériel militaire à la Finlande menacée par l'Allemagne, George VI a le sentiment que le Premier ministre n'a plus les capacités de réagir en cas d'attaque de l'ennemi. Chamberlain semble effondré, consterné par l'échec cuisant de sa politique de bonne volonté. Il perd confiance, souffre de la goutte et surtout du cancer de l'estomac qui va bientôt l'emporter. Face aux dissensions de l'état-major et à un inquiétant courant défaitiste, le roi décide de s'adresser à ses peuples afin de ranimer la flamme de l'esprit guerrier.

Le 24 décembre, depuis sa résidence de Sandringham où la famille est réunie, portant son uniforme d'amiral de la Flotte, George VI s'assoit à une table où sont installés deux énormes microphones. En dépit de sa victoire contre son bégaiement, un tel discours reste une épreuve. Il hésite,

Une reine et impératrice avec trois futurs rois sur la même photo, vers 1895 : Victoria tient dans ses bras son arrière-petit-fils, le futur Edouard VIII qui sera le duc de Windsor. Debout à gauche, son fils, le futur Edouard VII et son petit-fils, le futur George V. A la date de ce document, leur patronyme est Saxe-Cobourg-Gotha. C'est George V, en 1917, qui choisit Windsor comme nouveau nom de la famille royale.

Avant 1914, le roi George V, la reine Mary et leurs enfants. De gauche à droite, debout : le prince de Galles, futur Edouard VIII puis duc de Windsor ; le duc de Gloucester ; George V ; le duc d'York, futur George VI ; et le duc de Kent. Assises : à gauche, la princesse Mary et à droite, sa mère, la reine Mary.

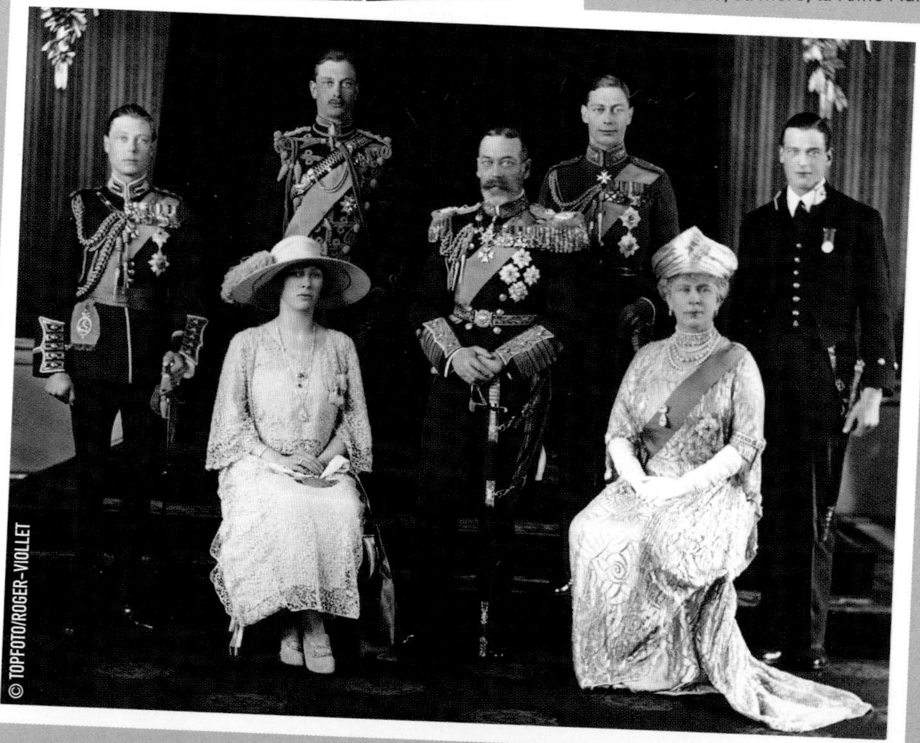

Le prince de Galles et son cousin Louis Mountbatten, en 1919, qui l'accompagne dans ses voyages à travers les colonies de l'Empire. Ils seront très proches jusqu'à l'abdication d'Edouard VIII en 1936.

Le duc et la duchesse d'York (futurs George VI et reine Elizabeth) avec leur première fille, la future reine Elizabeth II, le jour de son baptême à Buckingham Palace, le 19 mai 1926.

Vers 1935, une scène intime et campagnarde entre deux frères : à gauche, le prince de Galles, futur Edouard VIII ; à droite, le duc d'York, futur George VI, avec ses deux filles, les princesses Elizabeth et Margaret Rose.

Le prince de Galles et Mrs Simpson à bord du *Nahala* lors de leur croisière en Croatie, à l'été 1936. Ces photos révèlent au monde entier la liaison du prince avec une Américaine divorcée, remariée et en instance d'un second divorce, point de départ de la « crise royale ».

Un document exceptionnel pour une année exceptionnelle : en 1936, les Britanniques voient se succéder trois rois : de gauche à droite, George V, mort en janvier ; Edouard VIII, qui lui succède mais abdique le 10 décembre et George VI, son successeur.

Edouard VIII en uniforme d'amiral de la flotte en 1936. Son règne (neuf mois) sera le plus bref de la monarchie britannique au XXe siècle et privé de couronnement.

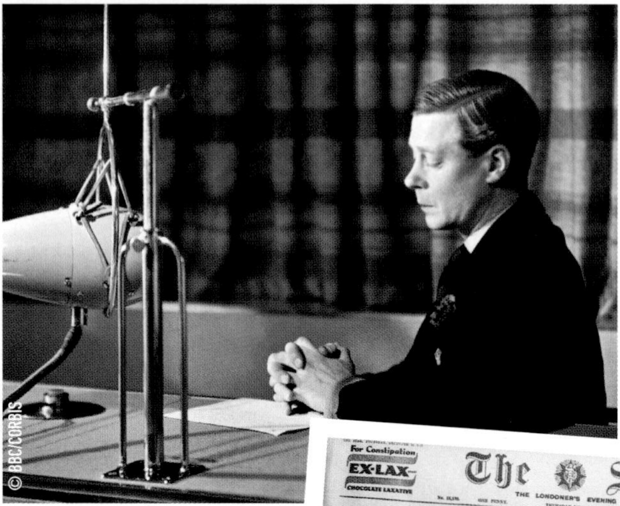

© BBC/CORBIS

Au château de Windsor, le 11 décembre 1936, au lendemain de son abdication, l'ex-roi Edouard VIII prononce un discours expliquant au peuple britannique les raisons qui l'ont décidé à renoncer au trône.

For Constipation EX-LAX CHOCOLATE LAXATIVE

The Star

THE LONDONER'S EVENING PAPER

LATE NIGHT

This is the Gin Gordon's Gin

THE SPEAKER IN COMMONS ANNOUNCES

ABDICATION

THE DUKE OF YORK THE NEW KING

KING EDWARD'S MESSAGE:—"I RENOUNCE THE THRONE FOR MYSELF AND FOR MY DESCENDANTS"

FINAL AND IRREVOCABLE

RENUNCIATION DOCUMENT WITNESSED BY HIS THREE BROTHERS

THE KING'S MESSAGE TO PARLIAMENT, ANNOUNCING HIS ABDICATION, WAS READ BY THE SPEAKER (CAPT. FITZROY) IN A CROWDED HOUSE OF COMMONS THIS AFTERNOON.

THE SPEAKER ALSO ANNOUNCED THE ACCESSION TO THE THRONE OF THE DUKE OF YORK.

The message had been handed to the Speaker by Mr. Baldwin. It said :—

After long and anxious consideration I have determined to renounce the throne, to which I succeeded on the death of my father, and I am now communicating this my final and irrevocable decision.

Realising, as I do, the gravity of this step I can only hope that I shall have the understanding of my peoples in the decision I have taken, and the reasons which have led me to take it.

the stability of the Throne and Empire and the happiness of my peoples.

I, EDWARD THE EIGHTH OF GREAT BRITAIN, IRELAND AND THE BRITISH DOMINIONS BEYOND THE SEAS, KING, EMPEROR OF INDIA DO HEREBY DECLARE MY IRREVOCABLE DETERMINATION TO RENOUNCE THE THRONE FOR MYSELF AND FOR MY DESCENDANTS AND MY DESIRE THAT EFFECT SHOULD BE GIVEN TO THIS INSTRUMENT OF ABDICATION

KING EDWARD VIII

PEERS IN A QUEUE AT THE HOUSE

MR. BALDWIN

FROM PLANE TO No. 10

Mrs. Simpson's Lawyer Returns

MR. BALDWIN Recounts Story With The King

© BETTMANN/CORBIS

La presse et l'opinion sont en état de choc : le roi a abdiqué pour épouser une Américaine au passé sulfureux, Mrs Wallis Simpson. Le scandale est sans précédent.

Le 3 juin 1937, au château de Candé, près de Monts, en Touraine, le duc de Windsor épouse enfin la « femme qu'il aime ». Elle ne sera jamais titrée Altesse Royale, ce qu'elle ressentira toujours comme une humiliation.

© AFP IMAGEFORUM

Juin 1936 : le roi George VI et la reine Elizabeth jouent avec leurs filles Elizabeth et Margaret Rose et leurs chiens, dans le parc du Royal Lodge à Windsor.

27 avril 1937. Pour l'inauguration du Musée national maritime à Londres, le jeune roi prononce un discours. On peut remarquer l'extrême attention, voire l'angoisse, de la reine et de la princesse Elizabeth. On sait que George VI a dû vaincre un grave problème de bégaiement.

Londres, 12 mai 1937 : le couronnement du roi George VI. Au balcon de Buckingham Palace, la couronne de la reine Elizabeth (à gauche) est surmontée du fameux diamant Koh-i-Noor. Au milieu, la reine Mary, veuve de George V. Au premier rang, la princesse Elizabeth (à gauche) et la princesse Margaret Rose.

En octobre 1937, à l'invitation de Hitler, le voyage en Allemagne du duc et de la duchesse de Windsor provoque une nouvelle polémique. Le Führer reçoit le frère du roi George VI et la duchesse dans son « nid d'aigle », à Berchtesgaden. On prête à Hitler l'ambition de rétablir Edouard VIII sur le trône britannique en rasion des ses sympathies progermaniques.

13 septembre 1939. Lors d'un séjour temporaire dans le Sussex, les Windsor posent pour les photographes. La médiatisation du duc et de la duchesse sera permanente. Avec complaisance, par esprit de représailles, ils se prêtent aux demandes de la presse.

8 juillet 1941 : la reine Elizabeth et ses deux filles, la princesse héritière Elizabeth (à gauche) et la princesse Margaret. Cette photo idyllique dans le parc de Windsor ne doit pas faire oublier l'attitude courageuse de la famille royale pendant le Blitz et les bombardements.

Buckingham Palace, 11 avril 1942. La princesse héritière Elizabeth lit par-dessus l'épaule du roi son père les documents d'Etat et confidentiels contenus dans les fameuses *red boxes* , ces boîtes que l'on voit au premier plan. La future souveraine fait son apprentissage. Elle a 16 ans.

20 novembre 1947 : la princesse héritière Elizabeth épouse Philip Mountbatten, titré duc d'Edimbourg. C'est un mariage d'amour. Sur le balcon de Buckingham Palace, le roi et la reine encadrent les jeunes époux. A droite, la reine Mary, veuve du roi George V, est la grand-mère de la mariée.

1er août 1951 : le couple princier avec leurs deux premiers enfants, Charles, né en 1948, et Anne, née en 1950.

Buckingham Palace, novembre 1951. Le roi George VI et la reine Elizabeth avec leurs petits-enfants, Charles et Anne. Leurs rapports sont très affectueux et ils les gardent souvent quand la princesse héritière part rejoindre son mari, officier de marine qui sert en Méditerranée.

La mort prématurée de George VI, le 6 février 1952, fait de sa fille Elizabeth une très jeune reine, âgée de 26 ans. Les funérailles du roi sont grandioses, à la mesure du respect et de la reconnaissance qu'il avait inspirés au peuple britannique. Ici, le cercueil du roi, sur une prolonge d'artillerie, arrive au château de Windsor où il sera inhumé.

Ci-dessus, le 2 juin 1953, le couronnement de la reine Elizabeth II dans l'abbaye de Westminster est aussi un événement médiatique : il est suivi à la télévision par le monde entier. A 27 ans, elle est le 41e souverain d'Angleterre mais aussi du Royaume-Uni. La reine pose avec sa famille.

A droite, on voit le duc et la duchesse de Windsor, qui n'avaient pas été invités à la cérémonie, regardant la retransmission télévisée dans l'appartement parisien de Mme Biddle Thompson, en compagnie de Mme Bruce, à gauche du duc.

Le 12 avril 1952, la princesse Margaret et le group captain Peter Townsend, écuyer du roi George VI, quittent le château de Windsor. Leur romance sera l'un des feuilletons de l'après-guerre. Héros de la bataille d'Angleterre, l'officier est marié...

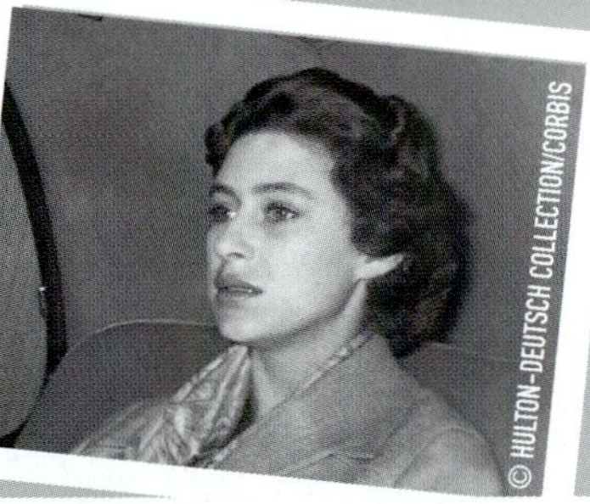

Bien qu'il divorce, la sœur de la reine annonce à la radio qu'elle ne l'épousera pas. Margaret devient la « princesse triste ».

Le 6 mai 1960, la princesse Margaret épouse le photographe Tony Armstrong-Jones. Derrière les mariés, on aperçoit la reine mère, veuve de George VI et grand-mère de la princesse Margaret.

Le 21 avril 1965, à Frogmore House, dans le parc du château de Windsor, la reine Elizabeth II célèbre son 39e anniversaire avec le duc d'Edimbourg et leurs quatre enfants Charles, Anne, Andrew et Edouard.

29 juillet 1981 : Charles, prince de Galles depuis 1969 et héritier du trône, épouse lady Diana Spencer devant 750 millions de téléspectateurs, un record. Leur baiser au balcon de Buckingham Palace est une première dans l'histoire de la monarchie et du palais.

La princesse de Galles avec ses fils, Harry et William à Windsor, le 28 juin 1987. Diana manipule la presse et vole la vedette à son mari.

Londres, 5 septembre 1997. Devant les grilles de Buckingham Palace, des montagnes de fleurs ont été déposées en mémoire de la princesse Diana, décédée le 31 août à Paris. Après une semaine de silence, la reine et le prince Philip vont enfin à la rencontre de la foule. Diana était leur dérangeante ex-belle-fille.

Les funérailles de la reine mère sont célébrées à l'abbaye de Westminster, le 7 avril 2002. Le prince Charles, très affecté, est entre ses deux fils, William et Harry. « Queen Mum », morte à 101 ans, était la grand-mère préférée des Britanniques.

© TIM GRAHAM/GETTY IMAGES

© GETTY IMAGES/AFP

Le 9 avril 2005, Charles, prince de Galles, épouse Camilla, titrée duchesse de Cornouailles. Leur mariage est célébré à Windsor, d'abord à la mairie de la petite ville, puis lors d'un office religieux au château. Les nouveaux mariés se connaissent depuis 1971.

© XINHUA/GAMMA-RAPHO

Le 29 avril 2011, le mariage du prince William et miss Kate Middleton est suivi par deux milliards de téléspectateurs, un nouveau record battu. Et deux nouveaux baisers, dont un très tendre, au balcon de Buckingham Palace...

reprend ses phrases et parvient à dominer son anxiété en s'exprimant lentement. Tout le monde comprend que l'heure est grave. « Voici une nouvelle année qui arrive. Nous ne pouvons dire ce qu'elle nous réserve. Si elle nous apporte la paix, nous en serons reconnaissants. Si elle nous apporte un combat continu, nous resterons indomptés. Aujourd'hui, je souhaite vous adresser un message d'encouragement. Pour terminer, je voudrais vous dire : j'ai dit à l'homme qui se tient à l'aube de l'année : "Donnez-moi une lumière qui puisse me guider en sécurité vers l'inconnu." Il m'a répondu : "Allez vers les ténèbres et mettez votre main dans celle de Dieu. Ce sera mieux qu'une lumière et plus sûr qu'un chemin connu…" Puisse cette main sacrée nous guider et nous soutenir tous[1]. » Ce sera le dernier Noël vécu à Sandringham jusqu'à la fin de la guerre. Jusqu'à 1945, la famille royale passera les fêtes à Windsor.

La popularité de Churchill est grandissante : il avait vu juste

1940. Le 8 janvier, le sucre, la viande et le beurre sont rationnés en Grande-Bretagne, mesure précédant d'une semaine l'apparition des cartes d'alimentation en France. Le froid s'abat sur l'Europe et, pour la première fois depuis 1888, la Tamise est gelée. Le 5 février, le Conseil suprême franco-britannique se réunit à Paris. La délégation comprend lord Halifax, secrétaire au Foreign Office, Kingsley Wood et Oliver Stanley, nouveau ministre de la Guerre. Edouard Daladier, le président du Conseil français, s'entretient avec son homologue Chamberlain. Mais c'est surtout le Premier lord de l'Amirauté depuis le 3 septembre, Winston Churchill, qui est écouté. Les événements lui ayant donné raison, sa popularité grandit. Cette détermination soutient le moral des marins qui attaquent des unités allemandes alors que la situation en Finlande, agressée par l'Armée rouge, est grave.

1. Traduction de l'auteur. Citation extraite de Sarah Bradford, *George VI*, *op. cit.*

Malgré la guerre, le *Queen Elizabeth* part pour sa première traversée transatlantique. C'est de Liverpool, le 28 février, que le plus grand paquebot du monde vogue à destination de New York. Son départ, dans le plus strict secret, est accompagné de sous-marins, l'Allemagne ayant déclaré que les cargos britanniques seraient désormais considérés comme des navires de guerre. Un paquebot ferait une cible exceptionnelle... Le 2 mars, la tradition devant être plus forte que l'adversité, la course d'avirons opposant Oxford à Cambridge est maintenue et Cambridge gagne.

Avec l'entrée des Allemands en Norvège et au Danemark début avril, grave échec du corps expéditionnaire britannique, la dure vérité s'impose : les « hommes de Munich » ont été dramatiquement naïfs. Chamberlain peut-il rester à son poste ? Aux Communes, sa majorité parlementaire s'écroule, chutant de deux cent quarante à quatre-vingt-une voix. Le 10 mai, à 3 heures du matin, par une opération concertée, Hitler envahit la Hollande, la Belgique et le Luxembourg, occupant une immense zone allant de la mer du Nord à la Moselle. Chamberlain, qui a accumulé les désastres, se rend à Buckingham Palace pour présenter sa démission au roi. George VI en est affecté, car il avait de l'estime pour l'homme et jugeait qu'on l'avait mal traité. Son visiteur et lui en conviennent sans joie : seul Winston Churchill est capable d'assumer l'ingrate fonction de Premier ministre. Le roi qui, en vain, avait vivement recommandé à Chamberlain de faire entrer du sang neuf dans son gouvernement va nommer un vieux routier de la politique, âgé de 66 ans. Fixée à 18 heures, l'audience se déroule dans la bonne humeur, presque sur le ton de la plaisanterie souvent pratiquée par Churchill.

Le roi :

— Je suppose que vous ignorez pourquoi je vous ai prié de venir ?

Churchill, entrant dans son jeu :

— Sire, il m'était impossible de l'imaginer.

George VI, se mettant à rire :

— Je vous demande de former un gouvernement.

— Je le ferai certainement.

De retour du palais, Churchill confie à son garde du corps : « J'espère qu'il n'est pas trop tard. J'ai bien peur que si. Il ne nous reste qu'à faire pour le mieux[1]. »

Les milieux politiques et administratifs ne sont guère enthousiastes de cette nomination. Pour beaucoup, cet orateur étincelant – sauf quand il a abusé du brandy – est un aventurier. Doué, certes, mais aventurier. L'arrivée de Churchill à Downing Street ne réjouit pas davantage la famille royale, en particulier la reine Mary, qui lui en veut d'avoir soutenu Edouard VIII au moment de son abdication. Pour la veuve de George V, c'est impardonnable. Et les deux princesses, Elizabeth et Margaret, ont pleuré en apprenant le départ de Chamberlain. Mais Churchill a eu raison en qualifiant les accords de Munich de « défaite totale ». Il est l'homme du moment.

Il forme un cabinet de coalition où se retrouvent conservateurs, libéraux et travaillistes. L'homme au cigare – et le conducteur d'automobile le plus distrait du royaume – va se révéler non seulement un éminent chef de guerre, mais aussi un animateur exceptionnel de la résistance anglaise qui, plus que sa carrière politique – la plus longue de l'histoire britannique –, construira sa légende. Sa détermination à conduire son pays à la victoire est illustrée par son premier discours, demeuré célèbre, et qu'il avait préparé soigneusement. Ce 13 mai 1940, en ne promettant que « du sang, de la peine, de la sueur et des larmes », le Premier ministre réveille les consciences assoupies, décide à la place de ceux qui hésitaient entre la peur, le défaitisme et le très humain instinct de survie. Churchill sonne le rappel du courage et mobilise le moral du combattant. Il y a du Clemenceau dans ce discours : Churchill ne fera que la guerre, toujours la guerre, sans cesse la guerre. Ce que prouve immédiatement la réorganisation totale des méthodes de travail. Il peut travailler la nuit, jusqu'à 4 heures du matin,

1. François Kersaudy, *Churchill, le pouvoir de l'imagination*, *op. cit.*

et s'accorder une bonne heure de sieste quoi qu'il se passe. Réveillé, Winnie – son surnom quand la foule londonienne le croise allant ou sortant de son bureau – est constamment à la tâche, en voiture, en train, dans son lit et même dans sa baignoire – il prend deux bains par jour –, dictant des montagnes de notes, d'ordres, d'instructions. Et sa grande idée est de regrouper des services épars, peu efficaces, en créant un ministère de la Défense dont il va lui-même animer les équipes, avec un programme quotidien inscrit sur de petites étiquettes rouges. Dès cet instant, Hitler se trouve confronté à un adversaire obstiné, inventif, au courant de tout et rapidement soutenu par l'opinion. Churchill est en place pour gagner.

Nommé Premier ministre, Churchill fait aussi la guerre aux Windsor

Le même 10 mai 1940, boulevard Suchet à Paris, chez les Windsor. La BBC annonce que des avions allemands ont bombardé Londres et plusieurs villages côtiers. Une invitée américaine de la duchesse dit :

— J'ai traversé en voiture beaucoup de ces villages et je suis scandalisée de voir les Anglais si sauvagement attaqués.

Wallis réplique d'un ton caustique :

— Après ce qu'ils m'ont fait, je ne les plains pas. Tout un pays contre une seule femme[1] !

Pour la duchesse de Windsor, les Britanniques n'avaient qu'une ennemie, elle-même ! Elle et son mari sont innocents des accusations dont ils sont la cible en permanence.

Malheureusement pour eux, Churchill est d'un avis contraire. Il ne perd pas une seconde. L'entourage britannique de l'ancien roi est visé, par exemple avec l'arrestation, le 20 mai, d'une certaine Anna Wolkoff. Cette dernière est la couturière londonienne de la duchesse. Elle est accusée d'avoir livré aux Allemands les plans de l'expé-

1. Martin Allen, *op. cit.*

dition britannique en Norvège, *via* l'ambassade d'Italie à Londres. Des hommes nouveaux sont chargés de surveiller le duc et la duchesse, mais avec subtilité, car une nébuleuse d'espions s'intéresse à eux afin de tester leurs offres de services… dans les deux camps ! Ainsi, l'Abwehr, service de renseignements de l'état-major allemand fondé en 1925, qui sera dirigé par l'amiral Canaris, puis par Himmler lui-même, a l'œil sur le duc et son ami le major Metcalfe. Or, selon certaines sources, « sur l'ordre du roi, Metcalfe avait reçu comme instruction de rester aux côtés du duc comme aide de camp, afin de rapporter à Buckingham ce qui s'y passait ». En fait, les Windsor sont surveillés aussi bien par Londres que par Berlin. Et eux-mêmes sont renseignés par des espions à leur solde, peut-être pour se dédouaner d'un côté comme de l'autre, selon la tournure des événements. Metcalfe écrit à sa femme qu'il n'y comprend rien, car Edouard et Wallis savent avec qui il a déjeuné ou dîné, avec qui il a parlé, qui il a vu. « En tout cas, c'est terrifiant… J'en ai par-dessus la tête de Paris et de cette guerre. Je n'aime pas ce que je fais (en ce moment) et je ne me sens jamais en sûreté et à l'abri quand je travaille pour Son Altesse Royale. »

Posons-nous la question : pourquoi Churchill, qui avait défendu les arguments d'Edouard VIII au moment de son abdication, semble-t-il maintenant considérer le duc et la duchesse aussi inconscients et provocateurs que dangereux ? Ce qu'il a appris est grave, notamment leur contact permanent avec leur ami Charles Bedaux, inféodé à Berlin et qui les avait, en somme, mariés chez lui, au château de Candé. Mais on peut aussi ajouter que, quatre ans plus tôt, l'affaire Windsor l'avait compromis aux yeux de l'opinion, de la famille royale et du Parlement, ce qui lui avait valu d'être rejeté dans l'opposition pendant deux ans. Churchill a surtout une revanche à prendre sur son désastreux discours aux Communes où, très maladroitement – peut-être sous l'effet du cognac –, il avait tenté de défendre le roi qui allait abdiquer ; en deux minutes, le politicien chevronné avait ruiné sa carrière. Mais cette mise à l'écart « lui a permis de justifier le fait que ses efforts en matière de politique étrangère et de sécurité aient échoué ». Churchill a-t-il regretté d'avoir eu, ce jour-là, quelques mots de trop en faveur du duc de Windsor ? Selon François Kersaudy, « il a regretté d'avoir misé sur le mauvais cheval, alors que son épouse lui avait conseillé de ne pas le faire[1] ».

En mai 1940, Churchill va donc effacer la situation ridicule que lui avait value sa défense des Windsor. Et depuis 1938, ceux-ci sont trop impliqués en faveur de l'Allemagne ; cependant, puisqu'il s'agit du frère du roi et même de son prédécesseur, il faut agir finement, mais sans faiblesse. Pour d'autres personnages, prison, mise à la retraite ou sévère avertissement aux intéressés démontrent que Churchill commence par faire la guerre à l'intérieur, car c'est la plus urgente. Une gangrène pourrit le patriotisme du royaume. Sur ses ordres et en application de nouvelles mesures de sûreté, plusieurs personnalités sont arrêtées et emprisonnées. Elles sont soupçonnées – à raison – de sympathies, mais aussi de contacts avec l'Allemagne divulguant des informations secrètes pour obliger le Royaume-Uni à négocier une paix qui serait l'aveu de sa défaite. Parmi ces personnages, sir Oswald et lady Mosley sont, depuis longtemps, les animateurs d'un réseau en contact avec l'ennemi. Une purge est aussi pratiquée chez plusieurs dirigeants des services de renseignements ainsi que chez des ambassadeurs au comportement douteux.

Les Windsor sont déclarés indésirables en France et en Europe

Le 28 mai, lors d'une réunion secrète présidée par le Premier ministre à Downing Street après la percée allemande à Sedan, il est décidé de rapatrier immédiatement

1. Pierre Assouline (dir.), *A la recherche de Winston Churchill*, entretiens collectifs, Perrin/France Culture, 2011.

les Windsor en Angleterre pour les interroger sur leur rôle auprès des agents de Hitler. On leur fait savoir que s'ils restaient à Paris, alors que les Alliés se replient à Dunkerque qu'ils vont bientôt évacuer, ils mettraient en danger la sécurité britannique. Dans un premier temps on leur ordonne de gagner la villa de La Croë, à Antibes, avec sa belle rotonde à six colonnes. Les Windsor vont-ils retrouver leurs habitudes aux golfs de Mandelieu et de Biot ? Le plus extraordinaire est la surveillance exercée sur leur appartement du boulevard Suchet : elle est triple ! Ribbentrop depuis le Ritz, l'ambassadeur américain Bullitt, les agents de Churchill. Très rapidement, les Américains ont la preuve que depuis la Côte d'Azur, Wallis a des contacts avec le ministre des Affaires étrangères du Reich, et ces échanges sont si denses que Washington en avertit Londres. La duchesse obtient « toutes sortes d'informations sur les activités des gouvernements français et britannique et les transmet aux Allemands ». Aigrie, elle se venge en devenant espionne, activité dont elle avait été jadis soupçonnée en Chine…

Alors que les Windsor ont quitté La Croë pour Biarritz, on annonce, sur une station de radio commerciale allemande, le nom de leur hôtel et même le numéro de leur suite, la 104 E, alors qu'ils viennent à peine de s'y installer. Comment de tels renseignements ont-ils été obtenus aussi promptement ? Par téléphone, par télégramme, par voiture radio et même par moto radio. Selon un rapport remis deux mois plus tard au tout-puissant patron du FBI à Washington, Edgar J. Hoover, « le Secret Service britannique a pu établir que la duchesse avait informé Ribbentrop de leur itinéraire, de leurs plans, etc., avant leur départ de la villa[1] ». Dès la révélation de cette collusion totale, le roi George VI, en accord avec Churchill, décide de diriger le couple Windsor vers l'Espagne. Détail qui pèse lourd : avant de quitter La Croë, le duc et la duchesse avaient confié des documents importants à leurs amis Rogers, sans

1. Extrait du rapport cité par Charles Higham, *op. cit.*

savoir qu'ils travaillaient pour les services alliés. C'est ainsi que ces preuves de la compromission du couple ne furent pas remises aux Italiens ni aux Allemands, ainsi que les traîtres l'avaient demandé, mais enfermés dans un coffre qui prendrait la direction de la Suisse, aggravant la culpabilité des Windsor dans un dossier déjà chargé. Sans le savoir, les manipulateurs sont des manipulés ! Churchill explose de rage : cette fois, le roi félon et son épouse doivent quitter l'Europe au plus vite.

En effet, après la capitulation de la Belgique dans la confusion, la situation est dramatique. Début juin, l'effondrement français entraîne la débâcle et l'exode, poignants spectacles d'un peuple abandonné, errant sur les routes. Au moment de ce tragique déracinement, la Comédie-Française a maintenu son spectacle *On ne saurait penser à tout*. Sinistre vérité ! Le 14 juin, les troupes allemandes défilent sur les Champs-Elysées et l'avenue Foch. Le 16 juin, le maréchal Pétain demande l'armistice, signé le 22 dans l'ancienne voiture-restaurant du maréchal Foch stationnée à Rethondes où avait été signé l'armistice de 1918. Après Rethondes de la victoire, Rethondes de la défaite... De Londres, sur la BBC, de Gaulle avait déjà lancé son appel à la résistance le 18 juin, exhortation qui deviendra célèbre, bien que pour des raisons techniques, elle ait été peu entendue.

Le 19 juin 1940, l'anniversaire de Wallis n'est que le début d'un long voyage de clandestins vers la frontière espagnole avec leurs encombrants bagages et leurs trois chiens, entre bombardements italiens et barrages à franchir. Un autre exode. Le Royaume-Uni se retrouve isolé dans la poursuite du combat et menacé d'invasion. Une rumeur enfle dans Londres : les princesses Elizabeth et Margaret vont être expédiées à l'abri, au Canada. Immédiatement, la reine met les choses au point : « Les enfants ne peuvent pas partir sans moi et je ne veux pas laisser le roi, et le roi, bien sûr, ne veut pas partir. »

Les deux princesses sont alors installées à Windsor où elles passeront la totalité de la guerre, leurs parents, demeurés à Buckingham Palace, venant régulièrement les voir, notamment les week-ends. Mais par précaution, une unité spéciale de l'armée est chargée de la protection de la famille royale et de l'évacuer en un lieu secret en cas de débarquement ennemi. Elizabeth, la princesse héritière, âgée de 14 ans, demande qu'on lui apprenne à se servir d'un revolver. Elle s'entraîne tous les jours, sous la vigilance d'un sous-officier et de sa préceptrice. On entend d'insolites coups de feu dans un coin du parc de Windsor. Avec application, la future reine perfectionne son tir ! La « bataille d'Angleterre » va commencer.

En Espagne, les Windsor deviennent un risque pour George VI

En pleine nuit, les Windsor atteignent Barcelone. Puis ce sera Madrid, une ville détruite par la guerre civile, peuplée de survivants hagards et démunis de tout. L'errance du duc et de la duchesse intervient au moment où les événements militaires enveniment gravement les relations franco-britanniques. Le 3 juillet, la Royal Navy, mouillant à Mers el-Kébir près d'Oran, a coulé l'escadre française commandée par l'amiral Gensoul. Pour Churchill, qui a donné l'ordre de cette tragédie, il y avait une trop grande incertitude sur l'attitude de la Marine à l'égard de Vichy. La mort de mille trois cents marins français soulève l'indignation en France. Londres tente de se justifier en assurant qu'en dépit de la convention d'armistice, les Allemands cherchaient à s'emparer de ces navires français. A Vichy, où il s'est installé depuis le 1er juillet, le maréchal Pétain a rompu toute relation diplomatique avec la Grande-Bretagne.

Or, tandis que cette situation isole davantage le Royaume-Uni dans sa résistance, les Windsor continuent, presque quotidiennement, de poser problème sur problème à George VI et au Cabinet qui doivent se préparer à des attaques aériennes. Si Churchill a écrit au duc en lui demandant de regagner l'Angleterre le plus tôt possible

– contrairement à ce qui avait été convenu et organisé –, il s'agit d'une phase préparatoire à l'évacuation des Windsor vers une terre britannique loin de l'Europe, les Bahamas. En Europe, Edouard et Wallis sont doublement dangereux et pourraient même être capturés et devenir l'objet d'un chantage envers la Couronne britannique, Edouard, bien que dévoyé, demeurant le frère aîné de George VI. De leur côté, les Allemands s'interrogent sur l'attitude à avoir envers les Windsor à Madrid, car les exilés de passage ne sont pas toujours dociles et jouent parfois double jeu. L'ambassadeur allemand demande à Ribbentrop ses instructions. Faut-il, sous n'importe quel prétexte, intervenir pour retenir le duc et la duchesse en Espagne où Franco, vainqueur d'un pays traumatisé et en ruines, a décidé de rester neutre, puis « non belligérant » ? Les laisser partir ? Dans cette confusion de juin et juillet 1940, le couple, finalement, gêne aussi bien les Allemands et les Italiens que les Britanniques. Le plus extraordinaire est la façon dont le duc tient à préserver ses intérêts matériels, notamment en France, avec de telles exigences que l'on pourrait se demander s'il a bien pris conscience qu'une guerre mondiale a commencé et que la France est divisée en deux zones par une ligne de démarcation. *Via* les ambassades de Berlin et de Rome, Son Altesse Royale s'assure que La Croë (en zone libre) qu'ils louaient, ainsi que l'appartement du boulevard Suchet à Paris, également loué, seront maintenus en l'état par le très obligeant ambassadeur américain William Bullitt. Lequel va bientôt replier sa chancellerie au château de… Candé ! En résumé, les représentants des Etats en guerre les uns contre les autres s'arrangent pour que les « biens immobiliers Windsor » (qui ne leur appartiennent pas !) ne soient ni occupés ni dégradés ou pillés[1].

1. Il y aura encore plus surprenant : fin 1941, après l'entrée en guerre des Etats-Unis et l'occupation de La Croë par les Italiens, les instructions du duc et de la duchesse seront respectées. Encore mieux et tout aussi révélateur, « le compte des Windsor à la Banque de France ne fut jamais confisqué par le curateur allemand aux biens étrangers, Carl Schaefer » (Charles Higham, *op. cit.*).

Si le duc refuse d'obtempérer aux souhaits de Churchill et de regagner l'Angleterre – toutes les dispositions nécessaires à ce voyage ayant été prises par l'ambassadeur de George VI à Madrid, sir Samuel Hoare –, c'est officiellement parce que l'on refuse toujours de gratifier sa femme du titre d'Altesse Royale. En raison des circonstances menaçantes pour le Royaume-Uni, cette obstination protocolaire est consternante, déplacée et inconsciente. George VI avait été furieux d'apprendre, par voie diplomatique, que son frère et sa femme avaient été reçus à Madrid sous l'appellation de « Leurs Altesses Royales ». Comme à Berlin ! La colère de Churchill a fait trembler les murs de Downing Street. En accord avec George VI, le Premier ministre avait envoyé un télégramme comminatoire et sans précédent à l'ex-roi : « Votre Altesse Royale fait partie des cadres d'active de l'armée britannique ; son refus d'obéir aux ordres de l'autorité militaire compétente va créer une situation grave. J'espère qu'il ne sera pas nécessaire de prendre les mesures qu'elle impliquerait. »

C'était sec et sans appel : le duc de Windsor, major général, pourrait être arrêté pour insubordination ou désertion ! Un comble ! L'intéressé prend la menace au sérieux, rabaissant sa prétention à la demande d'une simple visite au roi et à la reine en compagnie de Wallis. Un compromis immédiatement refusé par Buckingham Palace, où l'on se demande s'il se passera un jour sans une jérémiade de l'ancien souverain ! Ainsi que le note, le 29 juin, John Colville, le secrétaire privé de Churchill, « il est inadmissible de marchander en un tel moment ».

Entre-temps, sur ordre de Ribbentrop parce que l'ambassadeur Bullitt avait quitté Paris, c'est son homologue allemand Otto Abetz qui est chargé de surveiller « officieusement et confidentiellement » l'appartement du boulevard Suchet. Avant la guerre, Otto Abetz avait noué des relations avec les intellectuels français germanophiles et, pour cette raison, il avait été expulsé en 1939. Depuis la défaite française et l'occupation de la zone nord, il était revenu comme représentant du Reich à Paris[1].

A Madrid, le duc se répand en propos pacifistes, regrettant le manque de préparation de la France alors que, depuis dix ans, l'Allemagne s'était entièrement réorganisée. Wallis abonde dans son sens, déclarant que la France « avait perdu parce qu'elle était minée de l'intérieur et qu'un pays dans cet état n'aurait jamais dû déclarer la guerre ». S'il faut reconnaître que ces deux remarques sont, hélas ! fondées, on doit aussi comprendre l'inquiétude qu'elles nourrissent, selon une note de l'ambassadeur américain en Espagne qu'il adresse à Washington, au Département d'Etat, sous forme d'alerte : « Ces observations ne sont pas sans valeur, ne serait-ce que parce qu'elles reflètent l'opinion d'un certain milieu anglais, qui pourrait prendre de l'importance et voir en Windsor et ses amis un groupe réaliste qui juge sainement la situation internationale et pourrait jouer un rôle en cas de paix générale[2]. » Et essayer de remettre sur le trône le roi traître... à condition que Berlin le dédommage financièrement. Si l'on résume cet imbroglio entre la fin juin et le début juillet 1940, alors que le Royaume-Uni vient de refuser une offre de paix allemande, les Windsor sont à la fois dangereux et en danger. Ils gênent chacun des camps adverses, sont des pions peu fiables sur l'échiquier de l'espionnage. Leurs prétentions constituent un provocant mélange d'esbroufe et de mensonges dans lequel la reconnaissance de leur position personnelle reste primordiale.

1. Six mois plus tard, le 15 décembre 1940, sur ordre de Hitler, Otto Abetz organisera le rapatriement aux Invalides des cendres de l'Aiglon, le fils de Napoléon, pour tenter d'amadouer les Parisiens, prémices de la collaboration franco-allemande dont il allait fédérer les partisans.

2. Extrait du rapport de l'ambassadeur américain en Espagne, A. Weddall ; voir Charles Higham, *op. cit.*

Pour l'éloigner, on nomme le duc gouverneur des Bahamas

Lorsqu'ils atteignent Lisbonne, le Portugal de l'austère économiste Salazar est officiellement neutre. Toutefois, la situation y est complexe, car si les Britanniques y ont plus d'influence qu'en Espagne, le gouvernement lusitanien ne cache pas une certaine sympathie pour les puissances de l'Axe, dans la mesure où elles combattent le communisme. Wallis le sait et cherche à en tirer parti pour assouvir sa vengeance. Le problème posé par la présence des Windsor sur le continent européen en guerre devient aigu, la duchesse étant obsédée par le fantasme de devenir reine ; elle se dit convaincue qu'après les premiers bombardements sur Londres, son beau-frère, tétanisé, abdiquerait en faveur d'Edouard. A l'opposé, le retour du couple au Royaume-Uni serait d'un effet désastreux pour le moral des troupes britanniques et aurait des conséquences humiliantes pour la famille royale. Au cours d'une audience avec le roi, Churchill tranche ce nœud gordien : d'un commun accord, un télégramme propose au duc sa nomination comme gouverneur et commandant en chef des Bahamas. L'archipel de sept cents îles et îlots est une colonie britannique depuis 1783. L'avantage des Bahamas est d'être loin de l'Angleterre. L'inconvénient, qui ne sera mesuré que plus tard, est que ce territoire est proche des Etats-Unis. Avant que ce choix ne fût arrêté, il avait été question de l'Egypte, mais c'était trop risqué. Consulté, l'archevêque de Canterbury, qui demeurait un adversaire intransigeant du duc, avait suggéré les îles Falkland (ou Malouines, selon les revendications de l'Argentine), car elles sont si éloignées que le duc « n'y pourrait faire aucun mal » !

Début juillet, Edouard accepte ses nouvelles fonctions, se disant certain qu'à Londres on a choisi ce qu'il y avait de mieux dans une situation délicate. Réponse télégraphique de Churchill : « Je suis heureux que Votre Altesse Royale ait accepté le poste, car il Lui permettra de rendre de grands services à l'Empire. » En langage churchillien, cela veut dire que le duc va être assigné là « où il sera le moins nuisible à l'effort de guerre ». Mais c'était compter sans les immédiates prétentions du couple Windsor sur la rémunération du gouverneur, le nombre de domestiques à leur service et surtout la prétendue nécessité de faire d'abord une longue escale aux Etats-Unis.

François Kersaudy remarque à juste titre que ce séjour « ne manquerait pas de causer un incident diplomatique : en année électorale, le président Roosevelt ne peut se permettre de laisser entrer aux Etats-Unis une Altesse Royale qui s'est compromise avec Hitler[1] ». Ajoutons que le duc va chercher à rencontrer les isolationnistes, c'est-à-dire ceux qui s'opposent à l'entrée en guerre des Etats-Unis. Enfin, une autre raison à ce voyage échappe à la politique, mais n'en est pas moins sensible pour la duchesse : elle a pris son nez en grippe et seul un chirurgien américain pourra le lui rendre aimable ! La nature de ses préoccupations en juillet 1940 est accablante !

Les caprices et rodomontades de l'ancien monarque et de sa femme (maintenant qualifiée de « garce » dans la famille royale) inspirent à Churchill des messages certes encore respectueux, mais où perce l'agacement : « Je regrette de devoir dire à Votre Altesse Royale qu'il ne saurait être question de détacher auprès d'elle des militaires en tant que serviteurs. Dans les temps que nous vivons, de telles mesures seraient immédiatement condamnées », « Monseigneur, puis-je me permettre de vous mettre sérieusement en garde… Bien des oreilles attentives et hostiles se tendront pour capter toutes rumeurs selon lesquelles Votre Altesse Royale aurait des vues sur la guerre, les Allemands ou l'hitlérisme qui divergeraient de celles de la nation britannique et de son Parlement… ». Afin de prouver à l'ancien roi que le Premier ministre de son frère ne bluffe pas, Winston avertit encore le duc qu'il est sous surveillance permanente : « Même pendant votre séjour à Lisbonne, des conversations ont été rapportées télégra-

1. François Kersaudy, *Histoire de la dernière guerre*, n° 10, mars-avril 2011.

phiquement par divers canaux, qui auraient pu être exploitées au détriment de Votre Altesse Royale... » On sent poindre la menace d'une cour martiale. On imagine les trésors de patience, les pertes de temps et les précautions que tout cela coûte à Churchill, en parfait accord avec son souverain, au moment où se précise la menace d'un débarquement allemand depuis la France occupée. Sans doute sous l'influence de Wallis, l'exaspérante réticence du duc – après qu'il a accepté le poste – se manifeste encore à l'idée d'être mis à l'écart dans ce qu'il nomme, avec mépris, « une colonie britannique de troisième ordre » ! Gibraltar, Hong Kong, voilà qui eût été flatteur ! Mais les Bahamas et Nassau, quelle province ! « On nous expédie à Sainte-Hélène ! » se lamente la duchesse, soudain cultivée. Le couple, snobissime, ose se plaindre de cette affectation à quelques aristocrates ibériques, consternés de l'opinion de ces perpétuels insatisfaits. Sont-ils capables de cesser de réclamer ? D'un dîner privé à un salon d'ambassade, les agents de Berlin en poste à Madrid et à Lisbonne sont informés et envoient rapidement leurs dépêches codées à leurs hiérarchies. En même temps, toujours depuis Lisbonne, les Windsor se tourmentent sur ce qu'ils ont laissé à Paris. Ils finissent par obtenir qu'une de leurs femmes de chambre, une Anglaise, soit envoyée à Paris pour faire expédier à Lisbonne tout ce qui fait défaut à ce couple de mondains pour arriver dignement dans leur « colonie de troisième classe ». Evidemment, il faudra de longues démarches administratives pour que la caméristе puisse se rendre à Paris... sous surveillance allemande !

Fin juillet, le duc ose encore écrire à Churchill qu'il attendra novembre (c'est-à-dire l'élection présidentielle américaine) pour prendre ses fonctions aux Bahamas et qu'il serait inconcevable d'y représenter le roi sans passer par les Etats-Unis, si proches...

Août 1940 : l'Allemagne commence à bombarder l'Angleterre

Or, dans un premier temps, le départ du couple contrarie les objectifs allemands. Le duc et la duchesse seraient en territoire britannique, donc en pratique des prisonniers des services de Sa Majesté. Que faire ? Les assassiner avant leur départ ? Ce serait se priver de la « solution de rechange sur le trône » concoctée par Hitler, donc à exclure. Mais la menace et la violence restent envisageables pour contrôler le duc, ce Narcisse préoccupé que l'on n'oublie ni ses médailles ni ses décorations, mais indispensable pantin pour obtenir que le Royaume-Uni demande la paix. On saura plus tard que Berlin avait finalement décidé de faire enlever le duc à Lisbonne, mais comme il était gardé par vingt policiers portugais en plus de sa protection habituelle et que les services britanniques redoublaient de vigilance, les ordres, obtenus avec difficulté, arrivèrent trop tard. L'adjoint de Himmler ne pouvait plus passer à l'action.

Au mouillage dans le port, le paquebot américain *Excalibur* n'attend plus que les Windsor. Enfin, à l'immense soulagement du roi et de Churchill, sans parler de la reine Mary, le couple si gênant consent à s'embarquer le 1er août 1940. Avec sa discrétion habituelle : cinquante-deux valises, trente clubs de golf, quatre chiens, sept caisses de madère et de porto, une limousine avec remorque et même une machine à coudre. Les deux passagers n'ont cessé de répéter qu'on les exilait dans une colonie misérable – c'était d'ailleurs exact – et ils ont ostensiblement pris leurs précautions.

Alors que le paquebot se dirige vers l'escale des Bermudes, le même jour la Luftwaffe lance ses premières vagues aériennes. Six cents appareils frappés de la croix gammée lâchent des chapelets de bombes sur les côtes anglaises. C'est le début de la Directive 17 du 1er août 1940. Les attaques sont quotidiennes. La Royal Air Force perd seulement deux cent quatre-vingt-dix appareils, grâce à la mise en place, encore limitée mais déjà efficace, d'un système d'ondes électromagnétiques très courtes qui reçoivent un écho permettant de situer la distance et la direction d'un objet. Ce sont les premières stations radar, une invention britannique encore à ses débuts, inconnue des Allemands. Ces radars permettent de prévenir les attaques à environ 120 kilomètres. Leur efficacité pratique est amplifiée par une certitude : un débarquement surprise en Angleterre est impossible.

Hitler va donc intensifier les raids aériens. La nuit du 7 septembre, deux cents bombardiers allemands forcent les défenses du ciel de Londres, tuant trois cents personnes et faisant plus de mille trois cents blessés. Un choc épouvantable pour la population redoutant qu'il soit le prélude à une invasion terrestre. Les docks de l'East End sont touchés, des dizaines d'incendies éclatent dans les quartiers modestes. Héroïque, la Royal Air Force ose et réussit un premier raid sur Berlin. Les dégâts ne sont pas considérables, mais l'impact psychologique est énorme. Hitler est furieux, Göring lui ayant assuré que la supériorité de la Luftwaffe rendrait invraisemblable une telle opération. Churchill ne pouvait que venger Londres meurtri en démontrant que Berlin n'est pas invulnérable. Cette réaction contraint Hitler à retarder l'opération *Otarie*, nom de code de l'invasion terrestre. Furieux, il doit s'en tenir au *Blitz*, la guerre éclair.

Dans la nuit du dimanche 8 septembre, alors que George VI travaille dans son bureau, une bombe tombe sur l'aile nord de Buckingham Palace sans exploser. L'engin est fiché juste en dessous de la pièce où se trouve le roi, resté d'un calme exemplaire. La bombe n'explose que la nuit suivante, pulvérisant le cabinet de travail que son occupant avait quitté pour se rendre à Windsor. Les fenêtres de toutes les pièces voisines jonchent les parquets et la piscine intérieure est endommagée.

Le fait que Buckingham Palace ait été visé et touché traumatise Londres. Et si le roi avait péri dans l'attaque ? Et si la bombe avait explosé en touchant le palais ? George VI et Elizabeth, revenus en hâte de Windsor, découvrent les dégâts et emménagent dans un appartement donnant sur une cour. Les bombardements reprennent, visant cette cible symbolique qu'est le palais royal. « C'est une attaque directe », note le roi dans son journal. Les mots sont sobres, mais le monarque est fragilisé nerveusement. « Je n'ose plus m'asseoir dans une pièce, incapable de lire et de me concentrer, prêt à courir, guettant le ciel à chaque fenêtre. » Le 13 septembre, un bombardier survole le Mall[1] à basse altitude. C'est l'artère royale par excellence, une longue allée d'honneur bordée de platanes. De l'Admiralty Arch, élevé en 1910 à la gloire de la reine Victoria, le Mall conduit directement à Buckingham Palace et toutes les manifestations officielles l'empruntent. L'avion largue ses bombes dans l'axe du palais. Assis dans un salon, le roi et la reine n'ont que le temps d'entendre les déflagrations et se retrouvent couverts d'éclats de verre, mais indemnes. Les souverains viennent d'échapper à la mort, mais cette vérité ne sera révélée qu'après la guerre, même au Premier ministre. Churchill écrira alors : « Si les fenêtres avaient été fermées au lieu d'être ouvertes, le verre aurait explosé aux visages du roi et de la reine, leur causant de très graves blessures. » Du Vatican, le pape Pie XII leur envoie un télégramme où il bénit Leurs Majestés saines et sauves. George VI, qui avait aussi été pilote, est troublé par la précision de l'attaque. Il soupçonnera que l'ennemi, connaissant parfaitement la disposition des pièces du palais, pourrait être un de ses lointains parents, un Saxe-Cobourg descendant lui aussi de Victoria, aviateur expérimenté passé au service de Mussolini. Le roi avait été averti que l'on avait vu récemment ce personnage à Madrid en compagnie du duc de Windsor. Mais l'assertion selon laquelle il avait bombardé Buckingham Palace ne put jamais être prouvée.

1. Le nom de *mall* viendrait de l'époque de Charles II (1660-1685), un roi Stuart, quand les courtisans s'y adonnaient à un jeu d'origine italienne appelé « paille-maille », comparable au croquet.

Touché par les bombes, Buckingham Palace incarne la résistance

Cette audacieuse opération au cœur même de la monarchie transforme le palais en symbole. Il fait de la famille royale l'égale du peuple bombardé jour et nuit. Plus tard, l'amiral Louis Mountbatten dira : « Si Göring avait pu imaginer la profondeur des sentiments que le bombardement de Buckingham Palace éveillerait à travers l'Empire et en Amérique, il aurait sans doute recommandé à ses assassins de garder leurs distances. » Dans les décombres de la chapelle du palais entièrement ravagée, la reine affiche un optimisme qui construira sa légende : « Maintenant, les gens sauront que nous sommes tous logés à la même enseigne. Ce qui me console un peu, c'est que je peux regarder l'East End en face. »

Cette compassion envers les quartiers dévastés la nuit précédente ne se réduit pas à une remarque. La ville de Londres déplore déjà deux mille victimes civiles et huit mille blessés. Les souverains se rendent sur place. On peut penser que jamais, dans l'histoire britannique, un roi n'aura rencontré autant de ses sujets, passant plus du tiers de son temps à les soutenir et à les réconforter. George VI, sanglé dans un uniforme impeccable, Elizabeth, bien entendu chapeautée et gantée, sont d'une élégance discrète, mais rassurante. Ils sont debout. Eux aussi se battent, leur devoir est de maintenir au plus haut la flamme de la résistance. A neuf reprises, la Luftwaffe frappera le palais. A chaque alerte, la famille royale, digne et organisée, descend dans les sous-sols, au milieu des serviteurs. La démocratie calme face à la terreur. D'ailleurs, la reine ne semble guère effrayée par ce pilonnage des appareils ennemis. Un jour, elle remonte même dans son appartement chercher l'un de ses chiens qu'elle avait oublié !

Pourquoi Elizabeth ne veut-elle pas revêtir un uniforme alors qu'elle est commandant en chef de trois mouvements de défenses féminins ? Elle se justifie, toujours en souriant :

« Si les gens venaient me voir, ils voudraient porter leurs plus beaux vêtements. » Toutefois, la reine veille à choisir des nuances discrètes, qui se marient avec la poussière des décombres, comme le bleu pâle, le rose ou le lilas. Le vert ? Pas question ! Cette teinte porte malheur ! Quant au noir, « c'est l'antithèse de l'espoir qui est le nôtre ! ». A la reine Mary, sa belle-fille, bouleversée par le spectacle des immeubles en ruines, de centaines de personnes qui ont tout perdu, leurs familles et leurs biens, attendant d'être secourues puis évacuées dans les rues éventrées, écrit : « Ces gens sont merveilleux, courageux. Nous devrons gagner ! » Même au Parlement, on est presque soulagé que le palais ait été gravement atteint. Le raid sur un tel endroit resserre encore le lien entre la monarchie et la population si durement éprouvée. Dans chaque cratère creusé par une bombe, après l'alerte, le couple royal est présent, par exemple dans les gravats d'un cinéma détruit de Baker Street, la rue où sir Arthur Conan Doyle avait domicilié l'imbattable Sherlock Holmes.

Si une alerte survient alors qu'ils vont d'une ruine à l'autre, les monarques descendent dans l'abri aménagé ou la cave la plus proche, voire une station de métro, partageant une tasse de thé versé d'une bouteille Thermos avec leurs compagnons d'infortune. Les rencontres sont joyeuses. Des voix à l'accent cockney, celui des faubourgs, les accueillent chaleureusement. Ici encore, Elizabeth remporte la palme de la popularité. On applaudit « cette brave femme qui est bigrement merveilleuse » ! La reine maîtrise ses larmes.

Même sous les bombes, sauf alerte générale et urgence absolue, le week-end royal à Windsor reste sacré, bien que souvent, le roi et la reine essaient de s'y rendre chaque jour pour voir leurs filles. Le couple quitte alors le palais, qu'il appelle familièrement *Buck house*, pour Windsor. Le vieux château n'est pas moins exposé que Buckingham. On comptera au moins trois cents bombes ayant frappé le domaine de Windsor. Et l'on verra les jeunes princesses creuser des tranchées dans les pelouses du parc. L'installation est devenue sommaire. La famille dort loin de ses appartements habituels, sur le sol de la Victoria Tower (aujourd'hui Queen's Tower), dans une excavation protégée par des plaques en acier et des sacs de sable. Un abri a été aménagé sous les quatre pièces de cette résidence spartiate. En cas d'alerte, des sirènes et des cloches électriques dans chaque corridor sont actionnées. La reine comme les nurses portent un bonnet de nuit « pour être décentes même à la guerre ». Norman Hartnell, le couturier d'Elizabeth, lui a confectionné une tenue nocturne adaptée « et même un coffret de velours noir pour y ranger son masque à gaz[1] ». Les restrictions concernent aussi les vêtements, qui doivent d'abord être utiles. Certains des atours du voyage officiel au Canada sont réutilisés, mais les broderies disparaissent. George VI ira jusqu'à peindre à l'intérieur des baignoires un trait indiquant le volume maximum d'eau autorisé pour un bain.

« Nous raserons les villes anglaises », promet Hitler de sa voix caverneuse. Il n'a pas encore pris la mesure de la détermination britannique à résister au prix de sacrifices et d'efforts quotidiens, souvent inimaginables. Et quand, en septembre 1940, Ribbentrop se rend à Rome et dit au comte Ciano, ministre des Affaires étrangères d'Italie et gendre de Mussolini : « La défense territoriale de l'Angleterre est inexistante. Une seule division suffira à provoquer un effondrement total », Churchill aura des mots brefs pour commenter cette affirmation : « Cela témoigne tout bonnement de son ignorance[2]. » Et, suivi de ses deux secrétaires qu'il épuise en dictant, sans arrêt, des notes et des instructions, le Premier ministre remonte dans son train spécial, inspectant la côte, scrutant le Pas-de-Calais avec ses jumelles et faisant étudier les marées et les mouvements de la lune. Il redoute une armada de moyen tonnage permettant à

1. William Shawcross, *op. cit.*

2. Winston Churchill, *Mémoires de guerre 1919-1941*, Cassell and Co, 1959 ; traduit, présenté et annoté en français par François Kersaudy, Tallandier, 2009.

l'ennemi de franchir la Manche. L'idée n'est pas nouvelle : dès juillet 1917, le même Churchill avait présenté au Premier ministre Lloyd George les plans d'un « chaland avec proue rabattable pour le transport et le débarquement des chars ».

Conscient de l'importance d'une relation permanente avec son Premier ministre, George VI modifie le rythme de ses audiences avec Churchill. Désormais, celle, hebdomadaire de 17 heures est remplacée par un déjeuner chaque mardi, souvent avec la reine. « En plusieurs occasions, il nous fallait prendre nos assiettes et nos verres et descendre dans l'abri, dont les travaux avançaient, pour y finir notre repas[1]. » Bientôt, par sécurité, le roi exclut tout domestique ; l'invité, le roi et la reine se serviront eux-mêmes. Une proximité, qui deviendra une intimité politique sans doute sans précédent dans l'histoire britannique depuis le temps de la reine Anne, au début du XVIIIe siècle, unit le souverain constitutionnel au chef du gouvernement. Churchill est même étonné que le roi, grand travailleur, ait parfois étudié avant lui certains dossiers, en connaisse les détails et formule des avis, ainsi que la Constitution le lui permet. Dépêches, télégrammes et notes sont soigneusement analysés par George VI. « Une grande chance pour l'Angleterre d'avoir un aussi bon roi et une aussi bonne reine pendant ces années fatidiques », écrira Churchill. Le stand de tir aménagé dans les jardins de Buckingham est maintenant utilisé par toute la famille, en présence d'aides de camp. « J'apportai bientôt au roi une carabine américaine à courte portée, choisie parmi plusieurs qui m'avaient été offertes : c'était une arme excellente. » Le roi et le Premier ministre forment désormais un solide tandem.

Pour la duchesse de Windsor, les Bahamas, c'est l'île d'Elbe !

Bien loin des bombardements du *Blitz* et des souffrances du seul pays d'Europe affrontant l'Axe, le duc et la

1. *Ibid.*

duchesse de Windsor achèvent leur escale aux Bermudes. Elle a duré huit jours et ils en repartent vers l'ouest, en direction des Bahamas. Exaspérés. Comme d'habitude. D'abord, parce que la duchesse y a été « mal considérée », c'est-à-dire qu'on a consenti, en de rares circonstances, à l'appeler du bout des lèvres « Votre Grâce », une transaction protocolaire due à l'exotisme, mais sans révérence de la part des dames. Un service minimum. Edouard a boudé puis répété, à haute voix, son idée fixe : « Si j'avais été roi, il n'y aurait pas eu de guerre ! » L'incident, qui s'est déroulé à la table du gouverneur de cette colonie britannique (depuis 1612), provoque un scandale, vite étouffé par un convive, ancien écuyer du duc. Alors que chaque nuit Londres est sous les bombes, le propos est indécent. Il est temps que le duc atteigne les Bahamas… et y reste, en exerçant sa fonction officielle avec l'obligation de réserve. Selon un témoin du séjour aux Bermudes, « il était passionnant d'observer ce couple célèbre et d'évaluer les impacts réciproques de leurs personnalités. Il était plus amoureux d'elle qu'elle ne l'était de lui, observai-je. Mais elle veillait sur lui avec des attentions presque maternelles. Tous les soirs, avant que nous nous séparions pour la nuit, elle me demandait le programme du lendemain, et notamment l'heure du premier rendez-vous du duc – car j'étais pour eux un réveille-matin. Quant à elle, c'était un chien de garde[1] ». Avant d'être une duchesse aigrie et intéressée, Wallis est une nurse et une surveillante indispensable. Dès leur arrivée à Nassau par une chaleur accablante, le duc est apparu en uniforme de major-général et Wallis en robe imprimée avec une toque banche relevée de nacre. Compte tenu de la température, le manteau de soie bleu marine était seulement pour les convenances. L'accueil est très officiel, avec le secrétaire aux Colonies dépêché par Churchill pour surveiller l'arrivée du nouveau gouverneur, sans doute aussi observé par des agents proallemands. Le consul des Etats-Unis est venu, si l'on ose dire, en voisin, vraisem-

1. Mémoires de Frank Giles, *Sundry Times* ; voir Charles Higham, *op. cit.*

blablement à la demande du Département d'Etat après une intervention de Londres. Car la question est simple dans sa complexité : que va faire le duc de Windsor, frère du roi, nommé gouverneur d'une colonie, donc représentant du roi ? Pourvu d'un poste officiel, d'un traitement, d'une résidence et ayant, *a priori*, la confiance de son frère et celle du Cabinet, sera-t-il enfin fidèle à la Couronne britannique, ou toujours inféodé à l'Allemagne ou à l'un de ses satellites ? En effet, la réputation du duc de Windsor est bien établie : l'homme est très influençable, oscillant entre les meilleures et les pires intentions, cyclothymique et assez peu courageux. Et, par-dessus tout, complètement soumis à sa dangereuse épouse. En résumé, à défaut d'être utile, l'ancien roi cesserait-il d'être nuisible ?

A sa prise de fonction – uniforme blanc et casque colonial –, il jure fidélité au roi son frère tandis que claque l'Union Jack dans le ciel chargé des Antilles. Aucune amabilité n'est perceptible sur son visage. Wallis, en blanc, est à côté de lui, alors qu'elle aurait dû être derrière le nouveau gouverneur. D'ailleurs, le protocole est une de ses obsessions, puisqu'elle essaie toujours de le détourner à son avantage. Aux Bahamas, où la population et les officiels locaux sont évidemment curieux d'approcher un couple si légendaire – quel changement ! –, dans la salle du conseil, la duchesse veille à être une marche en dessous du duc, mais une marche au-dessus de celle qui aurait été réservée à la femme d'un gouverneur ordinaire. « Les autorités du lieu avaient passé des heures avant de décider cette marque discrète de reconnaissance[1]. »

A l'évidence, depuis l'arrivée des Windsor à Nassau, le cérémonial prend une importance démesurée, quasi folklorique. La duchesse, n'étant pas l'épouse d'un gouverneur ordinaire, mène sa guerre à elle : celle de sa place, qu'elle n'estimera jamais assez reconnue.

A la différence du bâtiment officiel, fraîchement repeint et agréablement meublé, la résidence du gouverneur est au

1. Charles Higham, *op. cit.*

bord de la ruine ; sa piscine, envahie par une végétation glauque, et l'aspect général de la demeure donnent une impression d'abandon. Est-ce une punition voulue par George VI et Churchill ? Ou le hasard d'un précédent locataire peu soucieux de confort et d'un affligeant manque d'entretien ? En visitant la maison qui va abriter leur amour, Edouard et Wallis découvrent une inscription rongée par l'humidité : « *His Majesty King Edward VIII.* » Quelle émotion ! Il faut vraiment se trouver au bout du monde pour dénicher un tel vestige officiel, celui d'un règne déjà oublié. C'était il y a quatre ans, le monde était encore en paix. Et les boîtes aux lettres de l'île, écaillées et rouillées, ces symboles du Royal Mail, sont, elles aussi, encore à l'effigie d'Edouard VIII, que l'on a nommé gouverneur pour l'éloigner d'Europe.

Assez rapidement, les Windsor épuisent les plaisirs locaux. Ils sont deux objets de curiosité, car on n'a jamais vu un ancien roi accepter d'être gouverneur.

Le duc et sa femme s'ennuient : ils veulent se rendre au Canada

L'ambiance coloniale n'est qu'une vie de province sous les palmiers, avec ses ragots, ses petitesses, ses cérémonies démesurées, ses vents qui ne rafraîchissent jamais l'atmosphère. La duchesse semble, un temps, s'accommoder de la situation. Elle devient présidente de la Croix-Rouge insulaire et soutient deux cliniques pour enfants sur l'île de New Providence, des établissements modernes financés par le biais d'une fondation créée par Edouard du temps où il était prince de Galles. Wallis achète une voiture pour les tournées des infirmières et accueille les cas particulièrement graves ou urgents. La duchesse se serait-elle convertie en dames d'œuvres ?

En réalité, à Nassau, Wallis étouffe, à tous égards. Décidément en veine napoléonienne, elle surnomme la capitale « Elba », une nouvelle « île d'Elbe ». Mais quel progrès par rapport à Sainte-Hélène : on peut s'évader de l'île d'Elbe ! Le duc annonce son intention de se rendre au Canada afin de visiter son ranch dans la province d'Alberta. Immédiatement, les autorités américaines informent Londres qu'un tel voyage est exclu, car il comprendrait nécessairement une escale sur le territoire américain. Ce serait inopportun en période électorale. La presse s'en mêlerait, certains milieux crieraient au scandale et, de plus, on s'étonnerait qu'à peine arrivé, le gouverneur des Bahamas mette entre parenthèses ses responsabilités officielles. Donc, l'île d'Elbe redevient Sainte-Hélène !

Divers personnages, à la fois douteux et puissants, gèrent de gros intérêts depuis les Bahamas. Ils sont précisément le genre de personnes qu'aiment fréquenter les Windsor car ils ont des relations partout, de l'argent et des idées voisines des leurs. Le plus tonitruant de ces exilés volontaires est un multimilliardaire suédois, Axel Wenner-Green. Interdit de séjour aux Etats-Unis, il n'en est jamais loin, naviguant à bord du plus somptueux yacht du monde, le *Southern Cross*, acheté à l'excentrique et génial Howard Hughes. La colossale fortune du Suédois, géant charnu au visage rose et aux cheveux blancs, vient de deux inventions ayant révolutionné la vie quotidienne : l'aspirateur et le réfrigérateur. Si ses usines, sous la marque Electrolux, sont respectables, ses activités bancaires et annexes le sont moins. Ayant rencontré Göring à Berlin juste avant la guerre, il ne lui avait pas caché ses sympathies nazies, sous couvert d'une paix perpétuelle avec l'Angleterre. Depuis, Axel Wenner-Green avait fondé des banques, pris des participations dans d'autres en liaison avec Berlin et, *via* une banque de Cologne, finançait la Gestapo. Couronnement de ses activités lucratives, il vendait des armes aux républiques sud-américaines. On comprend que son yacht change régulièrement d'immatriculation et soit équipé d'une station de radio privée. Et on comprend aussi qu'étant en relation avec Charles Bedaux, il avait été informé de l'arrivée – peu discrète, il est vrai – des Windsor et leur avait souhaité la bienvenue.

La duchesse, faisant valoir son ancienne nationalité américaine, réussit un exploit : elle obtient un passeport américain et un visa. Et fin octobre, elle envoie à Miami deux caisses de vêtements destinés à être nettoyés et raccommodés. Mais le FBI, qui connaît ses sympathies, la surveille aussi. L'adjoint de Edgar J. Hoover, patron du FBI qui espionne tout le monde, est informé de cet étrange et lointain service de nettoyage, d'autant plus anormal que la résidence du gouverneur n'est pas dépourvue de personnel. Ces envois sont arrêtés, car « il se peut que les vêtements servent à passer des messages[1] ». Wallis n'en était pas à une excentricité vestimentaire près : sa légende voulait qu'à Nice, elle ait dérangé le consul général américain pour qu'on lui rapporte… le maillot de bain vert qu'elle avait oublié à La Croë et dont elle avait un urgent besoin ! « Le maillot vert de la duchesse » était devenu célèbre sur toute la Côte d'Azur !

Si le duc harcèle le gouvernement américain pour rencontrer le président Roosevelt, sa fonction de gouverneur l'oblige à quelques activités guère passionnantes, telles que l'ouverture du Parlement de la colonie, l'annonce de diverses réformes, les solutions à trouver pour les problèmes de transport, de pêche aux éponges, de chômage. Le public applaudit. Le duc s'est appliqué et beaucoup ennuyé. En clôture, il reformule un plaidoyer en faveur de la paix en Europe pour arrêter ce cauchemar.

14 novembre 1940 : la Luftwaffe rase la ville de Coventry

Un cauchemar, en effet… mais à 8 000 kilomètres des Bahamas. La nuit est claire sur le château de Windsor. Sa défense aérienne signale des vagues d'appareils ennemis survolant le château, puis se dirigeant vers le nord. Le raid de la Luftwaffe a un nom de code romantique, *Moonlight Sonata*. La sonate au clair de lune est interprétée par trois cents

1. *Ibid.*

bombardiers qui lâchent, en dix heures, 543 tonnes de bombes explosives, plus neuf cents bombes incendiaires sur la petite cité de Coventry, au centre de l'Angleterre. La ville est totalement dévastée, y compris sa cathédrale Saint-Michael du XIVe siècle. On compte cinq cent sept morts et plus de quatre cent vingt blessés – le chiffre sera, hélas ! revu à la hausse – dans l'aube enflammée du 15 novembre. Le spectacle est terrifiant. Sur les soixante-quinze mille bâtiments de la cité, il en reste à peine quinze mille debout, souvent lézardés et sur le point de s'effondrer. Depuis le début de la guerre, c'est la plus grande attaque aérienne allemande. Pourquoi ? En représailles au raid britannique, réussi, le 6 novembre, contre Munich. Pourquoi Coventry ? L'industrie de l'armement y est très active, notamment dans la fabrication des moteurs d'avions. Selon la radio de Berlin, vingt-sept entreprises sont hors d'état de fonctionner, la production ne pourra pas reprendre avant plusieurs semaines[1].

Au matin du 16 novembre, George VI se rend en voiture à Coventry, ou plutôt vers ce qu'il en reste. La voie ferrée étant détruite, il n'a pu emprunter le train royal, dont certaines voitures datant du règne de Victoria avaient été modernisées et réaménagées. Le roi, bouleversé, traverse les ruines fumantes d'une ville rayée de la carte. Combatif, Churchill écrira : « Pourtant, les usines d'aviation et de machines-outils, d'importance vitale, ne furent pas mises hors service, et la population, qui n'avait pas encore subi l'épreuve d'un bombardement, ne fut pas mise hors de combat. En moins d'une semaine, un comité de reconstruction d'urgence accomplit un admirable travail en redonnant vie à la cité. »

Coventry n'est que le début d'un déluge de bombes sur le royaume. Londres puis Birmingham (huit cents morts, deux mille blessés) sont frappées. Ensuite, le poids de l'attaque se concentre sur les ports, Bristol, Southampton et surtout Liverpool, avant que des centres de production

1. L'ampleur du bombardement fera naître en Allemagne un substantif, « Coventrysation », avec la menace que d'autres villes subiraient le même sort.

d'armement à Plymouth, Sheffield, Manchester, Leeds et Glasgow subissent les mêmes épreuves. Partout, les souverains sont présents. Le roi s'informe des détails techniques sur l'approvisionnement en eau, le chauffage, l'éventuel rétablissement de l'électricité. La reine trouve les mots appropriés en posant des questions pratiques : « Avez-vous assez à manger ? Vous a-t-on donné des vêtements chauds ? Comment faites-vous pour réchauffer le biberon de votre bébé ? » Sans relâche, surtout après l'horreur de Coventry, George VI et son épouse parcourent des dizaines de milliers de kilomètres en train ou en voiture. Admirative, la presse américaine surnomme la reine « le ministre du Moral ». Par sécurité, ses visites sont rarement annoncées. Surprenant les survivants des zones sinistrées, elle transcende la sympathie conventionnelle. Les sujets britanniques disent : « Pour le roi, nous avons de l'admiration, pour la reine, de l'adoration. »

Le dimanche 29 décembre, des bombes incendiaires tombent en chapelets sur la City. Des mines parachutées crèvent des conduites d'eau, empêchant les pompiers d'éteindre plus de mille cinq cents incendies. Les dégâts sont sérieux dans les gares et les docks. La cathédrale Saint-Paul est miraculeusement épargnée. Churchill raconte : « Un désert de ruines s'offrait à nos regards, en plein cœur du monde britannique. Mais quand le roi et la reine visitèrent les lieux, ils y furent accueillis avec un enthousiasme dépassant de beaucoup celui soulevé par les cérémonies royales. » Cecil Beaton, en photographe à l'œil expert, regrette que la reine ne soit pas elle aussi en uniforme, car sa silhouette est un peu enveloppée et l'on doit voir la beauté de sa peau et de ses yeux. Mais c'est par son charme qu'elle construit son image et celle de son couple. Avec un sens aigu des relations publiques. Ainsi, en visitant un centre d'alimentation, un enfant, très sale et dans les bras de sa mère, joue avec le collier de perles que porte Elizabeth. Un photographe se précipite, essayant de fixer cette image, mais trop tard : la reine s'est retournée afin de poursuivre sa visite. Lord Woolton, qui accompagne la souveraine, lui dit :

— Madame, Votre Majesté a brisé le cœur d'un journaliste…

Ne montrant aucun signe qu'elle avait entendu la remarque, la reine se retourne pour que l'enfant puisse encore jouer avec les perles… et le cliché est pris !

Peu à peu, l'image d'Elizabeth devient de plus en plus proche de la population éprouvée, et l'on se répète les preuves de sa bienveillance naturelle et de sa solidarité quotidienne. Ainsi, une vieille dame est en larmes parce que son chien, effrayé par le fracas des bombes, s'est réfugié dans un trou, parmi les débris de sa maison. Attendrie, Elizabeth propose :

— Peut-être puis-je essayer ? J'ai assez l'habitude des chiens.

Et la reine s'agenouille dans les gravats, rassurant l'animal qui finalement montre son museau et sort.

Churchill dirige l'action depuis son cabinet de guerre souterrain

Les bombardements aériens, qui avaient été utilisés pour la première fois lors de la Grande Guerre, sont devenus une menace si redoutable que des mesures devaient être prises pour protéger les centres de décisions politiques. Si Buckingham Palace et Windsor, cibles civiles particulièrement voyantes, ont été truffées de dispositifs plus ou moins efficaces afin de mettre en sécurité la famille royale autant que cela est possible, il était indispensable de remédier à la vulnérabilité des services du Premier ministre. Les deux cent mille blessés de la première semaine de guerre et les six cents tonnes de bombes tombées sur Londres pendant la même période avaient été suivis d'un rapport inquiétant de la Royal Air Force. Désormais, le plus grand danger venait du ciel. Il fallait donc choisir un site proche de Downing Street et de tous les services du gouvernement. On s'arrêta sur les pièces en sous-sol du ministère des Travaux publics, en face de Saint-James' Park, une rue appelée communément George Street. L'immeuble, particulièrement solide, est idéalement placé entre le Parlement et Downing Street, à la fois bureau et résidence du Premier ministre. Les travaux avaient commencé en juin 1938 : on avait creusé 4 mètres sous terre afin de regrouper le Cabinet et le centre unique des opérations militaires en un seul endroit, en cas de besoin. Les résultats illusoires de la Conférence de Munich avaient accéléré leur aménagement. D'abord envisagée comme provisoire, la *War Room* était devenue opérationnelle le 27 août 1939, exactement une semaine avant que l'Allemagne envahisse la Pologne et que le Royaume-Uni déclare la guerre. La structure « temporaire » allait servir pendant six ans… Elle comprend neuf pièces, réaménagées en 1941, permettant à Churchill de travailler, de s'alimenter et de se reposer, même en cas de bombardement intensif. Le Premier ministre et son épouse Clementine peuvent y vivre dans une partie privée à côté d'une salle de réunion des chefs d'état-major et d'une salle des cartes du théâtre des opérations, car le chef du gouvernement est aussi ministre de la Défense[1]. Dans son quartier général où le temps n'existe plus, comme dans une nuit éternelle, à la lueur de lampes rouges signalant les alertes, Churchill travaille à un rythme épuisant, informant le roi et Westminster de l'évolution de la situation. Seuls sa sieste, les stimulants cigares de havane, quelques alcools et la certitude d'être hors d'atteinte lui permettent de tenir. Il assure : « Je préfère voir Londres bombardée plutôt que souillée par la pire servitude. » George VI fera désormais partie des rares personnes autorisées à prendre connais-

1. Ce « bunker à l'anglaise » ne sera plus utilisé après la capitulation du Japon en août 1945. Le 16 août, la *War Room* éteignit ses dernières ampoules rouges, la porte blindée fut fermée et les pièces furent laissées intactes. En 1948, le Parlement lui accorda le statut de « site historique devant être préservé ». C'est seulement en 1981 que le Premier ministre Margaret Thatcher décida de rendre ce vaste abri accessible aux visiteurs et que son histoire fut connue. Il a été restauré dans son état de guerre et c'est une visite absolument passionnante, ouverte au public en 2003. Il n'y manque que la fumée des cigares de sir Winston…

sance des messages décryptés de la sophistiquée machine allemande, *Enigma*. A force de patience et d'astuce, un génial mathématicien britannique parviendra à en briser les codes ; mais cette investigation prendra des mois, après la capture d'un sous-marin ennemi, en 1941.

Le 5 novembre, le démocrate Franklin Delano Roosevelt est réélu président des Etats-Unis. Aux exilés des Bahamas, la fin de la campagne électorale et ce troisième mandat de Roosevelt paraissent un espoir – insensé –, celui de pouvoir enfin se rendre à Miami puis à Washington. Les Windsor cherchent le prétexte d'une croisière qui, comme par hasard, les rapprocherait des côtes américaines. Edouard tient absolument à ce que Roosevelt fasse pression sur Londres pour obtenir une paix séparée et arrêter cette maudite guerre. Mais ni le duc ni la duchesse n'ont conscience que la position américaine n'est plus attachée à l'isolationnisme, à la recherche de la paix pour protéger les intérêts d'outre-Atlantique. Bien que réélu avec une majorité réduite (54 % contre 61 % lors de son précédent mandat), Roosevelt envisage de poursuivre la levée de l'embargo sur les armes à condition que les belligérants les paient comptant et assurent leur transport. Cette loi, dite *Cash and carry* (« payez et emportez »), avait été votée par le Congrès en novembre 1939. Mais surtout, impressionné par la résistance du Royaume-Uni demeuré seul dans la lutte, Roosevelt, qui correspond régulièrement avec George VI, fédère toutes les opinions afin d'aider les Britanniques. Le 2 novembre – trois jours avant sa réélection –, Roosevelt avait déclaré : « Notre politique consiste à donner toute l'aide matérielle possible aux nations qui résistent encore à l'agression au-delà des océans Atlantique et Pacifique. » Et le même jour, au Madison Square Garden de New York, l'un de ses rivaux avait tenu des propos encore plus engagés : « Tous sans exception, républicains, démocrates et indépendants, nous sommes partisans d'apporter notre aide à l'héroïque peuple britannique. Nous devons mettre les produits de notre industrie à sa disposition. »

A peine réélu, Roosevelt fait adopter le principe d'une répartition de la production américaine d'armement, la moitié pour les Etats-Unis, la moitié pour la Grande-Bretagne et le Canada. Une commande de vingt-trois mille avions est confirmée ; le financement de cette aide considérable sera assurée par la loi du prêt-bail. Le Royaume-Uni a déjà versé 4,5 milliards de dollars en devises, or et investissements susceptibles d'être convertis en dollars. Pour compléter, il faudra augmenter l'extraction de l'or dans l'Empire, surtout en Afrique du Sud, et développer les exportations de luxe, comme le whisky. Ce système engage les Etats-Unis à vendre, louer ou prêter tout moyen de défense militaire à un pays dont la sécurité est jugée indispensable pour Washington. En l'occurrence, il permet d'aider la Grande-Bretagne sans entrer dans le conflit mondial – pour l'instant... George VI et Churchill sont rassurés : l'Amérique leur fournit un apport logistique considérable, sans nuire à ses intérêts.

Les Windsor profitent d'une croisière pour gagner les Etats-Unis

Inconscients de cette évolution diplomatique et militaire qui bat en brèche l'isolationnisme américain, le gouverneur et la duchesse s'embarquent pour une croisière plusieurs fois remise à cause du mauvais temps. Par tous les moyens, ils cherchent à s'évader de l'atmosphère confinée, selon eux, de leur « petit et pauvre » territoire. A Londres, on suit ce périple avec la plus grande attention, car on connaît l'entêtement du duc à vouloir rencontrer Roosevelt. Mais la Maison Blanche rassure et le roi et le Premier ministre : dans l'immédiat, aucune entrevue présidentielle n'est prévue ni même envisagée avec Son Altesse Royale. Il faut dire que Washington, comme Londres, a reçu des informations qui n'ont pas amélioré l'image du gouverneur si peu appliqué à ses fonctions. En effet, après la poignée de main échangée à Montoire entre Hitler et le maréchal Pétain, le

Führer se serait rendu au château de Candé où il aurait vu, avec satisfaction, que la bibliothèque avait conservé les portraits du duc et de la duchesse le jour de leur mariage. Et Hitler aurait salué, à sa légendaire façon, le souvenir de deux « fidèles amis » tellement attachés à la paix ! Fidèles, sans doute, mais amis ?

Dans ces eaux émeraude auxquelles les Bahamas doivent une part de leur charme, voici que croise aussi Axel Wenner-Green à bord du *Southern Cross*. Le Suédois est en compagnie de son épouse, une chanteuse américaine. Le temps d'une réception à bord, les Windsor n'ont d'autre discours qu'une paix séparée entre le Royaume-Uni et l'Allemagne. Ils sont fastueusement reçus. Pendant ces beaux discours, à l'heure inévitable des cocktails, le Suédois s'occupe de transfert d'argent en direction du Mexique, une de ces opérations douteuses dont il est coutumier. La rencontre avec un général mexicain pronazi est doublement choquante, puisque Londres a rompu ses relations diplomatiques avec Mexico. Si la mer est transparente, elle est infestée de requins.

Toujours obsédée par sa volonté de gagner le territoire américain, la duchesse affirme qu'elle souffre affreusement des dents, mais aussi de la bouche et doit consulter d'urgence à Miami car, dit-elle, ce n'est pas aux Bahamas qu'elle trouvera un stomatologue compétent. Evidemment, le praticien pourrait prendre l'avion de Miami à Nassau, mais ce serait trop simple et surtout cela ruinerait sa stratégie de conquête américaine. Informé par ses agents, Washington donne son feu vert au débarquement du couple à Miami. Une arrivée pénible, malgré les vingt mille personnes qui attendent les Windsor – « au grand mécontentement de la presse de gauche », écrit Charles Higham –, car la duchesse souffre réellement – ce n'était donc pas une ruse – et elle est immédiatement opérée d'une molaire inférieure, puis soignée pour un début de septicémie. Sa convalescence est longue. Le duc en profite pour demander à rencontrer Roosevelt qui se repose au large d'Eleuthera, une île de l'archipel bahamien.

En cette fin d'année 1940, on peut observer trois facettes de l'ancien roi.

Il y a le duc de Windsor, nettement proallemand puisqu'il veut contraindre son pays à demander la paix.

Il y a ensuite le gouverneur d'une colonie britannique qui propose au président des Etats-Unis d'installer des camps de jeunesse analogues à ceux conçus pendant la Grande Dépression « pour rendre espoir aux chômeurs » (on connaît la fibre sociale d'Edouard).

Il y a enfin l'Altesse Royale qui, en regagnant Nassau à bord du *Southern Cross* du Suédois si serviable, ose affirmer à des journalistes qu'il accepterait volontiers le poste d'ambassadeur britannique aux Etats-Unis en remplacement de lord Lothian, décédé parce que ses convictions lui interdisaient de consulter un médecin. Inutile de dire qu'à Buckingham Palace et chez Churchill, la colère est vive à l'annonce de cette candidature indécente, qui se greffe sur l'interdiction réitérée du Premier ministre de se rendre sur le territoire américain, dont le couple n'avait tenu aucun compte. Il fallait être réaliste : en dépit des prodiges de patience et des bonnes volontés affichées par le roi et son gouvernement, les Windsor étaient un danger public pour les intérêts et la réputation britanniques. Géographiquement, depuis quatre mois, l'insupportable couple résidait trop près des côtes américaines ! Dès qu'il le peut, le duc, oubliant qu'il est aussi gouverneur au nom de Sa Majesté, assure que « Hitler est un très grand homme » et, gommant la précieuse aide américaine, affirme : « Il est trop tard pour que l'Amérique sauve la démocratie en Europe. Elle ferait mieux de se contenter de le faire chez elle. ». Voilà un échantillon du « cadeau de Noël » adressé par le frère du roi à George VI et à Churchill. Ils sont furieux et consternés.

Paradoxalement, les chimères de l'étrange gouverneur confirment le rapprochement entre Londres et Washington

Roosevelt envoie un émissaire à Londres pour confirmer son soutien

Le 10 janvier 1941, l'archipel maltais est bombardé par les aviations allemande et italienne. Ce même jour, Churchill reçoit pour quelques heures, à Downing Street, un émissaire personnel du président Roosevelt. Précédé des plus hautes recommandations, Harry Hopkins est d'apparence frêle, mais son esprit est brillant et caustique. Le Premier ministre, d'une plume qui n'oubliait pas ses anciennes fonctions de Premier lord de l'Amirauté, dira de son visiteur : « C'était un phare qui menaçait ruine, mais d'où jaillissaient les rayons qui guidaient de grandes flottes jusqu'au port. »

L'Américain parle pendant trois heures. Ses yeux brillent. Il est un passionné calme. Son message est le plus rassurant qui soit, alors que Londres est sous les bombes presque chaque nuit : « Le président est résolu à ce que nous gagnions la guerre ensemble. Ne vous y trompez pas. Il m'a envoyé ici pour vous dire qu'il vous soutiendra jusqu'au bout, à n'importe quel prix et par tous les moyens, quoi qu'il puisse lui arriver. Il n'y a rien qu'il ne soit décidé à faire, jusqu'à l'extrême limite de ses possibilités[1]. »

Au président réélu, George VI avait immédiatement envoyé ses félicitations : « Dans ces temps graves et angoissants, c'est un grand soulagement de savoir que votre politique sage et d'un fort soutien continuera sans interruption[2]. »

Le 30 janvier, le roi et la reine invitent Harry Hopkins à déjeuner à Buckingham Palace avec le Premier ministre. Churchill couvre ce visiteur d'éloges, car « il brûle de la flamme de la démocratie » et se permet de noter qu'il boit

1. Winston Churchill, *op. cit.* Ce message peut aussi être interprété comme une allusion à la santé précaire du président américain, atteint de poliomyélite, ce qui avait interrompu sa vie politique vingt ans plus tôt.
2. Traduction de l'auteur, extrait de Sarah Bradford, *George VI*, *op. cit.*

beaucoup trop eu égard à sa santé fragile. Venant de Churchill, quelle référence ! Hopkins avait déjà été impressionné par les souverains lors de leur visite officielle à Washington. Au-delà du message dont il est porteur, l'envoyé de Roosevelt veut sonder l'opinion britannique. Le président avait été troublé par les propos défaitistes qu'avait tenus l'ancien ambassadeur Kennedy sur les Anglais et désirait savoir si « leur moral était aussi sombre qu'il l'avait prétendu ». La reine explique combien les mots sont difficiles à trouver pour réconforter la population accablée de tant de malheurs. Mais le regrettable malentendu diplomatique est dissipé, puisque les Etats-Unis, après avoir déjà saisi les biens allemands et japonais, s'étaient dotés d'une véritable industrie de guerre, avaient institué le service militaire obligatoire, occupé le Groenland et l'Islande et donné l'ordre à l'US Navy de tirer sur les sous-marins allemands. Les Etats-Unis se considéraient comme « l'arsenal de la démocratie ».

Puisque Roosevelt ne souhaite que la défaite de Hitler, George VI est politiquement rassuré. Sa Majesté fera tout pour que son Premier ministre et le président des Etats-Unis entretiennent des rapports personnels constants pour un seul objectif : la victoire. Pour cette raison, le roi met tout son poids dans la nomination de lord Halifax en qualité de nouvel ambassadeur à Washington, lui certifiant qu'« en ce moment, c'est un poste beaucoup plus important que celui de ministre des Affaires étrangères » où Anthony Eden vient d'être nommé. Comme Churchill, le roi sait que sans l'appui américain, la guerre ne saurait être gagnée. Mais George VI, officier de marine, est très inquiet des dommages causés à la Royal Navy et aux navires marchands par les redoutables U-Boote, les sous-marins allemands, surnommés « les loups de l'amiral Canaris ». Au printemps 1941, les submersibles de la Kriegsmarine torpillent les convois. Il va falloir les protéger. La bataille aérienne d'Angleterre se double d'une bataille navale dans l'Atlantique. Pour Londres, elle est prioritaire et replace au second rang des urgences l'invasion de la Yougoslavie et celle de la Crète.

Le 3 juin, le roi écrit une nouvelle fois à Roosevelt, le remerciant de l'aide du puissant potentiel industriel américain. Le souverain rend hommage à l'inlassable travail de Churchill et se réjouit que les contacts entre Londres et Washington n'utilisent pas que les canaux officiels, les circuits privés permettant d'exprimer toute la chaleur des engagements mutuels. Or, le roi ne reçoit aucune réponse, et la reine n'en reçoit pas davantage à une lettre qu'elle avait adressée à Mrs Roosevelt. George VI en conclut que ces courriers ont été égarés par la valise diplomatique et qu'ils n'ont jamais été remis à leurs destinataires.

Or, le couple royal se trompe. En réalité, Roosevelt ne peut intensifier son aide, déjà très importante. Le niveau suivant ne pourrait qu'être la déclaration de guerre à l'Allemagne, ce que les Américains ne souhaitent pas et le Congrès s'y opposerait. L'assistance ? Sans réserve. La guerre ? Pas question ! Même le torpillage d'un cargo américain ne déclenche pas une réaction de représailles de la part de Washington. Une autre raison explique le silence des Roosevelt. Le président est fasciné par Churchill, sa puissance de travail, l'étendue de ses interventions, et il a amplifié ses contacts avec lui. Même le penchant pour la boisson du Premier ministre, qui affine sa lucidité, lui paraît grandiose. On avait rapporté au président qu'en septembre 1939, dans le quart d'heure où le Premier ministre Chamberlain avait annoncé la déclaration de guerre, Churchill et son entourage s'étaient dirigés vers un abri « armés d'une bouteille de cognac et d'autres remontants thérapeutiques appropriés ». Avant tout contact avec la *War Room*, le président malade demande souvent : « A-t-il bu ? » Leur première rencontre a lieu le 9 août au large de Terre-Neuve, dans la baie de Placentia, à bord du *HMS Prince of Wales* et d'un bâtiment de l'US Navy, *Augusta*, un nom que l'on aurait *a priori* imaginé en usage dans la marine allemande. Pourquoi cette réunion ? Parce que l'opération *Barbarossa*, autrement dit la rupture du pacte germano-soviétique et le déferlement de l'armée allemande sur l'URSS, viennent de changer la nature de la guerre. Désormais, Staline, victime, peut-il devenir un allié contre Hitler ? Le roi George VI a favorisé la rencontre Roosevelt-Churchill et a adressé au président une note, fièrement brandie par le Premier ministre, exprimant sa satisfaction que Roosevelt le connaisse car, dit-il, « (...) je suis certain que vous conviendrez avec moi qu'il est un homme très remarquable[1] ».

Cette première conférence entre Alliés a pour objet la nouvelle situation militaire. Le Premier ministre redoute une défaite soviétique et prévient Roosevelt que les conséquences en seraient incalculables. Le président américain a encore les mains liées par les isolationnistes, mais il promet son aide dans la Charte de l'Atlantique signée le 12 août 1941. La déclaration finale, notamment son article 6, est pétrie de bonnes intentions. Les deux Etats s'engagent à détruire définitivement « le national-socialisme et sa tyrannie », espérant chacun vivre en paix dans ses propres frontières « où tous les hommes de tous les pays pourront passer toute leur vie à l'abri de la peur et du besoin ». A George VI, la naïveté de ces propos fait peur ; il craint une répétition de ce qui s'était passé après 1918, quand les Etats-Unis s'étaient retirés d'Europe, sauf quelques intellectuels, mondains ou aventuriers, qui y avaient trouvé un exutoire à leurs angoisses. A sa mère la reine Mary, le roi fait part de son inquiétude, mais Churchill se veut rassurant : il serait inopportun de faire des difficultés aux Américains en ce moment, car ils fournissent une aide technique considérable.

1. *Ibid.*

7 décembre 1941 : Pearl Harbor.
Les Etats-Unis entrent en guerre

Comme son chef de gouvernement, le roi garde les yeux sur les cartes : le 27 août, défaite soviétique à Smolensk ; les Allemands franchissent le Dniepr. Le 8 septembre, Hitler donne l'ordre d'un blocus de Leningrad ; la ville est isolée, affamée. Le 19 octobre, Moscou est menacée. La population, prise de panique, s'enfuit. Le cauchemar napoléonien recommence.

Or, comme on le sait, ce n'est pas l'Allemagne qui va entraîner les Etats-Unis dans la Seconde Guerre mondiale, mais le Japon, avec son attaque surprise sur Pearl Harbor le 7 décembre. Il fallait un traumatisme de cette ampleur pour que Washington rompe avec son désir de neutralité officielle. Si Londres est, en somme, soulagé de l'engagement américain, l'attitude japonaise est très inquiétante, car Singapour et Hong Kong pourraient être menacés.

Quant aux rapports du roi et de son Premier ministre, ils évoluent pendant cette période. Les deux hommes ont appris à se connaître. Churchill abreuve le souverain d'informations et de renseignements afin qu'il saisisse toutes les composantes de l'action du Royaume-Uni face à diverses tragédies, telle la perte du porte-avions *HMS Ark Royal* coulé par les torpilles du sous-marin *U-81* entre Malte et Gibraltar, ou le drame humain de l'implacable siège de Leningrad : le 25 décembre, en une seule journée, trois mille sept cents personnes y meurent de faim. Et que penser de la débâcle allemande devant Moscou ? La colère de Hitler laisse craindre le pire. En retour de la confiance totale que lui accorde Churchill, George VI lui offre son amitié et son soutien total, quitte à donner l'impression qu'il demeure en retrait, ce qui est faux. En réalité, le Premier ministre admire le courage du roi, particulièrement depuis le bombardement de Buckingham Palace, alors que George VI n'avait pas voulu que l'on érige son attitude et celle de la reine en acte d'héroïsme. Ils avaient été bombardés comme tous les Londoniens, et l'on ne devait pas les plaindre, même si l'attaque avait été gravissime et leurs vies en grand danger.

En décembre 1941, Churchill (et son roi) pleure la disparition du *HMS Prince of Wales,* coulé par les Japonais ; c'était sur ce navire qu'il avait vogué à la rencontre de Roosevelt. Entre les deux hommes – l'officier de marine devenu monarque et l'ancien Premier lord de l'Amirauté – s'est tissée une solidarité de marins. Il n'est pas rare que le roi, parlant à sa mère ou à sa femme, emploie le pluriel pour indiquer sa complicité avec le chef de son gouvernement. Churchill parle, le roi communie en pensée dans les mêmes termes.

« Nous traversons une très mauvaise phase en ce moment et il va nous falloir mobiliser toutes nos énergies pour étouffer les commentaires ennemis, ceux de la presse et d'autres », dit le roi.

George VI prend des accents churchilliens en commentant des nouvelles catastrophiques. Après la capitulation de Hong Kong le jour de Noël 1941, celle de Singapour le 15 février 1942 est ressentie comme une honte. « Le plus grand désastre militaire de l'histoire récente », dit le Premier ministre au souverain. Un désastre humiliant, puisque quatre-vingt-cinq mille soldats britanniques se sont rendus à un adversaire inférieur en nombre. Le souverain est soucieux des commentaires négatifs lorsque le Cabinet est remanié, ce qui vaut à Churchill des critiques aux Communes. « (…) Si seulement les journaux étaient honnêtes et lui laissaient une chance d'obtenir des résultats ! », soupire George VI, consterné par des querelles internes agitant les couloirs de Westminster alors que, selon Churchill, Ceylan, la Birmanie, Madras, Calcutta et une partie de l'Australie pourraient tomber aux mains des Japonais. Elizabeth, extraordinairement vaillante, est toujours au côté de son mari, sauf lorsqu'il doit être seul pour prendre connaissance de messages ultraconfidentiels, classés *For your eyes only* (« Seulement pour vos yeux »). La reine apaise les insomnies du souverain, calme ses angoisses, lui parle quand il le faut, l'accompagne dans des tournées d'hôpitaux, rappelant qu'il y a plus malheureux que la famille royale.

De cette famille, aucun membre n'est informé que le Premier ministre a eu un accident coronarien trois mois plus tôt. L'équilibre est délicat entre le secret et la divulgation très mesurée d'informations. Les Windsor et le descendant de Marlborough se font confiance, mais se dissimulent mutuellement leurs faiblesses. Pudeur ? Méfiance ? Non. Cette réserve, qui est d'abord une question d'éducation, doit empêcher le partenaire de s'inquiéter. Ni le monarque ni le politicien ne dévoilent leurs plaies. Ils sont complices pour réussir, leurs douleurs intimes restent séparées.

Le dimanche 29 mars, jour des Rameaux, est déclaré par le roi Journée nationale de prière. Cette idée lui a été suggérée par l'archevêque de Canterbury au lendemain du bombardement par la Royal Air Force de villes du nord de l'Allemagne, dont Lübeck. Bilan réel : trois cent vingt morts, sept cent vingt blessés, mille quarante-quatre bâtiments détruits. En représailles, Hitler a annoncé la prochaine destruction de villes historiques anglaises. Churchill, présent lorsque le roi recevait le prélat, formule un commentaire de sa voix traînante et parfois vulgaire, qui deviendra légendaire, lui aussi : « Si nous ne sommes pas foutus de les battre, nous ferions mieux de prier. »

Mais la guerre prend une autre allure à l'initiative d'un ancien – très brièvement ! – séminariste, Joseph Staline. En effet, le tsar rouge demande aux Américains l'ouverture d'un deuxième front en Europe afin de soulager les troupes soviétiques qui résistent aux armées allemandes. Roosevelt envoie à Londres une délégation de haut niveau pour étudier cette proposition qui lui semble intelligente[1]. Le roi reçoit les émissaires à Buckingham Palace et à Windsor. Le Premier ministre l'informe de tout le projet et le souverain, élève appliqué et bien informé de la situation, vient même

1. En fait, ce plan sera modifié et amplifié en avril 1942, notamment par le général Marshall et Hopkins, venus eux aussi de Washington, en combinant une vaste offensive air-mer avec un débarquement projeté entre Le Havre et

partager un dîner ou un déjeuner de travail à Downing Street, rarissime inversion du protocole[1].

Drame à la Cour : la mort mystérieuse du duc de Kent, frère du roi

25 août 1942. Pour se détendre un peu, George VI organise un modeste pique-nique familial et une chasse en Ecosse, dans les environs de Balmoral. Le temps est exécrable, humide, pluvieux, et le vent de nord-est ne parvient pas à dissiper le brouillard. Au même moment, par hasard, le duc de Kent n'est pas loin. Ce frère de George VI, qui avait été le plus proche d'Edouard VIII pendant son bref règne, est à bord de l'hydravion W4026 à destination de l'Islande, où le duc doit inspecter des installations de la Royal Air Force. Par manque de visibilité, l'appareil vole très bas, trop bas, à environ 300 mètres d'altitude. A 1 h 30 de l'après-midi, il heurte le sommet d'une colline, glisse le long de la pente, ses hélices emballées ; la dérive du *Sunderland* creuse un sillon sur plus de 100 mètres ; l'hydravion, dont les réservoirs étaient pleins, finit par exploser dans les flammes. Il n'y a aucun survivant parmi les douze passagers, tous en service commandé.

La mort du duc de Kent – lui-même en mission – a longtemps suscité divers commentaires en raison de son passé ambigu. Le quatrième fils de George V, également prénommé George, avait défrayé la chronique[2]. Ses liaisons

---

Boulogne en 1943. C'est la première ébauche de celui du 6 juin 1944. Mais ce projet est repoussé à cause de l'opération *Torch*, en Afrique du Nord en juillet 1942. La situation y est très dangereuse et urgente : face à l'Afrikakorps de Rommel, les combats de Bir-Hakeim et de Tobrouk sont héroïques.

1. Il y en aura plusieurs à cette époque. Quel que soit l'endroit, royal ou gouvernemental, le repas sera frugal… Depuis, le souverain est plus habitué à inviter qu'à être invité.

2. Le prénom initial de George VI était Albert, et son surnom Bertie. Devenu roi, il choisit un nouveau prénom lors de son intronisation, en hommage à son père.

amoureuses des deux sexes et son addiction à la drogue amusaient Edouard, heureux d'avoir un frère débauché dans cette famille trop sévère[1]. Les deux frères étaient complices et Edouard avait été mortifié que le duc de Kent n'assiste pas à son mariage avec Wallis. A George aussi, on a prêté des relations avec les mieux nazis et les fascistes anglais reconnaissables à leurs chemises noires – mais toutes ces allégations sont demeurées sans preuves convaincantes. Des rumeurs, des rumeurs par milliers qui font, involontairement ou non, partie de la guerre, le discrédit étant une arme.

En 1934, George V avait accordé à ce fils le titre de duc de Kent le jour de son mariage avec la ravissante princesse Marina, fille du prince Nicolas de Grèce, frère du roi Constantin des Hellènes. Elle tenait sa beauté de sa mère la grande-duchesse Hélène de Russie. Cette union fut très heureuse. Ils eurent trois enfants, dont le dernier, Michael, venait d'être baptisé à Windsor trois semaines seulement avant la disparition de son père. Longtemps, la mort du duc apparut mystérieuse. Pour certains, la thèse d'un regrettable accident n'était guère plausible. Pourquoi le roi n'était-il pas instruit de cette mission alors que George allait survoler le pique-nique ? Pourquoi le roi n'a-t-il été informé du décès de son frère que dans la soirée, à l'heure du dîner, lorsque le secrétaire d'Etat à l'Air téléphona à Balmoral, demandant à parler au souverain ? La famille est à table. La reine a immédiatement le pressentiment d'une mauvaise nouvelle, vraisemblablement le décès de la reine Mary, sa belle-mère. George VI revient, sombre. En silence, il s'assoit. Ce n'est que dans le salon qu'il révèle la vérité : son frère a été tué. Le clan est pétrifié.

Les funérailles du duc de Kent sont célébrées à Windsor, dans la chapelle Saint-George. Dans son journal, George VI, effondré, écrit : « J'ai assisté à de nombreuses obsèques familiales dans cette chapelle, mais aucune ne

1. Néanmoins, il s'était beaucoup occupé de lui, l'avait fait venir auprès de lui et était parvenu à le guérir de sa dépendance à la drogue.

m'a autant bouleversé. » Deux jours plus tard, le roi se rend sur les lieux de la catastrophe. *A priori*, elle demeure inexplicable. Le commandant de bord, un Australien, était un pilote d'hydravion expérimenté, totalisant plus de mille heures de vol lors de patrouilles maritimes. Tous ses compagnons, copilotes, ingénieurs et soldats, connaissaient parfaitement la région et leur métier. En raison des fréquentations douteuses du duc, on examine la thèse d'un sabotage de l'appareil. Sa belle-sœur Olga de Grèce ayant épousé un aristocrate allemand favorable à Hitler, on soupçonne d'abord la main de l'Intelligence Service. Puis l'enquête élimine rapidement toute intervention de Berlin[1]. En définitive, la seule cause officielle retenue sera une erreur de pilotage en raison de la mauvaise visibilité. Un tragique accident. Le chagrin de George VI est immense. Après un début d'existence désordonné et instable – on le disait buveur et trop bavard –, son frère, visiblement heureux de son bonheur conjugal, charmant et séduisant, avait pris à cœur ses diverses missions au sein de la Royal Air Force. Pour la Couronne, c'était une grande perte. Le roi dira : « Il me manquera terriblement, lui et son aide[2]. »

A part le compromettant et insupportable Edouard, exilé aux Bahamas, George VI n'a plus qu'un frère, le duc de Gloucester, dont les compétences semblent limitées. Sa surdité est telle qu'on raconte qu'il ne reconnaît le *God*

---

1. Charles Higham (*op. cit.*) rapporte une note des services d'espionnage allemands : « Le prétendu accident est, en réalité, le résultat des activités scélérates du Secret Service britannique désireux de se débarrasser de [Kent] avant que ses sympathies proclamées pour la cause allemande n'embarrassent la famille royale. »

2. Selon une conversation des années 1970, révélée en 2003, avec un contemporain du drame, Martin Allen (*op. cit.*) estime que l'« on s'est débarrassé du duc » qui serait devenu gênant. Certains auteurs ont expliqué la façon dont on pouvait saboter un hydravion. L'affaire a parfois été comparée à l'accident d'avion dans lequel périt, en juin 1943 à Gibraltar, le général polonais Sikorski, d'abord antinazi puis antisoviétique, après la découverte du charnier de Katyn, dont la responsabilité, attribuée à Hitler, était en fait celle de Staline, réalité criminelle reconnue par la Russie seulement en 1990.

Save the King que si la foule se lève ! Après avoir étudié diverses possibilités de lui confier une mission précise – qui ont toutes échoué –, le roi le nommera plus tard, en novembre 1943, gouverneur général de l'Australie.

Automne 1942. Les Allemands encerclent Stalingrad. Leur percée sur la Volga place les Soviétiques dans une position aussi grave que lors de l'offensive de Hitler sur Moscou, un an plus tôt, ne serait-ce que par le nom symbolique de Stalingrad. A Buckingham Palace, une visiteuse est très attendue : Eleanor Roosevelt. L'épouse du président des Etats-Unis arrive porteuse d'une lettre personnelle où son époux rassure George VI : « J'aurais tellement aimé l'accompagner, car il y a mille choses que je voudrais vous dire et dont nous devrions parler. Je voudrais que vous-même et la reine disiez à Eleanor tous les problèmes concernant nos troupes en Angleterre dont, peut-être, elle ne pourrait être informée par le gouvernement ou les autorités militaires[1]. » Mrs Roosevelt est installée au palais, qu'elle juge d'emblée inconfortable, même si la reine lui a cédé sa propre chambre. Les vitres des fenêtres ont été remplacées par des panneaux de mica, qui laissent entrer l'humidité glaciale. Il n'y a qu'un radiateur électrique, impuissant à réchauffer l'air froid, et une seule ampoule. Pour prendre son bain, l'invitée n'a droit qu'à trente litres d'eau à peine chaude.

Un peu décontenancée, Eleanor Roosevelt découvre les restrictions que le roi impose à sa famille et à ses hôtes. Certes, la nourriture est servie dans une vaisselle d'or et d'argent datant de Victoria, mais elle est si frugale que, selon un trait d'humour de lord Woolton, ministre du Ravitaillement, le bon vivant Edouard VII en aurait été scandalisé. Le menu est standard : soupe gélifiée, mousse de jambon, poulet froid, glace aux fraises et à la crème. Rien de chaud ! Comme dans chaque foyer britannique ou à peu près.

1. Sarah Bradford, *George VI*, *op. cit.*

A la visiteuse américaine, la compagnie royale ne semble guère plus chaleureuse, même si Elizabeth sert elle-même le thé. Le roi et la reine luttent contre leurs rhumes tenaces. Même le Premier ministre est silencieux, quittant la table pour recueillir des nouvelles du front d'Afrique du Nord où, fin octobre, la VIIIe armée de Montgomery s'est lancée à l'assaut des troupes de Rommel. Churchill revient, taciturne, puis se lève de nouveau en direction du téléphone. Le lion en cage.

Eleanor Roosevelt bavarde avec la princesse héritière Elizabeth (16 ans), assise entre le roi et Churchill. La future reine, qui fait « preuve de caractère et de personnalité », questionne l'épouse du président sur la vie aux Etats-Unis. Après le dîner, un film de circonstance est projeté dans un salon : *Ceux qui servent en mer* (*In Which We Serve*), réalisé par Noël Coward et David Lean, deux maîtres. Le scénario s'inspire de faits authentiques (un destroyer britannique est coulé au large de la Crète, mais les survivants, à bord d'un canot de sauvetage, exaltent le courage des combattants, y compris civils). Impressionnée, Mrs Roosevelt découvre les décors réels du *Blitzkrieg* sur Londres. Et ses ravages. N'y tenant plus, Churchill repart téléphoner à sa *War Room*. Il revient en chantant joyeusement : « Faites rouler la barrique [1] ! » Victoire ! Ce 3 novembre 1942, Montgomery est vainqueur à El-Alamein ! Il a fait trente mille prisonniers allemands et italiens ; la légende de Rommel, « le renard du désert », se disperse dans les sables. Et le maréchal britannique va reprendre Tobrouk. Le lion Churchill rugit et cela lui donne soif. Buckingham Palace est réveillé par les grognements de la jubilation churchillienne, car c'est lui qui avait décidé de nommer Montgomery à la place d'un général qui refusait l'offensive. Déjà, quarante ans plus tôt, les excentricités du remuant Winston avaient inspiré à lady Lytton cette remarque pertinente : « Lorsqu'on rencontre Winston pour la première fois, on voit d'emblée tous ses défauts…

1. Traduction de l'auteur, extrait de Christopher Hibbert, *op. cit.*

et on passe le reste de sa vie à admirer ses qualités[1] ! » George VI en est lui-même convaincu, puisqu'il avait écrit, dans son journal en date du 8 février 1941 : « Je ne pourrais avoir de meilleur Premier ministre. » Il est vrai que ce Premier ministre ne pourrait avoir de meilleur roi… Et au diable les perpétuels retards de Winston à ses audiences royales, annonçant qu'il arriverait une demi-heure après le rendez-vous… et n'y étant, en définitive, qu'une heure plus tard ! Cela aussi fait partie de sa légende.

Aux Bahamas, les lettres de la duchesse de Windsor sont censurées

C'est par la radio que le duc de Windsor apprend la mort du duc de Kent. Les diverses hypothèses pouvant expliquer la tragédie, jusqu'à celle d'un accident cérébral du pilote, voire d'une drogue qu'on lui aurait administrée, défilent dans l'esprit du gouverneur, brisé de chagrin. Et si son frère, après avoir trop bu, avait pris les commandes de l'hydravion ? « Autant de questions qui ne trouveront probablement jamais de réponse », selon Charles Higham. Si ce n'est pas un accident – la version officielle –, les causes du drame ne pouvaient qu'être étouffées. Edouard sanglote tel un enfant. Les souvenirs d'une époque joyeuse, irresponsable et illusoire lui reviennent en images confuses. Quatre jours plus tard, un service à la mémoire du duc de Kent est célébré à Nassau. Edouard est toujours en larmes. Dans sa douleur – réelle, on le comprend –, il omet d'envoyer une lettre de condoléances à sa belle-sœur Marina. Ce manquement va encore ternir davantage sa réputation d'homme inconscient. Mais qui peut mesurer les effets d'un tel choc sur un esprit aussi faible ? On ne lui pardonnera pas cette faute.

En revanche, le duc saisit cette triste circonstance pour envoyer un télégramme à sa mère, avec laquelle il ne

1. François Kersaudy, *Histoire de la dernière guerre*, n° 10, mars-avril 2011.

correspondait plus depuis longtemps. Pour Edouard, ne serait-ce pas le moyen de se rapprocher de la reine Mary, intraitable avec Wallis ? Cette dernière, animée d'un courage peut-être intéressé, écrit à sa belle-mère, l'assurant qu'elle était navrée d'être la cause de la séparation entre elle et son fils. Sa lettre est remise à l'évêque de Nassau, rappelé en Angleterre par sa hiérarchie, l'archevêque de Canterbury, l'un des « ennemis » de la duchesse. La reine Mary écoute avec attention ce que le prélat, arrivant des Bahamas, lui décrit du travail de son fils dans ses fonctions de gouverneur. Lorsqu'il évoque le nom de la duchesse, le pauvre évêque se heurte « à un mur de désintérêt » ! Toutefois, la reine douairière prend sa plume pour écrire à Edouard, lui parler de la mort instantanée du duc de Kent puisqu'il avait été éjecté de l'hydravion, et de ses funérailles à Windsor. Plus surprenant, elle ajoute une sorte de paragraphe codé : « S'il vous plaît, transmettez de ma part un gentil message à votre femme. Elle vous aidera à supporter votre chagrin[1]. » Est-il possible que la reine Mary ait adouci son jugement sévère sur celle qu'elle tenait pour « une garce » ? Comme on pouvait s'y attendre, le duc reprend la donne, avouant à sa mère que le long silence qu'il s'était imposé lui avait été très pénible. Et, bien entendu, il ajoute qu'il espère avoir « l'intense fierté et plaisir de lui présenter Wallis ». Hélas pour le duc de Windsor, la veuve de George V n'est toujours pas disposée à recevoir la duchesse de Windsor.

Dans l'immédiat, c'est avec ennui que le gouverneur assume ses fonctions. L'ouverture du Parlement, l'enquête sur des émeutes dans Bay Street, l'artère commerçante de Nassau, la corruption de certains fonctionnaires, des difficultés d'approvisionnement en eau, rien de bien excitant alors que le monde vit des heures dramatiques. L'ex-roi se sent écarté des missions qu'il était en droit d'exiger, selon son rang. Mais comme d'habitude, le duc ne décide rien directement et transmet des rapports à Londres. Pour que l'on y

1. Traduction de l'auteur, extrait de Sarah Bradford, *George VI*, *op. cit.*

décide à sa place, attitude qu'il a toujours privilégiée. Prendre des décisions, choisir, arbitrer ? Il y a des gens qui font cela très bien et, dans sa vie personnelle, Wallis est celle qui décide, exige, insiste, ne renonçant jamais. Il faut lui reconnaître une formidable endurance face aux humiliations et aux refus. Ce qu'elle décide le 8 mai 1943 est un troisième voyage aux Etats-Unis. Pour quelle raison ? Parce que ses lettres sont soumises à la censure américaine, tandis que celles du duc, bénéficiant du statut diplomatique en qualité de représentant de la Couronne, échappent aux regards inquisiteurs.

Dix jours plus tard, le secrétaire d'Etat américain Cordell Hull subit la visite du duc dont l'épouse est humiliée par l'ouverture de son courrier personnel. Cordell Hull connaît bien les Windsor et s'en méfie depuis qu'il les avait rencontrés lorsqu'il était ambassadeur à Londres. Ce diplomate n'avait cessé de prôner le rapprochement anglo-américain et il tenait en piètre estime le duc et la duchesse, indiscrets, cancaniers, inconscients et pour tout dire dangereux à cause de leur entourage affairiste, et lassant les meilleures volontés avec leurs perpétuelles récriminations. Il charge son adjoint Adolf Berle Junior d'une réponse sans appel : « Je considère qu'il convient de refuser catégoriquement à la duchesse de Windsor la levée de la censure. En dehors des plus obscures activités de cette famille, il convient de rappeler que le duc et la duchesse de Windsor ont été en contact avec M. James Mooney, de la General Motors, qui tenta d'intervenir comme médiateur d'une paix négociée au début de l'hiver 1940. Qu'ils sont restés en correspondance avec Bedaux, actuellement en prison en Afrique du Nord, [lequel, après plusieurs enquêtes, est] accusé de commerce avec l'ennemi ; qu'ils ont été en contact permanent avec Axel Wenner-Green, actuellement sur notre liste noire pour activités suspectes[1]. »

C'est précisément parce que le territoire des Etats-Unis ne leur est plus interdit en raison de l'alliance anglo-américaine que les Windsor sont encore plus surveillés

1. Traduction de l'auteur, extrait de Hugo Vickers, *op. cit.*

qu'avant. En effet, les prétextes inventés par le duc pour se rendre aux Etats-Unis n'ont aucun intérêt politique ou stratégique. Il ne s'agit que d'affaires privées, souvent financières, en liaison avec des personnes surveillées dont certaines ont le masque d'agent double, voire triple. Un jeu opaque et dangereux, particulièrement après la cuisante défaite allemande à Stalingrad – le tournant de la guerre –, la conférence ayant réuni Roosevelt, Churchill et de Gaulle à Casablanca et l'insistance de Staline à ouvrir un second front à l'ouest. A Washington, on considère le duc et la duchesse comme des parasites mondains, indignes de porter le nom d'une famille qui, dans tout son empire, se bat avec courage, dignité, sans se plaindre et sans une tache sur son honneur. Aux Bahamas, le pire défaut des Windsor est de dire à voix forte leur opinion sur tout et tout le monde, en général à contretemps, comme si la guerre mondiale leur était étrangère. Dans un petit pays, les ragots courent vite, provocant des réactions disproportionnées. Le moindre incident devient un Himalaya ! Et la personne du duc de Windsor, entouré de gens à sa dévotion ou au contraire qui le méprisent – ce n'est pas incompatible ! –, ne peut être neutre. Ainsi, pour une question de dérivation d'eau, un certain Alfred de Marigny, grand, beau, mince – la duchesse l'avait remarqué – et originaire de l'île Maurice, est furieux de ce détournement au préjudice de Noirs vivant dans des conditions misérables. Ayant littéralement surgi dans le bureau du gouverneur, Marigny, déjà hors de lui, se fait remettre en place par l'assistant du gouverneur et on le prie de partir. Le Mauricien explose :

— Peut-être êtes-vous impressionné par Son Altesse Royale, mais pas moi ! Il dirige ce furoncle de l'Empire britannique ! S'il valait quelque chose, on lui aurait confié un poste important en Angleterre ou aux Etats-Unis !

Le duc est abasourdi par cette vérité et en même temps soulagé que toute relation ait été rompue avec l'insupportable Marigny qui accepte des juifs dans les immeubles qu'il construit et faisait trop le joli cœur autour de Wallis alors qu'il « avait une conduite immorale avec les jeunes filles ». Mais c'était compter sans le destin. Peu après, Marigny est accusé – sans preuve réelle – d'un crime rituel. Finalement acquitté, le Mauricien est expédié à Cuba par le duc, le secrétariat aux Colonies ayant refusé que ce personnage sulfureux reste ou soit accueilli en territoire britannique.

Si Nassau demeure traumatisée par ce crime, les échanges téléphoniques du duc de Windsor avec le patron de la brigade criminelle de Miami ont été écoutés, en raison de l'affaire, par le Département d'Etat. Adolf Berle en a reçu la transcription. C'est lui qui fait censurer le courrier de la duchesse. Donc, en 1943, les Windsor ont droit à une surveillance minutieuse des autorités américaines. Il n'est pas certain que le duc et la duchesse en aient mesuré toutes les implications.

1943-1944 : des amis des Windsor sont arrêtés, tués ou se suicident

Pour le cinquième Noël de guerre et le quatrième qu'ils célèbrent en tant qu'exilés aux Bahamas, Wallis s'active généreusement en faveur des plus démunis, passant de la Croix-Rouge, qu'elle préside toujours, aux centres d'hygiène et aux dispensaires, et inspectant la plus modeste cantine scolaire de l'archipel. Le duc gouverneur l'aide sincèrement. Quelle contradiction que leur existence ! Un incroyable mélange de futilités, de snobisme, de prétentions, d'affairisme et, aux Bahamas, de bonne volonté, d'efforts en tout genre afin de soulager ceux qui souffrent. En effet, « ce n'est pas le moindre paradoxe de leurs personnalités que les Windsor ne se soient jamais désintéressés des questions sociales, ce qui n'avait pas été pour rien dans l'attraction qui les avait si fâcheusement entraînés dans le camp de Hitler[1] ». Ils paraissent sincères, mais leurs contra-

1. Charles Higham, *op. cit.*

dicteurs arguaient que le duc et la duchesse n'avaient guère que ces tâches à assurer et à superviser, dont l'organisation de dîners pour mille soldats ! Mais mon Dieu, qu'on était loin de Hyde Park, de Fifth Avenue à New York, de Unter den Linden à Berlin, de la Via Veneto à Rome et du boulevard Suchet à Paris !

L'atmosphère baignant la nouvelle année n'est effectivement plus la même après la débâcle allemande à Koursk – la plus grande bataille de blindés de l'histoire –, le débarquement allié réussi en Sicile – grâce à l'aide de la mafia ! –, la chute de Mussolini, l'armistice demandé par l'Italie, la conférence de Téhéran entre Roosevelt, Staline et Churchill et la préparation de l'opération *Overlord*, le débarquement allié en Normandie, initialement fixé à mai 1944. La duchesse est très affligée par l'exécution de l'un de ses anciens amants, le comte Ciano, gendre du Duce et ancien ministre des Affaires étrangères de l'Italie fasciste. Les Windsor sont aussi accablés par le suicide de leur ami Charles Bedaux dans sa prison de Miami où il avait été transféré. Beaucoup, parmi leurs amis, disparaissent ou tentent de se ranger aux côtés des vainqueurs prévisibles. Cette guerre, que le couple n'avait pas voulue, tourne à la déroute des puissances de l'Axe.

La duchesse n'en peut plus, prend les Bahamas en horreur et manifeste même sa révulsion à l'égard du personnel noir de sa résidence. A sa chère tante Bessie, elle livre son ressentiment : « Ce palais du gouverneur, où je ne suis entourée que de gens de couleur, va m'envoyer dans la tombe ! » Elle craint sérieusement que le duc de Windsor ne soit assassiné par l'Intelligence Service en conséquence d'une « pure jalousie familiale ». Devant une telle adversité, que faire ? L'ex-roi tente une ultime offre de services à Churchill sous la forme d'un projet de Fédération des Caraïbes dont il serait le président. Pourquoi pas un vice-roi aux Antilles, puisqu'il en existe un en Inde ? Silence de Whitehall, du 10, Downing Street et de la *War Room*. Edouard essaie alors de joindre son frère. L'échec est flagrant : depuis juillet 1943, le nouveau secrétaire particulier de George VI n'est autre que sir Alan Lascelles, qui était avant guerre au service d'Edouard VIII. Il avait démissionné, écœuré par les compromissions et les lâchetés de ce souverain qui n'avait d'autres maîtres que l'amour et son plaisir. Homme cultivé, Lascelles admire le courage de George VI et lui est fidèle. Buckingham Palace ne répond pas. Le « dossier Windsor », décrypté soigneusement, paraît irréfutable. L'abdication du souverain avait été sa première trahison.

George VI s'oppose à Churchill voulant participer au débarquement

La comparaison entre George et Edouard est cruelle. Le roi n'a cessé de voyager là où il fallait être, sous le pseudonyme de « général Lyon ». Marin n'aimant pas l'avion, le souverain, en partance pour Malte dont il veut récompenser la population qui a subi d'effroyables bombardements, a été contraint à un atterrissage forcé en France. Elizabeth était glacée d'inquiétude, ne quittant pas le téléphone, redoutant toujours une affreuse nouvelle. Quel soulagement lorsqu'elle apprend que son mari est sain et sauf et qu'il a été conduit chez un négociant en vins dont la maison, assure la reine, « est comme toutes les maisons françaises, équipée d'une plomberie défaillante et incompréhensible » ! Un faible dommage, mais pourquoi donc les robinets sont-ils toujours inversés par rapport à ceux des installations britanniques ?

Malgré sa fatigue, sa santé éprouvée (le roi souffre d'entérite et de douleurs aux genoux), il a eu des rencontres et des discussions avec tous les stratèges alliés du moment, les généraux Alexander, Montgomery (« Monty »), Eisenhower. Parvenu à Alger, il a déjeuné avec de Gaulle et Giraud. Puis, lors d'une réunion à Downing Street (on sert des sandwiches dont le foie gras « a un goût de sciure »), Sa Majesté se concentre sur la préparation du débarquement. Il conçoit l'idée d'être avec Churchill à bord d'un des navires de l'armada prévue. Mais devant les risques qu'implique l'opération, il y renonce. Le Premier ministre, d'humeur conquérante et sentant la victoire au bout de son cigare, maintient son intention d'être embarqué sur un croiseur. Tout un après-midi, le plan est revu, discuté, analysé, pesé. Lascelles, d'un flegme tout britannique, montre soudain son irritation, ce que personne n'avait jamais constaté chez cet homme impassible à l'annonce des pires désastres.

Le roi :

— Votre visage ne cesse de s'allonger…

Lascelles :

— Sire, je pensai que cette idée ne vous faciliterait pas la tâche s'il vous fallait trouver un nouveau Premier ministre en plein débarquement.

Churchill :

— Oh ! Tout est prévu !

Et Winston, déchaîné, relate ses innombrables déplacements aux Etats-Unis, au Moyen-Orient, à Moscou, à Téhéran. George VI réplique que si ces voyages avaient été nécessaires pour des raisons stratégiques, cette fois les dangers sont immenses et il est tout à fait inutile de prendre des risques. Le Premier ministre, qui tient à participer à ce qui sera largement *sa* victoire, refuse de s'incliner. Le roi regagne son palais « très contrarié de la façon égoïste dont le Premier ministre envisage le problème ». L'amiral Ramsay, commandant en chef des forces navales de l'opération, supplie le roi d'écrire à Churchill pour l'implorer de ne pas faire cette folie. Immédiatement, George VI adresse une lettre au lion entêté, comprenant ses motivations personnelles, mais lui rappelant son devoir d'Etat : « S'il vous plaît, considérez mon point de vue. Je suis plus jeune que vous, je suis un marin et en qualité de roi, je suis à la tête des trois armes. Il n'y a rien que je souhaiterais plus que d'être en mer, mais j'ai décidé de rester ici. Ne serait-il pas normal que vous souhaitiez faire ce que j'aurais aimé faire moi-même[1] ? »

1. Traduction de l'auteur, extrait de Christopher Hibbert, *op. cit.*

Churchill ne répond pas. Il est déjà dans un train qui doit le conduire au quartier général d'Eisenhower à Portsmouth. Lorsqu'il l'apprend, George VI téléphone à Lascelles l'informant qu'il a l'intention de rattraper le Premier ministre en voiture afin de l'empêcher de poursuivre son projet hasardeux. Lascelles obtient Churchill au téléphone dans son train : quel soulagement d'entendre celui-ci répondre qu'il se sent « obligé de déférer aux souhaits de Sa Majesté et à ses ordres » ! Dans une lettre dont les premières lignes sont plutôt arrogantes, Churchill s'incline : « [...] ces ordres sont issus du désir de Votre Majesté de me conserver à son service. Bien que je regrette de ne pouvoir partir, je suis profondément reconnaissant à Votre Majesté des raisons qui ont guidé Votre Majesté, demeurant respectueusement de Votre Majesté l'humble et dévoué serviteur et sujet. » Le bouillant lion est apaisé. Mais après tant d'années de courage et d'obstination, on imagine sa frustration.

Pendant ces événements, qu'avait fait le duc de Windsor ? Rien. Pis : il avait trahi, comme le prouveront des piles de dossiers dont beaucoup ont ensuite opportunément disparu. De juillet à octobre 1944, les Windsor séjournent quatre mois aux Etats-Unis, Wallis y étant opérée de l'appendicite. Lorsque son mandat de gouverneur des Bahamas vient à expiration, le secrétariat d'Etat aux Colonies dresse un bilan plutôt favorable de l'action locale de l'ex-roi. Certes, observe un spécialiste du métier de gouverneur à l'époque, « le duc n'avait pas été miraculeusement transformé en parangon de l'ardeur publique et de la dévotion au devoir [...] Mais, s'étant vu confier un travail à faire avec le soutien de sa femme, il l'avait accompli fidèlement et avec une remarquable compétence[1] ».

La paix revenue après la victoire, dans Londres ravagé par les V1 et les V2, le 8 mai 1945, le peuple attend la famille royale et Churchill au balcon de Buckingham Palace.

1. Traduction de l'auteur, extrait de Hugo Vickers, *op. cit.*

Une foule gigantesque. Des cris fusent : « Nous voulons le roi et la reine ! » scandent les Londoniens. Ils apparaissent. De gauche à droite : la princesse héritière Elizabeth, en uniforme car elle s'était engagée comme ambulancière et mécanicienne d'ambulances ; puis la reine, le bras droit levé, gantée et chapeautée d'une plume ; puis Churchill (arrivé en retard, peut-être par courtoisie), souriant, sa chaîne de montre barrant son gilet ; puis le roi en uniforme, qui salue haut la main ; enfin, la princesse Margaret, en robe claire. La reine est particulièrement acclamée. On sait qu'en l'absence du roi, en sa qualité de conseiller de l'Etat, elle recevait les adresses du Parlement et signait certains actes officiels. On a aussi appris son courage. Un soir, un déserteur avait réussi à s'introduire dans ses appartements à Windsor au moment où elle s'apprêtait à prendre une collation. Il avait tenté de gagner sa sympathie ; l'homme ne paraissait pas dangereux. Sans s'émouvoir, la reine l'avait fait arrêter, en concluant sèchement cet entretien inattendu : « Je vous conseille de subir votre punition comme un homme, et de servir votre patrie de même. » Depuis cet incident, Churchill ne surnommait plus la souveraine que *that valiant lady* (« cette valeureuse dame »). Elle donnait souvent son avis, « toujours empreint de bon sens ». Le respect était réciproque : il la fascinait, et la méfiance initiale d'Elizabeth s'était vite muée en une admiration indéfectible.

La foule, maintenue derrière les grilles du palais, entonne le *God Save the King*. Puis, on entend d'autres cris d'allégresse : « Dieu soit loué ! Nous avons un bon roi ! » A quoi George VI répond : « Dieu soit loué ! Nous avons un bon peuple ! » La ferveur est celle d'un couronnement. George VI et Elizabeth sont entrés dans l'histoire. Ils sont l'âme de la liberté. Le roi, si timide autrefois, déclare : « La reine et moi nous avons été très émus par la gentillesse de tous. Nous avons seulement essayé de faire notre devoir durant ces cinq années et demie. »

La Seconde Guerre mondiale est achevée.

Celle qui déchire les Windsor entre eux va-t-elle continuer ?

8

1945-1952 : la fin de l'empire

Le 26 juillet 1945, la première surprise de l'immédiat après-guerre en Europe est le résultat des élections générales au Royaume-Uni : les conservateurs sont battus ! Le parti de Churchill est supplanté par les travaillistes ! Après une telle gloire – justifiée –, après tant d'années de souffrances, de deuils, d'efforts et d'obstination, après avoir incarné l'esprit de résistance partagé avec le couple royal, l'homme qui ne cessait de montrer l'index et le majeur de sa main droite formant un obstiné V de la victoire est renvoyé dans les rangs de l'opposition. A 71 ans, le vieux lion avait subi d'autres trahisons politiques et des revers électoraux, mais ici l'ingratitude du peuple britannique est stupéfiante. A peine deux mois plus tôt, au milieu de la famille royale, Winston Churchill était fêté au balcon de Buckingham Palace, honneur suprême, car là n'est pas la place habituelle d'un chef du gouvernement de Sa Majesté. La vérité est que si le Royaume-Uni est sorti triomphant du conflit, il est très affaibli, ayant supporté seul le poids de la guerre pendant plus d'un an. Depuis les fêtes de la victoire, le Premier ministre participait à la conférence de Potsdam avec Staline et le président Truman, successeur de Roosevelt décédé. Churchill n'avait quitté le château prussien de

Cecilienhof que pour un bref séjour à Londres, le temps de prendre connaissance des résultats du scrutin. Pour lui, la victoire électorale ne faisait aucun doute.

Un raz de marée travailliste sans précédent balaie ses espoirs. En accordant seulement cent soixante et un sièges aux conservateurs contre trois cent quatre-vingt-treize au *Labour*, le peuple britannique montre que s'il avait fait confiance à Churchill dans le rôle d'homme-orchestre dirigeant sa guerre, il n'était pas disposé à lui confier les solutions des gigantesques problèmes accompagnant la paix, la reconstruction du pays, en particulier le logement et la politique sociale. En clair, Churchill n'était pas le chef qui gagnerait la guerre économique.

Incroyable : le parti de Churchill est battu !
Sir Winston démissionne

Le Premier ministre avait quitté les environs de Berlin certain de revenir en nouveau vainqueur à Potsdam. Il ne revient pas. Selon l'usage, le chef du gouvernement du parti minoritaire se rend à Buckingham Palace pour présenter au souverain sa démission et celle de son cabinet. George VI est aussi stupéfait que son champion, disant, avec son obligatoire neutralité constitutionnelle, que « c'est une grande surprise », sans pouvoir préciser publiquement si elle est agréable ou non. Mais le plus étonnant est que le leader du parti travailliste est lui-même étonné d'être porté au pouvoir par les urnes. Alors qu'il prenait le thé en famille au Great Western Hotel de la gare londonienne de Paddington, un émissaire de son parti est venu le prévenir. Comment réagit le vieux lutteur battu de la Chambre des communes ? D'un mot, comme d'habitude, qu'il diffuse largement et joyeusement aux journalistes : « Un taxi vide s'arrête devant le 10, Downing Street. M. Clement Attlee en descend. » On rapporte que cette pique fait beaucoup rire à Buckingham Palace. Seulement en famille, bien sûr

Conséquence immédiate de cet incroyable revers, à la conférence de Potsdam, Churchill est remplacé par son rival Attlee. Le seul participant des précédentes conférences au sommet pendant la guerre, telle celle de Yalta, est donc Staline, maître du jeu qui reçoit les plénipotentiaires alliés en ayant pris soin de faire fleurir une immense étoile rouge dans le jardin du Cecilienhof. En quittant le roi, Churchill pourrait lancer cet avertissement comme l'avait fait le général MacArthur évincé de la campagne des Philippines : « Je reviendrai ! » Après la terreur atomique lâchée sur Nagasaki et Hiroshima, en effet, MacArthur revient le 2 septembre à bord du cuirassé *Missouri* pour enregistrer la capitulation du Japon. Le navire de l'US Navy est escorté d'un destroyer de la Royal Navy, le *HMS Whelp*, avec à son bord un séduisant premier lieutenant, Philippe de Grèce.

C'est avec une profonde peine que George VI a subi le choc électoral. Quelle déception ! Mais, de même que son père George V avait été contraint de s'entendre avec le travailliste MacDonald après 1918, de même George VI doit écouter les propositions du successeur de Churchill. Toutefois, le nouveau locataire de Downing Street et le souverain ont un point commun qui gêne leurs entretiens : ils sont timides. Les premières audiences sont marquées par de longs silences entre les deux hommes. Un blocage au plus haut niveau. Lord Mountbatten, le héros de la campagne de Birmanie, qui est un cousin du roi, se veut rassurant :

— Sire, vous êtes le plus expérimenté face à un parti dont le gouvernement sans expérience aura besoin de vos avis et de vos conseils.

Les événements le prouveront sans tarder. Le roi exercera ses prérogatives constitutionnelles, avertira régulièrement le cabinet que plusieurs mesures d'inspiration socialiste lui semblent inopportunes. L'importance des partis communistes en Europe, soutenus par Staline et forts de leur participation à la victoire alliée, ne cesse d'imposer au souverain des mises en garde, des réflexions sur les conséquences de telle ou telle nomination. Une tension permanente que George VI dissimule en demeurant calme et toujours disponible afin de rechercher ce qui paraît être la meilleure solution pour son pays. Le souverain est usé par des années d'angoisse, de chagrins, de privations. Et il est un grand fumeur. Il ne montre ni sa fatigue physique ni sa lassitude morale.

Le 15 août 1947, l'Inde est indépendante, mais divisée en deux

Il faut pourtant encore du courage au monarque pour tourner la plus belle page du rayonnement britannique dans le monde en accordant à l'Inde son indépendance. Le gouvernement Attlee propose de confier cette délicate mission à un homme qui connaît l'Inde et que les Indiens respectent, lord Mountbatten. Celui-ci, inquiet, demande immédiatement audience au roi.

— Sire, si j'échoue, ce sera une catastrophe !

— Mon cher Dickie, vous avez toutes les qualités requises. Si vous réussissez, songez au prestige que ce résultat apportera à la monarchie.

Mountbatten n'a pas le choix et s'embarque avec son épouse Edwina pour Delhi. Il lui faudra des mois de négociations, de pourparlers entre les deux plus importantes forces : le parti du Congrès du Mahatma Gandhi et la Ligue musulmane de Mohammed Ali Jinnah. Entre hindous et musulmans, il n'existe qu'une seule communauté de vues : le départ des Anglais. Mountbatten fait des allers-retours à Londres où Churchill, furieux, accuse son successeur de « brader l'Empire britannique ». Son intelligence, son allure et sa connaissance du terrain permettent à Mountbatten de traiter avec Nehru, Premier ministre d'un gouvernement provisoire. Entre les ruptures et les rivalités internes, entre les apparitions de Gandhi voilé de blanc (que, par dérision, Churchill surnomme le « fakir à moitié nu ») et l'intransigeance religieuse de ceux dont l'islam est l'étendard, l'Inde devient indépendante le 15 août 1947.

Dans une cérémonie fastueuse comme on n'en verra plus, l'immense sous-continent se mue en un dominion associé au Commonwealth.

C'est la fin d'une histoire commencée trois cent quarante-sept ans plus tôt, lorsque la reine Elizabeth Ire avait octroyé une charte exclusive à la Compagnie des Indes. En 1877, Victoria avait été proclamée impératrice des Indes, la plus belle et la plus fascinante des colonies de la Couronne. Mais dans cet après-guerre agité, rien ni personne n'a pu empêcher la scission du pays en deux nouveaux Etats : d'une part l'Union indienne, déjà membre des Nations unies, et d'autre part l'Etat islamique du Pakistan, qui exige immédiatement d'y être admis. Plusieurs principautés, celles des maharajahs, ne se rattachent à aucune de ces républiques, préférant attendre la suite des événements pour prendre une décision, espérant conserver leurs privilèges, en particulier l'habitude de chasser le tigre à dos d'éléphant. Hélas ! avant même le départ des troupes britanniques, de violents affrontements ont lieu entre hindous, musulmans et sikhs au Penjab et dans l'est du Bengale, aux endroits où les frontières entre le Pakistan et l'Inde restent indéterminées. Jusqu'à la fin du mois d'août, les combats feront plus de vingt mille morts et entraîneront un exode croisé de plus de un million de personnes. Et un fanatique hindou assassinera Gandhi en 1948. Mountbatten a réussi, mais l'accouchement s'est fait dans la douleur. Le flamboyant Dickie est le dernier vice-roi des Indes et George VI en fut, pendant onze années, le dernier empereur.

Quel sort réserver au duc et à la duchesse de Windsor ?

Edouard est toujours aussi capricieux. On lui propose d'être gouverneur des Bermudes, plaisant archipel baigné par le Gulf Stream, mais il refuse, saturé d'exil antillais. « On nous maintient dans l'obscurité », se plaint la duchesse, très amère. Ignore-t-elle que Hamilton, la capitale de l'archipel, est plus riante que la charbonneuse Manchester en 1945 ? Et des Bermudes, il est facile d'aller faire ses courses à New York... Ensuite, Wallis prétendra qu'on a offert l'Australie à son mari – c'est plus vaste, mais plus loin de l'Europe – et qu'il a aussi décliné cette solution, préférant être nommé gouverneur général du Canada, officiellement pour être près de son ranch, officieusement pour d'attractives raisons fiscales. Quoique riche, Edouard est perpétuellement impliqué dans des opérations financières, car la duchesse n'aime pas se priver, compensant l'ostracisme dans lequel la maintient la Cour par des goûts de luxe. Edouard était régulièrement à court d'argent ; il avait même étudié une proposition de Hitler, 50 000 francs suisses en espèces (valeur 1943) sur un compte secret pour s'installer en Helvétie, pas loin de l'Allemagne... Découragés par les récriminations permanentes du gouverneur à la retraite et duc dont on ne sait que faire, et exaspérés par des années de plaintes et de réclamations, Buckingham Palace et Downing Street ne répondent même pas. Le duc peut-il s'installer aux Etats-Unis en donnant sa fortune à des œuvres charitables ? Le Département d'Etat n'y est pas favorable alors qu'une première « chasse aux sorcières » traque les anciens suppôts, relais et agents du national-socialisme dont la couverture était le progrès social et la condition ouvrière. Il n'y a donc plus qu'à revenir en Europe, mais le roi et le gouvernement s'opposent toujours à sa présence permanente dans les îles Britanniques, à moins qu'il y réside comme un sujet ordinaire, sans titre ni statut. Et surtout sans bruit. Un simple M. Windsor ? Ce serait risible et le palais fait savoir que si c'était le cas, « Sa Majesté vivrait un cauchemar permanent dans un pays entièrement à reconstruire ». Impensable.

Finalement, pour trouver une solution, Edouard obtient de pouvoir revenir à Londres en octobre 1945 et de résider quelque temps chez sa mère, à Marlborough House. Seul. La duchesse ne serait-elle toujours pas reçue par la reine Mary ? On peut comprendre que Wallis ait renoncé au voyage pour éviter un nouveau camouflet de la Cour et un scandale. Descendant d'un appareil de la Royal Air Force, le duc est accueilli par ses partisans – il en a toujours eu –, puis conduit chez sa mère. Une réunion de famille ? Il y a des absences notoires. George VI paraît sans Elizabeth ; la duchesse de Kent refuse de descendre de ses appartements et, de toute manière, Marina n'a jamais supporté son vaniteux beau-frère et sa femme, ni oublié qu'ils ne lui ont pas présenté leurs condoléances à la mort de son mari. Enfin, le duc de Gloucester est en mission en Australie.

C'est la première fois qu'une telle réunion a lieu depuis la fin de la guerre. La résidence de la reine Mary, dont les jardins donnent sur le Mall, date de 1710 et rassemble des trésors, dont une collection de tableaux, remontés des caves où ils avaient été mis à l'abri. Ces œuvres évoquent les guerres gagnées par le célèbre Marlborough sur les armées de Louis XV. Cela fournit un éternel sujet de conversation joyeuse, surtout en temps de paix, le *Blitz* n'ayant pas été la guerre en dentelle. La reine Mary éprouve de la joie de voir deux de ses fils réunis, deux rois, l'ancien et l'actuel[1]. Personne, semble-t-il, ne prononce le nom de Wallis ; la duchesse fait l'unanimité des femmes de la famille contre elle.

Au cours du séjour d'Edouard, la reine Mary le conduit dans l'East End visiter les quartiers bombardés – cinq ans après le roi son frère ! –, sans doute avec la volonté de montrer à son fils qu'entre le *Blitz* et les ternes mondanités coloniales de Nassau, il y avait un abîme. Edouard, soudain sincère et sans doute un peu honteux, s'intéresse aux maisons préfabriquées, vite construites mais confortables, subventionnées par le gouvernement Attlee, adepte d'une économie de type socialiste. Il y a tant à faire ! Les ateliers, les boutiques, les docks, les pubs, les baraques, les taudis de Whitechapel ou de Lambeth ne sont que ruines et montagnes de gravats. Tout est urgent. Et le gouvernement change profondément certaines structures du pays.

1. Dans un des salons de Marlborough House, Léopold de Saxe-Cobourg-Gotha avait reçu, en 1831, les émissaires du gouvernement provisoire belge venus lui offrir la Couronne de Belgique. Il deviendra Léopold Ier, premier roi des Belges.

Lorsqu'il part pour Paris retrouver Wallis, le duc assure que la prochaine fois, la duchesse l'accompagnera. Et sera reçue. Une idée fixe. Peut-être la seule de sa vie. Et même quand il a rencontré Churchill attendant sa revanche aux élections, celui-ci ne s'est guère montré empressé de revoir l'ancienne maîtresse de beaucoup d'hommes identifiés comme ennemis de l'Angleterre. Avant son départ, l'ex-roi ayant manifesté quelque humeur sur la façon clandestine dont il était reçu, Lascelles, l'ancien secrétaire d'Edouard VIII devenu celui de George VI, réagit sèchement. Rappelant au duc qu'en 1936 il avait fait, selon ses propres termes, un immense sacrifice (son abdication) qui l'avait rendu le plus heureux des hommes, il le met en face de la réalité : « Pourriez-vous consentir un autre sacrifice, au nom de votre frère qui, pour vous permettre de vivre à votre guise, a accepté, à votre place, la tâche la plus difficile au monde et s'est attaché, pour son existence, à des devoirs et à des responsabilités qu'il n'avait jamais eu à prévoir, mais pour lesquelles vous aviez été préparé ? Ne pourriez-vous maintenant, afin d'empêcher son embarras, accepter les deux décisions une fois pour toutes au lieu de les discuter constamment, ce qui ne pourrait que rendre les choses encore plus difficiles pour lui[1] ? » Une cinglante leçon de mémoire et d'éducation, et une mise en garde. Le duc n'a toujours pensé qu'à lui. Maintenant, plus personne ne veut de lui. Et la seule proposition qu'on puisse lui faire est de partir. En somme, une nouvelle abdication du contexte familial et territorial, mais indépendante de sa volonté, cette fois. Personne ne s'intéresse à ce personnage égoïste, geignard, traître à son pays et qui a sali l'image de la monarchie à cause d'une femme dangereuse et intéressée. Dans le royaume qui subit des transformations radicales (nationalisation de la Banque d'Angleterre, des charbonnages, de l'acier, des chemins de fer, de l'énergie, contrôle des prix,

1. Traduction de l'auteur, extrait de Hugo Vickers, *op. cit.* Les « deux décisions » sont le refus de recevoir la duchesse à la Cour et de lui accorder le titre d'Altesse Royale.

blocage des salaires) et survit grâce à l'aide financière américaine dans le cadre du plan Marshall, les prétentions des Windsor sont insupportables. Qui peut encore s'apitoyer sur leur sort ?

Lors d'un séjour en Angleterre,
les bijoux de la duchesse sont volés !

Ils reviennent donc en France. Ils retrouvent leur appartement du boulevard Suchet. Rien n'y manque, sinon quelques éléments décoratifs placés dans un garde-meubles. Sans difficulté, ils négocient une prolongation de leur bail jusqu'en 1948. Les tourments politiques de l'après-guerre leur semblent étrangers. Le couple, toujours obsédé par sa reconnaissance au Royaume-Uni, obtient le droit de séjourner en octobre 1946 à Sunningdale chez le comte et la comtesse Dudley, près de Fort Belvedere. Cette villégiature restera célèbre par un fait divers longtemps mystérieux. Wallis et son mari ont l'habitude de voyager avec trois cantines identiques de l'armée sous la surveillance d'un officier. L'une d'elles contient les bijoux de la duchesse, sans que l'on puisse deviner laquelle renferme le précieux coffret. Un soir, le quatuor s'est rendu à Londres pour dîner. En fin d'après-midi, le coffret est découvert à moitié vide, dans le golf voisin. Un collier de perles, qui avait appartenu à la reine Alexandra, l'épouse d'Edouard VII, a été abandonné dans l'herbe, sans doute parce qu'il était difficilement négociable. Il était estimé à 5 000 livres sterling. Pour les journaux, l'affaire est juteuse. Les prétendues valeurs atteignent des sommets. On parle de 20 000 livres. Sur quelles bases ? On ne sait. Une récompense de 2 000 livres est promise. Saisi de l'enquête, Scotland Yard envoie des limiers jusqu'en Argentine, en Uruguay, en France, en Suisse, et le FBI est sollicité pour résoudre ce sensationnel fric-frac. Furieuse, dans une colère indescriptible, la duchesse exige que le personnel soit fouillé, sans autre résultat que de provoquer un pénible malaise. Ont été volés onze bijoux, dont des boucles d'oreilles en diamants, des bracelets, des saphirs. Les investigations se poursuivent quand le couple s'embarque pour New York à bord du *Queen Elizabeth*. Le duc et la duchesse soupçonnent la famille royale d'avoir organisé l'affaire pour récupérer certains joyaux que la duchesse était indigne de porter. Mais rien ne le prouve. On ne peut qu'en déduire que Edouard et Wallis ne sont toujours pas les bienvenus en terre britannique. Il ne manquait qu'un émule d'Arsène Lupin pour qu'on parle toujours de la duchesse de Windsor !

La compagnie d'assurances rembourse le montant estimé et Wallis reconstitue ses parures, en particulier avec l'achat d'un bracelet de chez Cartier orné d'une panthère. Et la duchesse acquiert ainsi de nouveaux joyaux qui entrent dans sa sulfureuse légende[1]. Lorsque le roi offre à la reine Mary un déjeuner à Buckingham Palace le 26 mai 1947 pour son quatre-vingtième anniversaire, Edouard, proche de Londres, n'est pas convié. Il doit se contenter de téléphoner à sa mère. Et les Windsor ne seront pas davantage invités au grand événement qui se prépare pour la fin de l'année…

Dans ces bouleversements, le roi et la reine n'ont qu'une immense satisfaction : leurs deux filles. L'aînée, Elizabeth,

1. Diverses thèses ont été avancées pour éclaircir ce mystère. Leslie Field, historienne officielle des bijoux de la reine et de la famille royale : « A mon avis, la duchesse de Windsor a escroqué les assureurs en surestimant la valeur des bijoux. Une trentaine au moins des articles qu'elle avait donnés pour volés figuraient au catalogue de Sotheby's pour la vente de Genève en 1987. Ils furent vendus à des prix très élevés. Elle ne pouvait évidemment plus les porter après avoir touché avec son mari la somme pour laquelle elle les avait déclarés. Ils n'ont sans doute jamais quitté le coffre où elle les avait mis à Paris » (Charles Higham, *op. cit.*). La duchesse était décédée en 1986. La vente à Genève, les 2 et 3 avril 1987, comprenait deux cent trente lots. L'ensemble était évalué à plus de 7 millions de dollars. Les enchères atteignirent plus de 50 millions de dollars, soit sept fois l'estimation (environ 274 millions de francs), légués, comme tous les biens de la duchesse, à l'Institut Pasteur. Le bijou préféré de Wallis était un collier de rubis et de diamants de Birmanie que le roi Edouard VIII lui avait donné pour son quarante et unième anniversaire avec cette gravure : « *My Wallis from her David.* »

dans sa vingt et unième année, a été éduquée par des précepteurs privés et très tôt préparée à son futur statut de reine. Pendant la guerre, elle était souvent auprès de son père, ayant le privilège d'étudier les documents d'Etat, secrets, contenus dans les fameuses *boxes*, ces boîtes de cuir rouge remises chaque jour au monarque. Avec sa sœur Margaret, elle avait porté notamment l'uniforme des *Sea Rangers*. Cette même année 1947, elle accomplit son premier voyage officiel en famille, en Afrique du Sud. Depuis son plus jeune âge, Elizabeth est amoureuse d'un de ses cousins, le prince Philippe de Grèce, officier de marine désargenté, arrière-petit-fils d'Edouard VII et neveu de lord Mountbatten. Leur première rencontre avait eu lieu à la base navale de Dartmouth en juillet 1939. Elle avait 13 ans et lui 18. L'aspirant était très beau, la princesse avait été éblouie ; immédiatement, elle était tombée sous le charme de ce marin.

Philippe de Grèce est né en 1921 à Corfou ; son père, le prince André, était le frère du roi Constantin des Hellènes. Sa mère, née Alix de Battenberg, est une nièce de la dernière impératrice de Russie, épouse de Nicolas II. Elle est aussi la sœur de lord Mountbatten. Les parents du jeune Philippe se séparèrent en 1930. Son père, condamné à l'exil, mourut à Monte-Carlo en 1944. Sa mère, profondément religieuse, vivait à Athènes dans des conditions d'extrême précarité. Heureusement pour son fils, elle n'avait jamais manifesté le moindre signe de germanophilie, ce qui n'était pas le cas du reste de la famille royale de Grèce. Cette femme très digne s'était occupée d'enfants victimes de la guerre. Philippe lui-même avait eu une enfance ballottée, accueilli par un oncle maternel, Georges de Battenberg, marquis de Milford-Haven. Sa formation avait été entièrement britannique. Après leur première rencontre, Elizabeth et Philippe s'étaient revus lors des permissions de l'officier, passées généralement chez sa cousine la duchesse de Kent (née Marina de Grèce).

La princesse héritière Elizabeth est amoureuse

Leur attirance mutuelle était si évidente que le roi Georges de Grèce, en mars 1944, demande officiellement la main d'Elizabeth pour son cousin germain Philippe. Le roi George VI, sans opposer un refus définitif, lui répond que sa fille est très jeune et qu'il souhaite qu'une fois la guerre achevée, la princesse, qui a vécu, comme des millions de Britanniques, des temps éprouvants, puisse voyager et réfléchir à une décision qui l'engagerait pour la vie. En février 1947, accompagnant ses parents, Elizabeth quitte pour la première fois le sol britannique. C'est aussi son premier voyage officiel de princesse héritière, à destination de l'Afrique du Sud. Pendant ce temps, à Londres, le cabinet discute de la naturalisation du prince Philippe comme sujet britannique. Cette question est vite résolue puisqu'il a servi avec courage dans la Royal Navy. En revanche se pose le problème du nouveau nom qu'il doit adopter. En effet, les ascendances danoises de la famille de Grèce font de Philippe un Schlesvig-Hosltein-Sonderburg-Glücksburg, un patronyme beaucoup trop lourd à porter deux ans après la fin de la guerre. Finalement, le choix se porte sur le nom de sa mère, Battenberg, déjà anglicisé en 1917 en Mountbatten. Une fois encore, il fallait bannir la moindre consonance germanique, comme lors de la Première Guerre mondiale.

Le 10 juillet 1947, un communiqué de Buckingham Palace est publié dans le *Court Circular* des journaux et placardé aux grilles du palais : « C'est avec un grand plaisir que le roi et la reine annoncent les fiançailles de leur fille bien-aimée la princesse Elizabeth avec le lieutenant Philippe Mountbatten, RN[1], fils de feu le prince André de Grèce et de la princesse André (princesse Alix de Battenberg), union à laquelle le roi a donné avec joie son consentement. »

1. Royal Navy.

Le mariage est fixé au 20 novembre. Les cadeaux commencent à affluer du monde entier et sont exposés au palais de Saint-James. On recense plus de mille cinq cents présents, des plus somptueux aux plus inattendus. Parmi ceux-ci, des centaines de paires de bas en Nylon, un grand luxe en ces temps de rationnement textile et une étrange pièce de coton blanc, qui dégoûte la reine Mary lorsqu'elle suppose que c'est un pagne offert par Gandhi ! En fait, il s'agit d'un napperon tissé par le Mahatma sur son célèbre rouet, selon une suggestion de lord Mountbatten ! La mère de George VI, qui avait très mal vécu la fin de l'Inde britannique, ne pouvait qu'être révulsée par cette curieuse attention... Avec beaucoup de diplomatie, pour épargner sa grand-mère, la princesse Margaret dissimule prestement cette pièce de tissu incongrue derrière d'autres cadeaux !

Le présent du roi sera d'une autre nature. A sa fille, il confère l'ordre de la Jarretière le 12 novembre. Il n'adoube son futur gendre chevalier du même ordre que le 19 novembre, de façon qu'Elizabeth ait préséance sur son époux. Philippe est déclaré Altesse Royale et titré plusieurs fois (baron de Greenwich, comte de Merioneth, notamment), mais c'est celui de duc d'Edimbourg que l'histoire retiendra.

Les invitations sont un véritable casse-tête pour le protocole. Au mariage princier, il n'est pas question de convier des parentèles allemandes. Ainsi, aucune des trois sœurs de Philippe qui avaient épousé des aristocrates germaniques n'est invitée. Même sanction pour les sœurs de la duchesse de Kent, Elisabeth et Olga. Le mari de la première s'était compromis avec le régime nazi ; celui de la seconde, le prince Paul de Yougoslavie, avait vu d'un œil favorable le pacte de 1941 liant son pays à l'Allemagne. De même sont exclus le duc de Saxe-Cobourg et le prince Philippe de Hesse. Enfin, comme on pouvait s'y attendre, le duc et la duchesse de Windsor ne sont pas souhaités, c'est le moins que l'on puisse dire. Plus grave, l'unique sœur du roi George VI, la princesse royale Mary, refuse d'assister au mariage, précisément en représailles vis-à-vis de l'exclusion de son frère Edouard, le duc de Windsor. Elle prétexte une grande fatigue. *No comment* de Buckingham Palace. En dehors de ces interdits familiaux, toutes les monarchies d'Europe, en place ou détrônées, se pressent au mariage de la future reine d'Angleterre.

Le 20 novembre 1947, Elizabeth est unie à SAR le duc d'Edimbourg. La cérémonie à Westminster est solennelle, mais également historique, puisque c'est la première fois, depuis l'union, en 1816, de la princesse Charlotte, fille de George III de Hanovre, à Philippe de Saxe-Cobourg, qu'est célébré le mariage d'une princesse héritière. Ce matin, la bruine persistante ne parvient pas à décourager la foule en liesse. Les Londoniens, massés sur le passage du cortège, manifestent une nouvelle fois leur attachement à la famille royale. Les archevêques de Canterbury et d'York, les évêques de Londres et de Norwich concélèbrent l'office. Puis, le jeune couple est conduit vers la chapelle d'Edouard le confesseur où la « pierre des rois » est conservée dans une châsse. Dans cet hiver d'après-guerre où les plaies restent ouvertes, dans un monde gris de misère et d'inquiétude, Churchill juge que la cérémonie est « un éclair de couleurs sur la route que nous devons suivre ».

Si George VI est heureux de ce mariage qu'il pressent comme une histoire d'amour destinée à défier le temps, la séparation d'avec sa fille aînée est douloureuse. Pendant leur enfance et leur adolescence, parents et enfants n'ont presque jamais été séparés. Un quatuor de tendresse et d'affection. Promise à être reine, Elizabeth a été initiée aux secrets d'Etat, aux relations avec le Parlement. Elle a vécu la guerre très proche du roi ; il l'a préparée à être informée, à affronter les conflits, les oppositions, et à donner son avis dans l'intérêt supérieur du pays. L'épreuve du *Blitz*, des bombardements, de la peur, des restrictions ont achevé de former le caractère d'Elizabeth. Maintenant, elle est à l'aube d'une nouvelle existence dont le monde entier est témoin. Après ce mariage qui a réconforté un peuple héroïque mais souffrant, ce 20 novembre au soir, George VI écrit une lettre bouleversante à sa fille, celle qui lui succédera. Le roi décrit l'arrachement que constitue le départ d'Elizabeth dans des termes particulièrement attachants :

> J'étais si fier de vous et si enthousiaste de vous avoir si près de moi pendant cette longue marche dans l'abbaye de Westminster. Mais quand j'ai donné votre main à l'archevêque, j'ai senti que j'avais perdu quelque chose de très précieux. Vous étiez si calme et sereine durant l'office et vous avez prononcé vos paroles avec tant de conviction que je sus que tout était parfait. Je suis si heureux que vous ayez écrit et dit à maman que votre longue attente avant vos fiançailles et votre longue réflexion avant le mariage avaient été ce qu'il y avait de mieux à faire. J'avais presque peur que vous ayez pensé que j'étais sans cœur sur cette question. Il était si perturbant pour vous de venir en Afrique du Sud. Notre famille, nous quatre, la « famille royale », doit rester soudée, avec des apports, bien sûr, aux moments qui conviennent ! Je vous ai regardée grandir pendant toutes ces années avec fierté sous l'autorité avisée de maman, qui est comme vous le savez la plus merveilleuse personne du monde à mes yeux et, je puis, je sais, toujours compter sur vous et maintenant Philip, pour nous aider dans notre travail. Votre départ a laissé un grand vide dans nos vies, mais souvenez-vous que votre vieille maison est toujours la vôtre et revenez le plus souvent possible. Je puis voir que vous êtes sublimement heureuse avec Philip qui est parfait, mais ne nous oubliez pas, ce qui est le vœu de
>
> votre toujours aimant et dévoué
> PAPA[1].

Le « dossier Marburg » : une bombe à retardement !

Alors que la famille régnante et la monarchie sortent magnifiées de la guerre par leur attitude courageuse et digne et par leur partage des épreuves subies par le peuple britannique, après les réjouissances du mariage princier,

1. Traduction de l'auteur, extrait de Sarah Bradford, *George VI*, *op. cit.*

voici que George VI se retrouve, bien malgré lui, plongé dans la crainte de révélations sur la scandaleuse compromission de son frère et de sa belle-sœur avec l'Allemagne, ses intermédiaires et ses officines de propagande. Il faut se rappeler qu'en dehors de sa visite auprès de Hitler en 1938, présentée comme mondaine et qui s'était déroulée dans un esprit de recherche de la paix, les choix, les correspondances, les relations, les contacts, les promesses et les interventions plus ou moins fâcheuses du duc et de la duchesse de Windsor n'avaient pas été portés à la connaissance du public. Seuls le roi, la reine et leurs proches, ainsi que le gouvernement et bien entendu les services de renseignements – de tout bord, y compris ceux de Moscou –, étaient informés, instruisant un dossier de plus en plus lourd. Pendant toute la durée de la guerre, Edouard et Wallis n'avaient cessé de conspirer, parfois inconsciemment, en se limitant à de naïfs espoirs de paix, le plus souvent par esprit de vengeance, espérant jusqu'à la défaite du Royaume-Uni et de ses Alliés. Depuis la paix et l'organisation d'un nouveau partage du monde officiellement né à Yalta, il fallait aussi compter avec les Soviétiques. Le duc avait fait une déclaration très remarquée lors des défilés du 8 mai 1945 accompagnant la capitulation allemande. Il s'était étonné de ne pas y voir les troupes de Staline puisque, après tout, « c'étaient eux les vrais vainqueurs[1] ».

Le plus grave et, disons-le, le plus désespérant est que toute la magnifique œuvre de restauration de l'image monarchique, du retour de sa crédibilité et donc de la confiance populaire après le traumatisme de 1936 risquait d'être mise à terre par la divulgation d'un ensemble de preuves, de faits précis, de documents incontestables attestant que le duc de Windsor était un traître et que son épouse l'avait accompagné sur le chemin du déshonneur. En bref, le combat dynastique gagné par George VI et Elizabeth après l'abdication d'Edouard VIII risquait d'être

1. Rappelons qu'en raison du décalage horaire, en Russie, la victoire de 1945 est célébrée le 9 mai (elle l'était aussi au temps de l'URSS).

souillé par un scandale encore plus dévastateur que le précédent. Cette fois, avec les travaillistes majoritaires au Parlement, l'expansion du monde communiste en Europe (par exemple avec le coup de force à Prague qui consacre la mainmise soviétique sur la Tchécoslovaquie), l'instauration de la « Chine rouge » de Mao, l'indépendance de l'Inde et l'inévitable contagion qu'est la marche vers la décolonisation, la Couronne britannique pourrait vaciller. Gravement compromise par l'un de ses membres, la famille royale serait-elle prête à résister au travail de sape que ses adversaires avaient entrepris avant la guerre dans le dessein de placer sur le trône un souverain germanophile, un Edouard VIII potiche, vénal et favorable aux « réussites » du national-socialisme ?

La crainte de ces périls mine la santé de George VI, atteint de graves troubles circulatoires et qui passe des nuits de veille à essayer d'éteindre l'incendie de révélations qu'il redoute. En effet, dès avril 1945, les Américains l'ont averti d'une terrible découverte, dans une zone montagneuse allemande, mais destinée à être occupée par l'Union soviétique. Une partie de ces secrets concerne les activités du duc et de la duchesse de Windsor. Fin octobre 1945, George VI est instruit de ce qui leur est reproché depuis leur séjour à Lisbonne en 1940, mais, en réalité, si le roi savait déjà tout sur la conduite de son frère à cette époque précise, il pressentait de découvrir le pire pour la période 1941-1945. L'affaire est si grave que de très hautes personnalités s'en chargent directement, en particulier les généraux Eisenhower et Patton ; la 3e armée commandée par Patton venait de traverser les monts Taunus, d'une altitude moyenne de 1 000 mètres, à la recherche de documents compromettants signalés par des informateurs. Dès ce moment, le roi George VI avait dépêché son bibliothécaire Owen Moorshead, accompagné d'un agent du MI5, au Friedrichshof, pour y récupérer le maximum d'éléments impliquant le duc de Windsor. Ce château, édifié à la fin du XIXe siècle par une fille de la reine Victoria devenue reine de Prusse et impératrice d'Allemagne, est une propriété du prince Philippe de Hesse, compromis avec les nazis et les fascistes. L'agent du MI5 s'appelle Anthony Blunt. Par la suite, il sera bibliothécaire royal, puis conservateur des collections de la reine et agent double, puisqu'il agissait aussi pour le compte de Moscou ! Très cultivé, réputé homosexuel, Blunt avait été recruté par les Soviétiques dans l'entre-deux-guerres avec quelques-uns de ses condisciples du Trinity College de Cambridge. Ce scandale, l'un des plus spectaculaires de la guerre froide, n'éclatera que dans les années 1960. La récolte des deux émissaires du roi est transférée au château de Windsor. Mais ce n'était pas chez le prince de Hesse que se trouvaient les preuves les plus accablantes contre le duc de Windsor. En réalité, c'était dans la belle forêt de Thuringe, inspiratrice de tant d'artistes, que les Américains avaient rassemblé des documents dont certains accusaient les Windsor. L'ensemble comprenait quatre cent quatre-vingt-cinq dossiers, soixante tonnes d'archives et des valises bourrées de microfilms. Tout avait été rassemblé au château de Marburg. Avant la guerre et selon une tradition remontant au XIIIe siècle, la vieille cité de Marburg vivait toujours dans le souvenir vénéré de sainte Elisabeth de Hongrie dont un descendant avait spectaculairement adopté la Réforme. Fin 1945, les découvertes des troupes alliées affectent ce discret bastion de l'Occident chrétien d'une réputation embarrassante. Parmi ces documents figure un dossier sur les relations germano-britanniques et particulièrement sur le duc de Windsor. A son sujet, on prendra vite l'habitude de parler du « dossier Marburg ». Celui-ci, véritablement explosif, est extrait pour être transféré sous bonne garde au quartier général des Corps expéditionnaires alliés où il est enfermé dans un coffre-fort. Son contenu ne sera examiné qu'en 1947. C'est une bombe à retardement. Elle pouvait ruiner le prestige de la famille royale britannique, diviser l'opinion comme au temps de l'abdication d'Edouard VIII et affaiblir un pays qui peinait à se relever de cinq années de souffrances. Cette suspicion se greffe sur un contexte familial complexe qui n'est pas nouveau, mais représente « une difficulté commune pour l'Europe royale dans l'immédiat après-guerre[1] », constate Sarah Bradford. En effet, dans cette nébuleuse familiale, nombreux sont les exemples de choix politiques opposés, longtemps obscurcis par les opérations militaires et qui sont révélés dans la lumière crue de la paix. Ainsi, par exemple, la maison de Hesse, proche de George VI, se trouve dans une position délicate. Le prince Philippe de Hesse avait été un intermédiaire entre Hitler et Mussolini, mais son épouse Mafalda était morte dans le camp de concentration de Ravensbrück sur ordre de Berlin en représailles de la volte-face de son père le roi d'Italie du côté des Alliés en 1943[2]. Elle avait été tuée lors d'un bombardement allié. L'écheveau inextricable des parentés aggravait les soupçons déjà à l'œuvre lors de la Première Guerre mondiale.

Le dossier Marburg est si embarrassant qu'il est décrypté par une commission secrète anglo-américaine. Le secrétaire au Foreign Office Bevin et son homologue américain le général Marshall décident la destruction totale du dossier. Il n'existera plus ni dans les archives britanniques ni dans celles des Américains. Au moment où les séides de Hitler vont être jugés, ces preuves auraient pu rester une menace prouvant la collusion du duc de Windsor avec l'ennemi. Cela pouvait-il bénéficier aux vaincus ? Selon Martin Allen, « en 1946, Ribbentrop réclama la comparution comme témoin à décharge du duc de Windsor au procès de Nuremberg, arguant que celui-ci avait des preuves capitales pour sa défense. Le duc de Windsor déclina l'invitation[3] ». Ainsi, des deux côtés, on s'accordait à qualifier l'ex-roi de lâche. La difficulté est double : ne rien publier revient à avouer une gêne, voire

1. Sarah Bradford, *George VI*, *op. cit.*

2. Le 25 juillet 1943, le roi Victor-Emmanuel III d'Italie, longtemps compromis avec le fascisme, avait fait arrêter Mussolini. Mais la chute du Duce sonne aussi le glas de la maison de Savoie, discréditée. La réaction royale est trop tardive.

3. Martin Allen, *op. cit.*

une censure de la Couronne, mais diffuser des extraits – lesquels ? – est aussi grave. Qui croire ? Les archives allemandes (peut-être en partie fabriquées) ou les sources britanniques, qui pourraient également être douteuses et apurées d'un contenu trop explosif ? Malgré la disparition du dossier Marburg, l'inquiétude de George VI est telle que, ayant eu connaissance dc contacts pendant la guerre entre son frère et le fils du Kaiser Guillaume II favorable à Hitler, Blunt et Moorshead sont expédiés en Hollande à Haus Doorn, résidence d'exil du défunt Kaiser. Le roi voyait des menaces partout, mais ses émissaires ne trouveront rien aux Pays-Bas.

Le duc de Windsor engage un journaliste pour justifier ses choix

Si courageux soit-il, George VI est taraudé par la crainte de fuites dans la presse à la suite de l'annonce par son frère qu'il allait écrire ses mémoires pour se justifier. Mais, incapable de rédiger le texte qui le défendrait ou le laverait de tout soupçon, le duc doit engager le talent d'un journaliste professionnel, Charles Murphy, l'une des signatures du grand magazine *Life.* Leur collaboration est chaotique, l'ancien roi faisant semblant de lâcher des révélations sensationnelles, puis revenant sur ses propos. Que veut-il expliquer ? Comment espère-t-il convaincre ? Que croire ? Confus, incohérent, le récit finit par prendre la forme d'entretiens dont la première série paraît en décembre 1947. Un cadeau empoisonné – un de plus ! – pour le Noël du roi George VI.

L'année suivante, 1948, est celle du blocus de Berlin par les Soviétiques et du pont aérien auquel participe le Royaume-Uni afin de ravitailler les secteurs occidentaux. Outre-Atlantique, la chasse aux anciens sympathisants nazis est alors éclipsée par la « chasse aux sorcières » qui traque les « anti-Américains » suspectés d'espionnage au profit de l'URSS pendant la guerre. Ce climat, on le sait, va gangrener jusqu'à Hollywood par une série de spectaculaires accusations proférées par le sénateur McCarthy. Une commission du Congrès des Etats-Unis établit qu'un ancien conseiller de Roosevelt à Yalta et un autre à la conférence de San Francisco d'où était sortie l'Organisation des Nations unies étaient, en fait, des agents infiltrés par les services de Staline. Celui-ci se révèle beaucoup plus retors que ne l'avait été Hitler. Dans son active cure d'opposition, Churchill ne se prive pas de répéter : « *We have killed the wrong pig* » (« Nous avons tué le mauvais cochon »)

Le duc et la duchesse de Windsor sont toujours aussi peu concernés par ce que l'ancien Premier ministre a appelé, d'une formule légendaire, le « rideau de fer » qui a fait naître la guerre froide dans un monde bipolaire. Pour le duc et la duchesse qui passaient leurs nuits à danser dans les clubs new-yorkais les plus chic, l'essentiel est que leurs cent vingt malles (!) soient bien embarquées à New York, à destination de Southampton. Ironie de l'histoire, ils sont à bord du paquebot *Queen Mary* et lors de ce nouveau séjour, la première visite d'Edouard sera, comme d'habitude, pour la reine Mary, sa mère, marraine du transatlantique. Le duc réside chez elle, à Marlborough House, toujours seul. Quand il retrouve Wallis, le couple est hébergé chez ses amis Dudley.

Personne n'ose poser la question, mais elle hante toute la famille royale : que faire de ces Windsor encombrants, voyants, bruyants, futiles et terriblement gênants ? L'image d'un ex-roi noceur, pilier des boîtes de nuit, client de restaurants onéreux et se ruinant, parfois avec des fonds d'origine douteuse, pour satisfaire le moindre caprice de la duchesse, est une épée de Damoclès sur la monarchie britannique, pourtant digne d'éloges pendant ces sombres années[1]. Ajoutons que, dans un Paris où commençaient les

1. Les soupçons et les doutes vont empoisonner la fin du règne de George VI et le début de celui de sa fille, l'actuelle reine Elizabeth II. En 1956, en réponse à la publication de certains « documents allemands », peut-être fournis, fabriqués ou arrangés par les services soviétiques, le gouvernement britannique, alors dirigé par le successeur de Churchill, le conservateur Anthony Eden, fera publier une « mise au point ». Cette déclaration officielle réfute les accusations,

règlements de comptes, parfois travestis en procès de l'épuration, souvent honteux, il était choquant que le duc et la duchesse de Windsor aient retrouvé intact leur appartement du boulevard Suchet. On pouvait même se demander si Paris avait été occupé pendant quatre années... Mais visiblement, les autorités françaises ont des affaires plus urgentes à traiter que le cas du couple Windsor, qui écume les restaurants élégants et les cabarets russes, non sans se provoquer l'un l'autre par des jalousies fondées ou supposées et en général accompagné d'amis bruyants et souvent pris de boisson. L'ivresse de l'après-guerre, pour certains, et de mondanités artificielles au nom d'un art de vivre retrouvé et parfois suspect.

La vie des Windsor est alors dépourvue d'intérêt. Un étourdissement et une dérive. Depuis 1949, l'expiration de leur bail boulevard Suchet les a contraints à emménager dans l'hôtel particulier mis à leur disposition par le commandant Paul-Louis Weiller, pionnier de la compagnie Air France, prospère brasseur d'affaires et parfait homme du monde. Edouard et Wallis ne pouvaient trouver hôte plus raffiné et attentif. Pourtant, cette superbe résidence ne leur convient guère. Ne s'estimant bien nulle part, ils enchaînent voyage sur voyage, et continuent de mener une existence vide et vaine, poursuivant le couple royal britannique de rancœurs et d'indécentes revendications. Toujours les mêmes...

---

considérant qu'elles reposent sur « une source extrêmement peu fiable », soulignant qu'en 1940 « le duc fut soumis à de fortes pressions venant des quatre coins de l'Europe où les Allemands espéraient le voir exercer son influence contre le gouvernement de Sa Majesté. Son Altesse Royale n'a jamais chancelé dans sa loyauté à la cause britannique ni dans sa détermination d'aller prendre son poste de gouverneur des Bahamas à la date convenue ». Martin Allen considère, au contraire, que l'examen de rapports allemands prouve que l'« on y trouve une tout autre version de ce que l'*establishment* britannique présente comme la vérité » (*op. cit.*). Mais pour le Premier ministre, il s'agissait de clore le dossier afin d'éviter des polémiques ultérieures.

Opéré de troubles circulatoires, George VI paraît guéri

Depuis quelque temps, le roi se plaint de crampes dans les jambes et de difficultés à marcher. Examiné par ses médecins le 12 novembre 1948, le diagnostic d'artériosclérose dans les jambes est si grave que la gangrène menace, ce qui nécessiterait une amputation. Le souverain, qui devait effectuer avec son épouse un grand voyage en Australie et en Nouvelle-Zélande, se résout, le 14 novembre, à annuler ce lointain périple. Mais dans cette épreuve, il y a une merveilleuse consolation : la naissance de son premier petit-fils. Elizabeth a donné naissance au prince Charles. Jusqu'à la mi-décembre 1948, le roi est alité. Les médecins recommandent une opération du dos, une sympathectomie. L'intervention a lieu le 12 mars 1949, dans une salle spécialement aménagée à Buckingham Palace, par discrétion. C'est un succès. Le souverain reprend goût à la vie. Aux mondanités hippiques d'Ascot, George VI apparaît aussi joyeux que son épouse. Il est même attentif au protocole vestimentaire et fustige ses invités qui n'en suivent pas les codes. Face au champ de courses, le roi se détend, s'échappant avec Elizabeth de son perpétuel devoir d'Etat. La reine est épanouie, heureuse avec son mari et trouve l'ambiance délicieuse. Elle est en blanc, arborant ses inévitables perles et rubis ; George VI porte un costume bleu.

Que de problèmes internationaux il a dû étudier avec le gouvernement ! Certes, le blocus de Berlin est levé, mais en Belgique, la « question royale » va être soumise à référendum pour décider du retour du roi Léopold III sur le trône, compte tenu de son attitude pendant la guerre. Et puis, il y a cette reconnaissance de la Chine populaire par le Royaume-Uni et la naissance d'une Allemagne dite démocratique, vis-à-vis de celle qui se présente comme fédérale. Un de ses vieux amis, sir Henry Channon, surnommé « Chips », voit le souverain désigner la joue de son hôte et, quelques verres de champagne aidant, lui demander comment il s'y prend pour paraître aussi jeune à son âge. L'intéressé est surpris de cette aimable familiarité, signe que le monarque va mieux et constate « qu'il paraît beaucoup plus jeune que le duc de Windsor ».

Le roi se fatigue à travailler (l'approvisionnement en charbon est un de ses soucis), l'ex-roi s'épuise à se divertir, entouré de courtisans obséquieux et de quelques pique-assiette, Edouard et Wallis pouvant faire partie de cette catégorie selon les circonstances... Régulièrement, le duc écrit à son frère pour se plaindre de la mise à l'écart de la duchesse. L'ex-roi Edouard VIII, à la fois désœuvré et obnubilé par le traitement réservé à sa femme, menace d'en faire étudier les fondements constitutionnels et juridiques ! Le 22 mai 1950, alors que la guerre semble imminente en Corée et que l'on redoute un troisième conflit mondial, le duc de Windsor est satisfait que le magazine *Life* diffuse sa seconde série d'entretiens titrés « L'éducation d'un Prince ». Un événement, selon lui. A son frère, il écrit : « Avant de quitter New York, je me suis arrangé pour que *Life* vous fasse parvenir les quatre numéros dans lesquels mes articles sont publiés. J'espère que vous les recevrez[1]. » Le ton est froid et vaniteux.

Mais George VI éprouve une nouvelle joie familiale, la naissance de sa petite-fille, la princesse Anne, le 27 juillet suivant. Malheureusement, la santé du roi continue de se dégrader. Malgré ses traitements, il sait qu'à tout instant, il est menacé d'une thrombose. A 55 ans, George VI a soudain vieilli ; il est presque au bout de ses forces. Son caractère s'en ressent, attaché à des détails insignifiants. Comme feu son père George V, il se met en colère, puis se calme, avant de se focaliser sur des broutilles pendant la préparation d'un bal à Balmoral. Jadis si aimable et réservé, d'une éducation sans faille, le monarque devient sarcastique. Sans doute le mal qui le ronge réveille-t-il ses anciennes phobies. « Chips » Channon, l'homme qui le connaît mieux que

1. Sarah Bradford, *George VI, op. cit.*

tous et ce depuis toujours, observe que « sa timidité naturelle et son complexe d'infériorité le placent sur la défensive. [...] Le roi n'a plus d'humour, il est mal à l'aise, ne se sentant mieux qu'après avoir bu un peu de champagne. Il n'avait pas de vices et ne s'intéressait qu'à la chasse. Il avait peu d'amis et dépendait entièrement de la reine qu'il adorait. Elle était sa volonté, son tout. Il était un père affectueux et un ami loyal à l'égard de ceux qu'il aimait[1] ». Comme son frère Edouard, George VI avait toujours eu un penchant pour le champagne. Lorsqu'il était encore le duc d'York, lady Astor l'avait invité avec Elizabeth à dîner chez elle, à Saint-James' Square. A l'un de ses amis, James Stuart, qui tenait le rôle de l'hôte quand son mari était absent, elle avait annoncé qu'elle ne ferait servir aucune boisson alcoolisée. Stuart, ancien aide de camp du duc, l'avertit :

— Si je dois être le maître de maison, je ne le serai qu'à la condition qu'il y ait du champagne pour la duchesse et pour moi, à mon extrémité de la table. Et je vous conseille d'en avoir à l'autre bout pour le duc. C'est-à-dire, si vous désirez les recevoir une autre fois[2].

L'amertume entre les deux frères avait été trop profonde pour qu'elle laisse la place au pardon. Si George VI fait envoyer des faisans qu'il avait tirés lors de son dernier séjour à Balmoral au duc de Windsor, le duc est furieux que son intervention à la radio devant assurer la promotion de son livre au Royaume-Uni soit annulée à cause de l'annonce de la maladie du roi. Il se dit choqué d'apprendre que ses deux nièces, Elizabeth et Margaret, avaient été vues le même jour à une course de chevaux. Wallis explose de rage :

— Quelle hypocrisie ! Quelle jalousie !

Elle était bien placée pour en parler.

1. Traduction de l'auteur, extrait de Christopher Hibbert, *op. cit.*

2. Traduction de l'auteur, extrait de Christopher Sykes, *Nancy, the Life of Lady Astor*, Collins, Londres, 1972.

A 77 ans, Winston Churchill est de nouveau Premier ministre !

Dès le printemps 1951, le roi est fiévreux. C'est une pneumonie. Les radios révèlent un voile sur un de ses poumons. Les tests effectués en juillet et en septembre mettent à jour une tumeur maligne. On n'informe pas le souverain de la gravité de son état. On lui affirme seulement que sa souffrance est provoquée par un blocage des bronches et qu'il faut lui enlever le poumon gauche. George VI redoute cette nouvelle opération, pratiquée le 23 septembre 1951, toujours à Buckingham Palace. Cette fois, la maladie du roi n'est plus un secret. Cinq mille personnes sont agglutinées devant le palais, attendant le premier bulletin de santé. Il ne sera lu que tard dans la nuit. Le pronostic est réservé, on craint des complications postopératoires.

Le 25 octobre 1951, les conservateurs espèrent remporter les élections générales avec une majorité d'au moins cent cinquante sièges aux Communes. Les échecs cuisants des travaillistes en politique sociale et économique, sans omettre des revers dans les affaires étrangères, notamment en Iran et en Egypte, leur semblaient prometteurs. Mais ils n'obtiennent qu'une courte majorité de vingt-six sièges, avec trois cent vingt et un élus contre deux cent quatre-vingt-quinze aux travaillistes. Le vieux lion se réveille après son surprenant échec de juillet 1945. Six années plus tard, Churchill revient au pouvoir, acclamé comme étant « le Premier de la guerre ». Il reprend le chemin de Buckingham Palace où le roi, très affaibli, est heureux de lui confier la direction d'un nouveau gouvernement. Le duc de Windsor n'attend pas longtemps pour harceler le revenant Churchill en réclamant une fonction officielle. En vain, même si le duc croit utile de préciser que la duchesse ayant été opérée aux Etats-Unis d'un fibrome avec tumeur – ils en avaient été tous deux bouleversés –, ce qui n'avait que peu d'incidence sur la politique du Royaume-Uni… L'opération, pratiquée avec succès, n'avait pas empêché les

Windsor de séjourner ensuite joyeusement à Biarritz où ils avaient été les hôtes d'Elsa Maxwell, la redoutée et très snob « commère » du *New York Times*. Lors d'un dîner, un invité s'étant courtoisement agenouillé afin de ramasser le sac de la duchesse tombé par terre, Wallis, plus venimeuse que jamais, avait déclaré : « J'aime voir ramper les Britanniques devant moi ! »

Noël 1951, en famille, à Sandringham. Courageusement, à la BBC, le roi présente ses vœux à ses sujets. A la vérité, comme on le sait, le roi a surmonté ses difficultés d'élocution, mais sa fatigue est telle qu'il doit se résigner à faire enregistrer son discours. Pour la première fois... Il parvient à ne laisser deviner aucune faiblesse d'intonation et n'hésite pas. Le 29 janvier, le roi regagne Londres pour consulter ses médecins qui se déclarent confiants. Le lendemain soir, la famille au grand complet se rend dans le West End au célèbre théâtre de Drury Lane pour assister à une représentation de la comédie musicale *South Pacific*. Cette apparition dans la loge royale est importante car elle prouve que le souverain va mieux. « *God save the King !* » entonne la salle, debout.

Le lendemain, la princesse héritière Elizabeth et le duc d'Edimbourg partent pour un long voyage jusqu'en Rhodésie puis en Australie et en Nouvelle-Zélande. En fait, ils vont accomplir le périple auquel George VI avait dû renoncer quatre ans plus tôt. Le roi tient à accompagner sa fille et son gendre à l'aéroport. Un geste exceptionnel. Churchill, présent lui aussi, dira : « Le roi savait qu'il ne vivrait plus longtemps. » En effet, ce n'était pas un au revoir, mais un adieu.

Une semaine plus tard, le 6 février 1952, au château de Sandringham où il était né cinquante-sept ans plus tôt, George VI est trouvé mort par son valet en entrant dans sa chambre, à 7 h 30, apportant son thé matinal à Sa Majesté. Epuisé par la maladie et un labeur permanent, George VI avait dépassé son rôle, en principe limité, de monarque constitutionnel lors de l'aggravation de la situation internationale. Par ses voyages et sa connaissance des affaires, il avait consolidé la diplomatie britannique. Et rendu sa dignité à la Couronne.

On réveille le Premier ministre. Winston, le féroce et pudique lutteur, le tyrannique et maladroit compagnon, l'historien aux mots blessants et l'orateur implacable, reste sans voix. Il s'était endormi au milieu de ses dossiers éparpillés. Fixant les murs de sa chambre, il pleure. Lorsqu'il parvient à dominer sa peine, Churchill dit à son secrétaire :

— Je l'aimais vraiment. Ses conseils étaient si avisés et en cas de difficultés, je pouvais toujours compter sur lui.

Téléphonant à Anthony Eden, secrétaire au Foreign Office, il lui dit seulement :

— Imaginez la pire chose qui pouvait nous arriver…

Le peuple, qui s'était toujours reconnu en son souverain, est pétrifié par la disparition d'un véritable homme d'Etat ayant inlassablement montré l'exemple du courage. C'est au Kenya, où elle se trouve avec le prince Philip, qu'Elizabeth apprend, avec retard, la triste nouvelle. Selon l'usage, ses vêtements de deuil sont toujours dans ses bagages. La princesse héritière devait être prête, elle l'était. Le règne d'Elizabeth II, 26 ans, commence à 6 000 kilomètres de Londres. Le roi est mort, vive la reine ! Sa mère, effondrée, ne peut dissimuler son amertume : si Edouard VIII n'avait pas abdiqué, son mari serait encore en vie.

9

1952-1955 : l'apprentissage d'une reine

Le Royaume-Uni, le Commonwealth, les colonies et les dominions sont en deuil, les drapeaux en berne et les spectacles annulés. Les véhicules et les autobus s'arrêtent, des gens pleurent. Sans vie, Londres n'est plus l'active et grouillante métropole symbolisant toujours une capitale impériale. Une large partie de la surface terrestre respecte la douleur britannique avec dignité et retenue. Par dizaines de milliers, des lettres sont acheminées à Buckingham Palace, des envois anonymes aux télégrammes des plus hautes personnalités. Il faudra plusieurs mois à la veuve du roi pour répondre personnellement à ces condoléances. La réaction des Etats-Unis est sans doute la plus inattendue. En dehors des condoléances personnelles du président Truman et d'Eleanor Roosevelt, la Chambre des représentants promulgue un message de sympathie et ajourne ses travaux pendant une journée, en signe de respect. Le Sénat du Massachusetts évoque « le monarque bien-aimé » et son sens du devoir, tandis que la presse de Los Angeles, où le souverain ne s'était jamais rendu, le surnomme « George le Bon ». Un modèle de roi, qui avait appris vite et bien, et même surpris ses proches.

Si George VI laisse le souvenir d'un monarque ayant relevé la Couronne de la bassesse où elle avait été jetée, personnellement symbolisé la résistance et accompli ses tâches sans défaillir, il a transmis à son héritière un régime stable et incontesté, bénéficiant d'un précieux capital de sympathie. Churchill, dont l'interventionnisme politique date de plus d'un demi-siècle, s'inquiète en évoquant la nouvelle reine : « Elle est si jeune. C'est une enfant. » Le Premier ministre balaie les piles de papiers qui l'entourent comme un blindage ; il prie les hauts dignitaires et le leader de l'opposition travailliste, son terne rival Clement Attlee, de l'accompagner à l'aéroport pour accueillir Elizabeth II, désormais leur souveraine. Elle avait quitté Londres vêtue de clair, partant en voyage officiel avec son époux vers des terres encore largement soumises à la tutelle anglaise ; c'était son troisième périple en qualité de princesse héritière, après Paris en 1948 et les Etats-Unis en 1950, où elle avait été reçue à la Maison Blanche. Elle revient en noir, avec le titre de reine, chef d'Etat à 26 ans. Anthony Eden n'oubliera jamais « l'apparition de cette jeune silhouette en noir dans la porte de l'avion, s'arrêtant un instant avant de descendre la passerelle qui la conduisait vers les devoirs qui l'attendaient ».

Churchill, que son tempérament romantique attache à la monarchie, est impressionné, puis assez rapidement à l'aise devant l'application et la conscience professionnelle du quatrième monarque de la maison de Windsor, le quarante et unième souverain d'Angleterre depuis Guillaume le Conquérant. La jeune femme a pour illustres devancières Elizabeth Ire et Victoria, deux glorieuses reines qui avaient apporté à leurs royaumes une puissance légendaire. Mais les temps et les peuples n'étaient plus les mêmes. La jeune femme devait s'imposer, elle allait s'y attacher.

Dès le début de son règne, afin d'assurer immédiatement la continuité de l'Etat, elle reçoit, selon l'usage, son Premier ministre chaque semaine. Les audiences sont d'abord brèves ; ils abordent la politique en parlant d'une de leurs passions, les courses, mais surtout pas de sport ! Le visiteur de Buckingham Palace a devant lui une femme résolue qui veut être informée et apte à conseiller. Un peu plus tard, elle appliquera son troisième privilège constitutionnel : elle avertira. Depuis la guerre, « Lilibeth » avait eu connaissance des principales affaires. Maintenant, Elizabeth II est informée de tout. Désormais, les fameuses *boxes*, les boîtes rouges contenant les dépêches, les télégrammes et les documents confidentiels, sont frappées à son monogramme E II, qui apparaît bientôt sur tous les uniformes et les symboles des services publics, des douanes à la poste, la Royal Mail. Les initiales *HMS* sont inchangées, mais dorénavant leur genre est féminisé : *Her Majesty's Service.*

Les lettres que la reine écrit de sa main à Churchill émeuvent le vieux politicien qui avait songé à se retirer. Mais le charme, l'attention et la compétence de la souveraine vont le convaincre de rester en fonction. Les audiences seront plus longues et Churchill en repartira ébloui, ne tarissant pas d'éloges. Il en oublie ses problèmes de santé, pourtant sérieux (deux accidents artériels soignés… au cognac), et décline la proposition que lui suggère vainement son médecin, lord Moran, d'accepter de se ménager en siégeant à la Chambre des lords. Une seule personne pourrait l'en convaincre, la reine elle-même. Elle s'en abstient par respect et amitié envers cet homme solitaire dont les faiblesses et les écarts sont compensés par un talent exceptionnel. Winston a le génie des solutions dans un monde de problèmes. Il suit le cortège funèbre conduisant George VI à sa dernière demeure, le château de Windsor. Le cercueil du défunt roi ancien marin, recouvert d'un drap mortuaire pourpre et or, est tiré sur un affût de canon, escorté par un imposant détachement de la Royal Navy. Il est inhumé dans une chapelle commémorative située dans le bas-côté nord du chœur de la chapelle Saint-George, achevée par Henri VIII en 1528[1]. La reine Mary, âgée de 84 ans, est trop affaiblie pour assister aux

1. La mort prématurée du roi n'ayant pas permis la préparation de son caveau, il est d'abord inhumé provisoirement dans celui de George III. La tombe définitive de George VI, avec son mémorial, ne date que du 31 mars 1969.

diverses phases de la cérémonie. Sa seule consolation est d'apprendre la densité de l'hommage populaire rendu à son fils. Pendant trois jours, plus de trois cent mille personnes défilent devant le catafalque exposé à Westminster.

Elizabeth II n'est guère enthousiaste de revoir son oncle Edouard

Dans ces circonstances, que font le duc et la duchesse de Windsor ? De New York, Edouard est venu seul aux funérailles de son frère « tendrement aimé et pour consoler Sa Majesté, ma mère, dans ce deuil qui accable ma famille et le Commonwealth des nations britanniques ». Depuis l'élégant grill sur le pont supérieur du *Queen Mary*, le duc, très ému, prononce un discours royal. « Rarement, il s'était élevé à de telles hauteurs[1] », remarque Charles Higham. Mais il en descend vite : on reste étonné que l'ex-monarque ose déclarer lors de cette conférence de presse (il en a enfin le droit… et le devoir !) : « Le défunt roi et moi étions très proches, et les grandes qualités de monarque qui étaient les siennes m'ont permis de régler plus facilement la succession au trône du Royaume-Uni. » Un euphémisme ! « C'était il y a plus de quinze ans, quinze années troublées durant lesquelles s'est noblement écoulé le règne de mon frère. Harcelé par les dangers et les tribulations de la Seconde Guerre mondiale et assailli de querelles politiques, le roi George VI a réussi à maintenir haut dressé le flambeau de la monarchie constitutionnelle. » Puis vient une pique plutôt déplacée contre sa nièce : « Mais la reine Elizabeth n'a que 25 ans ; elle est bien jeune en ces temps incertains pour assumer les responsabilités d'un grand trône ! » Le duc se trompe, elle a 26 ans et on devine derrière cette remarque que la monarchie aurait besoin d'un homme d'expérience, autrement dit lui-même ! Enfin, il corrige son dépit en concluant : « Mais elle a beaucoup de bonne volonté et

1. Charles Higham, *op. cit.*

notre soutien à tous. » Celui de son oncle errant ? Cela ne semble pas acquis ! Il sera tout de même applaudi en lançant aux journalistes à l'arrivée : « Que Dieu protège la reine ! »

Si Edouard est atteint par la perte de son frère, c'est surtout l'absence de Wallis qui lui est pénible. Pendant la traversée, il n'avait cessé de lui envoyer des messages par radiotéléphone, en parlant très fort à cause des parasites et de la friture : tout le paquebot était donc informé de ses lamentations. Comme d'habitude, il s'était fait remarquer. Même attitude en suivant le cortège funèbre de son frère : il marchait un peu à part, afin d'être vu, ce qui lui avait attiré quelques quolibets et sifflets. La discrétion n'avait jamais été son point fort. Edouard a le don de ne jamais être à sa place, lui qui avait occupé la première. La tragédie shakespearienne opposant les deux frères va-t-elle cesser par la disparition du plus estimable des deux ? La hache de guerre peut-elle être enfin enterrée ? Non, car ayant rencontré la reine à Buckingham Palace – il n'avait pas vu sa nièce depuis longtemps et ce n'était qu'une pure formalité de circonstance –, il ne tarde pas à se plaindre publiquement de ce que la rente qui lui était versée à titre personnel par George VI, soit 10 000 livres annuelles, va lui être supprimée. Certes, il lui reste sa liste civile, mais n'est-ce pas une honte de traiter aussi chichement un ancien roi, fils de roi et frère de roi ? La vérité, toujours la même, était implacable : il n'y avait aucune place pour lui dans le nouveau règne. Paria, il était condamné à un nomadisme mondain, ce qui n'excluait pas quelques actions charitables de sa part aux Etats-Unis. Elizabeth II avait montré peu d'enthousiasme à revoir son oncle dévoyé. Elle avait une bonne mémoire et pouvait témoigner des multiples souffrances endurées par feu son père. Pour elle, ces épreuves injustes restaient impardonnables.

Et la duchesse de Windsor ? Son comportement est d'une indélicatesse notoire, mettant en lumière sa stratégie : elle veut profiter de l'émotion familiale pour y faire entendre ses récriminations et obtenir une place, la sienne, selon elle.

L'occasion est unique ! Avant le départ du duc, elle l'avait conseillé à la façon d'un représentant de commerce : « Maintenant que la porte laisse apparaître une ouverture, essayez de glisser un pied dedans, dans le dessein de la faire ouvrir plus grand à l'avenir, parce que c'est le meilleur espoir pour WE [Wallis et Edouard]. Ne mentionnez ou ne demandez aucune reconnaissance pour moi[1]. » Achevant sa leçon d'encerclement psychologique, la duchesse avait supplié le duc de voir la reine dès que possible (ce qui était inévitable !) et d'essayer de lui expliquer ce qu'il avait ressenti lors de son abdication. « Après tout, remarquait Wallis sûre d'elle, la même histoire a toujours deux versions. » La nouvelle reine s'en était tenue à celle subie par son père, la famille royale et tout un pays éclaboussés par la boue du scandale. Et sans doute Elizabeth II, bouleversée par la mort de son père qu'elle adorait, déjà écrasée par le fardeau d'un rôle théoriquement effacé mais qu'elle devait transformer en influence, et encore dans la nouveauté de ses prérogatives, ne pouvait-elle supporter les attitudes fabriquées du couple Windsor. Car chez eux, rien n'était spontané, tout était calculé. Seul l'âge pourrait permettre de mettre du baume sur les plaies que sont les rancœurs et les jalousies.

Une personne va tenter l'impossible : la reine Mary. Sa situation est originale et sans précédent : grand-mère de la nouvelle souveraine, elle était reine mère depuis le décès de George V son mari. Après la disparition de son fils George VI et l'avènement de sa nièce, sa belle-fille est également reine mère ! Deux reines mères ! Un beau sujet pour Shakespeare et un fameux casse-tête pour le protocole, mais la Cour est en deuil et la reine Mary s'est retirée de la vie publique. Elle a donc écrit à la nouvelle souveraine, la priant d'enterrer enfin cette fameuse hache de guerre des Windsor après quinze années de divisions. Il eût fallu un miracle pour amadouer la jeune Elizabeth II à cette époque. Les visites du duc à l'heure du thé ne font pas progresser sa cause ni celle de Wallis.

1. Traduction de l'auteur, extrait de William Shawcross, *op. cit.*

La veuve de George VI veut être appelée « la reine mère »

Quinze jours après le trépas de son mari, Elizabeth entend faire respecter son statut et dissiper toutes les confusions. Elle adresse un message public que le *News Chronicle*, principal titre de la presse de gauche, qualifie de « déclaration sans équivalent dans l'histoire de la royauté ». A ceux qui oublieraient la force de caractère de la veuve de George VI, l'appui qu'elle lui avait fourni pour qu'il s'impose après l'irresponsable abdication de son frère, sa résistance souriante sous les bombes, elle remercie tous ceux qui ont partagé sa douleur dans la perte « d'un grand et noble roi » qui avait régné quinze ans.

> Mon seul souhait maintenant est qu'il me soit permis de continuer seule le travail que nous avions accompli ensemble. Je vous recommande notre chère fille, donnez-lui votre loyauté et votre dévotion : bien que chérie par son mari et ses enfants, elle aura besoin de votre protection et de votre amour dans la grande et solitaire mission à laquelle elle a été appelée. Que Dieu vous bénisse tous et puisse-t-Il dans Sa sagesse nous guider en sécurité vers notre vraie destinée de paix et de bonne volonté[1].

A dater du 17 février 1952, elle sera appelée *Queen Elizabeth, the Queen Mother*, un horrible nom d'après elle. Bientôt, par une affectueuse familiarité, pour tous les Britanniques, elle deviendra *Queen Mum* ; les célèbres autobus rouges à deux étages afficheront même un panneau spécial avec ce surnom le jour de son anniversaire et, comme à sa fille, on lui dira *Madame*. Sa popularité grandira encore. Toutefois, pendant les premiers mois du règne de sa fille aînée, sa mère éprouve de la jalousie, craignant de devenir une personne que l'on n'oserait plus approcher, victime d'une distance qui rendrait plus cruelle encore la

1. Traduction de l'auteur, extrait de William Shawcross, *op. cit.*

perte de son bonheur familial. A 52 ans, elle se sent trop jeune pour être veuve. Son légendaire sourire résistera-t-il à ce qu'elle ressent comme une mise à l'écart ? Elle retrouvera la force de vivre, ses capacités de réaction demeurant intactes. Son Ecosse natale vient à son aide : à sa pointe nord-est, au bord de la mer, elle y achète un castel délabré du XVIIe siècle, le fait restaurer et le rebaptise « château de Mey ». Il sera son ultime retraite.

Consciente que sa mère a perdu sa place de première dame du royaume, Elizabeth II veille à adoucir sa situation. Lorsque le temps du deuil sera achevé, elle insistera pour que sa mère l'accompagne et assiste avec elle dans les cérémonies et manifestations officielles, ce qui impliquera un ballet de limousines à la seconde près. La reine mère avait l'habitude d'avoir le pas sur les autres dames de la Cour. Laquelle des deux aurait désormais la préséance sur l'autre ? Evidemment, la nouvelle reine. Lors des fêtes de Pâques 1952, à Windsor, elles se retrouvent pour la première fois sous le même toit depuis la mort du roi. Même à l'heure du thé, il faudra à la souveraine beaucoup de tact pour que la reine mère se sente toujours chez elle et non invitée par sa fille, puisque, par principe, le souverain est partout chez lui et que, lors de son séjour, c'est son pavillon qui flotte au sommet de la tour ronde.

Le cas de la princesse Margaret n'est pas plus simple. Déjà précédée d'une réputation d'*enfant terrible* (en français) gâtée par son père, elle n'a aucun rôle officiel et ne peut s'arracher à la tristesse du paradis perdu de l'enfance. Elle a 22 ans, elle est jolie et elle est le point de mire dans toutes les soirées des châteaux royaux. La mort de son père est celle d'un irremplaçable exemple et d'un complice ; elle se sent abandonnée. On devra lui donner un sédatif pendant plusieurs jours. Son mal de vivre est tangible. Margaret aura beaucoup de mal à assumer l'état adulte. Quelle place peut lui être réservée alors que sa sœur est absorbée dans son travail ? Churchill ne cesse de vanter les qualités de celle qui inaugure « une nouvelle ère élisabéthaine », concluant un discours à la Chambre des communes par ce vœu : « Prions pour que l'accession à notre ancien trône de la reine Elizabeth la Seconde soit le signal d'un étincelant salut du genre humain. »

Windsor ou Mountbatten ? La question tourne à la querelle publique

Dans le monde incertain du début des années 1950 (les bombes pleuvent sur la Corée, la RDA projette un rideau de fer, au sens propre du terme, entre les deux Allemagne), certains problèmes, que l'on pensait réglés depuis longtemps, refont surface avec le risque d'une explosion... dynastique ! Tout commence par la nuit blanche passée par la reine Mary seulement trois jours après les funérailles de son fils. Elle vient d'apprendre que, lors d'une réunion de famille chez lui à Broadlands en présence du prince Ernst-August de Hanovre[1], lord Louis Mountbatten avait déclaré devant une assemblée d'invités royaux : « Maintenant, la maison de Mountbatten règne ! » Le mot lui ayant été rapporté par Ernst-August de Hanovre, la pauvre reine Mary, affolée et songeant à la sagesse et au courage de son époux George V lorsqu'il avait choisi le patronyme de Windsor, fait prévenir Churchill. Celui-ci prend l'affaire très au sérieux et réunit son cabinet. Elizabeth II, que l'on imagine pour le moins contrariée, fait savoir qu'il est de « son plaisir qu'elle-même et ses descendants continuent à porter le nom de Windsor ». Cette réponse devrait suffire. Le problème agite pourtant le sommet des institutions, du lord chancelier au leader de la Chambre des communes. On songe à reproduire la déclaration de George V à l'été 1917.

Finalement, la reine rédige un mémorandum approuvé par le gouvernement qui sera publié par la *London Gazette* du 7 avril : « Je soussignée déclare ma volonté et mon plai-

1. Il s'agit du père de l'époux, aujourd'hui séparé, de la princesse Caroline de Monaco, qui porte toujours le titre de SAR la princesse de Hanovre.

sir que moi-même et mes enfants serons identifiés et connus comme la maison et la famille de Windsor et que mes descendants qui se marieront et leurs descendants porteront le nom de Windsor[1]. » Après deux guerres contre l'Allemagne, il était choquant de ranimer le vieil antagonisme officiel des patronymes. C'est net, sans appel. C'est aussi la première crise révélée publiquement chez le couple royal. Si Philip n'était en rien responsable des propos de son oncle et s'il n'avait aucune intention de partager le rôle de sa femme, le duc d'Edimbourg est néanmoins meurtri de cette sèche mise au point de sa royale épouse. Il explose de colère et lance alors un nouvel aphorisme qui devient célèbre :

— Je ne suis qu'une maudite amibe !

Remarquons, avec Sarah Bradford, que la métaphore est malheureuse de la part d'un père de deux enfants. En effet, tous les écoliers – mais pas le duc d'Edimbourg ! – ont appris que les amibes se reproduisent elles-mêmes, sans avoir besoin de vivre sexuellement en couple ! Et il est patent que le prince ne se déplace pas au moyen de pseudopodes ! Philip se sent humilié, sans identité réelle, rabaissé à un rôle évanescent. Or, il voulait exister, car il n'avait aucun statut, pas encore le titre de prince consort (ce que Victoria avait rapidement conféré à son mari Albert), et devait, en toutes circonstances, ne s'avancer que quelques pas derrière la reine. Cette dernière justifiera sa réaction, parfaitement légitime, sur la querelle patronymique, en expliquant : « J'ai perdu toute ma timidité en quelque sorte en devenant la souveraine et ayant le devoir de recevoir le Premier ministre. » L'affaire, d'une insondable stupidité, laisse une tache sur une union jusque-là sans nuage. Elle démontre que Churchill avait raison en estimant qu'Elizabeth II avait la trempe d'un chef d'Etat… et de famille.

1. Traduction de l'auteur, extrait de Sarah Bradford, *George VI*, *op. cit.*

Le duc et la duchesse de Windsor déménagent encore une fois

A défaut d'avoir obtenu des fonctions officielles et le droit de résider en permanence au Royaume-Uni, Edouard et Wallis n'apprécient plus leur résidence parisienne, rue de la Faisanderie. Ils n'avaient jamais aimé cet hôtel particulier mis à leur disposition par Paul-Louis Weiller. Etaient-ils seulement capables de se fixer quelque part ? Ou allaient-ils perpétuellement guetter l'horizon britannique avec l'espoir de l'atteindre ? Avant de déménager, ils ont accepté de recevoir deux historiens qui allaient devenir deux merveilleux conteurs de l'histoire pour le plaisir de millions de Français, André Castelot et Alain Decaux. Pour leur émission de radio débutante *La Tribune de l'Histoire*, ils ont lu la version française du livre signé du duc *Histoire d'un roi*, sous-titré *Les Mémoires de « Son Altesse Royale le duc de Windsor »*. L'ouvrage, qui est déjà un grand succès dans ses versions anglaise et américaine, va sortir en France et le duc a accepté de répondre aux questions de ces Français passionnés, arrivés rue de la Faisanderie précédés d'un camion d'où sont déroulés des kilomètres de câbles. L'hôtel de Paul-Louis Weiller est transformé en studio par une équipe de techniciens et les micros sont encore énormes. L'entretien est un *scoop*, une exclusivité, accordée par l'ancien roi à l'éternelle silhouette de jeune homme. Après l'enregistrement, André Castelot et Alain Decaux avaient déjà été conviés à un cocktail quelques jours plus tard rue de la Faisanderie. Recevoir était la seule revanche de Wallis qui savait fort bien qu'à part quelques relations douteuses, ses invités venaient voir celle pour qui un roi avait malencontreusement bouleversé l'histoire de la monarchie britannique. Au jour fixé – Alain Decaux me l'a confirmé lui-même –, la duchesse semble très sévère. Pas un sourire à ses hôtes. Mince, élégante, en apparence bien remise de son intervention chirurgicale (en définitive, on avait diagnostiqué une tumeur cancéreuse des ovaires), le visage encadré de ses célèbres bandeaux noirs, Wallis est, par hasard, face à Alain Decaux. Il a 26 ans et cherche désespérément quelque chose à dire, si possible un propos intelligent. Et comme cela nous arrive à tous, il s'engouffre dans la première idée qui lui vient, en général catastrophique :

— La réception de Votre Altesse est magnifique !

Elle m'adresse un regard courroucé et, sans indulgence, me répond :

— Jamais « Votre Altesse » !

La seule phrase qui me fût jamais adressée par la duchesse de Windsor a sanctionné cette gaffe[1].

Cependant, les années passant, il arrivera qu'à Paris – seulement à Paris –, Wallis soit parfois appelée Altesse Royale sans démentir ce titre qui lui était refusé. L'ambassade britannique avait alors pour instructions de ne pas relever l'usurpation et de ne pas la transformer en incident.

Lassés de passer d'un départ à une arrivée avec leurs montagnes de malles, fatigués de se sentir en permanence des proscrits presque apatrides, les Windsor cherchent à se fixer ailleurs ; ils portent leur choix sur une fort belle maison du XVIe arrondissement, en bordure du bois de Boulogne et du parc de Bagatelle, louée à la Ville de Paris pour un loyer symbolique qui laisse rêveur : 50 dollars par an ! Le duc avait encore les moyens de s'offrir cette « folie », agrémentée d'un jardin d'environ 7 000 mètres carrés. Une nouvelle existence allait commencer, la grande vie, avec des suites au premier étage, des domestiques très voyants, une table raffinée et rapidement des invités curieux, ravis ou critiques, mais qui n'auraient manqué aucune invitation du couple dont on ne voulait retenir qu'une sensationnelle histoire d'amour. L'adresse – 4, route du Champ-d'Entraînement – était charmante. Des chevaux ne seraient jamais loin. Les Windsor étaient devenus des Parisiens dans la partie la plus boisée de la capitale. Etait-ce suffisant ? Non ! Ils achètent, à Gif-sur-Yvette, le Moulin de la

1. Alain Decaux, *op. cit.*

Tuilerie dont la duchesse s'était entichée lors d'une visite deux ans plus tôt ; le moulin avait appartenu au peintre Drian qui avait eu le bon goût de faire un portrait de la duchesse. L'activité du couple est débordante : golf, jardinage avec le jardinier allemand Eduard Kruch (ce qui allait encore susciter divers commentaires !), lecture et projets de revanche et de justification pour Son Altesse Royale. La duchesse, elle, s'épanouit dans la décoration de ses résidences, la mode parisienne à son firmament et les réceptions.

Arrive, à l'été 1952, une invitation de l'ambassadeur de Sa Majesté britannique à Paris, sir Oliver Harvey. La soirée doit se dérouler en deux temps. Le dîner, politique, est en l'honneur de Maurice Schumann, alors secrétaire d'Etat aux Affaires étrangères. La réception qui suivra sera mondaine. C'est à cette seconde partie que sont conviés les Windsor. Pas avant… Furieux, le duc refuse d'accepter un ersatz de soirée. Le couple se sent traité comme des invités français de seconde classe et Churchill pense de même. On consulte des instructions du protocole remontant à 1937, puisque le cas était sans précédent, et l'on suggère à l'ambassadeur de ne pas renouveler ses invitations problématiques. Wallis reste interdite à la Cour. C'est donc sans elle que l'ex-roi accepte de déjeuner à Buckingham Palace en novembre pour le cinquième anniversaire du mariage d'Elizabeth et Philip. Aucun pardon de la reine n'est au menu. L'élection du général Eisenhower à la présidence des Etats-Unis avec 55,14 % des voix est un vaste sujet de conversation, puisque Ike (son surnom) est le premier républicain porté à la Maison Blanche depuis vingt ans. Son vice-président est un avocat, Richard Nixon.

La reine Mary ne verra pas le couronnement de sa petite-fille

Depuis la fin de l'année 1952, les préparatifs du couronnement d'Elizabeth II occupent beaucoup le gouvernement et la presse. Une question n'est pas tranchée : la cérémonie, fixée au 2 juin 1953, sera-t-elle télévisée ? La reine s'y opposerait. En dépit des progrès techniques et d'un matériel réputé discret, la fille de George VI juge indécentes l'intrusion des caméras en un lieu sacré (l'abbaye de Westminster) et la diffusion d'images en direct de moments de prière et de recueillement. L'importance de la lumière, donc des projecteurs, risque de devenir un spectacle ou du moins une curiosité incompatible avec l'événement. Certes, la télévision fait déjà partie de la vie quotidienne des Américains et les expériences en couleur progressent, mais le voyeurisme est-il compatible avec la solennité ? Est-ce un avantage ou un inconvénient ? Et si le peuple voulait voir sa reine à l'écran comme s'il était invité ? Un compromis est trouvé : on diffusera l'office, le couronnement lui-même, mais on ne transmettra pas les images de l'onction, des prières et de la communion. Une ignorance des impératifs techniques de l'époque est à l'origine de cette solution boiteuse, relayée par la presse. Avec étonnement, on apprend que la BBC n'a pas été consultée. *TV or not TV ? That is the question.* Les protestations enflent. D'innombrables personnes s'indignent : ce serait une insulte de réserver ce spectacle – c'en est un, rarissime – aux seuls officiels, dignitaires et étrangers d'importance. La reine reconnaît qu'exclure des dizaines de millions de gens d'un tel événement serait une grave erreur. Une rumeur circule : « Laissez le peuple voir la reine ! » Elle n'est certainement pas partie de Buckingham Palace, mais peut-être de la BBC, vexée que les politiciens n'aient pas pris en compte son savoir-faire.

Il y a donc un événement dans l'événement : le spectacle royal sera aussi, pour la première fois, un programme diffusé sur le petit écran. Le début de l'âge médiatique. Et des droits de la population, même la plus éloignée de la Cour, à assister à l'imposant rituel. C'était d'autant plus important que, pour la première fois, le souverain britannique porte le titre de chef du Commonwealth, ce fantôme d'empire. On ignorait encore l'importance que l'image prendrait dans la vie quotidienne, supprimant la distance qui, pendant des siècles, avait protégé les acteurs du pouvoir.

Le 2 mars 1953, alors que toutes les phases de la cérémonie étaient examinées à la loupe, Churchill est informé que Staline a été victime d'une hémorragie cérébrale. Il s'éteint trois jours plus tard. Le Géorgien avait 74 ans. Le monde communiste pleure « le petit père des peuples » (il était effectivement de petite taille) et le duc de Windsor regrette que les Alliés n'aient pas envahi l'Union soviétique au lieu d'avoir laissé « le renard rouge » occuper l'Europe centrale et orientale. C'était oublier l'échec de Hitler…

Trois semaines plus tard, le 24 mars, à 86 ans, la reine Mary rend son âme à Dieu, après avoir souffert d'insupportables douleurs à l'abdomen. Elle disait avoir vécu trop longtemps, ayant connu le règne de Victoria et subi deux guerres mondiales. Alors que l'on prépare le couronnement de sa petite-fille, il faut, de nouveau, organiser des funérailles officielles à Westminster. Un autre cérémonial. Encore une fois, on voit le duc de Windsor suivre le cortège dans les rues de Londres. Edouard perd la seule personne qui avait tenté, en vain, d'enterrer cette « hache de guerre » divisant la famille. Désormais, il n'y a plus qu'une reine mère : sa belle-sœur.

Les Windsor suivent le couronnement d'Elizabeth II… à la télévision

Pour le duc de Windsor, l'apothéose de sa nièce est une nouvelle humiliation. Il n'est pas invité. Churchill estime que si le fils de la reine Mary peut, légitimement, assister à des obsèques royales, il est absolument exclu qu'un souverain ayant abdiqué soit présent au couronnement d'un de ses successeurs, et le gouvernement approuve cette position. Le 2 juin 1953, les Windsor devront se contenter de suivre la grandiose cérémonie à la télévision en compagnie de l'inévitable Elsa Maxwell, à Paris. La journaliste, qui est également organisatrice de réceptions en tous genres, est flattée d'avoir de tels hôtes auprès d'elle. Selon elle, il est beaucoup plus « chic » de vivre l'événement sur un écran diffusant des images en noir et blanc en compagnie du duc et de la duchesse que d'être noyé dans la foule colorée de Westminster – la pourpre domine –, d'où l'on ne verrait pas grand-chose. Une piètre consolation. Wallis ne décolère pas, la mâchoire serrée. En fait, elle supporte mal l'envahissante – à tous points de vue – Elsa Maxwell, qui n'était pas peu fière d'avoir les Windsor dans sa ligne de mire mondaine. Des appâts. Des stars du gotha, même un peu frelatées, qui impressionnaient toujours et décoraient bien ses tables avant de nourrir ses chroniques. Lors d'un gala de charité à New York, la duchesse avait même demandé que son nom soit rayé de la liste des donateurs « car elle criait toujours misère et bataillait pour échapper à l'impôt sur le revenu[1] ». Un jour, la sans-gêne Maxwell avait réuni quatre duchesses, une Anglaise, une Française, une Espagnole et une Italienne. Un carré d'as ! Une célèbre chroniqueuse demanda à Wallis ce qu'elle pensait de cette assemblée. La réponse fut cinglante :

— Il faut quatre duchesses ordinaires pour faire une duchesse de Windsor[2].

En effet, Wallis était unique.

Le couronnement dure plus de quatre heures. Le moment le plus solennel est évidemment celui où l'archevêque de Canterbury, à 12 h 34, prend la lourde couronne de saint Edouard et la place lentement sur la tête de la reine. Charles Hargrove note : « Elle paraissait si frêle, vulnérable et solitaire, revêtue d'une pesante dalmatique de drap d'or, tenant d'une main un sceptre d'or surmonté du plus grand diamant du monde, le Cullinan (530 carats), et de l'autre la main de Justice et Miséricorde[3]. » Harold Nicolson, témoin privilégié de tous les fastes de l'entre-deux-guerres, souligne à propos de la reine qu'elle était une « victime sacrifi-

1. Charles Higham, *op. cit.*
2. *Ibid.*
3. Charles Hargrove, *Elizabeth II*, Perrin, 1994 (rééd. 2004).

catoire, Iphigénie consacrée au bonheur de son peuple ». Sous cet aspect, cette cérémonie sacrée est sans égale. Elle est surtout spectaculaire, fastueuse et grandiose, brillante et parfaitement maîtrisée.

Un seul petit détail n'avait pas été prévu et il sera à l'origine de bien des tourments pour la nouvelle reine. En effet, après le départ d'Elizabeth II avec son époux, la princesse Margaret attend son carrosse sur le parvis pour regagner Buckingham Palace. Auprès d'elle se tient l'ancien écuyer de son père, devenu administrateur de la Maison de la reine mère. La princesse, d'un geste extrêmement naturel, enlève une peluche se trouvant sur l'épaule du jeune et bel officier. En soi, ce geste n'a rien de choquant, sinon qu'il est révélateur d'une complicité, voire d'une intimité entre eux. L'attention de la princesse ne passe pas inaperçue et le monde entier découvre que la sœur de la reine est amoureuse. Le *group captain* Peter Townsend est une légende de la bataille d'Angleterre. Il avait commandé la fameuse escadrille 43. Pour honorer les victoires de la Royal Air Force, le roi George VI avait fait de ce pilote son écuyer en 1944. De ce fait, Peter Townsend était entré dans la proximité de la famille royale. Il s'est marié très rapidement à une très jolie femme, « un mariage de guerre », et a deux fils. Par ordre royal, le couple bénéficie d'une résidence « de grâce et d'honneur », un cottage dans le parc du château de Windsor. L'exigeant service du roi laisse Mrs Townsend souvent seule, puisque son mari doit accompagner le souverain dans ses voyages et être constamment à la disposition de Sa Majesté. Dépressif, Peter Townsend reste traumatisé par ses combats aériens. L'union avec son épouse est malheureuse.

La princesse Margaret s'éprend d'un héros marié, Peter Townsend

Il semble que la princesse Margaret ait très vite été sous le charme du héros. C'est en mai 1948 qu'apparaissent les premiers soupçons de cette idylle. Margaret représente alors son père au couronnement de la reine Juliana de Hollande. Ravissante, la princesse tient parfaitement son rang. Au bal qui suit les cérémonies, elle danse avec Peter Townsend, peut-être un peu trop souvent, et semble y prendre un plaisir extrême. Cela se passe peu de temps après le mariage d'Elizabeth. Depuis, Margaret se retrouve très seule ; et l'image du couple Elizabeth-Philip ne peut que la faire rêver à son propre bonheur. Dans ses *Mémoires*, Peter Townsend situe le début de leur romance à 1950, lorsqu'il est nommé directeur adjoint de la Maison royale. Margaret est petite, très vive avec de grands yeux bleus, un joli teint, fort séduisante. Cependant, sa personnalité est complexe. Elle peut être exquise et généreuse et tout aussi bien égoïste et méchante. Elle a un don de comédienne, joue du piano avec talent, imite les chanteurs à la mode. Pour George VI, témoin du penchant de sa fille pour son bel écuyer, il ne pouvait s'agir que d'un flirt, rien de sérieux. Le roi et la reine se trompent lourdement. Il s'agit d'une véritable histoire d'amour entre leur seconde fille et un homme marié sur le point de divorcer. Celui-ci dira que « si Elizabeth était la fierté de son père, Margaret était sa joie ». A la mort du roi, Peter Townsend quitte ses fonctions. On lui trouve un poste au ministère de l'Air, qu'il refuse. Il demande alors une audience à la jeune reine : Elizabeth II pourrait-elle l'affecter à un autre emploi, car son mariage sombre ? La reine, qui le connaît bien et l'estime, le nomme administrateur de la Maison de la reine mère, Clarence House, où vit aussi Margaret. La reine ignore alors tout de l'idylle et des projets de mariage de sa sœur. Le divorce de Peter Townsend est prononcé à la fin de 1952, aux torts de son épouse. Margaret informe sa mère et sa sœur de son désir d'épouser l'ancien écuyer de son père. Margaret a 23 ans, Peter 38. Pour se marier avant l'âge de 25 ans, la princesse a besoin de l'autorisation de la souveraine, en vertu d'un acte dit « de mariage royal », édicté par le roi George III en 1772, toujours en vigueur. A sa jeune sœur, Elizabeth suggère, avec beaucoup de tendresse, d'attendre au moins un an, sinon il faudrait consulter le Premier ministre. D'inextricables difficultés constitutionnelles devraient alors être résolues.

Qu'en pense Churchill ? Comme d'habitude, sa première réaction est positive et il se réjouit du bonheur de la princesse. Mais Mrs Churchill, Clementine, rappelle à son époux combien il s'était fourvoyé en soutenant Edouard VIII dans sa volonté d'épouser Mrs Simpson ! Certes, la situation n'a rien de comparable, mais le choc de l'abdication avait été si profond qu'il semble impossible au gouvernement qu'un membre de la famille royale déçoive de nouveau l'opinion. Il n'est pas envisageable que la sœur de la reine épouse un divorcé. Pour gagner du temps et séparer les amoureux, on nomme Peter Townsend attaché de l'Air à l'ambassade britannique à Bruxelles. Les journaux suivent ce feuilleton qui fait monter leur tirage. C'est en Rhodésie, en voyage officiel avec la reine mère, que Margaret apprend que Peter aura déjà quitté Londres quand elle y reviendra. La princesse s'évanouit de désespoir ; elle est profondément atteinte et devra interrompre son périple. Néanmoins, elle ne reverra pas Peter avant deux ans. Ils s'écrivent chaque jour. Margaret estime qu'on lui a seulement demandé de patienter et qu'elle finira par épouser l'homme qu'elle aime. Elle devient « la princesse triste ». Un nouvel amour contrarié chez les Windsor ! Quels romans !

Quittant le pouvoir, Churchill invite la reine à Downing Street

Depuis des mois, le Premier ministre est fatigué. Il songe à présenter sa démission à la reine. Quitter le pouvoir, cela l'ennuie. Ce n'était pas un deuxième spasme artériel au moment du couronnement qui l'avait l'empêché de rester encore en fonction. Mais sa vraie contrariété est de laisser sa place à Anthony Eden, un de ses neveux. Il lui est désagréable de sentir que son successeur est pressé. Le 29 mars

1955, Churchill, reçu comme d'habitude en audience à Buckingham Palace, demande à la reine si elle voit un inconvénient à ce qu'il reporte sa démission. Elizabeth II n'en voit aucun. Elle commence à bien connaître ce personnage fascinant, mélange de force physique brutale aimant l'affrontement et de visionnaire qui a du talent, même quand il est dans l'erreur. Donc, il reste encore en place. C'est l'affaire de quelques jours. L'annonce d'un imminent voyage du président Eisenhower et d'une conférence à Moscou entre les quatre Alliés justifierait son maintien en fonction. A 80 ans, sir Winston saisit tous les prétextes pour ne pas lâcher le pouvoir. La colère de son successeur désigné, Anthony Eden, n'est pas celle d'un homme qui sera pourtant considéré comme le parangon du gentleman :

— Voilà dix ans que je suis ministre des Affaires étrangères. Ne peut-on me faire confiance ?

Face à Churchill, cette manière n'est pas la bonne. En revanche, la douceur et l'amabilité peuvent prendre le lion dans leurs filets. Finalement, on apprend que le voyage d'Eisenhower est reporté et qu'il n'y a jamais eu de projet d'une conférence à quatre à Moscou à cette date. Puisque rien d'essentiel ne va se passer, Churchill peut se retirer ; les affaires secondaires seront traitées par des personnes du même niveau… Sa démission est fixée au 5 avril 1955. A midi, le Premier ministre préside son dernier conseil à Downing Street. Quelques larmes sont vraies. Puis, il se rend à Buckingham Palace afin de présenter sa démission à la reine. Cette fois, c'est sûr et, au grand soulagement de la souveraine, Anthony Eden est prêt. Aucune consultation ne sera nécessaire, puisqu'il ne s'agit pas d'un changement de majorité. La dernière audience officielle avec Elizabeth II est un monument d'hypocrisie et d'humour pour les uns, de respect de la tradition pour les autres. En effet, Winston Churchill réussit le prodige de ne pas prononcer le nom de son successeur devant la reine qui, avec une sagesse déjà bien rodée, ne le lui demande pas ! Le démissionnaire s'expliquera, tenant à rappeler qu'aucun Premier ministre n'a le droit de formuler un avis si le souverain ne le sollicite pas ! Ainsi, comme le dira Churchill dans son vocabulaire imagé : « Jamais deux hommes n'ont relevé la garde avec plus de douceur. »

Mais le retrait de la vie gouvernementale d'un tel personnage ne peut qu'être accompagné de moments exceptionnels. Il y a en a trois. D'abord, l'idée d'offrir un duché au descendant de Marlborough avait circulé dans le palais. C'était une attention de la souveraine. François Kersaudy relate ce chef-d'œuvre de mauvaise foi et de talent dramatique qu'est la comédie du duché : « Le secrétaire de la reine, sir Michael Adeane, lui avait répondu que les souverains ne conféraient plus de duchés, excepté aux personnes de sang royal, mais qu'en l'occurrence, le geste semblait effectivement s'imposer ; la reine était donc disposée à offrir un duché à sir Winston, à condition d'obtenir au préalable de son secrétaire l'assurance qu'il le refuserait – une solution typiquement britannique[1]. » Churchill avait déjà refusé – par plaisanterie ! – d'être titré duc de Londres et de siéger à la Chambre des lords. Mais un vrai duché ? Cela pouvait être tentant. Aucun risque, car « il tenait essentiellement à mourir comme député de la Chambre des communes ; dès lors, au cas très improbable où on lui offrirait un duché, il le refuserait catégoriquement ». Mais les conspirateurs se mirent à douter en voyant partir le Premier ministre pour Buckingham Palace. Et si, finalement, pour ne pas contrarier la reine, il acceptait un duché ? Ce serait impardonnable ! Enfin, revenu de l'audience royale, Churchill a les larmes aux yeux : « Il s'est passé une chose incroyable : elle m'a offert un duché ! Eh bien, j'étais si ému par sa beauté, par son charme et sa gentillesse, que j'ai bien failli accepter. Et puis je me suis souvenu qu'il me fallait mourir comme j'étais né sous le nom de Winston Churchill. Je lui ai donc répondu que je ne pouvais accepter et l'ai priée de m'en excuser. Et vous savez, le plus étrange, c'est qu'elle a paru presque soulagée[2]. »

1. François Kersaudy, *Churchill, le pouvoir de l'imagination, op. cit.*
2. *Ibid.*

Tartuffe chez Oscar Wilde ! Du grand art ! Le deuxième moment exceptionnel se situe, en réalité, la veille, quand le couple Churchill a reçu le couple royal à dîner au 10, Downing Street. Depuis la guerre, c'était la première invitation de ce genre, mais cette fois en habit et robe longue. Et pour honorer Churchill, Elizabeth II porte une tiare et des décorations[1]. L'Etat invité par le gouvernement, voilà une rareté ! Sir Winston, très ému, arbore de travers son ruban de chevalier de l'ordre de la Jarretière, mais on sait depuis longtemps que ses excentricités vestimentaires font partie de sa légende. Après le dîner – et c'est aussi un événement sans précédent –, Churchill, encore en place jusqu'au lendemain, propose un toast à la santé d'Elizabeth II. Encore plus surprenante est la « charmante réponse de la reine » qui souhaite faire quelque chose que peu de ses prédécesseurs ont eu l'occasion de faire : elle propose un toast à la santé du Premier ministre. Enfin, voici un autre geste également jamais vu : en raccompagnant la reine à sa voiture, Winston Churchill s'arrange pour tenir sa portière ouverte. Un geste très remarqué. Une telle estime et une complémentarité si subtile resteraient exceptionnelles.

Margaret renonce à son amour et devient « la princesse triste »

Au printemps 1955, le voyage officiel de la princesse Margaret aux Caraïbes avait été un triomphe. On prétendait même que par son charme et son entrain, elle avait éclipsé l'éclat du périple de la reine qui avait suivi son couronnement l'année précédente. Les spéculations allaient bon train à la veille de son vingt-cinquième anniversaire.

1. La prochaine fois que la reine sera invitée à Downing Street, ce sera par le travailliste Harold Wilson, la veille de sa démission en mars 1976. Le Premier ministre n'est qu'en cravate noire (smoking) et la reine sans tiare ni décorations.

Qu'allait-il se passer ? Quelle serait sa décision ? Toujours sûre de son amour, la princesse tente d'en parler avec sa mère et sa sœur. L'une et l'autre se dérobent, bien que, dans son for intérieur, Elizabeth II soit persuadée que l'union de sa sœur avec Peter Townsend serait vouée à l'échec. Elle pense que cet homme reste fragilisé par son divorce et le juge irresponsable et peu conscient des réalités. Le 1er octobre, selon la tradition, le nouveau Premier ministre Anthony Eden rend sa première visite à la reine à Balmoral. Il est évidemment question du mariage de Margaret. Elizabeth II lui demande de sonder le cabinet et le Parlement pour avoir leur sentiment, car même si la princesse n'est plus tenue d'avoir l'autorisation de sa sœur pour se marier, elle doit recueillir l'agrément du gouvernement et des parlementaires. Un mariage princier est aussi une affaire politique. Ajoutons que le Premier ministre est soulagé que la reine ne lui demande pas son opinion personnelle, car il est lui-même divorcé et remarié à Clarissa Churchill, une nièce de Winston ! De son côté, la princesse amoureuse regagne Londres le 11 octobre et Peter Townsend y arrive le lendemain. Suivis par des meutes de journalistes, ils se voient beaucoup. Cette agitation gêne le gouvernement à un tel point que Buckingham Palace publie un communiqué demandant à la presse de laisser Margaret tranquille en précisant que, dans l'immédiat, aucune annonce ne serait faite concernant l'avenir de la princesse. Le tirage des journaux monte encore, les titres de gauche étant très favorables à cette romance. Il y a des sujets plus préoccupants, telle l'annonce, par le lieutenant-colonel Nasser en Egypte, qu'il a pris livraison d'armes soviétiques et tchécoslovaques. Dans quel but ?

Le 18 octobre, Anthony Eden reprend le chemin de Balmoral pour faire part à la reine du résultat de ses consultations. C'est sans ambiguïté : le gouvernement refuse d'approuver le mariage. Si la princesse passait outre, le cabinet ferait voter au Parlement une loi privant Margaret de ses droits de succession aussi bien pour elle que ses descendants et sa liste civile serait supprimée. Par ailleurs, on lui demanderait de s'expatrier sans doute pour quelques années. Remarquons que ces mesures seraient pires que celles infligées à son oncle Edouard puisque, malgré ses perpétuelles jérémiades financières, le duc de Windsor avait conservé de confortables revenus. Pour la princesse, la perspective d'être exilée loin de sa famille, privée de ses prérogatives avec pour seuls moyens d'existence le traitement de Peter amputé d'une pension versée pour ses deux fils tournait au cauchemar.

Après réflexion, Margaret prend sa décision. Le lundi 31 octobre 1955, à 18 heures, Peter Townsend vient lui dire adieu à Clarence House. A 20 heures, une déclaration de la princesse est lue à la radio :

> Je voudrais porter à votre connaissance que j'ai décidé de ne pas épouser le *group captain* Peter Townsend. J'ai été informée qu'en dépit de mon renoncement à mes droits de succession, il m'aurait été possible de contracter un mariage civil. Mais imprégnée de l'enseignement de l'Eglise qu'un mariage chrétien est indissoluble et consciente de mon devoir à l'égard du Commonwealth, je me suis résolue à placer ces considérations avant toutes les autres. J'ai pris ma décision entièrement seule et en agissant ainsi j'ai été fortifiée par le soutien sans faille et le dévouement du *group captain* Townsend. Je suis profondément reconnaissante sur ce sujet envers tous ceux qui ont constamment prié pour mon bonheur[1].

L'« affaire Townsend » (comme l'appelait la presse) est close. Officiellement, la princesse Margaret fait passer son devoir avant sa passion, le contraire de ce qu'avait fait son oncle Edouard VIII. Mais la reine devait en éprouver un sentiment de culpabilité qui serait difficile à oublier. Margaret demeurera « la princesse triste » jusqu'à l'annonce de son mariage, moins de cinq ans plus tard, avec le photographe Antony, dit Tony Armstrong-Jones, auquel la reine donnerait le titre de comte de Snowdon.

1. Traduction de l'auteur, extrait de Christopher Hibbert, *op. cit.*

10

1956-1965 : le temps des crises

Elizabeth II est une reine qui travaille beaucoup. Son emploi du temps est incroyablement chargé. D'un pouvoir apparent, elle a fait une influence réelle. Son droit de recevoir chaque jour, où qu'elle se trouve, les documents d'Etat et les communications diplomatiques font de Sa Majesté l'une des personnes les mieux informées du Royaume-Uni. Sa rencontre hebdomadaire avec le Premier ministre la tient au courant de toute la vie politique et sociale. Chef du Commonwealth, chef de l'Eglise d'Angleterre, elle accomplit d'innombrables visites à l'intérieur et voyages à l'extérieur. Avec une grande solennité, elle ouvre la séance inaugurale de la session parlementaire en prononçant un discours écrit par le Premier ministre. Chef des armées, elle passe les troupes en revue – que de défilés et de gardes d'honneur ! – et elle reçoit les lettres de créance des ambassadeurs. Enfin, ses fonctions caritatives sont très importantes puisqu'elle préside des centaines d'associations.

La souveraine alterne les cérémonies spectaculaires avec des actions discrètes. Le respect pointilleux de traditions séculaires, de l'apparat, avec l'entretien de châteaux et de résidences privées ou de la Couronne, lui incombe. Sa liste civile, votée par le Parlement, lui permet de couvrir les dépenses liées à sa fonction. Le coût de la monarchie a fait l'objet de nombreuses critiques. Certains de ses privilèges fiscaux ont été contestés et, depuis 1993, Sa Majesté accepte de payer des impôts sur le revenu. Il faut bien admettre que le « spectacle monarchique » qu'elle maintient est unique en Europe et que sans certains fastes, le pays, même en période de récession, perdrait beaucoup de son prestige. Il ne faut pas davantage oublier les revenus du tourisme avec les visites de remarquables monuments.

La reine n'a été épargnée ni par les épreuves politiques ni par les problèmes personnels et les drames familiaux, certains plus embarrassants que d'autres. Après plus de cinquante ans de règne, Elizabeth II est un acteur souvent méconnu, un témoin privilégié et une mémoire sans équivalent des temps où beaucoup de certitudes ont été remises en question. Du chapeau melon encore parfois porté par les gentlemen de la City au triomphe planétaire des Beatles, des divorces à la mort brutale de Diana et à la rétrocession de Hong Kong à la Chine, que de bouleversements, mais aussi d'usages surprenants maintenus contre les vents et les marées du changement !

Econome, la reine demeure l'une des femmes les plus riches du monde, notamment grâce à ses collections artistiques privées (tableaux, mobilier) qui ne doivent pas être confondues avec le patrimoine de l'Etat.

L'humour du duc d'Edimbourg amuse et consterne le Royaume

Le rituel est parfaitement rodé. A 8 heures, la souveraine est réveillée dans sa chambre située dans l'aile nord de Buckingham Palace. Un valet de pied apporte le thé matinal, relayé par la coiffeuse de la souveraine, dévouée et confidente. On peut remarquer que depuis son couronnement, Sa Majesté n'a pas changé de coiffure. Au diable la mode ! Pourquoi la modifier, puisque son aspect intemporel lui permet d'avoir le visage dégagé et d'être vue ? De plus, grâce à cette coiffure, elle peut supporter le poids des tiares dans les grandes occasions. Dans une pièce voisine, le policier en civil qui a veillé toute la nuit sur la sécurité d'Elizabeth II a déjà quitté son poste. Cette mesure n'a pas empêché qu'à l'aube du 9 juillet 1982, un inconnu ait réussi à se glisser jusqu'à la chambre royale et même jusqu'à son lit où il s'est borné à s'asseoir. Dans un premier temps, la reine a cru qu'on lui apportait son thé, mais à 7 h 15, c'était trop tôt. Elle a vite compris qu'il ne s'agissait pas du valet de pied, mais d'un étranger, Michel Fagan, paisible (?) schizophrène de 33 ans. Il désirait entretenir la reine de ses problèmes familiaux ! Elle n'a pas peur, l'écoute, tout en ayant appuyé sur le bouton d'alarme. Personne n'entend la sonnerie ! Le policier est parti comme d'habitude à 6 heures, lorsque l'ensemble du personnel privé arrive. Le valet de pied promène déjà les chiens, les inévitables corgis. Plus grave, Elizabeth II appelle deux numéros de téléphone pour qu'on lui envoie des policiers et... aucune réponse ! Elle reste calme, et déterminée à le rester. Ce n'est pas pire que le *Blitz* ! L'inconnu demande une cigarette ; la reine prétexte d'aller en chercher et tombe sur une femme de ménage avec un aspirateur qui a le choc de sa vie à Buckingham Palace : un homme sort pieds nus de la chambre de la reine avec elle ! Comme on s'en doute, Elizabeth II est finalement secourue. La seule tristesse de l'inimaginable rencontre est que l'on a retrouvé du sang sur le lit de la reine : le malheureux avait tenté de s'ouvrir les veines devant la souveraine. Selon une des femmes de chambre, « Sa Majesté était restée aussi froide qu'un concombre », ce qui doit être pris pour un compliment d'une parfaite maîtrise de soi. L'incroyable incident provoqua autant d'inquiétudes (et si l'homme avait été un tueur de l'IRA ?) que de dessins satiriques fort drôles, avec toutes les déclinaisons possibles. On peut supposer que quelques mutations discrètes ont eu lieu à Scotland Yard, peut-être du côté de la surveillance du monstre du Loch Ness !

Dans les appartements de la reine, une sélection de journaux est toujours disponible et elle apprécie particulièrement les mots croisés du *Daily Telegraph* dont elle remplit la grille. Le service de presse du monarque a déjà relevé tout ce qui pourrait l'intéresser dans les autres titres auxquels, avec les développements techniques, s'ajouteront les commentaires radiotélévisés. Sa Majesté lit très vite, mais avec attention, retient tout et s'amuse parfois à tester la vigilance de son secrétariat privé sur telle ou telle information. Le *breakfast* est pris avec le prince Philip qui arrive de ses appartements, en général avec des commentaires caustiques sur l'actualité. Lorsqu'ils sont publics, ses gaffes diplomatiques, ses bons mots, ses remarques parfois désobligeantes amusent ou consternent l'opinion. « On n'en fait plus comme lui », s'amuse le journaliste Phil Dampier, auteur d'une biographie intitulée, sans ménagement, *Le Duc du hasard*. « Ce qui est merveilleux, c'est qu'il ne s'excuse jamais », écrit-il. Lors d'un voyage en Australie, le prince avait posé cette question : « Continuez-vous à vous jeter des lances les uns sur les autres ? » Elle avait beaucoup choqué le leader aborigène à qui elle était adressée et la presse s'en était offusquée. Selon Philip, c'était « beaucoup de bruit pour rien » (ce titre shakespearien lui servira souvent !) et il regretta seulement que son interlocuteur n'ait pas le sens de l'humour. Un chroniqueur du *Times*, Ben Macintyre, qui a suivi attentivement les « impairs » du duc, estime que son « sens de l'humour est véritablement générationnel, le reflet d'une tournure d'esprit qui considère que la Grande-Bretagne règne sur les océans, qui divise les étrangers en stéréotypes faciles à tourner en dérision et qui suppose que tout ce qui est fabriqué hors d'Angleterre est susceptible de casser[1] ». Le duc d'Edimbourg est le champion des clichés et des pataquès. En Ecosse, il interroge un moniteur d'auto-école : « Comment faites-vous pour que les indigènes restent sobres assez longtemps pour passer le test ? » En 2011, à la Chambre des communes, même le Premier ministre David Cameron a fait l'éloge des « tournures de phrases uniques du duc », une première en un tel

1. *The New York Times,* repris par *Le Figaro*, 17 juin 2011.

lieu s'agissant des propos débridés du mari de la reine. Pendant des années, on y avait commenté les formules dévastatrices de Churchill. Certes, beaucoup se plaignent qu'un personnage tel que le prince Philip, récidiviste patenté, ne sacrifie pas à l'autoflagellation publique et au repentir. Dans un éditorial, le quotidien *The Independant* estime qu'il n'y a pas matière à rire. Et cependant, les Britanniques se sont habitués à cet humour décalé, parfois surréaliste, redouté ou espéré, qui peut être perçu comme une forme d'indépendance. Le prince Philip est devenu une institution au sein de la monarchie. *No comment* de la reine, bien sûr.

Après Suez, la reine doit nommer un troisième Premier ministre

La première crise internationale impliquant la Grande-Bretagne après le couronnement d'Elizabeth II est celle de Suez, en 1956. Le 26 juillet, au Caire et devant cent cinquante mille personnes, le président Nasser fait un discours particulièrement vigoureux à l'occasion de l'anniversaire du renversement du roi Farouk par un groupe d'officiers dont il faisait partie. Nasser annonce la nationalisation du canal de Suez après le départ du dernier soldat britannique de la zone du canal. Les biens de la Compagnie sont mis sous séquestre. Depuis 1936, la Grande-Bretagne assurait la protection militaire du canal. La colère est vive au Royaume-Uni et en France dont les intérêts sont menacés, car les actions de la Compagnie appartiennent aux deux pays. Anthony Eden et son homologue français Guy Mollet décident une intervention militaire, avec le soutien des Israéliens. L'opération du 29 octobre est un succès complet, mais par représailles, Nasser coule des navires dans le canal, le rendant impraticable. Les Soviétiques menacent, les Etats-Unis condamnent et, le 7 novembre, les troupes franco-britanniques stoppent leur avancée. Le canal ne sera rouvert qu'en 1958. « Victoire militaire et défaite diplomatique », dira-t-on. L'affaire provoque la chute du cabinet d'Anthony Eden.

En janvier 1957, la reine reçoit son successeur, Harold Macmillan, son troisième Premier ministre depuis qu'elle règne. Elizabeth II a fait son devoir constitutionnel, mais la presse s'étonne : elle avait pensé à un autre candidat. Qu'aurait fait Churchill ? On ne sait. Mais on se souvient qu'en parlant de son neveu par alliance, Eden, sir Winston marmonnait : « Il n'y arrivera pas ! » Depuis, Churchill se consacre presque tous les jours à ses talents de peintre du dimanche, quand il n'écrit pas d'ouvrages historiques.

Et les Windsor ? De nouvelles indiscrétions évoquent la publication imminente par les Etats-Unis de documents compromettants. Le fantôme du « dossier Marburg » resurgit, sans que l'on puisse savoir ce qu'il contient. De toute manière, le duc, venu à Londres, niera, affirmant que ces archives n'étaient que des faux. A l'inverse des investigations médiatiques actuelles, personne n'ose aller plus loin et soumettre l'ex-roi à un véritable interrogatoire. Il est possible que des risques de manipulations par l'URSS aient freiné l'ardeur de certains justiciers. Il est vrai aussi qu'en dehors des déclarations publiques et du comportement de l'intéressé entre 1938 et 1945, il est difficile de démêler le vrai de la désinformation. Pour des contemporains comme l'ex-reine Hélène de Roumanie, Edouard « devrait être exécuté comme traître[1] ». Le « poison Windsor » continuera longtemps de jeter une ombre sur un nom qui avait retrouvé, non sans douleurs, sa dignité et levé toute ambiguïté. Pour faire diversion, le duc et la duchesse subventionnent des œuvres charitables et des établissements spécialisés en faveur des handicapés qui font alors cruellement défaut. A New York et à Paris, les Windsor ont leurs générosités, réelles et efficaces, dont plusieurs autorités médicales attestent la qualité. N'est-ce pas, aussi, le prix d'une popularité perpétuellement fuyante ? Le couple demeure une énigme dérangeante.

1. Hugo Vickers, *op. cit.*

Comme son grand-père et son père, la reine n'aime guère l'inattendu. En dehors de ses voyages officiels, elle veille à respecter les rendez-vous familiaux selon un calendrier immuable, sa présence étant signalée par son étendard personnel au sommet d'un mât : l'avant-veille de Noël à Windsor quand la reine distribue les cadeaux à son personnel, Noël et le nouvel an à Sandringham, Pâques à Windsor avec le rendez-vous hippique d'Ascot, la fin de l'été à Balmoral avec une grande réception dans la moins connue des résidences royales, Holyrood, à Edimbourg. Le vieux château des Stuarts avait d'abord été un monastère augustin, au XIIe siècle. Rebâti à la fin du XVe par le roi Jacques IV d'Ecosse, il avait servi de résidence à l'infortunée Marie Stuart dont les appartements se trouvaient dans une tour. Lorsque son fils Jacques VI avait accédé au trône d'Angleterre sous le nom de Jacques Ier en 1603, la Cour n'y résida plus. Incendié par les partisans de Cromwell en 1650, il fut restauré sous Charles II. Sous la Révolution et l'Empire, George III y accorda l'exil au comte d'Artois, le futur Charles X, qui y laissa quelques dettes, un souvenir qu'on ne saurait oublier en Ecosse ! Sur ce séjour, Chateaubriand a eu des formules étincelantes.

Aujourd'hui, Holyrood est la résidence officielle de la reine en sa qualité de souveraine d'Ecosse, mais n'étant pas une Stuart, elle n'en porte pas les joyaux. Sur sa photo officielle, ils sont posés sur un coussin, à son côté. Une semaine par an, elle y reçoit la société écossaise. En 1999, la création du nouveau Parlement écossais a inspiré à la souveraine cette déclaration : « Je reconnais l'Ecosse en tant que nation, pas en tant qu'Etat. » Son séjour est accompagné de sa présence aux extraordinaires jeux de Braemar avec lancers de poids, de troncs d'arbres et force concerts aussi fascinants que spectaculaires de centaines de cornemuses. Le prince Charles et sa seconde épouse Camilla résident volontiers à Holyrood, sous leurs titres écossais de duc et duchesse de Rothesay.

Le couple royal traverse une crise conjugale mais tout s'arrange

Les années 1956-1957 ne sont pas paisibles pour le couple royal. Les perturbations commencent par des rumeurs d'infidélité du duc. Selon Sarah Bradford, lors d'une soirée en compagnie du prince Bernhard des Pays-Bas, époux de la reine Juliana, le prince Philip, toujours plaisantin, se serait agenouillé devant lui en lui disant : « Tu as de la chance, personne ne te reconnaît. Tu peux avoir autant de petites amies que tu veux. Moi, j'ai six gardes du corps en permanence autour de moi[1]. » D'après les témoins de cette scène déplacée, le prince Bernhard n'aurait pas ri du tout. Plus grave est le long voyage – quatre mois – entrepris par le duc d'Edimbourg d'octobre 1956 au 18 février 1957 à bord du yacht royal *Britannia*. Un tour du monde en compagnie de son secrétaire Michael Parker, sous le prétexte d'assister aux Jeux olympiques d'Australie. En fait, derrière ces assertions et cette fuite se trouve posée la question du statut du mari de la reine[2]. Officiellement, il est « conseiller privé », mais n'a pas le titre de prince consort. Il y avait eu un précédent célèbre : en janvier 1854, le prince Albert, époux adoré de la reine Victoria, s'était plaint de n'avoir aucune place officielle. Elizabeth II en tire la leçon. Le 22 février 1957, quatre jours après le retour de son mari, elle lui octroie le titre de prince consort. La reine prend cette décision après avoir consulté son Premier ministre Harold Macmillan mais, à la vérité, c'était une idée que Churchill avait suggérée en mars 1955, un mois avant sa démission. Désormais, le mari de la souveraine existe. La réconciliation du couple est tangible lors de la visite d'Etat d'Elizabeth II à Paris, du 8 au 11 avril 1957. C'est un triomphe. La IVe République du président René Coty déploie ses fastes. Le gala à l'Opéra tourne au délire tant la

1. Sarah Bradford, *George VI*, *op. cit.*
2. *Ibid.*

foule parisienne est enthousiaste. La promenade en bateau-mouche sur la Seine dont les rives sont éclairées restera dans toutes les mémoires, de même que la réception au Louvre où deux mille invités se bousculent, certains se hissant sur les statues pour tenter d'apercevoir la reine et son mari. Des « Vive la reine ! » fusent de toutes parts et la Garde républicaine, en tenue d'apparat, a le plus grand mal à maintenir l'ordre.

Après dix ans de mariage, la souveraine souhaite avoir d'autres enfants. En juin 1959, Buckingham Palace annonce que Sa Majesté attend un heureux événement. La réconciliation est effective. Elle est amplifiée par la décision spectaculaire de la reine, onze jours avant la naissance du prince Andrew. Le 8 février 1960, Elizabeth II accorde à Philip ce qui lui avait été refusé en 1952. Après consultation du Premier ministre et à l'issue d'un conseil privé, la reine fait publier cet important communiqué :

> Maintenant et dorénavant, je déclare ma volonté et mon plaisir, tandis que moi-même et mes enfants continuerons d'être identifiés et connus sous le nom de Maison et Famille de Windsor, mes descendants, autres que ceux bénéficiant de l'identité, du titre ou des privilèges d'Altesses Royales et la dignité titulaire de prince ou princesse ainsi que les descendantes féminines qui se marieront et leurs descendants, porteront le nom Mountbatten-Windsor.

La conclusion de cette décision souhaite réparer l'humiliation dont Philip avait beaucoup souffert :

> La reine a toujours voulu, sans changer le nom de la Maison royale choisi par son grand-père, associer le nom de son mari avec le sien et ses descendants. La reine avait pris cette décision depuis longtemps et cela lui tient à cœur[1].

Une révolution dynastique qui est aussi une déclaration d'amour. On peut en déduire que depuis 1952, Elizabeth II

1. Traduction de l'auteur.

se sentait coupable d'avoir entériné un choix qu'elle n'approuvait pas. *Happy end* !

La princesse Margaret épouse Antony Armstrong-Jones

L'année 1960 paraît heureuse pour la famille royale. Non seulement la Couronne a un deuxième héritier mâle, mais l'inquiétude de la reine à l'égard de sa sœur va disparaître, puisque Margaret va se marier. Mais quel suspense ! En mars 1958, Peter Townsend était venu voir la princesse deux fois, ce qui avait attisé la curiosité de la presse. Leur romance allait-elle recommencer ? Non, car un an plus tard, son ancien amoureux lui envoie une lettre dans laquelle il l'informe de son intention d'épouser une jeune Belge âgée de 19 ans, Marie-Luce Jamagne. Margaret se sent trahie. Pourtant, à la même époque, elle avait fait la connaissance chez des amis d'un séduisant photographe, Antony Armstrong-Jones.

Il a du talent, un caractère enjoué, mais il est sérieux dans ses activités et auréolé d'une bonne réputation. Suprême qualité : il est adaptable, capable de concilier sa position de beau-frère de la reine avec les contraintes que cela implique, tout en continuant à travailler beaucoup pour assurer son indépendance. Et il est célibataire ! Rapidement, la « princesse triste », qui avait fait la couverture d'innombrables magazines, retrouve le sourire. Ils veillent à tenir secrète leur idylle. Le 26 février 1960, c'est la Maison de la reine mère qui annonce les fiançailles officielles. La mère d'Elizabeth II et celle-ci se disent enchantées, même si une partie de la Cour juge que ce parti n'est pas digne d'une Altesse Royale. Certains esprits grincheux se plaisent même à évoquer le troisième mariage du père d'Antony, un avocat gallois, avec une ancienne hôtesse de l'air. Il y a eu pire, et peu importe à la reine, qui va titrer son beau-frère comte de Snowdon. Le *Times* relève qu'il n'y a pas eu « de précédent récent du mariage d'une personne aussi proche du trône, en dehors des milieux monarchiques internationaux et de l'aristocratie britannique ».

Un grand bal est donné à Buckingham Palace en l'honneur de Margaret, qui y arrive en retard, sa coiffure s'étant rebellée au moment de partir. L'auteur dramatique Noël Coward, qui est l'un des invités dont on ne saurait se priver, pose son regard expérimenté et critique ; il juge la princesse radieuse, transformée. Elle anime joyeusement la soirée, les hôtes s'amusent beaucoup, ce qui n'est pas fréquent à un bal de Cour. En un mot, Margaret est heureuse. Le mariage se déroule à Westminster le 6 mai 1960. Ravissante, la sœur de la reine est conduite à l'autel par son beau-frère le duc d'Edimbourg. Elizabeth II est très heureuse du bonheur de sa cadette. Le cauchemar de l'« affaire Townsend » est définitivement conjuré. La reine prouve encore son approbation en prêtant le yacht *Britannia* aux mariés pour leur voyage de noces aux Caraïbes. Un riche héritier écossais, Colin Tennant, que l'on avait imaginé autrefois comme chevalier servant de la princesse, a beaucoup investi dans ces îles. Au nouveau couple, il offre un terrain sur l'île Moustique en cadeau de mariage. Séduite par le charme des Caraïbes, la princesse décide d'y faire construire une maison, mais son mari déteste immédiatement l'endroit et jure qu'il n'y reviendra pas. Il tiendra parole, Margaret aussi. La demeure portera le nom imagé de « Les Jolies Eaux ». Elle sera le lieu favori des vacances de la princesse. Mais ce désaccord n'est-il pas déjà l'indice d'une future vie de couple assez chaotique ?

La duchesse de Windsor dénonce les persécutions dont son mari est victime

Il sera dit que le bonheur reste inégalement partagé chez les Windsor. Edouard et Wallis, dont la prétentieuse connivence et l'inconscience avaient failli renverser la plus prestigieuse monarchie du monde, enragent d'être toujours exclus de la vie royale, en dehors des funérailles auxquelles le duc peut se rendre, seul. Sinistres invitations qui ne sont toujours que de faux espoirs de paix familiale. A chaque fois, le duc en revient plus conscient de sa mise à l'écart à cause de sa femme. Peu après le mariage de Margaret, la duchesse est hors d'elle, agacée par les bonheurs favorisant Buckingham Palace, de la maternité à la lune de miel. Quittant sa thébaïde du bois de Boulogne, où l'on se précipite parce que ses réceptions sont brillantes et permettent de dire du mal des Anglais entre une coupe de champagne et un canapé de foie gras, Wallis se rend à New York. Elle y conclut un accord substantiel avec un magazine américain féminin de large audience, imprimé en couleurs. En janvier 1961, dans le numéro de *McCall's*, elle déverse sa bile pour défendre Edouard, son « petit homme ». Rappelons qu'une partie de la presse américaine avait souvent pris la défense de Wallis tant son histoire était romanesque et permettait de se glisser dans les turpitudes de cette *terra incognita* qu'était la cour de Saint-James. Que dit la duchesse ? Que son mari est persécuté « sans relâche » depuis vingt-cinq ans par les actions conjuguées de la famille royale et du gouvernement britanniques. Ce serait risible si les accusés n'avaient pas des questions plus graves à résoudre, telles que la réorganisation des exportations du Royaume-Uni, l'amélioration des assurances sociales, l'urgente nécessité de construire des logements et des universités, sans omettre la douloureuse mission d'affronter la décolonisation en Afrique, tâche délicate pour la reine. Et l'échec de la Conférence des Quatre à Paris, torpillée par l'affaire de l'avion espion américain U2 saisi par les Soviétiques, peut avoir des répercussions graves. Mais, prisonnière de sa vision égocentrique, Wallis reste convaincue que l'Empire – ou ce qu'il en reste – s'acharne contre l'ex-roi, en permanence, systématiquement. A cette erreur, elle ajoute des mots dont le choix est malheureux : « Mon mari a été puni comme un petit garçon qui recevrait une fessée tous les jours de sa vie pour une seule bêtise. » Compte tenu de la réputation de dominatrice sexuelle de la duchesse, l'allusion à la fessée est regrettable ! La duchesse commet une troisième faute en parlant du « manque de dignité de la monarchie au moment de l'abdication », alors que c'est le contraire qui a été vécu par des millions d'hommes et de femmes consternés et choqués.

Enfin, Wallis conclut sa diatribe en rappelant les talents politiques de celui qui avait été Edouard VIII, son « savoir incomparable, exercé aux affaires de l'Etat ». Hélas ! sur ce sujet, il ne restait que l'écume de quelques idées généreuses et surtout un pacifisme munichois érigé en défense du national-socialisme. L'accumulation de griefs aussi stupides que faux allait-elle définitivement fermer les portes de Buckingham Palace à ces deux Windsor plaintifs, superficiels, mondains et jaloux ? Ce n'était pas Elizabeth II, la nièce du duc, qui était visée, mais la mère de celle-ci, la veuve de George VI. Cette dernière ne cessait de répéter que sans l'inconscience et les fantasmes érotiques d'Edouard, son mari ne serait pas devenu le souverain qui, pour rendre confiance au pays traumatisé, y avait laissé toutes ses forces. Et cela était vrai, contrairement aux assertions de la duchesse. Wallis, plus instinctive qu'Edouard, sait parfaitement qu'elle a manqué son but. Et ce ne sont pas les brillantes réceptions de Neuilly qui effaceront un passé contestable, alourdi par quelques fréquentations mal vues de Londres, tels les Mosley, éblouis par les raffinements de la maîtresse de maison. Mais le temps joue contre ce couple hors normes. La duchesse fait appel à la chirurgie esthétique (deux fois) pour conserver son visage émacié et mettre en valeur un regard qui veut dire : « Savez-vous bien qui je suis ? »

Il serait faux de dire que personne ne recevait les Windsor, notamment à Paris. N'étaient-ils pas un fragment de royauté en exercice, mais la partie qu'il ne fallait pas voir sous peine de déplaire à l'ambassadeur de la reine ? Au contraire, plusieurs salons leur étaient ouverts, des dîners organisés en leur honneur ainsi que des cocktails où l'on serait assuré de rencontrer ces survivants d'une incroyable histoire[1]. Les curieux scrutent un monument historique, les snobs une reine de l'intrigue. Les Windsor font partie du

1. Entre autres mauvaises réputations, la duchesse avait celle de n'accepter une invitation que si elle était rétribuée. L'une de mes tantes, qui ne l'appréciait pas, dit à l'époque, en l'apercevant dans un cocktail près de la place Vendôme : « Si la duchesse est venue, c'est qu'elle a reçu son enveloppe. »

tout-Paris alors qu'ils enragent de ne pas être des noms choyés du tout-Londres.

Le scandale Profumo révèle la face cachée d'une légende

En 1961, la reine entreprend une série de voyages dans des pays qui sont d'anciennes colonies ou le deviendront bientôt, mais demeurent membres du Commonwealth. Partout, elle reçoit un accueil coloré dont rendent compte les reportages. En plus de deux ans, le plus souvent chapeautée, mais toujours gantée et munie d'un sac, Sa Majesté visite Chypre, l'Inde, le Pakistan, le Népal, le Ghana, le Tanganyika, la Sierra Leone, l'Ouganda, le Kenya, avant la Zambie et le Malawi. Ces voyages ont aussi une portée économique, le cabinet de Macmillan ayant établi un tarif douanier particulier pour les pays dont la reine reste le chef d'Etat.

L'Australie et la Nouvelle-Zélande sont également au programme. L'Europe n'est pas oubliée avec une visite en Allemagne fédérale qui est un événement : c'est la première fois qu'un souverain britannique se rend en territoire allemand, dans le cadre d'une visite d'Etat, depuis l'avant-Première Guerre mondiale. Il est urgent de combler ce retard, car John Kennedy et le général de Gaulle ont pris de l'avance dans le développement des relations avec l'Allemagne de l'Ouest. Mais, compte tenu des ancêtres de la dynastie et du protocole de la République fédérale, il a fallu deux ans pour ménager les susceptibilités, éviter de réveiller les contentieux et concevoir un programme intelligent. Le prince Philip est à l'aise pour déminer le terrain. Finalement, il est décidé que la reine rencontrera ses parentèles dans les *Länder* (Etats) de leur résidence. L'un des moments le plus émouvant est le bref mais touchant discours du cardinal de Cologne. Il ne parle pas un mot d'anglais et la reine ne comprend pas l'allemand. En dépit de son âge, le prélat apprend son texte par cœur. La question des langues étrangères lors des voyages officiels est d'ailleurs délicate et souvent, le temps n'y fait rien, surtout s'agissant d'anciens adversaires pendant la guerre. Ainsi – mais cela arrivera dix ans plus tard – la visite à Londres de l'empereur Hirohito du Japon est très mal ressentie par la population. Le long du Mall, la reine est imperturbable dans son carrosse découvert. Comme des millions de fois, elle salue et sourit. Son voisin nippon reste impassible ; il est difficile de dire si celui qui, depuis 1945, n'est plus un dieu vivant, mais reste l'un des chefs d'Etat les plus mystérieux de la planète, se rend compte qu'il n'est pas le bienvenu. La chute de Singapour demeure une plaie non refermée. La foule fait des commentaires hostiles qu'Elizabeth II entend fort bien, trop bien même. Elle dira plus tard, dans une confidence digne des remarques de son mari : « Je suis heureuse que l'empereur ne comprenne pas l'anglais… » Ce qui n'était pas certain !

Juin 1963. John D. Profumo, ministre de la Défense du cabinet Macmillan, est contraint de démissionner. Il entretenait une relation avec une call-girl, Christine Keller, laquelle rapportait à un attaché de l'ambassade d'URSS à Londres les confidences secrètes qu'elle avait recueillies sur l'oreiller. Cette jolie brune, dont la photo provocante fait la une de toute la presse (elle est assise nue, à califourchon sur une chaise), entraîne des interpellations aux Communes. La démission du ministre est principalement due à ses mensonges lors de ses premiers interrogatoires ; il n'avait pas révélé la nature de ses rapports avec la call-girl. Macmillan est catastrophé de découvrir les ravages du sexe dans la politique et la diplomatie. Il écrit à la reine qu'il est navré de cette conduite indigne de certains des membres de son cabinet. Le Premier ministre vient-il d'une planète où la vie serait asexuée ? Avait-il entendu parler des raisons de l'abdication d'Edouard VIII ? L'« affaire Profumo » – ainsi la désignera-t-on – se greffe sur une série de scandales mondains, de divorces où certains grands noms étaient saisis par la débauche. Cela restait plus ou moins du domaine privé. Mais dans ce cas, avec l'implication d'un ministre de la Défense, s'agit-il d'une affaire d'espionnage classique et de chantage au temps de la guerre froide ? Bien des diplomates et hauts fonctionnaires occidentaux en ont fait les frais, pour le plus grand profit de l'URSS. Le scandale Profumo est beaucoup plus complexe et atteint l'entourage de la reine. Le dossier est lié à des affaires bien antérieures compromettant des Britanniques qui, derrière d'honorables couvertures, étaient des agents soviétiques. Ces espions n'étaient autres que Guy Burgess et Donald Mac Lean, qui s'étaient réfugiés à Moscou dès 1952, et le non moins fameux Kim Philby, qui n'était arrivé dans la capitale soviétique qu'en février 1963, quatre mois avant que n'éclate le scandale Profumo.

Or, ces trois agents communistes ont un point commun : ils ont reçu l'aide de Anthony Blunt, anobli par la souveraine (on lui disait « sir »), conservateur des collections royales de peintures et historien d'art réputé. Blunt ? Il avait été l'homme envoyé par George VI en Allemagne en 1945 pour mettre la main sur les documents relatant l'histoire des relations anglo-germaniques dans lesquels pouvaient se trouver, craignait le roi, des archives prouvant la culpabilité du duc de Windsor. Blunt était très fort puisqu'il avait travaillé pour le MI5 de 1940 à 1945 avant d'être membre de la Maison royale, et bien avant que l'on puisse le soupçonner d'être un agent de Moscou. L'homme est grand, blond, charmeur, éblouissant de culture, en vue dans les milieux homosexuels londoniens. Encore mieux, pour ses qualités de conservateur des collections de la reine et ses écrits sur l'art – il est très expert –, cette dernière l'avait adoubé commandeur de l'ordre royal de Victoria, un privilège personnel du souverain[1]. Le recul dont nous disposons nous permet de constater que pendant près de vingt ans, un maître espion a opéré à Buckingham Palace et dans l'entourage de la reine. Même son adjoint ne se doutait de rien ! L'enquête sera longue ; elle commencera par une disgrâce, se poursuivra par la reconstitution complète de sa trahison avant sa chute finale. Si les premiers soupçons du contre-espionnage datent de 1964, la culpabilité

1. Sarah Bradford, *George VI*, *op. cit.*

d'Anthony Blunt ne sera révélée publiquement qu'en 1979, par le Premier ministre Margaret Thatcher. Mais on évitera de trop fouiller les éléments concernant le duc de Windsor, car Blunt devait savoir beaucoup de choses. La reine qui, on s'en doute, n'a jamais fait de commentaires sur cette sensationnelle affaire radiera le coupable de l'Ordre de chevalerie dont il avait reçu les honneurs.

Heureusement, le bonheur personnel d'Elizabeth II s'épanouit avec la naissance de son quatrième et dernier enfant, le prince Edouard, le 10 mars 1964. A 38 ans, la reine s'exclame : « Quel bonheur d'avoir de nouveau un bébé à la maison ! » Elle est une mère beaucoup plus attentive et présente auprès de ses deux derniers enfants qu'avec les deux premiers, ce qui pourrait expliquer, partiellement, l'origine de certains conflits, en particulier avec Charles. En évoquant ses drames personnels, le prince de Galles révélera avoir cruellement manqué d'affection dans son enfance.

1965 : la mort de Churchill est celle de l'« homme du siècle »

Il avait annoncé qu'il ne survivrait pas longtemps à sa retraite. Pour une fois, sir Winston s'était trompé sur lui-même : il avait encore passé dix ans à fasciner ses contemporains. Bien que le jugement porté sur son action ait oscillé plus que sur aucun autre homme politique britannique, il avait quitté le pouvoir en étant vénéré du peuple et respecté par tous les partis. A l'annonce de son décès le 24 janvier 1965 – il avait 90 ans –, la reine est profondément attristée. Ses funérailles se déroulent en la cathédrale Saint-Paul où la Royal Navy a conduit son cercueil recouvert de l'*Union Jack.* La grandeur de la personnalité du vieux lion, l'éclectisme de ses centres d'intérêts, la fulgurance de son esprit et son intelligence pratique sont reconnus par ses adversaires. Incroyable machine à idées – « cent par jours, selon le président Roosevelt, dont quatre seulement sont bonnes, mais il ne sait jamais lesquelles ! » –, il fut selon de Gaulle – les deux hommes ne s'aimaient pas, mais se respectaient – « le grand artiste d'une grande histoire ». Il n'avait jamais quitté la politique puisque, en 1959, il s'était présenté aux Communes pour la quinzième fois et n'avait renoncé à la vie parlementaire qu'à l'été 1964. De la gare de Waterloo à un petit cimetière proche du château de Blenheim, où il était né du temps de Victoria, Churchill fait son dernier voyage dans un train spécial. Sa locomotive héroïque porte un nom qui résume la vie officielle de ce prix Nobel de littérature en 1953, *Battle of Britain*[1].

Peu après les funérailles de ce géant, la reine devait recevoir à Buckingham Palace les chefs d'Etat et de gouvernements présents. Ian Smith, le leader de la Rhodésie, est aussi à Londres. Celui-ci ayant annoncé qu'il autoproclamerait son indépendance, le gouvernement travailliste d'Harold Wilson, fumeur de pipe et joueur d'échecs, a exclu la Rhodésie du Commonwealth. Elizabeth II ne peut donc le recevoir. Pourtant, le Premier ministre a besoin de s'entretenir avec Ian Smith. La reine consent à lui faire envoyer une invitation, qui ne reçoit aucune réponse. A 14 heures, la reine se contente de noter l'absence de M. Ian Smith. Un écuyer est envoyé à sa recherche. On le trouve en train de déguster un steak au restaurant du Hyde Park Hotel. A l'écuyer, le Rhodésien répond qu'il n'a reçu aucune invitation… alors que celle-ci dépasse de sa poche. L'impoli sera conduit à Buckingham Palace où la reine le recevra courtoisement, sans montrer le moindre courroux, et il aura un entretien politique avec le Premier ministre. Sa Majesté avait le droit de penser qu'avec la mort de Churchill, une grande page était définitivement tournée. Sur sir Winston, Elizabeth II avait eu un mot révélateur : « Il était divertissant. »

1. L'une des voitures Pullman du train funèbre, après avoir été réaménagée, est entrée dans la composition de la rame britannique en correspondance avec l'actuel Venise-Simplon-Orient-Express.

11

1965-1997 : mariages, enterrements, trahisons et… *annus horribilis*

Que de bouleversements au royaume d'Albion ! Le cabinet d'Harold Wilson (les travaillistes sont au pouvoir depuis un an) se révèle favorable à l'Europe, alors que le général de Gaulle ne voulait pas du Royaume-Uni dans le Marché commun. La société britannique change, s'efforçant d'être moins inégalitaire. L'historien Roland Marx estime que « 10 % de la population détient 80 % de la richesse nationale, alors que 1 % de la population est propriétaire de 43 % de cette même richesse[1] ». La révolution des mœurs est aussi en marche. Avant mai 1968, le Parlement autorise l'avortement, et les relations homosexuelles entre adultes consentants sont dépénalisées. Oscar Wilde était trop en avance. Le divorce sera facilité, la protection de l'épouse consolidée et le droit de vote autorisé à 18 ans. S'il n'est jamais facile de diriger un pays, comment la reine pourra-t-elle tenir sa famille et conserver son influence en sachant que la tâche est plus ardue en temps de paix qu'en temps de guerre ? Le second conflit mondial avait permis à

1. Cité par Philippe Valode, *op. cit.*, et Roland Marx, *La Reine Victoria*, Fayard, 2000.

son père de faire figure de modèle. Elizabeth II va affronter des orages, des tempêtes et même des ouragans dévastateurs. Selon un dicton anglais, « *It never rains, it pours* » (« Il ne pleut jamais, il tombe des cordes »). Les éclaircies seront rares, mais ne sommes-nous pas presque au pays natal des imperméables et des parapluies ?

1967 : première rencontre entre la reine mère et Wallis depuis 1936 !

Le 7 juin 1967, sur les murs de Marlborough House qui avait été sa résidence, le souvenir de la reine Mary est honoré par la pose d'une plaque. Une cérémonie traditionnelle ? Mieux : un événement véritablement familial et politique, puisque toute la famille royale est présente… même le duc et la duchesse de Windsor ! Ce qui était impensable il y a encore quelque temps devenait une réalité. On avait observé un signe favorable trois ans plus tôt, lorsque la reine avait envoyé à son oncle un télégramme de félicitations pour son soixante-dixième anniversaire. Elle savait que le duc était malade, que sa vue s'était dégradée, l'obligeant à porter des lunettes aux verres sombres, qu'il souffrait d'un anévrisme de l'aorte et avait subi des opérations délicates, aux Etats-Unis et à Londres. Si la souveraine avait rendu visite à son oncle deux ans plus tôt, la duchesse n'avait pas encore revu sa belle-sœur. Il faut imaginer la foule de curieux, maintenus par les *bobbies* lorsque arrivent les limousines, face à Saint-James' Park.

Quelle rencontre ! La reine serre la main de son oncle et de la duchesse, dit quelques mots. Signe d'affection ou de pitié, la veuve de George VI embrasse son beau-frère sur la joue. Mais à l'égard de la duchesse, quelle sera l'attitude de la reine mère ? Celle-ci se comporte plus que « civilement », selon les témoins qui guettaient les réactions des deux ennemies. Wallis est « très nerveuse » au moment de sa révérence. Un face-à-face silencieux, mais un face-à-face. Peut-on parler de réconciliation totale entre ces deux ennemies ? Non, puisque le duc et la duchesse ne sont pas conviés au lunch qui suit (ils seront chez les Gloucester et le lendemain chez la duchesse de Kent, donc à chaque fois en famille). Est-ce une mesquinerie de la reine ? Il ne fallait pas aller trop vite, et recevoir Wallis à Buckingham Palace n'aurait peut-être pas été bien compris. Mais tout de même, quel progrès ! Et quelle ironie : la duchesse, qui n'est pas Altesse Royale, se retrouve au milieu de la famille royale ! Un gigantesque pas en avant. Et une victoire pour Wallis après trente années de haines recuites. La jeune génération avait d'ailleurs fait savoir que cet acharnement était incompréhensible et, pour tout dire, dépassé. Il était temps d'éteindre la guerre des Windsor entre eux. Geste remarqué, la reine mettra un de ses avions à la disposition du couple pour regagner Paris. Oui, les temps changent. Bientôt, l'homme va marcher sur la Lune…

Toutefois, l'ex-roi est fébrile, à la fois heureux, fragile, ému et insupportable. S'il est un trait immuable chez lui, c'est sa manie – pénible – de la requête. Il a toujours quelque chose à demander ! Aujourd'hui, l'obsession du duc, qui pressent déjà la fin de sa vie, est de pouvoir être inhumé à Windsor avec sa chère Wallis… Il envoie à sa nièce des lettres la suppliant d'accéder à sa dernière volonté. Il veut reposer dans le *Frogmore Plot*, un cimetière à proximité du mausolée royal de Victoria et Albert. Le duc attendra la royale réponse pendant près de deux ans.

Le temps passant, les enterrements sont les réunions de famille les plus prévisibles. La suivante se produit le 30 août 1968, lors des funérailles de la princesse Marina de Kent, victime d'une tumeur au cerveau. Le duc y assiste, seul. Il ignore qu'il séjourne pour la dernière fois sur le territoire britannique. De nouveau, il se préoccupe de son décès s'il survenait avant celui de Wallis. Sa nouvelle lettre, datée du 17 août, trahit ses éternels soucis d'argent, mais après sa mort, cette fois. Il sollicite d'Elizabeth II la garantie qu'une rente serait servie à sa veuve. La reine prendra son temps pour répondre à son « cher oncle David » le 26 février 1969 – huit mois plus tard ! –, l'assurant qu'une pension annuelle de 5 000 livres serait versée par elle-même à la duchesse, y compris par ses successeurs, si elle-même venait à disparaître du vivant de Wallis. Elle espère que cette décision « l'aidera à apaiser son esprit ». Elizabeth II a l'élégance de ne pas évoquer la fortune que percevrait la duchesse à la mort du duc et mieux valait ne pas parler des bijoux ni des perpétuels problèmes de protocole diplomatique posés par les voyages des Windsor à l'étranger, où qu'ils se rendent. En effet, si les contacts familiaux avaient repris, « le gouvernement de Sa Majesté n'avait aucun contact officiel avec le duc ou sa Maison ». Que le Premier ministre fût conservateur ou travailliste ne changeait rien à cet état. Depuis son abdication, l'ex-roi demeurait, certes, une Altesse Royale, mais aussi et en même temps une personne privée, paradoxe permanent et sans précédent. Les ambassadeurs étaient perpétuellement confrontés à ce casse-tête, en essayant d'y introduire un peu de souplesse et de courtoisie quand c'était possible.

1er juillet 1969 : Charles est investi du titre de prince de Galles

Enfin une cérémonie qui concerne l'avenir du Royaume-Uni ! Mais le climat politique et social au pays de Galles est agité à l'annonce de l'intronisation et de la venue de l'héritier du trône. Grèves de la faim, bombe contre une station radio de la Royal Air Force, attentat contre le train royal, autres bombes alentour tuant deux personnes, protestations diverses n'entament pas le courage de Charles lorsqu'il se rend au château de Caernarvon qui a joué et joue toujours un rôle important dans la vie britannique. Dans cet édifice – construit en deux temps, du XIIIe au XIVe siècle – est né le fils d'Edouard Ier – un Plantagenêt –, le futur Edouard II, premier à recevoir le titre de prince de Galles, porté depuis lors par tous les héritiers successifs du trône. Mais pour Charles, cette cérémonie de 1969 est aussi empreinte d'une mémoire plus proche, puisque c'est en

1911 que son oncle David, futur Edouard VIII, puis duc de Windsor, avait inauguré la tradition de l'investiture dans ce château. Depuis, elle avait été interrompue, seuls les héritiers mâles prouvant prétendre à ce titre. La reine avait invité son oncle à la cérémonie, il avait refusé de s'y rendre. Etait-il trop douloureux pour lui de se replonger dans l'époque où il incarnait l'avenir du royaume ? Il avait suivi le reportage à la télévision. Pour tenter de calmer les esprits échauffés, Charles veille à s'exprimer en gallois (il avait fait une partie de ses études à l'université du pays de Galles), mais sa mère, vêtue de jaune, est si inquiète que la BBC avait aussi prévu une émission en forme d'hommage funèbre s'il venait à être assassiné…

Le prince fait un triomphe inattendu. Agenouillé, il prête serment à Elizabeth II. Plus tard, enfin soulagée, la reine dira que la journée avait été « merveilleuse », alors qu'on avait pu craindre le pire ! Et on assura que Charles était le plus prometteur des princes de Galles depuis l'époque du Prince noir, soit plus de six cents ans avant cette investiture[1]. Le duc avait aussi refusé d'être présent à la consécration de la chapelle abritant le mémorial de son père et sa tombe définitive à Windsor. La reine l'y avait convié. Seul. On note que l'oncle David, qui avait tant espéré être réintégré parmi les siens, se permet de refuser quelques occasions de les retrouver. La fatigue, les soucis de santé et déjà l'heure d'un bilan où l'échec le plus cuisant resterait inoubliable : Wallis ne serait jamais Altesse Royale. Une frustration sociale que Wallis lui reproche souvent. Au grand banquet de l'arrivisme auquel elle s'était invitée, elle estimait avoir dû se contenter de quelques restes. Entre prétention et inconscience, l'ex-roi n'avait pas mesuré les ravages de sa provocation. Wallis resterait à part, même en étant présente. Mais on peut aussi penser que l'atmosphère

1. Le Prince noir, fils du roi d'Angleterre Edouard III, devait son surnom à la couleur de son armure. Il fut titré prince de Galles en 1343. Sa technique d'utilisation des archers avait été déterminante dans la première grande victoire anglaise de la guerre de Cent Ans, à Crécy, le 26 août 1346.

d'adieu, de deuil, de souvenirs et peut-être de gâchis impressionne trop le duc, qui paraît si fragile et si triste. Ses problèmes oculaires ne sont pas sa seule raison de porter des lunettes noires.

Le 17 mars 1970, le duc et la duchesse s'arrêtent à La Croë pour la dernière fois. Que de merveilleux souvenirs ! Ils n'y étaient pas revenus depuis la déclaration de guerre. Parcourant le château, Edouard dit : « Au fond, nous aurions dû l'acheter[1]. »

Puis ils embarquent à Cannes sur le paquebot italien *Rafaello*. Enfin, après un long débat de conscience – et malgré l'opposition de la reine mère –, Elizabeth II vient elle-même annoncer au duc et à la duchesse une grande nouvelle, alors qu'ils sont de nouveau à Londres pour une intervention médicale. Aimant son oncle, ayant appris elle-même à supporter diverses blessures de la vie, elle leur accorde à tous deux le droit de reposer à Frogmore. Ils ne seront donc jamais séparés. De plus, la reine consent pour chacun d'eux à des services funèbres dans la chapelle Saint-George, comme c'est l'usage pour tous les membres de la famille. Ainsi, Wallis aura sa place.

Il faut souligner qu'il s'agit d'une décision personnelle de la souveraine sur une question privée. Au moins, sous cet aspect, les Windsor ne poseront plus leurs éternels problèmes. La tendre attention de Buckingham Palace les touche beaucoup. Seule Clarence House, la résidence de la reine mère, ne faiblit pas. « Et si les Windsor venaient aux courses d'Ascot ? » Réponse négative. Demande de Charles : « Et si nous les invitions pour un week-end ? » Refus de sa grand-mère. Dans sa passionnante étude, Hugo Vickers écrit qu'en dépit de cette attitude fermée, trois dames d'honneur de la reine mère ont attesté qu'elle ne haïssait pas la duchesse de Windsor. On avait pourtant la preuve

1. Dans les années 1950, le château fut loué à d'anciens monarques : l'ex-roi des Belges Léopold III, Marie-José d'Italie, Farouk d'Egypte. Ce qui valut à la propriété le surnom de « château des rois malheureux ». On y vit ensuite deux armateurs grecs richissimes, Onassis et son beau-frère Niarchos.

tangible du contraire ! « Il faut connaître quelqu'un pour le haïr, et la reine mère connaissait à peine la duchesse[1]. » La reine mère, qui en avait tant voulu à Wallis, recherchait surtout la paix.

Cependant, les temps sont financièrement difficiles pour la monarchie, alors que le Royaume-Uni frappe une seconde fois à la porte de l'Europe. Elle ne sera entrouverte qu'avec la complicité du président Georges Pompidou. La question de la liste civile, autrement dit le budget de la famille royale, est posée : l'inflation a rongé les dotations allouées à la reine depuis son avènement. Selon les prévisions, en 1970 les comptes de la Maison royale seront dans le rouge. Avec son don de gaffeur sincère, en réalité le masque d'un homme intelligent, le duc d'Edimbourg révèle ses soucis à la télévision : « Oui, nous avons dû vendre un petit yacht et il faudra sans doute que je renonce bientôt au polo », dit-il devant les téléspectateurs britanniques à la fois ravis d'approcher la vie privée de la famille royale et dubitatifs quant aux difficultés de trésorerie de Sa Majesté. Il est évidemment choquant d'entendre le prince Philip se plaindre alors qu'il est le mari d'une des femmes réputées les plus riches du monde. Les plaisanteries fleurissent dans la presse, avec des caricatures sans pitié : « Chérie, et si on vendait un Canaletto pour changer de machine à laver ? » Mais, comme le fait remarquer l'oncle du duc, lord Mountbatten, qui aurait dû se charger des relations publiques de la dynastie, plus de 85 % de cette mystérieuse « fortune de la reine d'Angleterre » est constituée de tableaux, d'œuvres d'art, de mobilier que la reine n'a pas le droit de vendre. Les contempler est déjà un immense privilège. Et une fois de plus, on est prié de ne pas confondre les châteaux appartenant à l'Etat et les résidences privées (Sandringham, Balmoral) qui doivent être entretenues, sans omettre le paiement de nombreuses charges salariales. Au début de 1970, la « firme Windsor » doit montrer ses comptes au Parlement. Des commissions discutent de solutions

1. Traduction de l'auteur, extrait de Hugo Vickers, *op. cit.*

contemporaines en faisant parfois appel à des usages vieux de deux siècles, posant des questions de ce genre : faudrait-il donner un salaire au prince de Galles et lui retirer les revenus du duché de Cornouailles ? Un bel exercice de démocratie, sans doute, mais comment chiffrer l'apport de cette monarchie à son pays ? C'est le prix d'une image, mais il est incalculable. Et sujet à de redoutables variations.

Les mésaventures de la princesse Anne avec un fou puis un cheval

Après tous ces enterrements, enfin un mariage, celui de la princesse Anne. Fiancée au capitaine Mark Phillips le 30 mai 1973, Anne l'épouse le 14 novembre à Westminster, le jour du vingt-cinquième anniversaire de son frère Charles. La seule fille du couple royal représente la génération à l'aise devant les caméras, s'exprimant d'un ton direct, naturel et sympathique. La princesse Anne est courageuse et a de l'humour, en voici deux exemples. En 1974, alors qu'elle circule en voiture sur le Mall, un homme tente de l'enlever. Malade mental, l'inconnu essaie d'extirper la princesse du véhicule. Elle se défend. Dans la bagarre, son garde du corps, son chauffeur, un policier et un journaliste sont blessés. Un cauchemar à portée de Buckingham Palace. Peu après, la princesse, très populaire, vient à Paris pour présider une importante manifestation sportive. Un dîner de gala, caritatif, est organisé par le comte Jean de Beaumont, président du Cercle de l'Union interalliée. SAR est retard, ce qui n'est pas son genre, et l'ambassade britannique où elle réside est mitoyenne du Cercle. Lorsqu'elle apparaît en robe du soir, son œil droit est auréolé d'un hématome qu'aucun maquillage n'a pu dissimuler. Murmures puis silence dans la salle Foch, comble, du Cercle. Avec esprit, la princesse explique :

— Vous pensez tous que je me suis disputée avec mon mari et que nous nous sommes battus. J'ai le regret de vous dire que c'est faux. Ce qui est vrai, c'est que cet après-midi, mon cheval a voulu aller dans une direction et moi dans l'autre... Un *major disagrement* !

Le duc de Brissac, président du Jockey Club, intervient au nom du monde hippique. Il rassure l'invitée qui a fait rire toute l'assistance :

— Le cheval a eu tort et Votre Altesse Royale est ravissante.

Ce fut l'avis des Français qui, ce soir-là, voyaient de près la princesse pour la première fois. Contrairement à de sordides ragots d'outre-Manche, elle ne ressemblait pas du tout à un cheval et donnerait à la reine l'immense joie d'être enfin grand-mère.

A l'inverse des examens comptables pratiqués à Buckingham Palace, à Downing Street et à Westminster, les Windsor avaient dépensé sans compter. Ils avaient eu jusqu'à... trente domestiques ! Dont « chacun son chauffeur, et la seule cuisine employait sept personnes, un chef, un assistant, des plongeurs et des filles de cuisine. Les invités étaient servis par sept valets en livrée. Il va sans dire que tout ce monde, s'adressant à la duchesse, ne lui donnait jamais que du "Votre Altesse Royale[1]" ». Naturellement ! Ils devaient éblouir Paris, prouver qu'à Londres on était encore mesquin, ce qui était faux. Quelques illustres visiteurs prennent le chemin de Bagatelle, tel l'empereur du Japon en octobre 1971. Hirohito et le duc ne s'étaient pas vus depuis quarante-neuf ans ! En février 1972, c'est lord Mountbatten qui est attendu à Bagatelle. Cette visite, le duc l'envisageait comme un règlement de comptes. L'amiral comptait parler de l'incendie qui avait ravagé le paquebot *Queen Elizabeth*, de l'indépendance du Bangladesh, des relations orageuses entre Churchill et de Gaulle ; mais le duc, rassemblant ses forces fuyantes, dit à son parent sa déception qu'il ne fût pas venu à son mariage. Mountbatten prétend qu'il n'avait pas été invité. C'était faux, on l'a vu. Louis s'était incliné devant l'interdiction royale.

1. Charles Higham, *op. cit.*

C'était il y a trente-sept ans et le duc n'avait pas pardonné l'absence de Mountbatten à Candé... où si peu de gens étaient venus.

Elizabeth II se rend au chevet du duc de Windsor à l'agonie

Fin mai 1972. La reine est informée que son « cher oncle David », opéré une nouvelle fois, se meurt d'un cancer. Le duc pèse 45 kilos et il est intubé. Il n'a plus que quelques jours à vivre. Or, au même moment, la souveraine doit venir en visite officielle à Paris pour célébrer l'entrée, progressive, du Royaume-Uni dans le Marché commun. Les pourparlers ont duré un an. Le 22 janvier précédent, à Bruxelles, au Palais d'Egmont, avaient été signés les accords concernant la Grande-Bretagne, l'Irlande, le Danemark et la Norvège.

Elizabeth II venait à Paris pour consacrer la fin du « splendide isolement britannique ». La leçon donnée par André Siegfried inaugurant son cours en Sorbonne, mais souvent attribuée à Michelet, « l'Angleterre est une île », devenait moins pertinente. Mais comment concilier le programme officiel très chargé de la souveraine avec l'adieu à son oncle ? Qui aurait la priorité : la représentation de l'Etat britannique ou une urgence familiale ? Ce sera la mission de l'ambassadeur Soames, gendre de Churchill (les deux hommes se détestaient) de trouver un creux dans l'emploi du temps de Sa Majesté. On prévient la duchesse. Par une ultime coquetterie, le duc, jadis si élégant, exige d'être présentable, sans tubes ni perfusions, assis dans un fauteuil, habillé comme s'il partait en croisière. On assure qu'il faudra près de quatre heures pour le préparer à la visite royale, les médecins sachant que c'était la fin. On peut saluer le courage de l'ex-roi cherchant à paraître le moins diminué possible. Le 18 mai, devant Elizabeth II, Wallis fait sa révérence, Edouard parvient à sourire. Les deux femmes ont une parfaite maîtrise d'elles-mêmes. Aucune émotion, mais des paroles de réconfort à la duchesse qui s'assoit un peu à l'écart. Puis, par décence, elle se retire pour rejoindre le duc d'Edimbourg et le prince Charles. Wallis fait servir le thé. Nul ne saura jamais la teneur du dernier entretien entre la reine et son oncle, sinon qu'il a été heureux de la voir et touché qu'elle ait bousculé le protocole pour céder au devoir d'humanité. Y a-t-il eu une sorte de confession de la part d'Edouard ? D'aveu ? De pardon de la part de sa nièce ? D'explication ? Le duc pouvait à peine parler, mais ses yeux malades exprimaient de la reconnaissance. A 2 heures du matin le 29 mai, la duchesse prend dans ses bras ce corps décharné. En murmurant « chérie », il pose sur elle son ultime regard bleu qu'elle aimait. Il s'éteint à l'âge de 77 ans. Un des rares témoins de ses derniers instants assure que l'ex-roi aurait aussi murmuré à plusieurs reprises le mot « maman ! » avant d'expirer. S'agissait-il, effectivement, de sa mère, feue la reine Mary ? Ou, au contraire, de Wallis qui, à sa demande, le traitait souvent comme un enfant ? Une énigme parmi d'autres. La duchesse de Windsor « demeurait glacée, pétrifiée et muette, écrit Charles Higham. On la reconduisit doucement jusqu'à sa chambre, où elle s'assit sans rien dire, les yeux perdus dans le vide. Jamais elle ne se départit de sa dignité ».

A Londres, Elizabeth II décrète une période de deuil. Le cabinet d'Edward Heath, Premier ministre conservateur depuis 1970, autorise l'ambassade parisienne à ouvrir un registre de condoléances à la mémoire de l'ancien roi. Beaucoup de gens viendront signer et des témoignages de sympathie seront lus et entendus. A Bagatelle, selon le vœu de la duchesse, aucun curieux n'assiège la maison. Les journaux, la radio et la télévision ressortent leurs archives. Cette histoire est racontée – mais on ne sait pas encore tout ! – avec des commentaires variés. Un roman qui surprend la jeunesse. Il y a ceux qui savent et ceux qui croient savoir. Dans l'ensemble, le roman d'amour l'emporte auprès de l'opinion. L'heure du jugement définitif n'est pas encore venue.

La gendarmerie escorte le corps du duc jusqu'au Bourget. Un détachement rend les honneurs militaires à l'ancien roi dont le cercueil est placé dans un appareil de la Royal Air Force. Wallis, tétanisée, n'a pas eu la force d'accompagner celui qui l'avait choisie en renonçant à son devoir. Elle n'est que larmes et douleurs, encore plus pâle que d'habitude dans sa robe de soie noire dont l'élégant Hubert de Givenchy a su entourer sa mince silhouette. Mais quelle allait être la réaction populaire au Royaume-Uni ?

Elizabeth II tient parole : le duc de Windsor est inhumé à Windsor

Il est difficile de juger quarante années plus tard ce qui s'est passé lors des funérailles du « cher oncle David ». Reportons-nous à l'époque. En 1972, si le duc a, pour beaucoup, la réputation d'un homme faible, instable, immature, jouisseur, insupportable, ayant trahi son devoir, il a aussi ses partisans, ceux qui l'ont connu comme souverain et avaient cru en lui. Plusieurs personnages ont jugé indigne l'ostracisme dont il avait été victime. Son charme, sa mémoire, sa vivacité bondissante, ses idées sociales avancées avaient séduit. Et, je le répète, ses connexions politiques regrettables et infamantes ne sont connues que des plus hautes autorités et le secret d'Etat s'est imposé. Wallis ne pouvait qu'aggraver son cas lorsqu'elle répétait, avec son cynisme habituel, qu'elle avait espéré épouser un roi, mais pas un duc... La raideur de ses déclarations, la méchanceté de ses jugements, ses jérémiades protocolaires, ses liaisons rarement discrètes l'avaient rendue plus infréquentable qu'Edouard. Celui-ci était surtout coupable d'avoir abdiqué, laissant un peuple stupéfait. Quel gâchis !

Et pourtant... Sur la base de la Royal Air Force où l'avion spécial vient de se poser, c'est l'hymne national que l'on entend. Dieu n'a pas sauvé le roi, qu'il sauve la reine ! Le duc et la duchesse de Kent reçoivent la dépouille ducale. Le cortège se rend directement à Windsor où une foule dense attend le long de la rue en pente qui conduit à la porte Henri VIII. Elizabeth II envoie à l'aéroport l'un de ses chauffeurs chercher Wallis venue de Paris avec l'ambassadeur Soames et sa femme, Mary, la fille de Churchill. Lord Mountbatten accueille la duchesse. Incontestablement, la reine est d'une exquise prévenance. Selon ses instructions, la duchesse a droit à l'appartement des chefs d'Etat à Buckingham Palace. Quel décalage ! Quel choc de penser qu'elle n'a jamais eu l'autorisation d'apparaître sur le fameux balcon ! En revanche, on verra sa photographie à une fenêtre du palais, comme une intruse ! Ne l'avait-elle pas toujours été ?

La reine étonne tout son entourage en maintenant la cérémonie de son anniversaire, le samedi 3 juin, le célèbre *Trooping the Colour* où, à cheval, elle passe sa garde en revue, et en fixant les funérailles de son oncle au surlendemain. Le lundi 5 juin, dans la chapelle Saint-George où sont suspendues les bannières des chevaliers de l'ordre de la Jarretière (plus de mille ont été adoubés depuis sa fondation), près de quatre-vingt-dix personnes prennent place. La duchesse de Windsor est placée à côté d'Elizabeth II. Toute la famille royale est présente, par rangées, mais on remarque aussi le roi Olav V de Norvège entre le duc d'Edimbourg et la reine mère, de grands noms de la Cour, des généraux, des amiraux, le Premier ministre Heath et d'anciens Premiers ministres, Macmillan, Wilson et même Eden. Il y a des montagnes de fleurs, dont la croix composée par Wallis avec le muguet du moulin que les Windsor avaient mis en vente. Et le cercueil est descendu dans la terre de Frogmore, comme l'ex-roi en avait exprimé le vœu.

La duchesse n'a, en réalité, qu'un seul immense regret : elle voulait mourir avant Edouard. Elle a peur. Que va-t-elle devenir socialement ? La cérémonie achevée, après les amabilités ambiguës, elle sera toujours à part. Une consolation, tout de même : on a compté cinquante-sept mille neuf cent trois personnes qui ont défilé devant le cercueil avant la descente au caveau. Une belle revanche… Et l'archevêque de Canterbury a béni le corps du défunt et prié pour son âme. Le plus surprenant reste la série d'éloges prononcés à la Chambre des communes, celle-là même où l'abdication avait été annoncée dans un tumulte mémorable et où l'on conspuait le nom de Mrs Simpson. Qui est surtout honoré ? La duchesse ! A Westminster, on parle d'amour sans dénoncer le scandale d'il y a trente-cinq ans ! On entend Edward Heath évoquer le décès de l'ancien monarque, puis vanter avec lyrisme « celle qui a répondu à sa dévotion par une loyauté, une présence et un amour identiques ». Suivent des condoléances officielles avec la « profonde sympathie des Communes ». Harold Wilson, alors chef de l'opposition, n'est pas en reste de propos surréalistes en envisageant l'avenir de la duchesse : « Nous espérons qu'elle se sentira libre à tout moment de revenir parmi nous communiquer librement avec le peuple pour le service duquel vécut son mari, prince de Galles, roi et duc. » Se rend-il compte, l'honorable M. Wilson, qu'il résume une ascension et une chute ? Posons-nous la question : ces politiciens étaient-ils sincères, souffraient-ils de pertes de mémoire ou jouaient-ils le rôle de disciples de Tartuffe ?

La reine est accablée : sa sœur la princesse Margaret va divorcer

Mars 1976. Ce n'était plus une rumeur. C'était aussi, pour la reine, la confirmation d'un nouvel échec conjugal dans sa famille. Qu'en 1967, un de ses cousins, le comte de Harewood, ait quitté sa femme et soit devenu le premier divorcé des descendants de George V avait fait un peu de bruit, mais l'infidèle n'était que le dix-huitième dans la succession au trône. En revanche, l'échec patent du mariage de Margaret plaçait la souveraine au cœur de l'événement. Avec ces scandales vendus à la une des tabloïds, la presse allait se goinfrer et bien vivre. Des récits « de caniveau » ? Pas toujours, mais bien ciblés et souvent argumentés. Une preuve de l'attention populaire portée à la dynastie, à ses joies comme à ses tourments. Dans les dîners en ville, le mariage du comte et de la comtesse de Snowdon, Tony et Margaret, est réputé brisé. Le photographe juge sa femme trop possessive, la sœur de la reine trouve Tony égoïste ; elle est malheureuse – cela se voit : elle a grossi. Depuis environ cinq ans, on ne les rencontrait plus ensemble. Chez eux, c'était la guerre, les horreurs de l'amour transformé en haine. Qui avait commencé ? Il n'était plus indispensable de le savoir. Margaret s'était mise à boire et à traîner sa dépression ainsi que ses amants dans les night-clubs londoniens, puis jusque dans ses chères îles antillaises, ces paradis artificiels que Tony n'avait jamais supportés. Quand elle était à Londres, son mari refusait de parler à sa femme devant leurs enfants. Dans ses tiroirs, il laissait à son intention des billets insultants comme celui-ci : « Tu as l'air d'une manucure juive et je te hais[1]. » De son côté, elle se laisse aller, à tous égards, oubliant son rang et l'effet désastreux de son ivresse publique. Un député travailliste, à la fois opposé au Premier ministre conservateur James Callaghan et à la monarchie, fait de l'ex-princesse Margaret la cible de ses attaques au moment où Buckingham Palace négocie, laborieusement, la nouvelle liste civile qui lui sera allouée. « Payer pour une ivrogne et ses amants ? Pas question ! »

Après la « princesse triste », la « princesse alcoolique ». Furieuse, la reine tente de raisonner sa sœur. Margaret répond en se jetant dans les bras de Roddy Llewellyn, un paysagiste ami d'amis. Il est chargé de la distraire. Il y réussit : elle a 43 ans, il en a 25. La reine constate la vérité : en dépit de leur apparente compatibilité et de leurs caractères complémentaires qui, de l'avis général, auraient dû leur permettre de constituer un couple solide, leurs différences d'origines et leurs oppositions étaient plus fortes, Tony et Margaret n'étaient pas faits pour vivre ensemble. Même leur intérêt commun pour l'art s'était transformé en querelles

1. Sarah Bradford, *George VI*, *op. cit.*

vulgaires, tandis que l'amant de Margaret se tenait fort mal dans des boîtes de nuit. Les joies de la famille…

1977 : le jubilé d'Elizabeth II célèbre ses vingt-cinq ans de règne

Heureusement, cette agitation s'estompe et passe à l'arrière-plan lorsque, le 7 juin 1977, dans Londres en fête, un seul événement éclipse tous les autres : la reine fête un quart de siècle passé à la tête du Royaume-Uni. Tant pis si le ciel est gris, la souveraine est en rose. Elle est une femme qui maîtrise parfaitement ses attributions constitutionnelles, ses devoirs comme ses privilèges. Si elle exerce sa fonction en permanence – « un vrai métier », dit son entourage –, elle n'intervient publiquement que rarement, à bon escient, et s'applique à travailler dans la discrétion. Les onze Premiers ministres qu'elle a déjà connus à cette époque en conviennent. Dans le carrosse doré qui date du règne de George III – un Hanovre –, Elizabeth II est acclamée par des centaines de milliers de sujets. Le prince Philip est très heureux et il a toujours autant d'allure dans son uniforme impeccable de la Royal Navy. La princesse Anne, accompagnée de son mari, dissimule sa future maternité dans une tenue vert pomme. Le prince Charles est à cheval, en colonel des grenadiers, la tête bien au chaud sous une toque en fourrure d'ours. La princesse Margaret boude (et pour cause !), mais elle est là ; son mari est remplacé par son oncle lord Mountbatten, dont on ne peut plus compter les médailles. Il y en a tant qui ont été conférées à cet authentique héros ! Le cortège arrive à la cathédrale Saint-Paul. « Sous les voûtes de l'immense édifice religieux conçu sur le modèle de Saint-Pierre de Rome, trente-cinq dirigeants officiels se lèvent à l'arrivée de la souveraine. Tous les représentants du Commonwealth, le président américain James "Jimmy" Carter et son épouse, James Callaghan, l'actuel Premier ministre travailliste, et les anciens occupants de la fonction, Harold Wilson et Edward Heath, saluent l'avancée de la souveraine au centre de l'autel[1]. »

Trente-cinq minutes de sermon plus tard, c'est à pied que la reine et toute sa famille se rendent à l'Hôtel de Ville, suscitant un formidable enthousiasme. Le duc d'Edimbourg veille à rester deux bons pas en arrière ; depuis le temps, il est rodé dans le respect de la préséance de son épouse. Photographes et cameramen, amateurs et professionnels, enregistrent des milliers d'images. La reine est souriante. Du côté des accessoires vestimentaires, on ne sait lequel sera le plus immortalisé : le chapeau rond bleu pastel très fleuri de la reine mère ou l'immense toque du prince Charles ? Au balcon de Buckingham Palace, la famille royale offre deux curiosités à cinq cents millions de téléspectateurs. La première question que l'on se pose est celle-ci : pourquoi, à bientôt 30 ans, le prince Charles est-il toujours célibataire ? On ne sait pas encore que depuis sept ans, une certaine Camilla Shand est la seule femme dans sa vie, « de dix-huit mois plus âgée et déjà très expérimentée sexuellement[2] ». La seconde question que se pose la foule : pourquoi le prince Andrew, rentré du Canada, n'est-il pas en uniforme ? On ne connaîtra pas la réponse, mais le jubilé est une réussite. C'était aussi la première fois que le prince Edward, du haut de ses 14 ans, avait la fierté d'assister à un événement royal exceptionnel. Si le balcon de Buckingham Palace pouvait parler…

Les nouveaux malheurs de la princesse Margaret (suite)

Des photos intimes prises sur l'île Moustique à la villa « Les Jolies Eaux » régalent les lecteurs de la presse du dimanche – le week-end britannique est encore très long ! Il est évident que la sœur de la reine se console de ses

1. Jérôme Carron, *Elizabeth II, reine du siècle*, Editions Point de Vue/ L'Express/Roularta, 2011.
2. Sarah Bradford, *George VI*, *op. cit.*

déboires conjugaux. Puis l'opinion est abreuvée de plaintes d'associations caritatives dont la princesse est censée s'occuper, mais qui ne reçoivent pas les fonds promis par Son Altesse Royale ; ces accusations font émerger la crainte d'un autre scandale, une grave défaillance financière dans le monde hospitalier. Ces calomnies s'effondreront, mais le mal est fait. Pendant deux ans, la reine tente l'impossible afin de réconcilier le ménage Snowdon, mais ses éclats dérivant vers un scandale politique, le divorce est annoncé le 10 mai 1978. Dans un éditorial, le *Daily Telegraph* note avec un réalisme glacé que ces incidents sont, en somme, le prix à payer pour une monarchie héréditaire, que « le bon doit être accepté avec le moins bon ». Le quotidien, pourtant très conservateur, constate que réclamer non seulement à l'occupant(e) du trône d'avoir une conduite exemplaire, mais de l'exiger aussi de sa famille serait « trop demander ; et ce serait trop demander même dans une société bien plus consciente que la nôtre de la nature de ces idéaux ». Le Royaume-Uni doit être satisfait de sa première famille. La reine aussi ! Le comte de Snowdon est devenu lord Snowdon par la volonté de sa belle-sœur qui l'aime beaucoup et se montre, en privé, sincèrement navrée de cet échec. Sa notoriété de photographe qui n'a fait que s'amplifier permet à Tony d'acquérir une maison sur Launceston Place, dans le quartier chic de Kensington. Margaret aura la garde des enfants. Par chance, la princesse et son ex-mari resteront dans les meilleurs termes avec la reine qui a toujours profondément chéri sa sœur. Elle lui demandera ainsi qu'à son ex-beau-frère de respecter certaines formes. Ainsi, lors de la confirmation de sa fille à Windsor, Margaret est empêchée d'y assister sur ordre médical ; elle souffre d'une gastro-entérite. Lord Snowdon, lui, est présent. Il en va de même lorsque la reine lui demande de la prendre en photo avec son premier petit-fils, le fils de la princesse Anne. L'union brisée de Margaret avait permis de constater l'évolution de l'opinion et même de l'attitude de l'Eglise d'Angleterre, qui ne s'était pas opposée à cette séparation. Le divorce était devenu courant, chez les Windsor comme partout. Les mœurs l'avaient définitivement intégré. Mais dans le cas de la dynastie, il y avait une particularité : la princesse Margaret conservait sa place – la sixième – sur la liste de succession et continuerait d'assurer ses fonctions et obligations royales publiques.

L'assassinat de lord Louis Mountbatten scandalise le Royaume-Uni

Il est le membre le plus séduisant et le plus glorieux de toute la famille. L'amiral Louis Mountbatten est une légende, non seulement en Grande-Bretagne, mais au-delà des frontières de l'ancien empire des Indes dont il fut le dernier vice-roi. D'ascendance allemande, cet arrière-petit-fils de la reine Victoria était né prince de Battenberg en 1900. Il deviendra anglais par l'adoption du nouveau patronyme familial, comme on l'a vu. Cet homme exceptionnel, que j'ai eu l'honneur de connaître, était doté d'un charme irrésistible, d'un esprit vif et d'une volonté d'acier. De tous les commandements suprêmes qu'il avait exercés, celui qui l'avait placé à la tête des forces alliées en Asie du Sud-Est restait dans toutes les mémoires : il avait délivré les Britanniques du joug japonais. Ayant réussi, non sans péril, la conduite de l'Inde vers son indépendance en 1947 avec l'aide de Gandhi et de Nehru – qui sera l'amant de sa femme, la belle Edwina, dont il est veuf depuis 1960 –, ancien patron de l'Otan en Méditerranée, chef d'état-major de la Défense britannique et grand amiral de la Flotte, Mountbatten l'incomparable prend une retraite active qui n'est que le début d'une autre carrière, synthèse de tout ce qu'il aime : le polo, le cinéma, les voitures de sport, les voyages. Oncle du duc d'Edimbourg, il est proche du prince Charles à qui il a présenté de nombreuses jeunes filles susceptibles d'intéresser l'héritier du trône. Dickie (son surnom familial) est un incorrigible charmeur, connu à Nairobi comme à Singapour, à New York comme à Paris. Se rendant en France pour visiter une vieille cave de Champagne où, pendant la guerre, s'étaient cachés des pilotes de la Royal Air Force, il déclare à une jolie Française qui lui est présentée ce qu'il avait dû dire à maintes femmes : « Madame, lorsqu'on vous voit, on sait qu'on est en France. »

Lord Mountbatten est très apprécié en Irlande, puisqu'il a une propriété surplombant la baie de Donegal. Il aime y passer ses vacances. Depuis plusieurs années, les nationalistes de l'IRA l'ont « dans le collimateur », au sens propre du terme. Membre de la famille royale, symbole de l'autorité britannique et de l'asservissement des Irlandais, lord Louis a été informé des menaces contre sa vie et il est entouré de gardes du corps. Fataliste, il ne veut pas croire au danger à 79 ans. Il en a tant vu ! On dit aussi qu'il est très aimé. Et puis, c'est un soldat, plus précisément un marin qui, en fin de matinée, le 27 août 1979, part relever ses casiers à homards. Il est accompagné de six personnes, dont un membre de sa famille. Les officiers de sécurité les suivent à la jumelle. L'amiral n'a besoin de personne pour un bref cabotage. Lui qui a commandé des escadres et la Flotte elle-même manœuvre habilement son embarcation vert et blanc, un modeste bateau de pêche. Il va couper son moteur quand « une charge de 25 kilos de gélinite explose sous ses pieds, et l'esquif se désintègre. Des fragments de bois, de métal, de cordages, de chaussures et de vestes de sauvetage sont propulsés dans les airs au milieu d'un épais nuage de fumée et retombent en pluie sur plusieurs dizaines de mètres alentour[1] ». Le héros de la campagne de Birmanie est tué sur le coup. Trois passagers du *Shadow V* meurent également, trois autres sont grièvement blessés. A Delhi, le gouvernement décrète un deuil de huit jours, geste d'une réelle gratitude de l'ancienne colonie envers son émancipateur. L'onde du choc familial et politique est également un séisme de colère et de chagrin. « *Bastards !* » titrent les journaux britanniques. Un mot qui, dans cette langue, revêt un sens particulièrement fort et méprisant.

1. François Kersaudy, *Lord Mountbatten*, Payot, 2006.

Ses funérailles solennelles en présence de toute la famille royale et d'innombrables autorités étrangères sont célébrées à Westminster le 5 septembre. On y décèle la colère du prince Charles à peine contenue : il serre les poings. De rage. En abattant un tel homme, l'IRA s'est considérablement discréditée. La condamnation de cet acte odieux est unanime. Mountbatten était peut-être un peu vaniteux et sûr de lui, mais quel parcours et quel courage ! Quelle vie extraordinaire que la sienne depuis son baptême à Frogmore House, dans le parc de Windsor, au moment où sa marraine la reine Victoria le tenait dans ses bras ! Au nom de sa lutte, l'IRA ne respectait rien : même les chiens de l'amiral, des labradors excellents nageurs, avaient été victimes de la bombe... *Bastards* ? Oui, c'est bien ce qu'étaient les assassins.

La duchesse de Windsor est obsédée par les dimensions de sa future tombe

Exténuée, paraissant absente, Wallis a regagné Paris. Quelle sera désormais l'ultime partie de cette vie qui est la sienne et qui alimente tous les fantasmes romanesques depuis plus de quarante ans ? Dans l'immédiat, elle est à l'abri des soucis matériels, le duc lui ayant laissé environ 3 millions de livres. S'y ajoute sa célèbre – et mystérieuse – collection personnelle de bijoux. Grâce à l'intervention de Maurice Schumann, ministre des Affaires étrangères et ancien jeune journaliste ayant couvert le mariage du duc et de la duchesse à Candé, le Trésor public ne réclame pas de droits de succession à cette résidente en France. Et elle continue d'être dispensée de s'acquitter de l'impôt sur le revenu, ce qui est mal ressenti dans divers milieux. Enfin, la location à prix très modéré de la maison de Bagatelle est prolongée sa vie durant.

Un an après la mort du duc, un homme d'affaires suisse achète enfin le Moulin, ce qui rapporta à Wallis un million de dollars. L'accord fiscal franco-britannique ne peut être plus conciliant ni la République plus désintéressée ! Et pourtant, son train de vie reste si élevé que la duchesse est contrainte de vendre une partie de la succession. Sa santé la préoccupe, ses ulcères la font souffrir. Elle s'alimente peu, mais ce n'était pas nouveau, au grand désespoir de son chef à qui elle ne cesse de faire des reproches. Lorsqu'elle invite à dîner un couple de jeunes mariés, amis de ses relations, elle fait retenir une table chez Maxim's et y commande pour elle... un hamburger ! Le personnel, sidéré et déçu, en conclut que la duchesse se ressource dans ses origines nord-américaines ! Heureusement, elle boit beaucoup de champagne pour accompagner son insolite et insultant menu.

La veuve de l'ex-roi inonde ses avocats londoniens de lettres pressantes concernant sa tombe. Celle-ci sera-t-elle assez grande pour recevoir son cercueil ? Déjà lors de l'inhumation de son mari, avec une vulgarité cynique, elle avait apostrophé l'archevêque de Canterbury en critiquant le faible espace, selon elle, qui lui serait réservé à côté de son cher David. On l'avait entendue dire, avec sécheresse : « Je sais bien que je suis très menue, mais je ne pense pas pouvoir tenir dans un espace aussi étroit[1]. » Même en envisageant son décès, la duchesse demeurait obnubilée par l'angoisse de toute son existence : sa place. Le prélat, offusqué d'une telle conversation à ce moment d'adieu, avait répliqué : « Je ne vois pas très bien ce que l'on pourrait faire, mais vous tiendrez, ne vous inquiétez pas. » Nullement satisfaite, elle exigea que l'on supprimât la haie bordant le terrain afin d'agrandir l'excavation et quitta l'archevêque sur une remarque inimaginable : « Après tout, je ne suis pas un hérisson. »

En attendant, la duchesse se remet à voyager. Elle est à New York, vivifiée par l'air de Manhattan, mais elle a besoin d'une canne. Le couple Snowdon, encore uni, lui rend visite. Les relations avec la famille royale sont apaisées, tandis que des menaces de révélations, plus ou moins

1. Charles Higham, *op. cit.*

fondées, surgissent régulièrement : le « dossier chinois », Ribbentrop, Hitler. De nouvelles rumeurs, des tentatives de cambriolage dont elle se dit victime, des journalistes qui la traquent en la prenant pour un dinosaure du gotha, une visite sur la tombe de son mari – sans doute pour vérifier que la fâcheuse haie avait bien été coupée –, une lettre de gratitude à la reine, le souvenir d'un télégramme du prince de Galles et la menace d'un rapt par un commando d'extrême-gauche jalonnent la fin de ses années 1970. Elle les quitte voûtée, fragilisée et de nouveau malade de l'estomac, soignée à l'Hôpital américain, bien entendu. Quand elle en sort, son esprit bat la campagne ; elle délire souvent et, si elle parvient à se rendre à un cocktail donné « en son honneur », elle y arrive la dernière, comme une reine. Et l'aboyeur est averti d'annoncer « Son Altesse Royale ». L'ambassadeur de Sa Majesté s'abstient de réagir à ce vieux fantasme. Quelle importance maintenant ? La duchesse n'est plus qu'un fantôme squelettique et une curiosité : « Ah ! c'est elle ? », s'étonnent ceux qui ne la connaissaient pas. Oui, c'était bien elle, ce bout de femme en noir, toujours chic, qui avait fait trembler l'Empire britannique sur ses bases jusqu'à l'Himalaya. C'était bien elle qui avait provoqué l'abdication du roi Edouard VIII. Les témoins étaient surpris, choqués, mais jamais indifférents. On cherchait ce qui, autrefois, avait bien pu envoûter l'oncle de la reine. On ne trouvait qu'un regard qui vous fixait avec un certain mépris.

La dernière ambition de Wallis :
revoir la reine mère avant de mourir

Fin octobre 1976, la veuve de George VI doit se rendre à Paris. L'apprenant, Wallis supplie que l'on demande à la reine mère de passer quelques instants à Bagatelle. Puis, son esprit s'embrouille, comme souvent maintenant. *Queen Mum* consent à un geste qui tient sans doute de la pitié envers une femme aux portes de la mort cérébrale. Rendez-vous est pris avec l'ambassade, qui met une voiture à la disposition de la mère d'Elizabeth II, très alerte. Mais un peu avant l'heure dite, la duchesse est dans un tel état de confusion mentale que la visite est annulée.

La véritable raison de la venue de la reine mère en France était l'organisation d'une exposition pour célébrer à Windsor les 50 ans de sa fille. Quelques objets et souvenirs ayant appartenu au duc pouvaient être prêtés, une douzaine. Hugo Vickers, biographe de personnalités royales et auteur de l'étude la plus complète et la plus récente (2011) sur la duchesse[1], est chargé de collecter ces témoignages. Il raconte : « La reine mère examina avec beaucoup d'attention l'acte d'abdication et manifesta sa désapprobation à la vue de Hitler et de Mussolini [photographiés aux côtés du duc]. » Le contraire eût été surprenant !

Il est regrettable que les deux « ennemies » ne se soient pas revues, ne serait-ce qu'au nom de la compassion. Mais il est trop tard, la duchesse ne sait plus qui elle est, figée dans un état végétatif, ne souffrant plus. Elle s'éteint le 24 avril 1986, âgée de 90 ans, alors qu'à Downing Street, depuis 1979, règne, si l'on peut dire, Margaret Thatcher, « la Dame de fer ». D'une certaine manière, Wallis, avec ses trois maris – dont un ex-roi – et son incroyable culot, avait aussi été, avant « Maggie », une dame de fer.

La reine envoie le lord chambellan à Paris ; il en revient avec un cercueil de chêne. La dépouille de la duchesse arrive sur la même base militaire que celle qui avait accueilli le duc son mari. Le jeune duc de Gloucester accompagne ensuite les restes de sa tante au château de Windsor. La reine a ordonné sa fermeture. Un détachement d'un des cinq bataillons de la Garde rend les honneurs. Le service funèbre, privé, réunit moins de deux cents personnes, dont la reine, son mari, le prince et la princesse de Galles, seize membres de la famille royale, y compris la reine mère. L'ambassadeur des Etats-Unis est présent. Par la volonté d'Elizabeth II, dans la nef de la cha-

1. Hugo Vickers, *op. cit.*

pelle Saint-George, le cercueil est déposé à l'endroit où l'avaient été précédemment ceux de George V, de George VI, de la reine Mary et du duc de Windsor. Wallis serait-elle devenue une Altesse Royale à titre posthume ? Non. Sur la plaque figure juste son nom. La reine a fait placer une couronne de lis blancs et jaunes sur le catafalque. Pas une fois le nom de la défunte n'est prononcé pendant l'office. A-t-elle seulement existé ?

Son cercueil est glissé sans difficulté dans le caveau élargi à sa demande. Wallis est bien à sa place. Auprès de son « petit homme ».

Il faut marier le prince de Galles !

Charles est très affecté par l'assassinat de lord Mountbatten, dont il était très proche. L'amiral était un marieur (il avait « fait » le mariage d'Elizabeth et Philip) et espérait réussir celui de l'héritier du trône.

En 1980, Charles, qui a 32 ans, a renoué avec Camilla, devenue entre-temps l'épouse d'Andrew Parker Bowles. Le prince a donc une liaison avec une femme mariée. La reine est parfaitement au courant, mais pense qu'un heureux mariage pourrait stabiliser son fils dans une situation plus conforme à son statut. « L'heureuse élue » sera lady Diana Spencer, âgée de 19 ans. Elle est jolie, blonde, grande, timide et n'a pas eu une enfance heureuse, sa mère ayant abandonné mari et enfants pour un autre homme alors qu'elle n'avait que 5 ans. Sa grand-mère maternelle, lady Fermoy, n'avait pas adressé la parole à sa fille pendant treize ans. Elle était la dame d'honneur préférée de la reine mère. On raconte que toutes deux ont fortement contribué au choix de Diana comme princesse de Galles. Pourtant, ce n'est pas certain. En revanche, elles en ont été enchantées.

Et Charles ? Que pense-t-il de sa promise ? Il la trouve douce, charmante ; elle semble sensible à ses tourments sur l'avenir de la Couronne. Le prince estime, peut-être sincèrement, qu'il pourra rompre avec Camilla et construire une union solide avec Diana. Le 4 février 1981, le prince demande la main de Diana. La reine et Philip sont ravis. « Enfin ! » L'événement aura aussi une portée historique, puisque le dernier mariage d'un prince de Galles remonte à 1863. C'était celui du futur roi Edouard VII, qui épousait la princesse Alexandra de Danemark. « Et encore avait-il été célébré dans la plus grande discrétion, souligne Antoine Michelland, en raison du veuvage de Victoria[1] » ; son cher prince Albert était mort prématurément en 1861. Le deuil de Victoria ne prendrait jamais fin.

Une formidable agitation médiatique tourbillonne autour de Charles et de Diana. Dans la perspective du mariage de l'héritier de la Couronne avec la ravissante jeune fille, des milliers de demandes d'entretien avec le prince arrivent sur les bureaux de son service de presse à Buckingham Palace. Charles devant se rendre prochainement en France, je tente ma chance pour le compte du *Figaro Magazine*. A ma grande joie, en quatre jours, l'audience est fixée. Je prépare mes questions. On sait que Charles aime la nature, qu'il s'intéresse aux questions d'environnement, à la musique (Berlioz, entre autres, le bouleverse), et qu'il n'apprécie pas certains architectes construisant n'importe quoi. On vante aussi son sens de l'humour, *a priori* plus discret que celui de son père. Le tunnel sous la Manche n'étant pas encore en service, le photographe François Engel et moi arrivons à Londres la veille et nous inspectons attentivement notre matériel, lui ses appareils et projecteurs, moi mon magnétophone à cassettes. Nous vérifions et testons tout, après l'avoir déjà fait à Paris. Le lendemain, à l'heure dite, par une petite porte, nous sommes accueillis par le service d'ordre du palais où la reine reçoit un chef d'Etat africain en visite officielle.

De fouille en contrôle, de contrôle en vérifications (y compris du matériel), nous voici dans les appartements privés de Charles, prince héritier qui a la courtoisie de nous

1. « Dix siècles de mariages royaux à la cour d'Angleterre », *Point de Vue*, spécial « Histoire », n° 7, mars 2011.

recevoir. Un ours en peluche se trouve sur le canapé. Entrent le prince avec son aide de camp et son chargé de presse, un Australien doté d'un fort accent. Un policier est discrètement en faction au bout du salon. L'entretien commence en anglais avec quelques passages en français. Soudain, je remarque l'inquiétude du photographe. Le prince de Galles aussi. Que se passe-t-il ? Des flashes sont inexplicablement désynchronisés, des lumières sont défaillantes. Un désastre. J'envoie un regard furieux à cet excellent professionnel, quand je constate que mon magnétophone est en train de réduire en bouillie magnétique la cassette qui, jusqu'ici, se déroulait normalement. Double désastre ! Le prince de Galles nous voit embarrassés, explique qu'il a aussi des ennuis avec ses appareils et soudain nous demande avec humour :

— Est-ce du matériel français ?

— Non, Monseigneur. C'est du matériel japonais.

Il paraît soulagé pour ces deux Français au bord du ridicule et se montre très patient, en tout cas plus que son aide de camp et son officier de sécurité pour qui le prince a des engagements ultérieurs à remplir. Nous nous hâtons et réussissons miraculeusement à sauver un reportage exclusif de plusieurs pages. Et notre honneur !

Depuis longtemps, Diana rêvait de devenir princesse de Galles

Selon la version officielle de l'époque, c'était à Balmoral que lady Diana Spencer avait conquis le cœur de Charles. La presse n'hésite pas à parler d'un coup de foudre réciproque. Ce n'est pas tout à fait la vérité. Les Spencer sont proches de la famille royale, car le père et le frère de Diana sont respectivement un ancien écuyer d'Elizabeth II et un filleul de celle-ci. Donc, Diana a toujours vu Charles dans l'entourage familial. Mais on vend la romance du coup de foudre, car elle semble écrite par la mère de la seconde épouse du père de Diana, Barbara Cartland, la « reine du roman rose », d'ailleurs souvent vêtue de rose – ce qui change d'Agatha Christie, la « lady du crime ». Une image, rose comme le bonheur. Avec Barbara Cartland, les amours de Charles et Diana ne pouvaient que devenir un best-seller. Diana sait-elle la place de Camilla dans la vie du prince Charles ? Oui. Mais elle est prête à relever le défi, celui d'une épouse qui parviendra à faire oublier une maîtresse. Leurs qualités respectives devraient les aider à surmonter cette délicate situation qui n'a rien d'original. En revanche – et ceci n'était pas prévisible –, l'engouement à la fois populaire et médiatique que suscite leur prochaine union affole les fiancés. Et les épuise entre les préparatifs, les reportages et l'impossibilité quasi absolue d'être seuls. Ce sera pour plus tard !

Si le mariage doit se dérouler en la cathédrale Saint-Paul et non à Westminster selon la tradition, c'est essentiellement en raison de la foule attendue. Quatre-vingt-dix chaînes de télévision vont diffuser la cérémonie en direct et des centaines de journalistes sont à l'affût. Ils ne sauront rien de la robe de Diana, œuvre du styliste David Emanuel, jusqu'au moment où elle descendra de son carrosse au bas des marches de la cathédrale. Un choc ! La traîne de tulle ivoire mesure 8 mètres de long ! Grâce à la Mondiovision, ce 29 juillet 1981, sept cent cinquante millions de téléspectateurs découvrent Diana et sont éblouis par son apparition. Ils la détaillent sans doute mieux que les deux mille sept cents invités, chefs d'Etat compris. Le plus remarqué est le roi des îles Tonga, qui ne se déplace qu'avec son fauteuil personnel et sur mesure : le monarque pèse 120 kilos !

Lors de l'échange des consentements, la princesse appelle son mari « Philip Charles » au lieu de « Charles Philip ». Avec humour, le prince glisse à l'oreille de sa femme : « Vous venez d'épouser mon père ! »

A la Cour, Diana accumule les maladresses

La sortie des mariés est grandiose. La foule est en extase. La monarchie britannique vient de rajeunir ; elle en avait besoin. Mais on n'avait pas encore tout vu. En effet, lorsque le couple apparaît au balcon de Buckingham Palace, des centaines de milliers de personnes ne se contentent pas des saluts traditionnels. « Un baiser ! » réclame la foule. Alors, pour la première fois dans l'histoire du vieux palais, les mariés s'embrassent. La maison de Windsor continue de se moderniser…

Très vite, la princesse la plus adulée du monde, pleine de bonne volonté, se montre maladroite. Elle tente de gagner les faveurs de sa belle-famille, mais gâche ses chances par un comportement inopportun. Elle arrive souvent en retard après la reine, ce qui est intolérable. Elle est boulimique. Elle a des phases dépressives, aggravées par des relations compliquées avec son mari. Mais ces incidents resteront longtemps cachés. Le public ne retient que la grossesse de Diana annoncée en novembre et la naissance du prince William le 23 juin 1982. Après avoir vu son petit-fils, la reine déclare, dans une formule malheureuse : « Au moins, il n'a pas les oreilles de son père[1] ! » Mais les apparences sont sauves.

Au même moment, Elizabeth II a d'autres soucis que l'attitude parfois surprenante de sa belle-fille : depuis deux mois, dans l'Atlantique sud, les forces navales britanniques se sont lancées dans la reconquête des îles Falkland. Le gouvernement de Margaret Thatcher a même réquisitionné le paquebot *Queen Elizabeth 2* pour transporter des troupes – dix mille hommes. Maggie prouve que le Royaume-Uni n'oublie pas ses enfants, puisque la population avait manifesté son désir de rester sous administration britannique, ce qui était le cas depuis 1832. La guerre est

1. Sarah Bradford, *Elizabeth : A Biography of Her Majesty the Queen*, Penguin Books, 1996, rééd. 2002.

courte, mais son bilan est lourd : mille victimes et quatre bâtiments de la Royal Navy coulés, mais la dictature argentine a capitulé. L'ancienne épicière devenue la première femme locataire de Downing Street atteint une popularité inégalée. La reine et son Premier ministre ne s'apprécient guère, mais sont nécessairement unies dans la victoire.

Le prince Andrew, 22 ans, le fils préféré de la reine, était pilote d'hélicoptère à bord du *HMS Invincible.* Auréolé de gloire, il est le seul membre de la famille royale à avoir participé au conflit. Andrew devient une nouvelle cible des médias qui révèlent sa liaison avec une certaine Koo Stark, actrice de « films légers ». Si la reine la reçoit à Balmoral et la juge « charmante », les révélations de la presse sur les films « X soft » et les liaisons de la jeune femme sont si choquantes que le prince est contraint de rompre. Il va falloir songer à marier Andrew, qui semble avoir un penchant pour des filles un peu vulgaires.

Le 15 septembre 1984, la princesse de Galles accouche d'un second fils, Harry. Tout semble normal chez Charles et Diana. A l'été 1985, Andrew fait la connaissance de Sarah Ferguson et ils tombent amoureux. Les Windsor sont ravis. L'incorrigible a enfin trouvé une fiancée convenable. Ouf ! La flamboyante rousse est la fille d'un entraîneur de polo du prince Charles. C'est rassurant. Certes « Sarah Ferguson avait eu des aventures – elle ne s'en cachait pas –, mais elle était piquante, un brin provocante, respirant la santé et la vitalité, sportive accomplie et amoureuse de campagne et de grand air, sans complexe et sans problème[1] ». Ils ont presque le même âge : 27 ans pour Sarah, 26 pour Andrew. Le matin du mariage à Westminster le 23 juillet 1986, la reine confère à son fils le titre de duc d'York et lui offre une somme considérable pour cons truire une maison sur le domaine de Sunning Hill.

C'était trop beau ! Assez vite, les York deviennent un sujet de moqueries dans la presse. Le sommet des critiques

1. Charles Hargrove, *op. cit.*

sera atteint avec cette résidence si tapageuse et si clinquante que les journalistes la comparent à celle de la famille Ewing du feuilleton télévisé américain *Dallas*. Southfork est rebaptisé « South York » ! Amour, gloire et royauté !

Mensonges chez les York, tromperies chez les Galles

Sarah, surnommée Fergie, dépense sans compter, mais prétend contribuer aux ressources du ménage en « écrivant » sur Osborne, la maison de la reine Victoria dans l'île de Wight. En réalité, l'ouvrage est rédigé de la main de la nièce du bibliothécaire de la reine. Elle signe aussi un livre pour enfants, *Les Aventures de Budgie, le petit hélicoptère*, entièrement plagié sur un volume paru dans les années 1960. Au magazine espagnol *Hello*, pour la somme de 200 000 livres, la duchesse vend le droit de la photographier en compagnie de son mari et de ses deux filles – Béatrice, née en 1988, et Eugénie, née en 1990.

Pendant ce temps, dans le foyer du prince de Galles, la situation s'est dégradée. L'union n'est plus qu'une façade. Après avoir été loyal, Charles a repris sa liaison avec Camilla, sans doute en 1987. Alors qu'il s'acquitte avec sérieux de nombreuses obligations, il constate que son épouse lui vole perpétuellement la vedette. Il suffit qu'elle apparaisse pour provoquer un délire médiatique, quoi que son épouse fasse ou ne fasse pas. Diana est une idole. On apprendra plus tard que la princesse est devenue la maîtresse d'un officier de la Garde, le capitaine James Hewitt.

Chez les York, les affaires ne s'arrangent pas. Andrew poursuit sa carrière d'officier de marine ; il est donc absent pendant de longues périodes. Fergie ne s'accommode pas de l'apostolat qu'est la solitude bien connue des femmes de marin ! Elle affiche sa liaison avec un riche Américain, Steeve Wyatt, fils d'un magnat texan du pétrole (encore *Dallas* !). Elle le présente à Andrew qui, évidemment, ne se doute de rien. La duchesse passe des vacances dans la villa du millionnaire à Saint-Jean-Cap-Ferrat avec ses deux filles.

En janvier 1992, des photos compromettantes sont découvertes par un laveur de carreaux et vendues aux tabloïds. Six jours après cette publication, Andrew et Sarah-Fergie décident de se séparer. Ils en informent la reine. Elizabeth II est catastrophée, car cette année 1992 est celle du quarantième anniversaire de son accession au trône. Quel cadeau !

D'autres vont suivre... Un mois plus tard, une photo, très étudiée et posée, de Diana, seule, triste et mélancolique devant le Taj Mahal, révèle au monde entier que son couple va mal. La princesse, parfaite manipulatrice, a choisi d'apparaître devant ce sublime mausolée, symbole de l'amour éternel, pour envoyer un message très clair : Diana, l'icône, est malheureuse. La Cour essaie, une fois de plus, d'éviter le pire. Après un match de polo, Charles embrasse sa femme... sur la joue, car elle a détourné la tête ! Quatre mois plus tard, la princesse lance une sorte de déclaration de guerre : le 7 juin, dans le *Sunday Times* paraissent des extraits d'un livre, *Diana, Her True Story*[1], par Andrew Morton. Il y a de quoi occuper un dimanche anglais ! Elle s'y présente comme une victime, une femme trompée, et accuse la famille royale de ne pas prendre sa défense. La princesse relate ses souffrances, son incurable boulimie, sa dépression et ses tentatives de suicide. Elle se considère comme seule au monde. Un grand déballage. Un tsunami médiatique. Le livre est un triomphe, traduit en plusieurs langues, car Diana est une star et elle a joué finement avec sa popularité. La reine et le duc d'Edimbourg jugent ces propos indécents. Ils sont très choqués et prennent le parti de leur fils. L'opinion se place du côté de l'épouse incomprise. La ravissante et malheureuse princesse est un filon en or pour les journaux, les radios et les télévisions. Quel roman !

Nous ne sommes qu'au printemps. L'été s'annonce chaud chez les Windsor puisque, le 20 août, le *Daily Mirror* publie des photos de Sarah-Fergie en vacances dans le sud

---

1. Andrew Morton, *Diana, Her True Story*, Simon & Schuster, Londres, 1992 ; paru en France sous le titre *Diana, sa vraie histoire*, traduction d'Edith Ochs, Claude Nesle et Louise Lenormand, Plon, 1992.

de la France avec son « conseiller financier » qui lui suce voluptueusement un orteil au bord d'une piscine, devant les deux filles de la duchesse. Certes, la jeune femme est séparée d'Andrew, mais la présence des enfants est très mal jugée. Devant ce scandale, la famille royale fait face. La « coupable » et ses filles se trouvent alors à Balmoral, les clichés, volés, ayant été sans doute pris en juillet. Sarah-Fergie reste encore trois jours au château, Elizabeth II ne voulant pas donner l'impression qu'elle chasse sa belle-fille. D'ailleurs, Andrew est également présent et, dans cette circonstance, il lui apporte son soutien. Il aura souvent cette attitude chevaleresque avec elle.

La guerre des journaux est juteuse. Deux jours plus tard, le *Sun* réplique en publiant la transcription d'une conversation de Diana, enregistrée le soir du réveillon 1989, avec un de ses amis, James Gelbey. Elle s'y plaint de la façon dont elle est traitée par son mari et emploie des termes particulièrement grossiers à l'encontre de la famille royale. Bien qu'une partie de ses propos aient été censurés, il ne peut faire de doute que cet homme a été son amant. Quel été brûlant ! La reine cherche à convaincre sa belle-fille de sauver les apparences en accompagnant Charles dans son voyage officiel en Corée. Diana refuse, puis accepte. Ce périple sera un échec pour leur couple, car leur incompatibilité ne peut plus être masquée. Et pourtant, l'année des catastrophes n'est pas finie… Que pouvait-il encore arriver ?

20 novembre 1992 : le château de Windsor est en flammes !

Ce que deux guerres mondiales n'avaient pu faire, la chaleur dégagée par un projecteur trop près d'une tenture y parvient : dans la nuit du 19 au 20 novembre 1992, un incendie se déclare dans la chapelle privée de la reine Victoria, à l'angle nord-est de la cour d'honneur. On pense que le feu a pris au-dessus de l'autel. Il se propage rapidement à travers les combles, détruisant le plafond en bois de la splendide salle Saint-George où se réunissaient, une fois par an au mois de juin, la reine, le duc d'Edimbourg et les vingt-quatre autres chevaliers de l'ordre de la Jarretière, selon un rituel qui remonte à 1348, année de la fondation dudit ordre. Malgré les efforts de deux cents pompiers et de sept casernes, le toit et les murs sont réduits en cendres et le reste de la salle (56 mètres sur 9) est sérieusement endommagé. Six siècles d'histoire disparaissent dans les flammes et la fumée. Outre la chapelle privée, la salle à manger d'apparat est ravagée. Elle avait déjà souffert d'un précédent incendie en 1853 et c'est dans cette pièce que la reine recevait ses invités à déjeuner lors des courses d'Ascot et en soirée, à Pâques. Aucun élément décoratif n'est épargné ; on déplorera la perte d'un immense buffet et d'un tableau représentant *George III assistant à une revue*.

Le salon cramoisi, principale pièce des salles de semi-apparat, n'échappe pas davantage à la destruction : la charpente du toit, en acier, se dilate sous l'intensité de la chaleur, repoussant le mur est ; la façade entière, calcinée, menace de s'effondrer, alors que le plafond n'est plus qu'une montagne de cendres. De nombreuses annexes ont disparu. Après une lutte de quinze heures, l'incendie est circonscrit au nord-est du château. Des milliers d'œuvres d'art, une grande partie de la bibliothèque et de la salle d'estampes ont pu être évacuées. Par chance, les salles les plus touchées étaient vides au moment du sinistre, car l'installation électrique était en réfection. La vision de la tour Brunswick sur le ciel rouge, au-dessus de la cour haute, est hallucinante.

Le prince Andrew, qui dormait au château, a pu organiser le premier sauvetage des œuvres d'art. Réveillée en pleine nuit, la reine est sur place à la première heure. On voit Elizabeth II chaussée de bottes s'avançant au milieu des décombres, son foulard Hermès noué sous le menton. Une tenue de campagne. Pour la souveraine qui s'apprête à célébrer ce même jour son quarante-cinquième anniversaire de mariage, le choc est très dur. La reine s'enrhume, sa voix est enrouée en raison des fumées âcres qu'elle a inhalées. Quatre jours plus tard, lorsqu'elle prononce un discours lors du déjeuner qui lui est offert à la mairie de Londres pour fêter, autant qu'il est possible, l'anniversaire de ses quarante ans de règne, sa voix est encore voilée.

Windsor est un tel symbole que sa remise en état commence immédiatement. Le plus urgent est de protéger les parties du bâtiment exposées aux intempéries – on est en hiver – et de les faire sécher : près de sept millions de litres d'eau ont été déversés sur les vieux murs et les bois anciens. Deux comités sont immédiatement constitués : celui de la restauration, présidé par le duc d'Edimbourg chargé de superviser l'ensemble du projet, et le comité des arts et de l'aménagement, sous la présidence du prince de Galles. Certaines parties endommagées, telle la salle Saint-George, sont réaménagées dans un style gothique modernisé, tandis que d'autres pièces sont restaurées dans l'état voulu par Wyatville, l'architecte du roi George IV.

Avec six mois d'avance sur le calendrier prévu, les travaux furent achevés le 20 novembre 1997 pour coïncider avec les noces d'or de la reine et du prince Philip, et cinq ans exactement après la catastrophe. Ce fut le plus grand projet du genre au XXe siècle. Les meilleurs artisans et entreprises du royaume y travaillèrent. Le budget de 37 millions de livres fut partiellement couvert par les droits d'entrée dans la partie intacte du château et à Buckingham Palace, ouvert au public pour la première fois en 1993. Des fonds supplémentaires y furent affectés, tirés de la subvention accordée par le Parlement pour l'entretien du château, propriété de la Couronne. Paradoxalement, le processus de reconstruction fut bénéfique, dans la mesure où les importantes recherches archéologiques conduites par English Heritage ont permis de mieux connaître les origines de la forteresse. En outre, grâce à une surveillance renforcée, le château de Windsor est bien mieux entretenu qu'il ne l'avait jamais été au cours des deux derniers siècles. La remise en état de la résidence favorite d'Elizabeth II fut le plus beau présent qu'elle pouvait recevoir pour célébrer ses cinquante ans de mariage avec le duc d'Edimbourg.

Le Premier ministre John Major annonce la séparation du prince et de la princesse de Galles

Le 26 novembre 1992, John Major, le nouveau Premier ministre, succède à Margaret Thatcher, qui avait battu un record de longévité à Downing Street en y demeurant onze ans et demi. Six jours plus tard, aux Communes, le chef du gouvernement fait une annonce inattendue. La reine et le prince de Galles acceptent de payer des impôts sur leurs revenus privés. Une révolution ? Non, un signe des temps difficiles.

Une semaine après, le 9 décembre, le même John Major fait une nouvelle déclaration moins surprenante, mais néanmoins spectaculaire : « Buckingham Palace a le regret d'annoncer que le prince et la princesse de Galles ont décidé de se séparer. » La suite du communiqué est riche de précisions qui laissent entendre un minutieux examen de la situation par la reine et son Premier ministre. « Leurs Altesses Royales n'ont pas l'intention de divorcer et continueront à s'occuper ensemble de l'éducation de leurs enfants. Ils continueront à tenir séparément leurs engagements publics, mais apparaîtront ensemble dans certaines circonstances familiales et nationales. La reine et le duc d'Edimbourg, bien qu'attristés, comprennent et compatissent aux difficultés qui les ont conduits à prendre cette décision. Sa Majesté et Son Altesse Royale le prince de Galles espèrent que les intrusions dans la vie privée du prince et de la princesse pourront maintenant cesser[1]. »

Le Premier ministre ajoute que les questions dynastiques ne sont pas affectées par cette décision, les enfants conservant leur rang dans la succession au trône. Et il n'y a aucune raison pour que Diana ne soit pas couronnée reine lors de l'avènement de son mari. Un vrai cauchemar pour Charles ! Une bombe contre la monarchie ! Derrière ce cataclysme, on désigne une coupable, Camilla Parker Bowles.

---

1. Intervention au Parlement (traduction de l'auteur).

La reine est terriblement affectée et son discours traditionnel de fin d'année va s'en ressentir. Pour définir l'année 1992, son précédent secrétaire privé, sir Edward Ford, avait choisi l'expression *annus mirabilis*, puisque la souveraine allait célébrer ses quarante ans de règne. Elizabeth II dira que 1992 se révéla être une *annus horribilis*, une formule qui en dit long sur son état d'esprit. Hélas ! les catastrophes ne sont pas éloignées, puisque va éclater dans la presse ce qu'on nommera le « Camilla Gate », la publication d'une conversation très intime, datée de décembre 1989, entre Charles et Camilla, où le prince regrette de ne pas se glisser à l'intérieur de… la petite culotte de sa maîtresse, et autres *desiderata* scabreux ! L'effet est dévastateur ! Camilla devient la femme la plus haïe de Grande-Bretagne. Avantage Diana ! La princesse est donc la femme humiliée et sait parfaitement jouer de son pouvoir de séduction. Son image altère celle de la famille royale. En décembre 1993, malgré tous les efforts de la reine et du Premier ministre pour l'en dissuader, la princesse, d'une façon dramatisée, fait part de son retrait de la vie publique.

Au même moment, la princesse Anne, divorcée de Mark Phillips, avait prévu de se remarier discrètement en Ecosse avec le commandeur Timothy Laurence. C'est par une indiscrétion de la BBC que la reine l'apprend. Elle réagit aussitôt, décidant que ce mariage aura lieu à Balmoral, en présence de la famille royale. Elizabeth II tente de reprendre le contrôle de certains événements. La cérémonie est improvisée en une semaine. De plus, il faut ouvrir et chauffer le château, bien froid dans l'hiver écossais !

Diana en fait-elle trop ? C'est la guerre des Galles !

La princesse sait fort bien utiliser la presse, notamment l'influent *Daily Mail*, où elle dispose d'une oreille attentive. Ces liens privilégiés provoquent la jalousie d'autres titres. Les journaux populaires à grand tirage comme *The Sun* et *News of the World* vont, par exemple, révéler le harcèlement téléphonique qu'elle a infligé à l'un de ses amants. Des photos sont publiées montrant Diana entretenant sa forme dans un club de sport. On la voit seins nus sur une plage dans le sud de l'Espagne, un autre genre d'entraînement. Tout cela est ambigu, car il n'est pas certain que la publication de ces clichés la dérange. Elle aime son image. Elle sait séduire et sait qu'elle séduit. Diana devient la femme la plus photographiée du monde, mais aussi la plus seule. La punition de Narcisse. Plus grave est la sortie du livre *Princess in Love*, dans lequel James Hewitt révèle sa longue liaison avec elle.

Charles va essayer de reconquérir l'opinion en participant à une émission de télévision le 29 juin 1994 ayant pour thème « Charles, l'homme public et l'homme privé ». C'est loin d'être un succès, ce qu'avait prédit Camilla. La guerre des Galles est sans pitié. Fin novembre, le prince de Galles récidive avec la publication de sa biographie, dont des extraits paraissent dans *The Sunday Times*. Si Charles et Diana utilisent les mêmes armes, le prince n'a pas exactement les mêmes atouts que son épouse !

Un an passe et rien ne s'arrange, y compris chez Camilla qui divorce. Diana fourbit ses armes et riposte le 20 novembre 1995 en accordant une interview en direct à la BBC. Elle a, si l'on peut dire, bien choisi sa date, qui est celle des quarante-huit ans de mariage d'Elizabeth et de Philip. Etait-ce volontaire ? On pourrait le penser. Au cours de l'émission *Panorama*, diffusée depuis son domicile, Diana dramatise encore la situation. Elle est vêtue d'un tailleur noir et d'un corsage blanc ; ses yeux sont très maquillés ; une mise en scène. La princesse confirme tout ce qui a déjà été relaté dans sa biographie, en particulier sa haine envers Camilla, et ses adultères, notamment avec James Hewitt. On l'entendra clairement dire : « Je l'adorais ! » Elle affirme ne pas vouloir divorcer ni régner officiellement, mais devenir « la princesse des cœurs », une formule que retiendront ses innombrables admirateurs qui lui pardonnent tout. Mais l'élément le plus novateur de ses propos est une perfidie à l'encontre de son mari : elle doute des capacités de Charles à régner et estime que son fils William devrait être le successeur direct d'Elizabeth II. L'émission bat des records d'audience, même en dehors du Royaume-Uni. Aucun commentaire de Buckingham Palace, mais la reine ne voit plus d'autre issue que le divorce. Encore un !

Peu avant Noël, Elizabeth II écrit séparément à son fils et à sa belle-fille, leur suggérant d'entamer la procédure. Le 15 février 1996, la souveraine reçoit Diana pour mettre au point les modalités de la séparation définitive. Les deux parents continueront de s'occuper conjointement de l'éducation des enfants, William (13 ans) et Harry (11 ans). Il faut reconnaître que Diana est une bonne mère, chaleureuse et tendre. Elle continuera à vivre à Kensington Palace, conservera ses bureaux au palais de Saint-James, mais perdra son titre d'Altesse Royale. Il est possible que cette dernière décision ait pour origine l'indiscrétion de Diana. Elizabeth II aurait demandé à sa belle-fille de ne rien révéler de leur entretien, mais, selon son habitude, la jeune femme, jouant avec le feu, aurait immédiatement alerté ses « amis » journalistes. D'où une colère froide de la reine contre sa belle-fille, à qui, décidément, on ne pouvait faire confiance. Elle devra se contenter du titre de princesse de Galles. Et elle percevra une somme compensatoire énorme : entre 15 et 17 millions de livres. Diana sera-t-elle raisonnable ?

Décidément, du point de vue familial, 1996 se présente comme une *annus horribilis bis* puisque le 30 mai, le divorce d'Andrew et de Sarah-Fergie est prononcé. Celle-ci perd aussi son titre d'Altesse Royale. En revanche, financièrement, elle sera beaucoup moins gâtée que Diana. Il est vrai que le prince Andrew n'a pas de fortune personnelle et dépend entièrement de la reine. Avec ses dettes et sa vie privée extravagante, Fergie devait s'attendre que le divorce soit prononcé à ses torts. Personne ne la plaint, surtout pas la presse qui l'attaque férocement. Après la fin de la procédure, toujours en deux temps, le divorce de Diana et Charles est définitif le 28 août 1996. Pauvre Elizabeth II ! Sur ses quatre enfants, trois ont divorcé et Edward n'est pas encore marié. Ces échecs familiaux pourraient l'inciter à une certaine prudence !

Quel que soit l'état d'esprit de la reine à l'égard de ses deux ex-belles-filles, la souveraine conservera un lien avec elles. Elle continuera à leur téléphoner et à les voir pour ses quatre petits-enfants. C'est son devoir de grand-mère et rien ni personne ne pourrait la contraindre à y déroger. Elizabeth II a autant d'affection pour William et Harry que pour Béatrice et Eugénie. William aime beaucoup ses grands-parents, au point de préférer passer avec eux, à Sandringham, le premier Noël suivant le divorce de ses parents, plutôt que d'aller faire du ski à Klosters, en Suisse, avec son père.

1997 : la fin dramatique de la guerre des Galles

En juillet 1997, Charles organise une grande fête chez lui à Highgrove afin de célébrer les 50 ans de Camilla. A l'évidence, il s'agit d'une soirée privée à laquelle ne sont conviés que des amis proches. Mais, bien sûr, il y a une fuite et la presse est à l'affût. Les rédactions veulent absolument obtenir une photo de Charles et Camilla, la femme de sa vie, celle qui, depuis longtemps, est la gardienne de ses secrets. Diana est furieuse. Comme d'habitude, elle cherche à reprendre l'avantage médiatique et affiche sa nouvelle liaison avec Dodi Al-Fayed, un des fils du richissime homme d'affaires égyptien Mohammed Al-Fayed, propriétaire, entre autres, du célèbre magasin Harrod's à Londres et du prestigieux hôtel Ritz à Paris. Au cours de l'été, on verra Diana et ses enfants ainsi que Dodi à Saint-Tropez, faisant du jet-ski. En août, les enfants rejoignent leur père à Balmoral, tandis que Diana et Dodi sont les proies consentantes des paparazzi lors d'une croisière en amoureux le long des côtes de Sardaigne. D'innombrables « photos volées », dont une de Diana sur un plongeoir avec une mouette, témoignent de cette nouvelle romance. Sont-ils vraiment amoureux ? Vont-ils se marier ? C'est le feuilleton de l'été. Il est difficile d'y échapper ! Les Windsor, même divorcés, sont toujours aussi romanesques. La reine mère, qui avait beaucoup apprécié Diana lorsqu'elle était entrée dans la famille, juge maintenant insupportables les provocations et le déballage médiatique permanent de l'ex-épouse de son petit-fils préféré. Elle est convaincue que Diana prend plaisir à accumuler les réactions stupides et exaspérantes. Il n'y en a que pour elle, polluant l'univers royal comme une vengeance. A la veuve de George VI, ces extravagances rappelaient peut-être le comportement obsessionnel d'une certaine duchesse de Windsor qu'elle avait persisté à appeler « cette femme... », ne lui donnant jamais son titre.

A Paris, dans la nuit du samedi 30 au dimanche 31 août 1997, vers minuit vingt, une Mercedes roulant à pleine vitesse s'encastre dans le treizième pilier du souterrain de l'Alma. Diana et Dodi étaient à bord, ainsi que le chauffeur et à côté de lui à l'avant, un garde du corps. Le choc est effroyable et des habitants du quartier, désert en cette nuit d'été, diront avoir entendu ce qui ressemblait à une ou deux explosions. Transportée par une ambulance du Samu, la princesse, très grièvement blessée, est conduite aux urgences de la Pitié-Salpêtrière. On réveille la reine à 2 heures du matin et on prévient le président de la République, Jacques Chirac, qui se trouve au Maroc. Malgré tous les soins prodigués, Diana décède à 3 h 30, ce qui est confirmé par un nouvel appel de l'ambassade britannique à Buckingham Palace. Diana avait 36 ans.

Officiellement – mais cette version sera contestée –, le chauffeur, M. Paul, tentait d'échapper à une meute de paparazzi à moto. Diana et son amant avaient dîné au Ritz. Ensuite, souhaitaient-ils rouler tranquillement dans Paris ? Avaient-ils un but précis ? Ont-ils été tout de suite pris en chasse par les photographes bien renseignés ? Le sujet de ce livre n'est pas de faire une contre-enquête de plus sur ce drame, ses causes directes et indirectes. Accident spectaculaire ? *A priori*, il aurait été causé par un excès de vitesse du chauffeur que l'on avait vu éméché avant de prendre le volant (version contestée elle aussi). Ou bien – et le mot circule encore – était-ce un attentat (voiture sabotée, mystérieux petit véhicule ayant barré la route à la Mercedes, etc.) ? Tout a été dit et son contraire, mais faute de preuves irréfutables (s'il y en a eu), après une émotion planétaire, des recherches, des contradictions, des enquêtes, dont une confiée à un illustre ancien patron de la brigade criminelle de la police judiciaire, la thèse de l'accident a été retenue. On a ergoté sur le fait que si le chauffeur était ivre, le garde du corps (seul survivant) n'aurait pas dû le laisser conduire, sauf à commettre une grave faute professionnelle. On a noté que ce même M. Paul n'avait pu être vu en état d'ébriété au Bar Hemingway du Ritz, celui-ci étant fermé.

Alors que, dans la nuit, l'information faisait le tour du monde très peu de temps après le drame (cette rapidité de réaction médiatique parut très suspecte), à l'aube, depuis la Libye, le colonel Kadhafi affirmait que les Britanniques avaient assassiné Diana et son amant parce qu'elle allait « épouser un musulman ». Suivirent aussi des hypothèses sur les projets des amants : Diana était-elle enceinte ? Voulaient-ils s'installer dans l'ancienne demeure du duc et de la duchesse de Windsor à Neuilly ? Un architecte décorateur français aurait même été engagé discrètement à cet effet et ces travaux auraient reçu le nom d'« opération *Windsor* ».

Les tenants de la thèse d'un assassinat évoquèrent les déclarations et les actions de la princesse contre le fléau des mines antipersonnel. De quoi se mêlait-elle ? Et son voyage prévu au Proche-Orient pour défendre la cause des Palestiniens serait une prise de position qui aurait « gêné les intérêts supérieurs britanniques ».

Puis on finit par accuser la famille royale d'avoir engagé des émules de l'agent 007 pour exécuter la dérangeante Diana ! Car elle dérangeait. A ce jour, après bien des procédures sans résultats satisfaisants pour lui, Mohammed Al-Fayed, le père de Dodi, reste convaincu qu'on a tué son fils et l'irrésistible Diana. On en parle encore, on en parlera longtemps. Pour beaucoup, le corps disloqué de la princesse « bouge encore » entre les certitudes et les divagations. Evidence pour les uns, énigme pour les autres.

La reine et la famille royale sont accusées d'indifférence

A ce choc succède un deuxième traumatisme, celui de la stupéfaction attristée et des hommages universels. Même Nelson Mandela qualifie Diana de « citoyenne du monde », ce qui n'a guère de sens. Devant Kensington Palace, un million de bouquets de fleurs sont déposés et il faut patienter six heures avant de pouvoir signer le registre de condoléances au palais de Saint-James où la défunte princesse avait ses bureaux et s'engageait dans des œuvres caritatives, en particulier la lutte contre le sida. Des millions de gens pleurent Diana, leur icône. Ils sont orphelins d'un rêve. Mais Buckingham Palace ne se manifeste pas. Doué d'un sens politique très fin, le Premier ministre travailliste Tony Blair, qui vient à peine d'être nommé, saisit immédiatement l'intensité de la douleur populaire. Elle monte, avec la force destructrice d'une marée. C'est lui qui a cette formule percutante pour résumer la disparue : « Elle était la princesse du peuple. » La réunion de deux mondes, une idée remarquable, un hommage officiel britannique percutant. Le Premier ministre se range du côté du chagrin. Mais pourquoi la reine, alors en Ecosse, n'a-t-elle pas un mot de compassion pour son ex-belle-fille ? Pourquoi la souveraine ne revient-elle pas à Londres ? Le silence de Balmoral est le troisième choc. La famille royale n'aurait-elle donc pas de cœur ? Et la reine, d'habitude si attentive aux malheurs du royaume, allait-elle rester éloignée, muette et insensible devant des montagnes de fleurs, de photos, de messages traduisant une immense détresse qu'elle pouvait voir à la télévision ? Elizabeth II et son mari sont surpris. Diana était-elle donc encore si aimée ?

Osons le dire : pour la famille royale, la tragédie, épouvantable à divers égards, est aussi un soulagement. Chaque jour faisait craindre une nouvelle provocation de Diana.

Mais à Londres, la foule grossit toujours, frustrée d'un manque de compassion royale. Entre Downing Street et le château, le malentendu persiste. A Londres, le début de la semaine est très mal vécu, comme un choquant abandon après le drame, allant parfois jusqu'à l'hystérie. Un rêve est brisé, l'absence de réaction de la Cour en piétine le souvenir. Le remarquable film de Stephen Frears *The Queen* décryptera ce malaise. Guetté par des millions de regards, le drapeau flottant sur Buckingham est amené à mi-mât. Une demi-douleur ? Un début...

Le 5 septembre, après six jours d'un silence jugé comme une faute politique, la reine revient à Londres, à l'instigation pressante du Premier ministre qui voit grossir la colère – « Windsor assassins ! » lit-on sur certaines pancartes. La réaction d'Elizabeth II est cependant bien tardive. Elle n'a pas mesuré l'ampleur de l'émotion. Si la population en veut à la souveraine qui avait exclu Diana de la famille royale, il faut rappeler que la princesse, incorrigible bavarde, avait pu s'en exclure elle-même en révélant à la presse la teneur de son entretien confidentiel avec la reine. Elizabeth II lui avait tenu rigueur d'avoir trahi sa confiance.

La reine va donc à la rencontre de la foule devant le palais dont les grilles sont devenues un insolite jardin. Mais la foule est silencieuse. Pis : pour la première fois de son règne, Elizabeth II sent l'animosité du peuple. Elle-même en est surprise et choquée à son tour. Le soir même, elle se force à une déclaration pleine de bienveillance à la télévision. Si le texte a été passé au crible par le palais et les services de Tony Blair, la reine s'exprime simplement, avec émotion. Dans son allocution, Diana devient « un être humain exceptionnel et doué qu'elle avait admiré et respecté ». Puis, pour la première fois de son règne, Elizabeth II plaide pour un apaisement : « Je crois qu'il y a des leçons qui doivent être tirées de sa vie et de l'extraordinaire et imprévisible réaction à sa mort. »

Cette déclaration habile s'est cependant trop fait attendre. Le peuple mettra longtemps à pardonner la froideur souveraine alors qu'il aurait souhaité, même contenue, une compréhension spontanée. Le lendemain, le corps de lady Diana, suivi de Charles entouré de ses deux fils, de la reine et même de la reine mère, du duc d'Edimbourg et de la famille Spencer, est conduit à l'abbaye de Westminster. Elton John chante pour son amie disparue et le frère de Diana s'en prend violemment à la famille royale, voulant préserver ses neveux de l'absence d'humanité dont il vient d'être témoin. Il est applaudi. Le drame et surtout les réactions qu'il a suscitées laissent un sentiment d'injustice et de gâchis, suivi d'un séisme que personne n'avait vu venir. L'avoir vite compris et en avoir récupéré la puissance émotionnelle vaudront une popularité immédiate à Tony Blair, tandis qu'Elizabeth devra composer avec une réalité nouvelle : le monde est devenu un village et les silences peuvent être aussi ravageurs que les bavardages permanents.

A Paris, au-dessus du tunnel de l'Alma, on verra longtemps des touristes se recueillir devant une flamme sculptée en métal doré. Ces visiteurs croient que ce flambeau est un hommage au souvenir de Diana. Ce « pèlerinage » ne cessera que lorsque la Ville de Paris apposera une plaque expliquant qu'il s'agissait d'un élément de la célèbre statue *La Liberté éclairant le monde*. Dès lors, on y verra beaucoup moins de curieux. Encore un malentendu, même si Diana incarnait une exigence de liberté révoltée qui n'était pas convenable.

12

1998-2011 : Elizabeth II, la sérénité malgré tout ?

Après tant d'amertume et de malentendus, dans l'opinion la monarchie reste fragilisée. Pour cicatriser la douleur, il faudrait du temps, mais surtout des événements positifs aptes à faire oublier l'accablant enchaînement de drames. Le prince Charles s'y emploie en se montrant un père très attentif auprès de ses deux jeunes fils, traumatisés par la mort de leur mère et les événements dont ils ont été témoins. L'ancien époux de Diana consent même à une séance de photos décontractée avec William et Harry dans un cadre campagnard. On sait les difficultés du prince à affronter les photographes lors de séances posées. Assez rapidement, il se crispe, et c'est William, apparemment beaucoup plus à l'aise, qui souffle à l'oreille de son père de sourire et d'avoir l'air détendu. Une heureuse nouvelle éclaircit le ciel des Windsor en 1999 : Edward, le dernier fils de la reine, va épouser miss Sophie Rhys-Jones.

Edward, le dernier fils célibataire, se marie enfin

Etait-ce une surprise ? Pas vraiment. En effet, quand, le 7 août 1997, le yacht royal *Britannia* avait fait escale, comme chaque été, en Ecosse, au château de Mey situé au bord de la mer, la résidence d'été de la reine mère, il y avait à son bord la reine et son mari, le prince Andrew et ses deux filles, la princesse Anne, son mari et leurs enfants, ceux de Margaret, et le prince Edward, accompagné de son amie Sophie Rhys-Jones. L'ambiance était un peu mélancolique, car le précédent gouvernement, celui de John Major, avait décidé de désarmer le *Britannia*, d'un entretien jugé trop coûteux. Cette décision avait été confirmée par le nouveau Premier ministre Tony Blair. Cela faisait quarante ans que la famille royale parcourait le monde à son bord, au service de la Couronne ou lors de croisières privées. Charles et Diana l'avaient emprunté pour leur voyage de noces. L'escale fut néanmoins plaisante. Personne ne pouvait imaginer que trois semaines plus tard, la mort de Diana allait bouleverser tant d'existences.

Le prince Edward, quatrième enfant d'Elizabeth II et de Philip, est certainement le moins connu. Il a fait les mêmes études que ses frères, puis rejoint les Royal Marines. Un choix surprenant, car c'est l'une des unités les plus dures et alors que l'on savait qu'Edward rêvait de devenir acteur. Ce fut désastreux : en janvier 1985, avant la fin de son engagement et au grand désespoir de son père, il avait démissionné. Des rumeurs ont couru sur ses tendances homosexuelles, toutes démenties par ses proches : Edward a eu plusieurs aventures féminines, qui sont restées confidentielles. Par ailleurs, il est très aimé de tous ceux qui travaillent avec lui ou sont à son service.

Sophie Rhys-Jones, attachée de presse, est totalement extérieure au milieu de la Cour, et l'annonce de ce mariage reçoit l'approbation totale de la reine. Il sera beaucoup plus discret que celui de ses frères – cela vaut sans doute mieux ! Edward et Sophie auront deux enfants et représenteront souvent la souveraine lors de grandes occasions, notamment le 2 juillet 2011 au mariage du prince Albert II de Monaco avec Charlene Wittstock.

Suivent, en cette année 2000, des anniversaires familiaux. Le 21 juin, la reine donne un grand bal au château de

Windsor célébrant les 70 ans de sa sœur Margaret, les 50 ans de la princesse royale Anne et les 40 ans du duc d'York, le prince Andrew. Une autre célébration va occuper le mois suivant, et pas n'importe laquelle : le centenaire de *Queen Mum* !

Le destin inachevé de Margaret, la « princesse rebelle »

Bien qu'elle ait fêté joyeusement son anniversaire, depuis des années la princesse Margaret est souffrante et malheureuse. Elle est un oiseau de nuit ne parvenant pas à aller se coucher, oppressée par une triste réalité : sa vie est à la dérive. Tony, son ancien mari, s'est remarié avec une divorcée qui a eu la courtoisie de souhaiter « tout le bonheur possible à la princesse Margaret ». Dans cette marée d'unions brisées, de divorces et d'enfants traumatisés, existe-t-il un couple dont le mariage résiste ? Il y a évidemment l'exemple de sa sœur, la reine.

Margaret, jadis si romantique et courtisée, ne jouit plus de la même aura auprès de la bonne société. La princesse boit, fume et a un jeune amant – une situation classique. Quand elle l'a rencontré, elle avait 43 ans, lui 25. Nous sommes chez Stendhal, mais le héros s'appelle Roddy Llewellyn. La liaison était grave car à l'époque, Margaret était encore mariée, elle était la comtesse de Snowdon. Depuis, la princesse dilapide sa rente dans des vacances perpétuelles. Une fois de plus, au Parlement, des voix s'élèvent contre cet exemple d'autant plus navrant et choquant qu'il s'agit de la sœur de la reine. On ne lui affectera plus qu'un seul garde du corps, ce qui est déjà trop onéreux pour certains parlementaires traquant les dépenses royales.

Que fait Margaret ? Rien d'utile. L'aventure avec Roddy est solide. Leur port d'attache est l'île Moustique. C'est la princesse qui signe les chèques ou règle les notes avec des billets à l'effigie de sa sœur sur le dollar des Caraïbes de l'Est, l'île Moustique, privée et ne s'étendant que sur 7 kilomètres carrés dans un archipel des Petites Antilles, étant membre du Commonwealth. C'est un paradis avec ses pièges pour millionnaires. Comme la nuit tombe vite, voici l'heure des cocktails. Margaret boit beaucoup. De tout, mais le trio champagne-scotch-gin est gagnant. Même la reine mère s'en inquiète. S'y ajoutent les cigarettes, soixante certains jours. C'est beaucoup pour l'organisme. Elle tombe malade pendant des mois. Mais guérit-on jamais de ses souvenirs ? L'alcoolisme fait fuir ses amis, ses relations. On ne se bouscule plus pour être invité chez elle.

A Londres, en 1981, la princesse reçoit son cher Roddy à l'heure du thé. Comme dans tout bon roman de ce genre, huit ans après avoir connu Margaret, il lui présente sa future femme. Nous sommes maintenant dans Balzac : le dernier amour d'une femme est souvent le premier amour d'un homme. Son ancien amant se marie vingt jours avant Charles et Diana. Décidément… « Margaret hésite, mais finit par envoyer un télégramme de félicitations[1]. »

Cependant, la fin d'une liaison peut être bénéfique. La princesse reprend des activités officielles : elle coupe des rubans, baptise des navires (quel dommage, ce champagne gâché !), inaugure des écoles, préside ou parraine plus de cinquante associations. Elle prononce des discours, apprécie le ballet et reçoit de nouveau. Semblant plus équilibrée, elle ne mérite plus le triste prix que lui avait décerné une presse impitoyable face à sa déchéance, celui d'être l'une des « dix femmes les plus mal habillées du monde » ! La princesse se rapproche de ses enfants, David l'ébéniste et Sarah. Son instinct maternel se manifeste de nouveau, mais les blessures demeurent vives, surtout, semble-t-il, chez sa fille.

Juin 1995. Margaret, 60 ans, apprend le décès de Peter Townsend dans la vallée de Chevreuse où il vivait depuis longtemps. De lui, elle avait gardé des photos, en particulier trois. L'ancien aviateur avait été sa véritable passion. On ne tue pas tout à fait un amour rebelle. Il faut souligner

1. Bertrand Deckers, *Les Grandes Amoureuses du Gotha*, Editions Point de Vue/L'Express/Roularta, 2011.

que, malgré son errance psychologique, Margaret était restée profondément attachée à sa sœur qui le lui rendait bien en toutes circonstances. Ainsi, au lendemain des obsèques de Diana, Margaret avait écrit à la reine pour lui « exprimer sa tendre admiration pour la façon si affectueuse dont vous avez pris soin de chacun après l'accident et rendu la vie supportable pour les deux pauvres garçons... Là, comme toujours fidèle au poste, vous avez écouté chacun et pris toutes les décisions... Je vous ai simplement trouvé merveilleuse[1] ».

23 février 1998. Margaret, revenue sur l'île Moustique, est victime d'un accident vasculaire cérébral. Il y a treize ans, on lui a retiré une partie d'un poumon. Ses ennuis de santé se sont multipliés. Une crise d'apoplexie l'emporte le 9 février 2002, à 72 ans, alors que la Cour se préparait à célébrer l'anniversaire des cinquante ans de règne de sa sœur. Les funérailles de la princesse ont lieu le 15 février, un demi-siècle exactement après celles de son père George VI dont elle était la fille préférée. Elle était la plus jolie, mais elle n'avait jamais trouvé sa place. Une vie en grande partie gâchée. La reine mère est bouleversée. Malade, presque méconnaissable, elle accompagne sa fille cadette au tombeau où seront déposées ses cendres. La veuve de George VI ignore qu'elle va bientôt la rejoindre.

Queen Mum ou la légende d'un siècle

Elle avait eu cent ans et l'on avait fini par croire en son immortalité. L'existence sans elle était inimaginable. Cette personnalité incarnait la tradition royale avec une telle droiture enjouée que même les plus rebelles à la monarchie avouaient de l'indulgence pour la Couronne. Ce samedi 30 mars 2002, à 15 h 15, la reine mère a perdu son légendaire sourire, une attitude qu'exécrait particulièrement Hitler aux heures sombres de la guerre. La reine mère s'est

1. Traduction de l'auteur, extrait de William Shawcross, *op. cit.*

éteinte à 101 ans, dans son sommeil, au Royal Lodge, sa résidence dans le grand parc du château de Windsor, un nom qui devait beaucoup à son rayonnement personnel. Elizabeth II était auprès d'elle, déjà très éprouvée par la disparition, sept semaines plus tôt jour pour jour, de sa sœur cadette la princesse Margaret. En cette veille de Pâques, ce nouveau deuil prend la Cour par surprise. A force de voir *Queen Mum* dans des robes fuchsia ou jonquille, arborant des chapeaux échappés de *My Fair Lady*, on en aurait oublié que la vénérée professionnelle de la royauté avait un vigoureux sens de l'humour, qui pouvait désarçonner les meilleurs experts en mondanités. Elle connaissait parfaitement son rôle en public, pour s'en éloigner malicieusement dès qu'elle était dans un cercle d'intimes. Un savant mélange de dignité et d'excentricité cachée. Définitivement populaire depuis qu'on l'avait vue, silhouette courageuse et inattendue, marcher dans les gravats de Londres pendant le *Blitz*, *Queen Mum* était le symbole d'une époque révolue, le dernier lien avec d'autres temps. En fin d'après-midi, ce sont des vagues d'émotion et de tristesse qui déferlent sur le Royaume plus « uni » que jamais. Journaux, radios et télévisions bouleversent leurs programmes par une avalanche d'éditions spéciales. Triste week-end. Mais cette fois, à l'inverse du « malentendu » Diana (un ratage catastrophique), le Premier ministre Tony Blair n'est pas contraint de voler au secours de la monarchie, inattaquable en la personne de la défunte. Le Premier ministre salue immédiatement « l'élégance, le sens du devoir et l'appétit de vivre » de la défunte, acclamée depuis un demi-siècle. « Courage », « simplicité », « respect », « admiration » et « sympathie » : ces mêmes mots vont barrer la une des titres du dimanche. Rentré d'urgence d'une station de ski des Alpes suisses, le prince Charles se dit « dévasté ». Née avec le siècle, morte après lui, sa grand-mère, qui lui pardonnait ses écarts, était le symbole de l'unité nationale, comme l'avait été son époux, George VI.

La reine mère était une professionnelle de la monarchie

Peu avant 1980, elle avait entrepris un nouveau voyage en France, pays qu'elle aimait, avec un programme chargé : visites de trésors du patrimoine et haltes gastronomiques dans le Sud-Ouest. Une de mes parentes, châtelaine en Dordogne, eut l'honneur de la recevoir pendant deux jours, ce qui entraîna les bouleversements que l'on imagine dans son petit village périgourdin. Sur le pont-levis du château, face à une foule immense agitant des drapeaux généreusement distribués, la reine mère attendit le petit compliment rituel prononcé par une fillette qui, depuis des jours, répétait un texte de grandes personnes, plongeait dans une révérence aussi appliquée qu'inhabituelle et ajustait son geste pour offrir un bouquet à « la dame en bleu pastel », le tout sous la direction de sa maman, aussi fière qu'émue. Et voilà que la fillette, pétrifiée, oublie d'offrir le bouquet de fleurs ! L'intimidation ? Non, la logique : la petite fille venait de constater que le chapeau de Sa Majesté était déjà particulièrement fleuri. Aussi, lorsque sa mère, vexée, lui demanda des explications, la petite fille répondit : « Mais la reine n'avait pas besoin de fleurs, elle en avait déjà sur la tête ! » La remarque fut rapportée à l'intéressée qui approuva en riant : « Je suis là pour que l'on me voie ! » Le but était toujours atteint.

Depuis qu'elle avait échappé, miraculeusement, au bombardement de Buckingham Palace en 1941, *Queen Mum* ne craignait pas la mort, peut-être aussi parce qu'elle était une lointaine descendante de Macbeth. Lors de son séjour, elle demanda donc aux deux policiers de Scotland Yard chargés de sa sécurité de loger à l'unique hôtel du village plutôt qu'au château où des travaux limitaient le nombre de chambres. Puis sa camériste présenta une requête inattendue : il fallait d'urgence soixante-dix cintres supplémentaires et un flacon de Martini-gin, soigneusement dosé, à renouveler le soir chaque fois que nécessaire… Un cocktail qui lui permettait de résister à toutes les fatigues et d'être parfaitement d'attaque le lendemain pour remplir son programme. Elle aimait aussi le Dubonnet et les chansons d'Edith Piaf. Et elle avait son franc-parler, y compris en français. Ses choix pouvaient être des ordres. Ainsi, elle n'aurait laissé à personne la présidence de l'Association des Français libres à Londres et avait inauguré en personne la statue du général de Gaulle à Carlton Gardens, son quartier général de 1940 à 1944. Poursuivant son séjour en France, voyageant alternativement dans l'une des deux Daimler noires provisoirement importées dans le Sud-Ouest par la Royal Air Force, la reine mère se déchaussait sous un plaid dès qu'elle était dans sa voiture, enfilait une paire de mules confortables pour soulager ses pieds et savait se rechausser en un tournemain dès qu'elle arrivait à destination. Un métier solide ! Elle l'assumait sans jamais se départir de la bonne humeur qui lui avait valu, alors qu'elle venait d'épouser le duc d'York, le surnom de « duchesse sourire ». Depuis, elle était devenue la « reine sourire ».

2 heures du matin à Balmoral :
la reine mère fait des claquettes !

Lors de ses voyages en France, son chevalier servant était le prince de Faucigny-Lucinge, « gentilhomme cosmopolite » selon ses propres termes. Ce dernier, invité à Balmoral et immanquablement réveillé à la cornemuse, dormait très mal la nuit. Soudain, il entend des bruits insolites dans le couloir. Passant une tête, il aperçoit, en robe de chambre, la reine mère en train de faire des claquettes ! A 2 heures du matin ! Elle avait entendu pleurer l'un de ses petits-enfants et trouvé cette méthode originale pour le consoler ! Le soir suivant, après une journée de visites et d'inaugurations scrupuleusement remplies, *Queen Mum* consentit enfin à se coucher, laissant sa fille, Elizabeth II, en conversation privée avec le prince de Faucigny-Lucinge qui, m'avoua-t-il, luttait contre un sommeil incongru. En partant, *Queen Mum* lança à sa fille la souveraine : « Je vous laisse mon play-boy ! Occupez-vous bien de lui ! »

Dès l'annonce du décès de cette personnalité légendaire, la foule défile devant sa résidence, à Clarence House, déposant des milliers de bouquets de fleurs. Il y en a autant à Windsor. A Buckingham Palace, l'*Union Jack* est en berne. Les hommages sont unanimes. La reine mère morte, c'est toute une époque qui disparaît. De Victoria à Elizabeth II, elle avait vécu sous le règne de six souverains, dont celui de son époux, puis de sa fille. Elle était le symbole de la continuité et partageait la légitimité du trône, que sa fille détient seule désormais. A la BBC, un admirateur presque en larmes déclare : « Elle était le dernier lien avec un passé disparu. »

Le lendemain, les prières pour l'âme de la défunte dominent les services religieux du dimanche pascal. Pendant une heure, le tocsin de Saint-Paul sonne. Sur les bâtiments publics, les drapeaux qui ont été descendus à mi-mât le resteront jusqu'au mardi 9 avril, date des obsèques et terme du deuil national décrété par sa fille. Le Premier ministre a demandé le rappel du Parlement qui était en vacances. Il se réunira mercredi pour rendre hommage à la défunte.

Elizabeth II est crucifiée dans une solitude qu'elle n'avait pas osé envisager. Le cercueil est transféré de la chapelle de la reine, à Windsor, au palais de Saint-James. Londres et le royaume se recueillent, presque incrédules. Le 5 avril, une immense procession accompagne la dépouille royale à Westminster Hall pour l'hommage des « Anglais ordinaires » qu'elle aimait et connaissait si bien. Jusqu'à la nuit, après une attente moyenne de sept heures et cinq kilomètres de queue, des dizaines de milliers de personnes bravent le froid pour s'incliner devant le catafalque pourpre exposé sur une courte estrade du même ton ; les coins en sont gardés par quatre officiers de la Garde. Immobiles, tête baissée, ils sont relevés toutes les vingt minutes. En quatre jours, deux cent mille personnes défilent dans ce lieu impressionnant où avaient été jugés Thomas More et Charles Ier

Queen Mum était la grand-mère favorite des Britanniques

Puisque la Cour est figée dans sa douleur et le silence, comme le peuple, les réactions politiques alternent la gratitude et le souvenir. Ancien Premier ministre travailliste à qui la reine mère envoyait chaque année un petit mot d'anniversaire, James Callaghan souligne que le chagrin ne doit pas faire oublier l'entrain de *Queen Mum*. La tristesse n'était pas dans le caractère de celle qui aimait la vie, les chiens, les chevaux, les toilettes rose bonbon, le château d'yquem mais pas les truffes – ce qui avait désolé les organisateurs de son escapade périgourdine. Mardi 9 avril, les funérailles de la plus populaire des Windsor prennent une dimension que personne n'avait prévue. Par dizaines de milliers, les Britanniques, dont beaucoup sont venus d'outre-mer, sont les acteurs d'une émouvante mélancolie nationale. Bien que n'étant pas des obsèques d'Etat, elles sont les plus spectaculaires depuis la mort de George VI, en 1952, cinquante ans plus tôt. Auparavant, la reine Elizabeth II, oubliant les rigueurs du protocole, s'est adressée à son peuple dans un bref message télévisé, enregistré au château de Windsor. Le visage triste, la souveraine en deuil s'est dite « profondément émue par le débordement d'affection qui a accompagné la mort de sa chère mère », dont elle a évoqué la joie de vivre contagieuse. Les quatre petits-fils de la disparue ont participé à la veillée funèbre nocturne. Les trois fils de la reine, Charles, Andrew – en grand uniforme de la Royal Navy –, Edward et leur cousin David Linley – le fils de feu la princesse Margaret – montent à leur tour la garde du catafalque, succédant aux officiers. Le glas de Westminster résonne chaque minute pendant cent une minutes pour marquer l'âge de la défunte. Et pendant deux minutes, à 11 h 30, le royaume tout entier s'immobilise dans le silence. Parmi les deux mille invités – du gotha aux républiques intégrées dans le Commonwealth –, relevons un signe des temps : Camilla

Parker Bowles, la « partenaire » (comme on dit alors) du prince Charles, a été, elle aussi, invitée à la cérémonie. Sur le cercueil, on ne peut ignorer la couronne surmontée du Koh-i-Noor, ce diamant de légende, rappelant que l'épouse de George VI avait été la dernière impératrice des Indes et qu'elle portait ce joyau le jour du couronnement du roi. Enfin, au moment de son inhumation auprès de son mari dans la chapelle Saint-George, les cendres de la princesse Margaret sont déposées à côté des tombes de ses parents.

L'éditorialiste de *The Observer* juge que « la reine mère représentait un monde, un ordre constitutionnel et une culture en voie d'extinction. La famille royale qu'elle a construite a besoin d'une nouvelle période de créativité si elle veut continuer de jouer un rôle clé dans la vie nationale ». Privés des apparitions réjouissantes et rassurantes de *Queen Mum*, sans sa force et son symbole, les Windsor perdent un atout exceptionnel et la synthèse, inoubliable, de leurs valeurs.

Charles et Camilla se marient trente-quatre ans après leur coup de foudre

Le château de Windsor n'est pas uniquement le cadre de réceptions d'Etat, de l'assemblée des chevaliers de l'ordre de la Jarretière ou de manifestations parrainées par la famille royale. En 1666, le mémorialiste Samuel Pepys écrivait déjà à propos de Windsor, et donc bien avant l'époque victorienne : « C'est le château le plus romantique du monde. » Peut-être est-ce la raison qui a incité le prince Charles à y épouser, huit ans après le décès de Diana, sa chère Camilla. La cérémonie se déroule d'abord à la jolie mairie de la cité, en contrebas de la forteresse, puis dans la chapelle Saint-George, le 9 avril 2005.

Désormais, leurs titres anglais sont, pour lui, prince de Galles, comme précédemment, et pour elle, duchesse de Cornouailles. Ils s'étaient connus en 1971, après un match de polo. Il avait rapidement rêvé de l'épouser, car elle était à l'aise partout, qu'elle marche chaussée de bottes sur un sentier forestier ou qu'elle apparaisse en robe du soir et escarpins. Si elle avait alors refusé de devenir son épouse, elle avait toujours partagé ses goûts et son humour, lui avait donné confiance en lui après une enfance austère et était devenue sa confidente. Cette proximité n'avait jamais été rompue. Et quand on sait ce qui s'est passé, on comprend que Diana n'ait jamais supporté leur complicité. Après bien des drames et leurs divorces respectifs, il leur a fallu attendre trente-quatre ans avant de pouvoir s'unir. Le même écrivain Samuel Pepys avait aussi écrit une œuvre très personnelle, *Love is a Cheat* (*L'amour est une tricherie*), mais avait heureusement détruit ce long poème, le jugeant inopportun…

Ainsi, peu à peu, une sorte d'harmonie familiale a été retrouvée. Certes, la duchesse d'York, l'ex-épouse d'Andrew, refait souvent parler d'elle. Elle avait d'abord connu un semblant de réussite aux Etats-Unis, où elle avait gagné beaucoup d'argent en étant l'ambassadrice des Weight Watchers. La duchesse étant sujette à l'embonpoint, elle était crédible en vantant les mérites de ce régime. Mais le contrat a été rompu, et elle a laissé des dettes. Elle a produit ensuite un film consacré aux jeunes années de la reine Victoria en 2008, plutôt réussi, historiquement solide, somptueusement réalisé. Hélas ! une fois de plus, elle s'est endettée. Le pire survient en juin 2010, quand elle est piégée par un journaliste qu'elle croyait être un homme d'affaires. Celui-ci prétendait vouloir rencontrer son ex-mari le duc d'York, ambassadeur des entreprises britanniques dans le monde entier. Fergie propose d'être l'intermédiaire efficace de cette rencontre en échange de 500 000 dollars. Le plaidoyer de la duchesse, légèrement éméchée, est filmé par une caméra cachée. Comme on l'imagine, la diffusion de cette « négociation » a un effet catastrophique.

Il faut dire que la situation des époux divorcés est paradoxale. Après avoir vendu leur propriété de Sunning Hill au gendre du président du Kazakhstan pour 25 millions de dollars, le duc d'York s'est installé dans le parc de Windsor, au Royal Lodge, l'ancienne résidence de sa grand-mère. Il y accueille ses filles, ce qui est normal, mais aussi son ex-épouse, couverte de dettes, ce qui est généreux.

En mars 2011, Andrew fait la une des journaux britanniques bien malgré lui. On l'y voit en compagnie d'un milliardaire américain empêtré dans une sordide affaire de prostitution de mineures. Par ailleurs, les relations « douteuses » du deuxième fils de la reine avec de flamboyants « investisseurs » et autres oligarques des anciennes républiques d'Asie centrale ou des potentats orientaux font couler beaucoup d'encre : agit-il dans le cadre de ses missions officielles ou pour des motifs plus personnels ? Une partie du gouvernement a demandé à l'ambassadeur princier chargé de promouvoir l'industrie et le commerce du Royaume-Uni de se démettre de ses fonctions, mais le Premier ministre David Cameron a apporté son soutien au duc d'York. La reine a évidemment sermonné son fils préféré et, pour qu'aucune ombre ne vienne ternir le prochain mariage de William et Catherine, elle a souhaité faire un geste fort pour montrer la confiance qu'elle lui conservait. Au château de Windsor, lors d'une cérémonie privée, elle l'a promu grand-croix de l'Ordre royal de Victoria. C'est le plus grand honneur que la souveraine puisse décerner pour « services rendus ».

Le couple royal est sorti fortifié de toutes ses épreuves

« Que c'est faible, une reine, et que c'est peu de chose ! » écrivait Victor Hugo. Dans le cas présent, Hugo a tort. Elizabeth II est une femme très forte. Et depuis bientôt soixante ans, son exemple est unique dans un monde qui paraît souvent fragile. Au-delà de sa fonction monarchique, du respect des institutions et de la longévité de son règne qui la rapproche de celui de la reine Victoria, son mari le duc d'Edimbourg demeure le pilier central de son existence. Ses gaffes, ses colères, son caractère entier sont largement compensés par son écoute et ses conseils. Si elle est parfois lasse de sa charge, si elle éprouve des déceptions et des peines, Philip demeure son seul confident. Elle préfère oublier ses défauts, leurs difficultés intimes, et s'appuyer sur ses qualités. Certes, elle a souffert de ses absences, notamment en novembre 1992 lors de l'incendie de Windsor. Le duc était alors en Argentine pour un voyage « privé », malvenu en raison de la catastrophe, une de plus dans l'inoubliable *annus horribilis*. La reine comprend la difficulté pour son mari de vivre en permanence à l'ombre de la Couronne. A l'occasion de leurs noces d'or, en 1997, la souveraine a parlé de son mari en ces termes : « Il a simplement été ma force durant toutes ces années et le demeure. Et moi, et sa famille entière, et ce pays, et beaucoup d'autres pays, nous lui devons plus qu'il ne le dira jamais. » Une déclaration d'amour royale. Et la confiance mutuelle d'époux qui ont su dominer leurs différences pour construire une vie étonnante à la veille du jubilé de diamant de la reine.

Généalogie

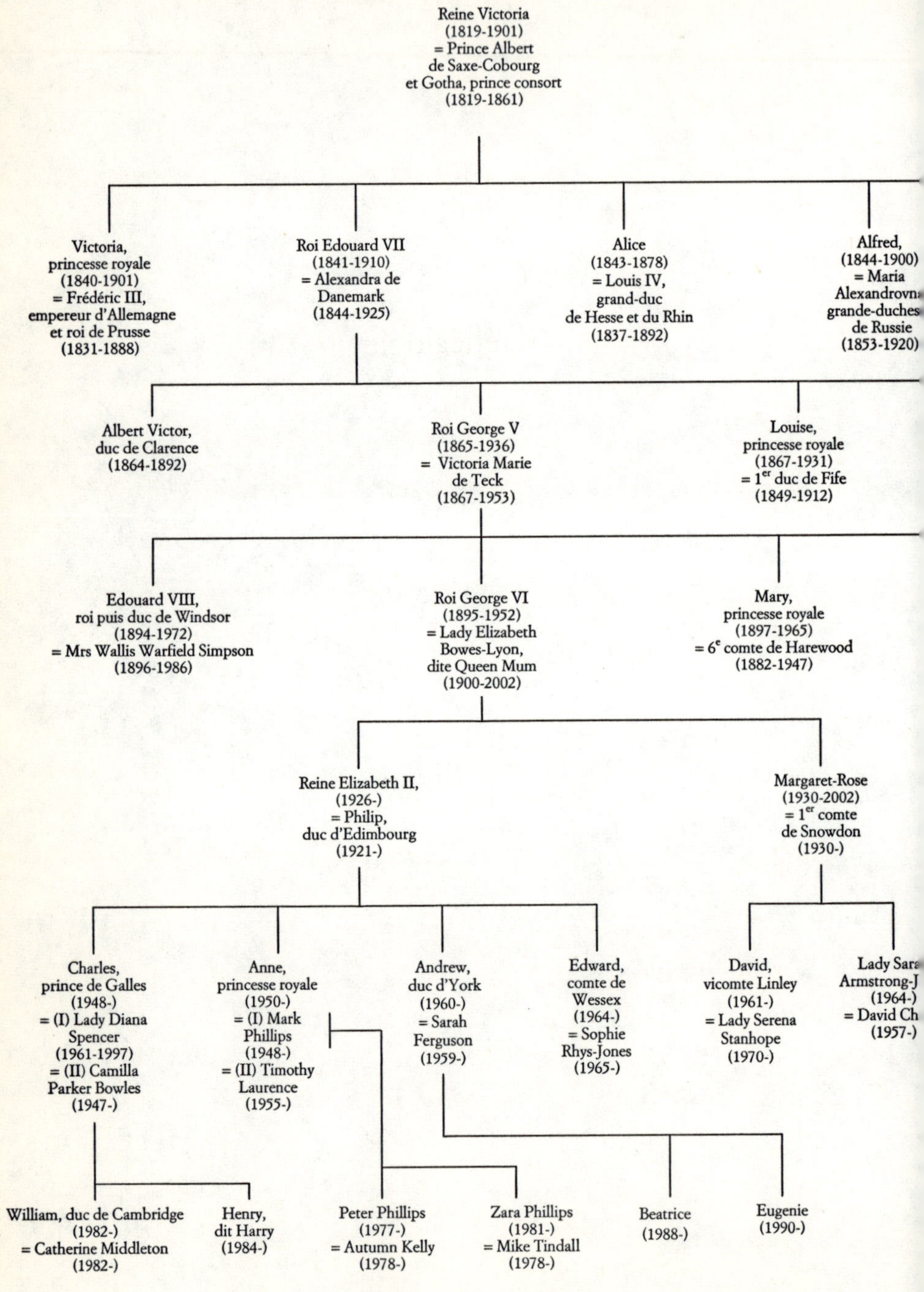

Reine Victoria
(1819-1901)
= Prince Albert
de Saxe-Cobourg
et Gotha, prince consort
(1819-1861)
Victoria,
princesse royale
(1840-1901)
= Frédéric III,
empereur d'Allemagne
et roi de Prusse
(1831-1888)
Roi Edouard VII
(1841-1910)
= Alexandra de
Danemark
(1844-1925)
Alice
(1843-1878)
= Louis IV,
grand-duc
de Hesse et du Rhin
(1837-1892)
Alfred,
(1844-1900)
= Maria
Alexandrovn
grande-duches
de Russie
(1853-1920)
Albert Victor,
duc de Clarence
(1864-1892)
Roi George V
(1865-1936)
= Victoria Marie
de Teck
(1867-1953)
Louise,
princesse royale
(1867-1931)
= 1er duc de Fife
(1849-1912)
Edouard VIII,
roi puis duc de Windsor
(1894-1972)
= Mrs Wallis Warfield Simpson
(1896-1986)
Roi George VI
(1895-1952)
= Lady Elizabeth
Bowes-Lyon,
dite Queen Mum
(1900-2002)
Mary,
princesse royale
(1897-1965)
= 6e comte de Harewood
(1882-1947)
Reine Elizabeth II,
(1926-)
= Philip,
duc d'Edimbourg
(1921-)
Margaret-Rose
(1930-2002)
= 1er comte
de Snowdon
(1930-)
Charles,
prince de Galles
(1948-)
= (I) Lady Diana
Spencer
(1961-1997)
= (II) Camilla
Parker Bowles
(1947-)
Anne,
princesse royale
(1950-)
= (I) Mark
Phillips
(1948-)
= (II) Timothy
Laurence
(1955-)
Andrew,
duc d'York
(1960-)
= Sarah
Ferguson
(1959-)
Edward,
comte de
Wessex
(1964-)
= Sophie
Rhys-Jones
(1965-)
David,
vicomte Linley
(1961-)
= Lady Serena
Stanhope
(1970-)
Lady Sara
Armstrong-J
(1964-)
= David Ch
(1957-)
William, duc de Cambridge
(1982-)
= Catherine Middleton
(1982-)
Henry,
dit Harry
(1984-)
Peter Phillips
(1977-)
= Autumn Kelly
(1978-)
Zara Phillips
(1981-)
= Mike Tindall
(1978-)
Beatrice
(1988-)
Eugenie
(1990-)

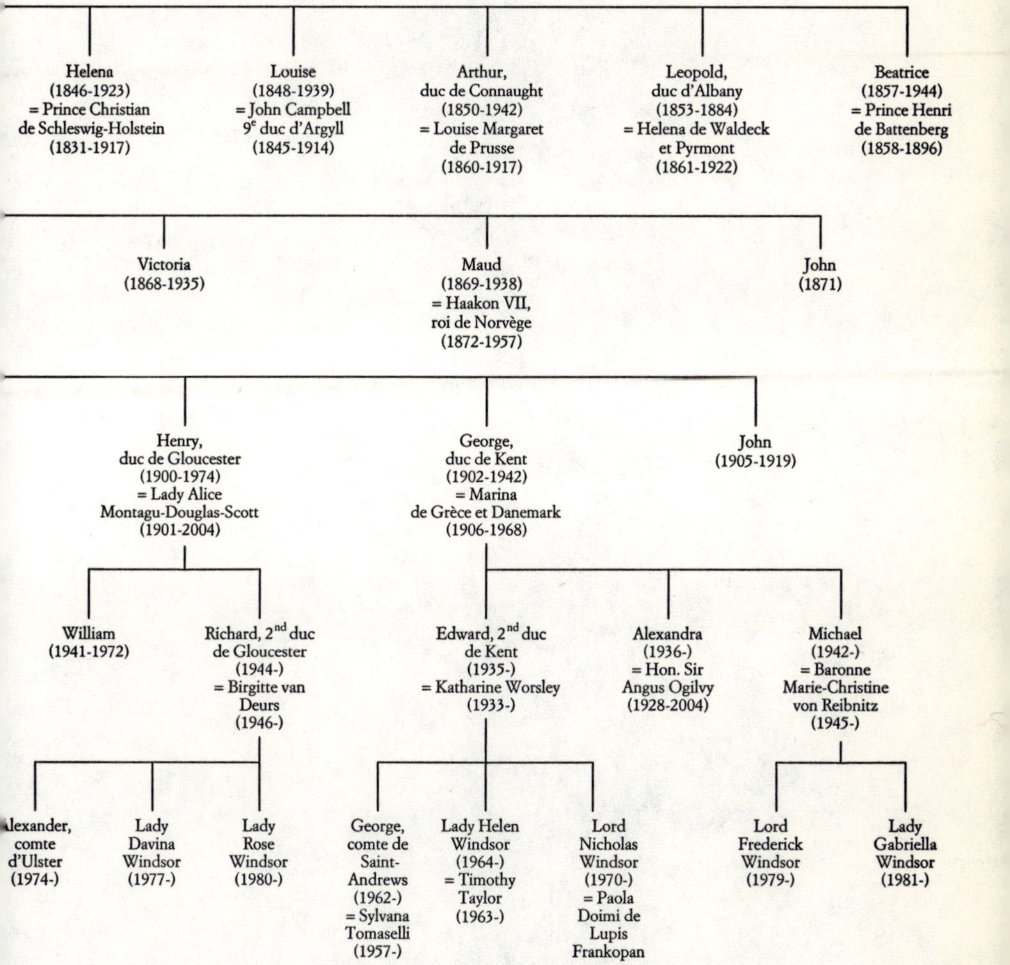

Helena (1846-1923) = Prince Christian de Schleswig-Holstein (1831-1917)
Louise (1848-1939) = John Campbell 9e duc d'Argyll (1845-1914)
Arthur, duc de Connaught (1850-1942) = Louise Margaret de Prusse (1860-1917)
Leopold, duc d'Albany (1853-1884) = Helena de Waldeck et Pyrmont (1861-1922)
Beatrice (1857-1944) = Prince Henri de Battenberg (1858-1896)
Victoria (1868-1935)
Maud (1869-1938) = Haakon VII, roi de Norvège (1872-1957)
John (1871)
Henry, duc de Gloucester (1900-1974) = Lady Alice Montagu-Douglas-Scott (1901-2004)
George, duc de Kent (1902-1942) = Marina de Grèce et Danemark (1906-1968)
John (1905-1919)
William (1941-1972)
Richard, 2nd duc de Gloucester (1944-) = Birgitte van Deurs (1946-)
Edward, 2nd duc de Kent (1935-) = Katharine Worsley (1933-)
Alexandra (1936-) = Hon. Sir Angus Ogilvy (1928-2004)
Michael (1942-) = Baronne Marie-Christine von Reibnitz (1945-)
lexander, comte d'Ulster (1974-)
Lady Davina Windsor (1977-)
Lady Rose Windsor (1980-)
George, comte de Saint-Andrews (1962-) = Sylvana Tomaselli (1957-)
Lady Helen Windsor (1964-) = Timothy Taylor (1963-)
Lord Nicholas Windsor (1970-) = Paola Doimi de Lupis Frankopan
Lord Frederick Windsor (1979-)
Lady Gabriella Windsor (1981-)

Index

Remerciements

Au cours de mes recherches et de mes voyages pour la préparation de ce livre, j'ai bénéficié de l'aide d'innombrables personnes. Je tiens à exprimer particulièrement ma très amicale gratitude à Janet Sayers, notre guide accompagnatrice pendant nos diverses visites du château de Windsor, qui a répondu à tant de questions avec une exquise pertinence. De même, les informations d'Alain Decaux, de l'Académie française, François Kersaudy, Ursula Painvin, Rudolf von Ribbentrop et Pierre Joannon m'ont été précieuses.

Je tiens aussi à dire toute ma reconnaissance envers l'équipe des éditions Perrin car, en raison d'une épreuve personnelle douloureuse, la rédaction de ce livre a été plus longue que prévu. Merci à Benoît Yvert, directeur général ; Laurent Theis, directeur éditorial ; Céline Delautre, chef correctrice ; Yann Rigo, assistant correcteur ; Marguerite de Marcillac, chargée du cahier iconographique ; Marie de Lattre, du service artistique ; Jean d'Hendecourt ; et Lysiane Bouchet, du service fabrication. Tous m'ont fait confiance et ont uni leurs efforts. Mes remerciements s'adressent aussi aux équipes de Nord Compo, du photograveur RVB et de l'imprimerie Firmin-Didot. Merci à l'agence Voyages à la Une (Denis Plé, Céline Plé-Mosconi et Cecilia Hoffmann).

Enfin, Monique, mon épouse, m'a éclairé, avec tendresse, de ses excellents conseils, de ses remarques aussi vigilantes que fondées. Elle n'a cessé de me soutenir et de m'aider dans une véritable course contre le temps.

Table

(suite du même auteur)

Aux éditions du Rocher
SAS Rainier III de Monaco, 700 ans d'histoire des Grimaldi.
Inoubliable Grace de Monaco.
Colette et Monaco.
Le Roman de Vienne.

Aux éditions Flammarion
Mémoires d'un palace, photographies de Jérôme da Cunha.

Aux éditions Jean-Pierre Barthélemy/Caisse nationale des monuments historiques et des sites
Le Haut-Koenigsbourg (en collaboration), photographies de Robert César.

Aux éditions Chronique/Dargaud
Chronique de Paris (rédacteur en chef).
Chronique du XXe siècle (rédacteur en chef).

Composition et mise en page

NORD COMPO
multimédia

Cet ouvrage a été imprimé par
CPI Firmin Didot à Mesnil-sur-l'Estrée
pour le compte des Éditions Perrin
76, rue Bonaparte
en novembre 2011

Imprimé en France
Dépôt légal : novembre 2011
N° d'édition : 2795 – N° d'impression : 107113